CORRESPONDANCE INÉDITE
DE COLLÉ

FAISANT SUITE

A SON JOURNAL

ACCOMPAGNÉE DE FRAGMENTS ÉGALEMENT INÉDITS
DE SES OEUVRES POSTHUMES

PUBLIÉ
SUR LES MANUSCRITS AUTOGRAPHES ORIGINAUX
AVEC UNE INTRODUCTION ET DES NOTES

PAR

HONORÉ BONHOMME

OUVRAGE ORNÉ D'UN PORTRAIT EN TAILLE-DOUCE DE COLLÉ
PAR ADRIEN NARGEOT
ET DE DEUX FAC-SIMILE D'AUTOGRAPHES

PARIS
HENRI PLON, IMPRIMEUR-ÉDITEUR
8, RUE GARANCIÈRE

1864

CORRESPONDANCE INÉDITE
DE COLLÉ
ET FRAGMENTS
DE SES ŒUVRES POSTHUMES

CORRESPONDANCE INÉDITE
DE COLLÉ

FAISANT SUITE

A SON JOURNAL

ACCOMPAGNÉE DE FRAGMENTS ÉGALEMENT INÉDITS

DE SES OEUVRES POSTHUMES

PUBLIÉ

SUR LES MANUSCRITS AUTOGRAPHES ORIGINAUX

AVEC UNE INTRODUCTION ET DES NOTES

PAR

HONORÉ BONHOMME

OUVRAGE ORNÉ D'UN PORTRAIT EN TAILLE-DOUCE DE COLLÉ
PAR ADRIEN NARGEOT
ET DE DEUX FAC-SIMILE D'AUTOGRAPHES

PARIS

HENRI PLON, IMPRIMEUR-ÉDITEUR

8, RUE GARANCIÈRE

1864

INTRODUCTION.

On ne saurait le méconnaître, le *Journal*[1] laissé par Collé, et qui a été imprimé seulement après sa mort, a jeté quelque défaveur sur le joyeux chansonnier au point de vue de la *charité chrétienne*.

Ce Journal, en effet, contient des appréciations empreintes d'une extrême sévérité à l'égard d'un grand nombre d'écrivains et d'œuvres littéraires du temps. A ce sujet, Collé s'est constitué, de sa propre autorité, procureur général; il a énuméré les griefs, accumulé les charges, dressé un acte d'accusation en forme; après quoi il a prononcé son réquisitoire, et, bien qu'il n'eût qu'un filet de voix, les voûtes du temple en furent longtemps ébranlées.

C'est qu'il s'attaqua aux noms les plus en vue,

---

[1] *Journal historique* ou *Mémoires critiques et littéraires* sur les ouvrages dramatiques et sur les événements les plus mémorables, depuis 1748 jusqu'en 1772 inclusivement, par Charles Collé; Paris, de l'Imprimerie Bibliographique, 1807, 3 vol. in-8°. Le manuscrit autographe de ce Journal est déposé à la Bibliothèque du Louvre, et forme neuf volumes in-8°. (F 2106).

aux renommées les mieux établies, sans dédaigner toutefois le menu fretin des littérateurs, sur lesquels il fit pleuvoir, chemin faisant, une grêle de brocards et de cuisantes épigrammes.

Au surplus, sa réputation d'homme d'esprit ne perdit rien à l'apparition posthume du *Journal* qui nous occupe; elle y gagna, au contraire, car c'est une lecture amusante et variée. On y trouve des aperçus charmants, un sens critique ingénieux, élevé parfois, et des arrêts dont plusieurs resteront. Mais ce qui souffrit de cette publication, c'est la réputation de bonhomie dont Collé avait joui pendant sa vie. La surprise et l'incrédulité accueillirent d'abord cet étrange testament littéraire. On n'y voulait pas croire. On se demandait comment un esprit aussi doux, aussi placide que celui de Collé avait pu tourner ainsi subitement à l'*aigre;* comment ce poëte aimable et de belle humeur, tout couronné de pampres et de roses comme un vrai païen qu'il était, avait troqué sa *marotte* et ses *grelots* (style de l'époque) contre la lourde férule du pédagogue; enfin, on ne comprenait pas qu'après avoir joyeusement vidé sa coupe à la barbe de ses contemporains, il osât leur en présenter la lie. Et le plus fort, c'est qu'au bord de cette même coupe il était resté quelques gouttes de nectar, — ce breuvage classique des dieux et des poëtes, — et, au lieu de les offrir à ses confrères en Apollon, dont elles auraient pu endormir les blessures d'amour-propre qu'il leur avait faites, il se les administra par surcroît avec un dédain superbe.

Toute métaphore à part, il distribua au prochain les coups et les étrivières, et réserva pour lui et pour ses propres ouvrages les compliments et les douceurs.

Ce fut donc un long cri sur toute la ligne, un concert de plaintes et de récriminations; et à ces clameurs, qui éclatent encore de temps en temps, il nous est arrivé à nous-même de mêler aussi notre voix. En effet, dans une circonstance assez récente, nous nous sommes montré sévère à l'égard de Collé; mais alors nous ne le connaissions pas comme nous le connaissons aujourd'hui; nous n'avions pas encore reçu de lui les intimes confidences consignées dans les lettres dont nous allons tout à l'heure entretenir le lecteur, et qui font l'objet de la présente publication. Grâce à cette *correspondance* inédite, nous croyons avoir maintenant le dernier mot du caractère de Collé, de même que la clef des décisions précipitées et des jugements téméraires qu'il a pu répandre çà et là dans son *Journal*.

On a dit que c'était par *haine*, par *envie*, que Collé avait rédigé ce factum. Allons donc, ce reproche n'est pas sérieux. Lui, Collé, de la haine? lui, de l'envie? Est-ce qu'il y songeait seulement? Il n'en avait pas le temps, il n'en aurait pas eu la force. Son cœur ne s'ouvrait qu'aux sentiments doux et tendres et ne battait qu'aux accents du plaisir.

A peu près comme tous les poëtes de son temps, — et au rebours des poëtes du nôtre, — Collé était un grand enfant qui ne visait point au renom d'esprit fort, non plus qu'à se donner les airs d'un oracle; il ne se prenait nullement au sérieux, et il n'attachait pas plus d'importance au mal qu'il disait des autres qu'au bien qu'il disait de lui. C'était un besoin de son esprit, une nécessité de sa nature mobile et inquiète que cette alternative d'éloge et de blâme dont il animait à plaisir les pages de son *Journal*. Il était artiste dans le sens le plus pittoresque du mot, et il lui fallait des émotions, des contrastes, des *effets* comme au théâtre, où il avait eu son jour de succès. C'était là le mouvement, la lutte, la vie; et comme, d'ailleurs, lorsqu'il écrivit ce *Journal,* sa carrière de poëte allait en déclinant, se fermait de plus en plus, il n'était pas fâché de la rouvrir par une parenthèse vigoureuse et de se prouver à lui-même qu'il n'était pas mort [1].

---

[1] Commencé en 1748, ce *Journal* fut continué jusqu'en 1772; mais Collé le revoyait, le corrigeait sans cesse, et il y travaillait encore un an avant sa mort. « C'est en finissant ma » soixante et onzième année, a-t-il dit, et même ayant déjà » mangé deux mois sur ma soixante-douzième, que j'ai fait la » *revue* et la *réforme* de ces *Journaux.* » Cela nous reporte à l'année 1782, et il est mort en 1783.

Il s'abandonnait donc, à huis clos, sans contradicteur et sans contrôle, à une polémique qu'il soutenait tout seul contre lui-même aussi bien que contre autrui, et qu'il eût même dirigée, s'il l'eût fallu, contre des moulins à vent, le tout pour se sentir vivre, pour s'étourdir, pour se cramponner aux rives vertes d'un passé qui lui souriait d'autant plus qu'il s'en éloignait davantage. *Peu de gens savent être vieux*, a dit un moraliste profond et amer; et un chansonnier, un gai *suivant de Momus*, doit supporter avec moins de résignation que tout autre cette dure loi de l'anéantissement progressif. Des intelligences plus hautes, des têtes plus fortes que celle de Collé ont succombé, au déclin des ans, à ce désir de se faire illusion sur leurs forces et de se survivre; et peut-être doit-on rattacher à cette cause les flèches acérées que Chateaubriand et tant d'autres esprits vieillissants et chagrins nous ont décochées en fuyant, — nous voulons dire en mourant, — comme le Parthe en déroute.

Voilà, selon nous, la disposition d'esprit qui a conduit Collé à écrire son *Journal*. Or, ramenées à ces termes, les malices et les fanfaronnades contenues dans ce recueil sont d'une innocuité parfaite, comme dirait solennellement un médecin de Molière; et il n'y a véritablement pas de quoi jeter la pierre à Collé, à cet aimable compagnon qui portait partout avec lui le franc rire et les bons mots, et dont le nez seul, en raison de sa dimension magistrale, eût suffi pour provoquer l'hilarité d'un trépassé [1].

En définitive, du consentement à peu près unanime de ses contemporains, Collé avait un caractère estimable, un cœur digne et bienfaisant; et à ce sujet, Palissot, dont le témoignage ne saurait être suspect de flatterie, après avoir parlé de la sensibilité *exquise* de Collé, s'exprime en ces termes : « Nous connais-
» sons de lui des traits que sa modestie a dérobés à
» l'estime publique, et tels qu'on n'en citera jamais
» dans la vie de ceux de nos philosophes qui ont répété

---

[1] A en juger par son portrait, Collé était doté d'un nez opulent qui lui eût permis d'avoir pignon sur rue dans ce pays imaginaire où l'on *mutilait* les enfants *camus*, et qui a été si plaisamment décrit par Cyrano de Bergerac. (Voyez son *Voyage dans la lune.*) Cyrano était doué lui-même d'un appareil olfactif hors de toute proportion avec les mesures connues; aussi disait-il naïvement, à la façon de M. Josse, « qu'un grand nez est le signe d'un homme spirituel, « courtois, affable, généreux, et le petit nez un signe du « contraire. » Quant à Collé, dans une de ses chansons, il recommande *aux belles* de choisir de préférence des amoureux au *grand nez*, et en cela il prêche visiblement pour sa paroisse. Du reste, il aurait pu dire hardiment avec Saint-Pavin :

> J'ai le nez pointu, je l'ai long.
> Je l'ai mal fait, mais je l'ai bon,
> Et je sens venir toutes choses
> De plus loin qu'on ne sent les roses.
> Enfin je puis dire, en un mot,
> Que je n'ai pas le nez d'un sot.

» avec le plus d'emphase les mots imposants de vertu,
» de bienfaisance et d'humanité [1]. »

Cousin de notre charmant poëte comique Regnard[2], dont il a quelquefois les vives saillies et la piquante originalité, Charles Collé est un véritable enfant de Paris. Il y était né en 1709, et il y mourut le 2 novembre 1783. Son père était procureur du roi au Châtelet et trésorier de la chancellerie du palais.

Entré d'abord, en qualité de clerc, chez M. Dutertre, notaire à Paris, dont il était l'allié, Collé trouva peu de charme à l'étude des lois; il en trouva moins encore au déchiffrement de ce style barbare et de ces hiéroglyphes impossibles dont les tabellions d'alors se plaisaient à *historier* leurs contrats, sous le fallacieux prétexte que ces contrats étant des actes *publics,* le public ne devait pas les lire. Ah! si Collé fût entré dans l'étude d'un notaire de nos jours, c'eût été bien différent, car ces messieurs ont rompu avec les for-

---

[1] *Mémoires* de Palissot, t. IV, p. 133 de ses *OEuvres complètes;* Londres et Paris, 1779.

[2] On sait que Voltaire a dit « que celui qui ne se plaisait » pas avec Regnard n'était pas digne d'admirer Molière. » Et Boileau, qui ne se déridait pas volontiers, prétendait que Regnard n'était pas *médiocrement plaisant.* On peut dire que le sang ne mentit point chez Collé, et qu'il soutint dignement, dans une certaine mesure, l'honneur de sa parenté avec Regnard, ce *cynique mitigé,* comme il s'appelait lui-même, lequel aimait aussi les terrains glissants et les pentes rapides.

mules gothiques; une noble émulation s'est emparée de leur esprit, et parmi eux c'est à qui émaillera son style de plus de fleurs de rhétorique, à qui enlacera son heureux client sous plus de festons et de rubans roses, surtout s'il s'agit d'un *riche* mariage ou d'un *gras* testament.

Malheureusement, le tabellion Dutertre n'était pas de cette école, et Collé se rebuta promptement de l'ingrate besogne dont il était chargé. Il avait d'ailleurs un goût prononcé pour la poésie, surtout pour le théâtre. Il n'avait pas encore dix ans que son père le menait à la Comédie française, et « pendant plusieurs » années, nous dit-il, je n'entrais point dans la salle » sans qu'il me prît un frisson de plaisir, tel que celui » que je sentis au premier rendez-vous que me donna » la prèmière honnête femme que j'eus à vingt ans, » et dont j'étais éperdument amoureux [1]. »

Il raffolait donc du théâtre; il y rêvait nuit et jour; et, en attendant qu'il pût secouer la poussière des cartons, en cachette et en soupirant, entre une *minute* et une *grosse*, il s'amusait, suivant le joli mot de Piron, à « scander des syllabes françaises pour » les *ourler de rimes* [2]. » Enfin il se lia avec ce dernier, ainsi qu'avec Gallet, Panard et Crébillon fils,

---

[1] Voyez la *Notice* placée en tête du *Journal historique* de Collé, p. I.

[2] Préface de la *Métromanie*.

en un mot, avec les principaux membres de ce *Caveau* célèbre dont chaque convive était un homme d'esprit, et où Collé entra d'emblée par droit de bourgeoisie [1].

Notons, afin de ne rien omettre, qu'après avoir quitté M. Dutertre, Collé fut admis, en qualité de secrétaire, chez M. de Meulan, receveur général des finances; mais il ne conserva pas longtemps ce second emploi, qui lui convenait aussi peu que le premier. Dès lors n'en parlerons-nous que pour mémoire.

Retenu par une certaine défiance de lui-même, Collé se borna, pendant quelque temps, à faire des *amphigouris,* genre de poésie qu'il appela plus tard *méprisable,* et auquel l'arracha Crébillon fils, pour « lui faire faire sa première chanson raisonnable ». Mais avant d'abandonner sans retour ses chers amphigouris, il voulut se moquer un peu d'une manie qui florissait alors et qui n'est pas morte encore aujourd'hui, laquelle consiste à se donner l'air de dire quelque chose alors qu'on ne dit rien du tout. A cet effet, il fit malicieusement le couplet suivant, qu'il chanta

---

[1] Voyez la description intéressante que Rigoley de Juvigny a faite de la société de ce *Caveau,* dans la *Vie de Piron,* mise en tête des *OEuvres complètes* de ce poëte. Paris, 1776; 7 vol. in-8°, et les détails plus piquants encore fournis par Laujon, sur le même sujet, dans le quatrième volume de ses *OEuvres choisies,* p. 225 et suiv.; Paris, 1811, Léopold Collin, 4 vol. in-8°.

dans le salon de madame de Tencin, en présence de Fontenelle :

> Qu'il est heureux de se défendre
> Quand le cœur ne s'est pas rendu!
> Mais qu'il est heureux de se rendre
> Quand le bonheur est suspendu!
> Souvent, par un malentendu,
> L'amant adroit se fait entendre.

Ce couplet est un amphigouri de la plus belle venue, une désopilante mystification; mais il a tellement l'apparence de signifier quelque chose, que Fontenelle, croyant y saisir un sens délicat, pria Collé de recommencer.

— Eh! ma grosse *bête*[1], dit madame de Tencin à Fontenelle, ne vois-tu pas que ce couplet n'est que du galimatias?

— Ma foi, il ressemble si fort à tout ce que j'entends lire ou chanter ici, reprit malignement le bel esprit, qu'il n'est pas étonnant que je m'y sois mépris.

Admis dans la société du duc d'Orléans, qui le

---

[1] Madame de Tencin appelait ses *bêtes* les gens de lettres à qui elle donnait à dîner tous les mardis et deux aunes de velours au jour de l'an : ce qui a fait dire à Piron, en lui envoyant un chapeau de paille pour la garantir du soleil :

> . . . .
> « Vous nous couvrez le *dos* l'hiver :
> » L'été nous vous couvrons la tête. »
>
> *Œuvres complètes*, t. IX, p. 137.

nomma son lecteur et son secrétaire, Collé défraya pendant vingt ans les goûts de ce prince pour le théâtre. On a pu dire avec raison qu'il devint alors le *fournisseur breveté* de Son Altesse [1] et le ministre de ses plaisirs littéraires [2]. Dans ce but, il a composé un grand nombre de parodies et de parades, dont quelques-unes seulement ont été imprimées, de même que toutes les pièces qui forment son *Théâtre de société* [3]. Au premier rang de ces dernières comédies, on doit placer *la Partie de chasse de Henri IV* et *Dupuis et des Ronais*.

Collé a consigné dans son *Journal* le nom des nobles personnages qui, le 6 janvier 1763, jouèrent, à la maison de plaisance du duc d'Orléans, à Bagnolet, *la Partie de chasse de Henri IV*. C'étaient : le

---

[1] M. Arsène Houssaye. Voyez, dans sa *Galerie du dix-huitième siècle*, l'article Collé, une des notices les plus gaies et les mieux réussies du très-spirituel auteur du *Quarante et unième fauteuil* et de tant d'autres productions éblouissantes de verve et d'originalité.

[2] « La fureur incroyable de jouer la comédie, lisons-nous dans Bachaumont (*Mém. secr.*, 17 nov. 1770), gagne journellement, et, malgré le ridicule dont l'immortel auteur de la *Métromanie* a couvert tous les histrions bourgeois, il n'est pas de procureur qui dans sa bastide ne veuille avoir des tréteaux et une troupe. » Le nombre des théâtres de société était en effet considérable à cette époque, et, à cet égard, nous renvoyons le lecteur aux *Curiosités théâtrales* publiées par M. Victor Fournel; Paris, 1859, Delahaye, p. 57 et suiv.

[3] 3 vol. in-12; Paris, 1777, Gueffier.

vicomte de la Tour du Pin, M. de Barbantane, le marquis de Villeroy, le duc d'Orléans, M. Danczan, mademoiselle Marquise [1], Laujon, le vicomte de Polignac et madame Drouin. Il paraît que les trois premiers acteurs jouèrent d'une façon noblement pitoyable, tandis que les autres remplirent supérieurement leurs rôles, surtout le duc d'Orléans, chargé de représenter le meunier Michaut.

Voici d'ailleurs le jugement que la Harpe a porté sur cette comédie, écrite en prose, ainsi que sur celle de *Dupuis et des Ronais*, qui est en vers :

« Parmi les comédies de la seconde classe, nous
» en avons peu d'aussi suivies et d'aussi intéressantes
» que *Dupuis et des Ronais*, et *la Partie de chasse*.

---

[1] Nous sommes détenteur d'une correspondance inédite, extrêmement curieuse, entre la duchesse de Bourbon, princesse de Condé, et les deux jumeaux que le duc d'Orléans, son père, avait eus de cette demoiselle Marquise, ou plutôt le Marquis (elle signait ainsi), laquelle était danseuse à la Comédie italienne. Ces deux jumeaux, connus dans le monde sous le nom des abbés Saint-Albin et Saint-Farre, vivaient encore sous la Restauration; ce sont des figures très-originales, surtout l'abbé de Saint-Farre, dont les dettes et les folles dépenses ont fait dire au roi Louis-Philippe, dans une lettre en notre possession, « qu'elles ressemblaient aux montagnes de la
» Suisse dont on ne découvre jamais les cimes que par degrés,
» et où, après avoir bien travaillé et bien monté pendant
» plusieurs heures pour atteindre ce qu'on croit être le som-
» met, on découvre, en y arrivant, qu'on n'est pas même
» encore à moitié chemin. »

INTRODUCTION. 13

» Le nom de Henri IV est sans doute pour cette der-
» nière un relief très-précieux, mais l'ouvrage en lui-
» même, quoique assez irrégulier, a beaucoup de
» mérite..... *Dupuis et des Ronais*, tiré du roman des
» *Illustres Françaises* [1], est une pièce de caractère.
» Celui de Dupuis est bien soutenu, et s'il n'est pas
» dans l'ordre commun, il n'est pas non plus hors de
» la nature. La versification est la partie faible de
» l'ouvrage, mais tous les sentiments sont naturels :
» rien de faux, rien de recherché. »

En outre, Collé a rendu un service au théâtre en rajeunissant plusieurs anciennes comédies pour les adapter aux convenances modernes. Ces comédies sont : *le Menteur*, de Pierre Corneille ; *la Mère coquette*, de Quinault ; *l'Andrienne*, de Baron ; *l'Esprit follet*, de Hauteroche ; *le Jaloux honteux*, de Dufresny [2].

Dans la plupart de ses compositions dramatiques, Collé s'est attaché à peindre les mœurs de son temps, et il y a mis autant de relief que de fidélité, d'où il suit que son pinceau est souvent aussi libre que les mœurs mêmes qu'il avait à décrire, et ce n'est pas

---

[1] *Les illustres Françaises, histoires véritables*, par Challes ou Chasles ; la Haye, 1723 et 1748, 2 vol. in-12, et 4 vol. même format.

[2] Voir, à la fin de ce volume, la *liste chronologique* des ouvrages de Collé, et l'analyse de quelques-uns d'entre eux.

peu dire, en vérité. On lui reprochait un jour de ne pas *draper* assez ses portraits : « Comment voudriez-vous reconnaître une vieille édentée, » répondit-il, « si on lui donnait la figure d'une nymphe de quinze ans? »

C'est surtout dans ses *Chansons* qu'on pourrait désirer un peu plus de respect pour la décence. Sa gaieté y est franche et communicative, mais souvent licencieuse. Il ne marchande pas sur les mots; il a tout le libertinage d'esprit nécessaire à l'emploi, tout le dévergondage raffiné que comportait l'époque, et l'on peut dire hardiment de certains de ses couplets ce que madame de Sévigné disait de ceux du baron de Blot, le fameux satirique de la Fronde, savoir, qu'ils ont le *diable au corps* [1]. Après tout, nous préférons le diable qui s'était logé dans les couplets de Collé et s'y joue, à celui qui commandait en maître chez Blot. Ce dernier était un grand vilain diable tapageur, soufflant la haine et la discorde, tandis que l'autre était un aimable petit démon couleur de rose, un vrai lutin, ami du *vin et des belles*, qui avait dû prendre pour devise *Plaisir et charité*.

Du reste, Collé ne faisait en cela que se mettre au diapason du ton qui régnait autour de lui; il suivait la mode, il ne l'inventait pas, et les encouragements

---

[1] *Recueil complet des chansons de Collé;* Hambourg et Paris, 1807, 2 vol. in-18. Nous défions le turco le plus aguerri de lire, sans sourciller, ce Recueil jusqu'au bout.

en haut lieu ne lui faisaient pas plus faute que les exemples : on chantait ses couplets à la cour, dans les salons, dans les antichambres, au sein de ces soupers fins et philosophiques où l'on discourait sur toutes choses entre la poire et le fromage, *inimaginables orgies de conversation*, comme les appelle un de nos plus célèbres critiques, à propos des réunions de mademoiselle Quinault [1]. Ce n'est pas tout, Collé trouva un approbateur *officiel* dans le *correspondant* de quelques souverains d'Allemagne, dans le favori de Catherine de Russie, enfin dans le baron de Grimm. Les paroles de ce spirituel étranger, dont la critique littéraire est devenue parmi nous une autorité toute française [2], contiennent un trop curieux enseignement pour qu'on ne nous sache pas gré de les rapporter *in extenso* :

« M. Collé a fait un grand nombre de couplets
» et de chansons qui sont presque tous des chefs-
» d'œuvre. Vous en avez vu quelquefois à la suite de
» ces feuilles; mais la plupart, non moins excellents
» et précieux aux gens de goût, ne sauraient vous être
» présentés à cause de leur excessive liberté. Cette
» licence, enfant de la verve et de la folie, ne marque
» ni un cœur dépravé ni des mœurs corrompues; elle

[1] M. Sainte-Beuve. *Causeries du lundi*, t. II, p. 152.
[2] « De quoi s'avise donc ce Bohémien, d'avoir plus d'esprit que nous? » disait Voltaire en parlant de Grimm.

» éprouvera toujours l'indulgence des honnêtes gens,
» qui savent que la vertu consiste en autre chose que
» dans le langage emphatique et pédantesque d'une
» morale alambiquée et austère. Qu'un homme se
» mette de sang-froid à composer des ouvrages licen-
» cieux, je prendrai aussi mauvaise opinion de son
» cœur que de son esprit; mais que l'ivresse du mo-
» ment, qu'une saillie involontaire, lui fassent échap-
» per, malgré lui, un couplet trop libre, je me gar-
» derai bien de le condamner; et lorsque ce couplet
» est plein de talent, de feu, de goût et d'élégance, il
» me rappellera Anacréon et Horace, et je me sou-
» viendrai que les plus beaux esprits de tous les siè-
» cles ont toujours un peu donné dans le péché de la
» gaillardise. Que, pour ce, ils soient damnés dans
» l'autre monde, à la bonne heure; mais dans celui-
» ci, ils seront toujours bien aimables, et je crois que
» le préfet de l'enfer même ne pourra jamais les con-
» fondre avec cette foule de méchants, de fripons,
» d'hypocrites, de cœurs durs et féroces dont son
» séminaire doit être garni.

» Je ne suis pas aussi indulgent pour les parodies
» de M. Collé, et le péché contre le bon sens et le bon
» goût ne trouve pas grâce devant moi comme celui
» de gaillardise [1]. »

[1] *Correspondance littéraire, philosophique et critique de Grimm*, t. III, 1re partie, février 1763, p. 288 et suiv.

On le voit, le vent soufflait à la gaudriole; on la respirait dans l'air, elle était partout, et l'on pouvait dire son fait à la pudeur, la malmener, la fourrager, la traiter à la dragonne, et être sûr d'avance des acclamations de la galerie. Assurément, notre société actuelle est plus polie, mieux élevée, nous sommes tous de petits saints qu'un rien effarouche, qu'un rien fait rougir; mais, de bonne foi, si le *mot* nous effraie, respectons-nous plus la *chose?*

Collé ne célébra pas uniquement le vin et l'amour dans ses couplets. Après avoir chatouillé le vice et souffleté la morale, le tout en badinant, il voulut fustiger tout de bon les ennemis de la France. Dans ce but, il rima avec un sérieux des plus amusants une chanson sur un fait historique, la prise de *Port-Mahon*, et cette composition lui valut du roi Louis XV une pension de six cents livres. *Une pension*, entendez-vous? La chanson a trois couplets, ce qui fait deux cents livres de rente pour chacun.

Certes, voilà une chanson bien payée! Cela rappelle la *gratification* de six cents livres que le cardinal de Richelieu accorda à Colletet, pour avoir fait *six* vers où cet auteur peignait des canards barbotant dans l'eau.

O âge d'or des poëtes!

Toutefois, la couronne de Colletet eut ses épines,

car le cardinal insista pour qu'il modifiât un des vers en question. Au lieu de

« La cane s'*humectant* dans la bourbe de l'eau, »

Son Éminence voulait qu'il mît *barbotant*. Mais Colletet tint bon, et sa résistance est encore citée avec orgueil par les nobles fils d'Apollon comme un acte de courage et de mâle indépendance.

Les vers de Collé n'eurent pas à subir une pareille injure; ils passèrent *tout de go*, selon une de ses expressions, bien qu'il y aurait eu fort à reprendre pour un ministre métromane. Le lecteur va en juger, car une chanson qui a valu une pension de six cents livres à son auteur est une pièce rare, qui mérite d'être connue, à titre d'encouragement, pour les chansonniers présents et futurs [1].

La voici, copiée sur l'autographe original que

---

[1] Piron obtint aussi une pension de mille francs de S. M. Louis XV. Pourquoi pas? Il y avait des droits comme Collé, en sa qualité de poëte licencieux. Et ce qui donne un charme attendrissant à la pension accordée à maître Alexis, c'est qu'elle lui fut octroyée à la sollicitation personnelle de madame de Pompadour. La favorite considérait probablement les services qu'elle rendait dans ces circonstances, à son corps défendant, comme des œuvres pies, comme des victoires remportées dans l'intérêt de la morale; et c'est sans doute pour cela qu'elle s'écriait de temps à autre en soupirant : « Ah! » ma vie est comme celle du chrétien, un combat perpétuel. » La femme est un abîme.

possède un de nos amis, qui a bien voulu nous la communiquer :

COUPLETS
SUR LA CONQUÊTE DU PORT-MAHON [1].

I.

Ces braves insulaires
Qui sont, qui font sur mer les corsaires,
Ailleurs ne tiennent guères.
Le Port-Mahon est pris,
Il est pris, il est pris, il est pris, il est pris.
Ils en sont tous surpris.
Il est pris, il est pris.
Ces forbans d'Angleterre,
Ces fous, ces fous, ces foudres de guerre,
Sur mer comme sur terre,
Dès qu'ils sont combattus,
Sont battus, sont battus, sont battus, sont battus.

II.

Anglais, vos railleries,
Ces traits, ces mots, ces plaisanteries

---

[1] Mahon ou Port-Mahon, est une ville de l'île de Minorque. Prise par les Anglais en 1708, les Français, commandés par le maréchal de Richelieu, la leur enlevèrent en 1756, mais ils la leur rendirent en 1763. Les Espagnols, aidés des Français, s'en emparèrent en 1782, après un siége mémorable; ils l'ont conservée depuis.

Seraient-elles taries?
Seriez-vous moins plaisants
A présent, à présent, à présent, à présent?
Raillant ou combattant,
L'Anglais vaut tout autant.
Avec les mêmes grâces
Il rit, il rend, il défend ses places;
Ses bons mots, ses menaces
Ont le même succès,
A peu près, à peu près, à peu près, à peu près.

III[1].

Beaux railleurs d'Angleterre,
Nogent, Melun, le coche d'Auxerre,
A vos vaisseaux de guerre
Ont, pendant cet été,
Résisté, résisté, résisté, résisté.
Ils les ont maltraités,
Ils les ont écartés.
Notre flotte d'eau douce
Vous voit, vous joint, combat, vous repousse;
Et jusqu'au moindre mousse
Tout est, sur vos bateaux,
Des héros, des héros, des héros, des héros.

---

[1] « Pour l'intelligence de ce couplet, il est bon de dire que » les Anglais, au commencement de cette guerre, avaient, » dans leurs papiers publics, donné un état de la marine de » France, où ils mettaient les coches de Corbeil, d'Auxerre, » de Ville-Neuvier, la galiote de Saint-Cloud, le bac d'Asnières, » capitaine Le Voyer, etc. » *Note de la main de Collé.*

IV [1].

Plein d'une noble audace
Richelieu presse, attaque une place.
Et d'abord il terrasse
Ses ennemis jaloux
Sous ses coups, sous ses coups, sous ses coups, sous ses coups.
Ni portes ni verrous
Ne préviennent ses coups.
Sans se servir d'échelles
L'honneur, l'amour lui prêtent des ailes.
Bastions et ruelles
Il emporte d'assaut,
De plein saut, de plein saut, de plein saut, de plein saut.

Collé.

Une communauté habituelle de penchants et de plaisirs rapprocha Collé de Piron et les lia d'une étroite intimité; mais les deux amis différaient entre eux beaucoup plus qu'on ne le suppose généralement,

---

[1] Ce quatrième couplet a été biffé par Collé, qui a écrit au bas les mots suivants : « Ce dernier couplet n'est pas de » moi; il est sans doute du garçon imprimeur qui a fait gra- » ver cette chanson. Il ne me serait jamais tombé dans l'esprit » de louer le maréchal de Richelieu. *Je ne loue ni ne satirise.* » Il ne loue ni ne *satirise!*... Quel aplomb! On ne saurait trop le répéter, la mobilité de l'imagination de Collé le rendait merveilleusement propre à recevoir toutes les impressions, à la condition de n'en garder aucune.

et — pour nous servir d'une expression triviale mais énergique et pittoresque — on croit mal à propos que les deux *faisaient la paire*.

C'était bien la même muse aux jupons courts, aux cheveux flottant sur une gorge à demi nue, le même entrain, le même épanouissement de verve leste et délurée, mais chacun gardait son cachet et sa physionomie. Piron avait plus d'éclat, plus de profondeur, plus de force; Collé plus d'insouciance et de légèreté. Sous les dehors d'une gaieté folle, Piron cachait une incurable mélancolie, née de l'impuissance de ses efforts et de sa pauvreté. Collé était franchement enjoué, dégagé des préoccupations de l'avenir, et tout entier au présent, qui lui avait souri de bonne heure, et qui lui souriait de plus en plus en avançant dans la vie.

On peut dire que Piron montait un vaisseau de haut bord armé en guerre, avec lequel il affrontait la tempête, et Collé une barque légère qui côtoyait le rivage et naviguait sous un ciel azuré.

> Littus ama. . . .
> Altum alii teneant.

Pour parler sans figure, Piron, âgé de vingt ans de plus que son ami, travailla à peu près sans fruit pendant les deux tiers de sa vie, et ce n'est qu'en se mariant — il avait alors plus d'un demi-siècle — qu'il parvint à se créer un semblant d'indépendance. Collé, au contraire, dès l'âge de vingt-cinq à trente ans, vit son existence assurée par les bienfaits du duc d'Orléans, qui, non content de se l'être attaché à titre de lecteur et de secrétaire, comme nous l'avons dit, lui donna plus tard dans ses sous-fermes un intérêt qui le mit dans une situation de fortune voisine de l'opulence. Dès lors, tandis que le navire de Piron, mâts rompus, voiles déchirées, regagnait péniblement le port pour s'y faire radouber, Collé abandonnait tranquillement sa barque au gré de l'eau, sans s'inquiéter du vent ou des étoiles, sûr que le vent continuerait de souffler et que les étoiles brilleraient toujours.

De là le cri de détresse et de désespoir amer que Piron laisse échapper de temps en temps et malgré lui de sa poitrine oppressée [1]. De là aussi le ton égal

[1] Voir, dans les *OEuvres inédites* de Piron, l'ode intitulée *A jeun*, de même que plusieurs de ses lettres adressées à l'abbé Legendre (*Mélanges des bibliophiles*, t. IV), et aussi quelques-unes de ses *Préfaces*, entre autres celle de la *Métromanie*, etc. Pour bien connaître le caractère moral de Piron, il faut lire la très-remarquable étude que M. Cuvillier-Fleury a consacrée à ce poëte, et qui, insérée d'abord dans les *Débats* des 15 et 29 mai 1859, fait actuellement partie du tome premier des *Historiens, poëtes et romanciers;* Michel Lévy, 1863, 2 vol. in-18. Tout ce qu'on peut dire sur le dernier représentant de l'esprit gaulois parmi nous se trouve dans cette étude, où, avec l'autorité d'une parole justement écoutée, l'éminent critique a su introduire autant de profondeur que d'éclat. Sauf M. Édouard Fournier, qui a fait sur Piron un excellent travail,

et constamment joyeux du luth de Collé, dont aucune circonstance extérieure, pas même la vieillesse, n'est venue déranger l'accord.

Pour finir en deux mots, nous dirons que le rire de Piron a quelque chose de violent et de saccadé ; celui de Collé est doux et plein de mièvrerie.

Ce n'est donc pas avec Piron que Collé a partagé le sceptre de la chanson ; ce n'est pas non plus avec Gallet [1], qui en a composé un trop petit nombre et de trop peu marquantes pour être une *individualité*. Collé partagea ce sceptre avec un autre poëte, avec

---

les autres biographes ont généralement dépassé le but, soit en outrant le blâme, soit en surfaisant l'éloge. M. Cuvillier-Fleury s'est préservé de tout entrainement, de toute passion, et il nous a laissé un Piron pris dans le vif de sa nature. M. Jules Janin (*Indépendance belge* du 8 mars 1859) a aussi consacré à maître Alexis une de ces pages comme il en sait écrire, c'est-à-dire une page délicieuse où le bon sens le dispute à la verve, l'esprit à l'impartialité. Quant à nous, nous saisissons avec bonheur l'occasion qui nous est offerte ici pour exprimer aux deux *futurs académiciens* notre vive et profonde gratitude. L'indulgence aimable avec laquelle ils ont daigné parler du travail que nous avons fait nous-même sur le poëte bourguignon, a été pour nous la plus douce comme la plus inattendue des récompenses. Nous tâcherons d'y puiser un fécond stimulant.

[1] Chose singulière, de même qu'on n'a pu découvrir aucune lettre autographe de Molière, de même on ne possède aucune ligne de la main de Gallet. Peut-être cet épicier-poëte faisait-il des cornets de ses manuscrits. C'eût été d'un épicier homme d'esprit. Dans tous les cas, il a dû mourir content : il a eu la gloire d'avoir un trait de ressemblance avec Molière.

Panard, et, bien entendu, il garda pour lui la meilleure part de cette royauté souriante et légère. Panard, dont la muse un peu prude, un peu pincée, est moins court-vêtue que celle de Collé, prit le gouvernement du *vaudeville moral*[1], dont on a dit qu'il était le *père* : — belle paternité vraiment et bien enviable ! — mais Collé en a préféré une autre, et il a retenu pour son lot le gouvernement du *vaudeville grivois*. Aussi est-il passé maître à ce jeu, et le considérons-nous définitivement, pour notre part, comme le grand prêtre de la gaudriole et du *flonflon*.

Ne lui demandez ni l'élévation, ni la distinction, encore moins l'*idéal*. Mais quelle science du rhythme ! comme il assouplit, comme il brise le mot rebelle et la césure réfractaire ! C'est bien à lui vraiment que la *rime obéit en esclave*. La plupart de ses chants sont des tours de force par la témérité de la coupe et la difficulté vaincue. Collé est l'acrobate du nombre et de la mesure. Ses vers font le grand écart ; ils dansent sur la corde roide, sans que la raison ou le sens

[1] On ne nommait pas alors *vaudeville*, comme on le fait aujourd'hui, une petite pièce de théâtre mêlée de couplets, mais bien les couplets eux-mêmes. Le *vaudeville* consistait en une chanson plus ou moins licencieuse, plus ou moins maligne ; bref, c'était encore le *vaudeville* tel que l'avait créé, au quinzième siècle, Olivier Basselin. Voyez les *Vaux de vire* de ce poëte-chansonnier et de Jean le Houx, publiés par le bibliophile Jacob ; Delahaye, Paris, 1858, 1 vol. in-18.

perdent un instant l'équilibre. Il n'y a que la décence qui y fasse des culbutes. Mais où trouver une fraîcheur de coloris plus franche, plus naturelle, une vivacité plus leste, plus pimpante, plus rieuse? Et puis, par-ci par-là, un éclair de sentiment et de grâce. En un mot, Collé est le vrai chantre du plaisir, et nous comprenons à merveille que ses contemporains l'aient surnommé l'*Anacréon français*.

Et cependant un littérateur de nos jours, un écrivain de talent, mais que sa verve facile entraîne parfois au delà d'une juste mesure, a fort maltraité Collé, de même qu'il avait fort peu ménagé Piron [1]. Selon lui, le premier est « un hargneux rhéteur de la » chanson, un être boursouflé, malveillant et jaloux, » une sorte de Piron raccourci et glacé. » Quant au second, ce serait « une espèce de Job gaulois, un » vulgaire sceptique, un vulgaire rimeur, un bouffon » qu'on doit laisser dans sa nullité, etc. »

Évidemment, ce jugement est empreint d'une sévérité excessive. Il comportait tout au moins des nuances, des réserves, et, tel qu'il est formulé, il nous paraît aussi peu exact, aussi peu rationnel que celui que le même écrivain a porté ailleurs [2], mais dans un

[1] M. Hippolyte Babou. Voyez les articles Piron et Collé, dans le tome III des *Poëtes français;* Paris, Gide, 1861.
[2] Voyez les *Amoureux de madame de Sévigné;* 1862, Didier, 1 vol. in-8°.

sens opposé, sur madame de Maintenon, qu'il nous présente comme devant être mise au rang des *femmes vertueuses* du dix-septième siècle [1].

A ce compte, ce serait le cas de dire avec un refrain connu : « *Faut d'la vertu, pas trop n'en faut.* »

Revenons. En 1757, Collé se maria, et ce fut un mariage d'inclination qu'il fit [2]. Dans son *Journal*, et dans quelques-unes des lettres que nous publions

---

[1] Quant à nous, Collé nous paraît réunir les diverses qualités que Voltaire exige pour la chanson, lorsqu'il dit : « Pour bien réussir à ces petits ouvrages, il faut, dans l'esprit, de la finesse et du sentiment, avoir de l'harmonie dans la tête, ne point trop s'élever, ne point trop s'abaisser, et savoir n'être pas trop long. » N'oublions pas, au surplus, que Béranger a dit que Collé était « le premier de nos chansonniers, et qu'en fait d'héritiers il n'avait laissé que des collatéraux. » *Préface*, de 1815, des chansons de Béranger. Un autre juge souverain, M. Sainte-Beuve, trouve que « Collé est de la bonne race gauloise; qu'il a la gaieté vive, franche, amusante et délicieuse. » *Causeries du lundi*, t. VI et IX, p. 181 et 249. De son côté, un ingénieux érudit, que ses *Causeries d'un curieux* ont placé d'emblée au rang des premiers écrivains de ce temps-ci, nous disait récemment, dans une de ces lettres adorables qui échappent si souvent à sa plume comme à son insu : « que Collé était une figure aimable... » On le voit : sans sortir de notre siècle, nous ne serions pas embarrassé de trouver des lettres de noblesse et de hauts répondants pour notre ami Collé.

[2] « Depuis l'âge de dix-huit ans, j'ai toujours vécu chez les
» autres, dit Collé dans son *Journal* (mai 1757); je n'ai pas
» encore goûté le plaisir d'être chez moi, d'être mon maître.
» J'en vais jouir avec celle que j'ai épousée secrètement il y a
» longtemps, et qui est en même temps ma femme, mon amie
» et ma maîtresse. »

plus loin, il exalte les qualités aimables de sa femme, son caractère droit et élevé. On voit qu'il avait pour elle un vif et profond attachement, une espèce de culte. Elle était son conseil, son Égérie, la confidente de son cœur et de son esprit. Il concentrait sur elle toutes ses affections. Aussi, lorsque sur ses vieux jours il vint à la perdre (1781), tout lui manqua-t-il à la fois; il ne fit plus que végéter dès lors, et tomba dans une mélancolie profonde qui accéléra sa fin. Il mourut le 3 novembre 1783, deux ans et demi après sa femme.

A l'occasion de sa mort, le chansonnier Piis composa une espèce de complainte sur l'air de la romance de Henri IV : *Charmante Gabrielle*, et il la fit imprimer dans les *Étrennes lyriques* de 1784. Elle a onze couplets, et nous en extrayons le premier, qui, le genre admis, ne manque ni de couleur ni de caractère :

> Amour, dans l'Hippocrène
> Renverse ton flambeau!
> Thalie à Melpomène
> Emprunte son manteau :
> Les Jeux dans leur demeure
> Rentrent perclus;
> L'ombre de *Henri* pleure :
> Collé n'est plus.

De son côté, Désaugiers a voulu payer aussi au défunt son tribut fraternel dans les vers suivants, qui peuvent à la fois servir d'épitaphe à Collé et à Désaugiers lui-même :

« Enfant joyeux de la folie,
» Peintre du sentiment et chansonnier divin,
» Il fit couler pendant sa vie
» Des larmes de plaisir, de tendresse et de vin. »

On a dit et imprimé que le chagrin d'avoir perdu sa femme avait conduit Collé au suicide[1]. Pour se convaincre qu'il n'a pas dû, qu'il n'a pas pu porter sur lui une main criminelle, il suffira de voir, plus loin, dans sa *Correspondance,* les sentiments purs, élevés et *chrétiens* qu'il exprime à diverses reprises. Cette imputation ne nous paraît pas plus fondée que celle de Bachaumont, qui, dans ses *Mémoires secrets* (3 novembre 1783), constate en ces termes la mort de notre chansonnier :

« M. Collé, lecteur du duc d'Orléans, et l'un de
» ses secrétaires ordinaires, dont on avait annoncé,
» l'année dernière, l'état triste et languissant, vient
» d'y succomber, *abandonné* presque généralement, à
» raison de l'humeur détestable dont il était tour-
» menté, et qu'il faisait rejaillir sur les autres. »

La *Correspondance* qui suit nous apprend, au contraire, qu'après la mort de sa femme Collé ne vécut

[1] Auger. Voyez l'article COLLÉ dans la *Biographie* Michaud.

point dans l'isolement, encore moins dans l'*abandon*. Il alla passer à la campagne, à Saint-Cloud, où il avait loué un appartement meublé[1], les deux étés qui suivirent ce triste événement; il revint à Paris aux approches de chaque hiver, et toujours il continua de voir ses amis. Sans doute, le coup affreux qui l'avait frappé, à plus de soixante-douze ans, avait altéré son humeur native; le cours ordinaire de ses idées en avait été profondément ébranlé; il le dit lui-même dans une lettre du 25 septembre 1782[2], mais il ajoute : « Je » goûte pourtant quelque satisfaction lorsque mes » vrais amis s'intéressent encore à moi et me le témoi- » gnent, etc. » Donc il ne fuit pas ses amis, et aucun d'eux ne l'abandonne. Il cherche d'ailleurs à s'égayer, à donner le change à sa douleur; il compose encore des couplets, des vers qu'il veut rendre plaisants, une longue *satire contre la vieillesse*[3]; et ces dernières confidences d'une muse qu'il s'efforce, hélas! de rajeunir, nous les communiquons au lecteur, qui pourra juger ainsi des dispositions d'alors de son esprit.

Mais il est temps de parler spécialement du livre que nous présentons aujourd'hui à la publicité, et des documents entièrement inédits qui le composent.

[1] Voyez la lettre L.
[2] Voyez la lettre LI.
[3] Voyez à la fin du volume.

Il s'agit, en premier lieu, d'une cinquantaine de lettres adressées par Collé à l'un de ses jeunes parents, M. de V***, qui occupait alors en province un emploi dans les fermes.

Cette correspondance embrasse une période de huit ans (1775 à 1783), c'est-à-dire qu'elle se rattache aux huit dernières années de la vie de Collé. Il y prend le jeune homme au moment où il est surnuméraire, et il le suit dans toutes les résidences où, en qualité de contrôleur général des fermes, il est successivement appelé.

Tout ce que le langage de Collé a de délicat, de tendre, de passionné même, à l'égard de son *pupille,* de son *élève,* de son *fils* (c'est ainsi qu'il nomme tour à tour le jeune homme), est véritablement quelque chose d'incroyable, et fait le plus grand honneur à la raison et à la sensibilité de notre chansonnier. Il n'avait point d'enfants, et l'on voit que c'était là un vide cruel qu'il cherchait à combler à l'aide d'une illusion, c'est-à-dire en traitant M. de V*** comme s'il eût été son propre fils. L'affection et le dévouement d'un père ne sauraient aller plus loin. Vie privée, vie publique, instruction classique, tenue dans le monde, choix d'une épouse, etc., etc., la sollicitude active et ingénieuse de Collé s'étend à tous ces points essentiels; elle embrasse, elle prévient, elle prévoit chaque chose, et tout cela est dit et touché

avec un charme, un bon sens, un tact inimaginables.
Ce sont des pages émues et vivantes; c'est une chaleur de sentiment qui s'élève parfois jusqu'à l'éloquence la plus vraie, l'éloquence du cœur. Notez, d'ailleurs, que Collé — si frivole en apparence et si positif en réalité — possédait à un haut point la science de la vie et la pratique des hommes. Doué d'un esprit finement observateur, il avait beaucoup *vu* et beaucoup *retenu*, en traversant un siècle où la tête et le cœur mûrissaient vite — quand la tête avait à mûrir et quand le cœur ne se gâtait pas ; — et il entendait que tous ces trésors si laborieusement amassés, que tous ces fruits précieux de son expérience et de ses méditations, ne fussent pas perdus pour tout le monde.

« Si j'eusse rencontré dans ma jeunesse — dit-il
» quelque part à son élève [1] — quelqu'un qui eût
» voulu me donner les conseils que je vous donne,
» j'aurais fait moins de faux pas et dit moins de choses
» déplacées. Mais pressez-vous d'en profiter. Je ne
» suis pas loin des radotages, je vous en avertis, et
» lorsque je les mêlerai avec les bonnes idées qui
» pourront encore venir s'y glisser, reste à savoir si
» votre bon esprit aura la patience de distinguer le
» bon grain de l'ivraie. Peut-être suis-je déjà dans ce

---

[1] Voyez la lettre VII.

» cas-là sans m'en apercevoir. Mais prenez ce qui est
» bon : rejetez les rêveries. »

Et là-dessus, il *vide*, comme on dit, le *fond du sac*, il règle ses comptes avec le passé, avec le présent, et aussi avec l'avenir. A toute force il veut faire de son élève un homme instruit et distingué, et il y a réussi. Il a voulu également en faire un bon père de famille, un mari paisible et heureux, recevant et rendant les douces joies du foyer, et, à cet égard, nous ignorons si ses efforts ont été couronnés d'un plein succès. Mais ce que nous savons, c'est que la tâche qu'il s'était volontairement imposée a été noble et belle, et que ses lettres resteront comme un monument pour attester l'honnêteté et la candeur de son âme, de même que l'élévation et la rare culture de son esprit.

Cette précieuse correspondance est extraite du cabinet de M. Le Serurier, Conseiller à la Cour de Cassation, qui a bien voulu détacher de son riche écrin cette perle bibliographique et nous confier le soin de la mettre en œuvre [1], afin que nous fissions la toilette de Collé, comme on prétend que nous avons déjà fait celle de Piron [2].

---

[1] Cette Correspondance de Collé provient originairement de M. de Baudreuil, ancien colonel d'artillerie, proche parent de M. de V***.

[2] M. Eugène Pelletan. *Presse* du 25 mars 1859.

Une pareille confiance nous flatte et nous honore ; elle nous pénètre de la plus profonde reconnaissance, et nous impose un grand devoir : celui de la justifier. Et comme si ce n'était pas assez, d'ailleurs, de cette distinction non méritée dont nous sommes l'objet, on a daigné y ajouter une grâce nouvelle et nous donner *carte blanche,* c'est-à-dire nous laisser, pour cette publication, toute notre liberté d'appréciations, toute l'indépendance de nos allures. A la vérité, on y a mis une restriction, et nous n'avons pas *carte blanche* pour vous entretenir personnellement de M. le Conseiller Le Serurier. Aussi bien, nous sommes dans l'antichambre de Collé, et il siérait mal de parler de chose si haute et si grave. Nous devons donc nous borner à remercier, en notre nom et au nom des érudits comme des curieux, l'auteur de la libéralité gracieuse qui nous permet d'ajouter aux archives littéraires du siècle dernier cette piquante collection des *lettres inédites* de Collé.

C'est là, sans contredit, un régal délicat et friand, une vraie bonne fortune qui prendra rang parmi les découvertes bibliographiques de notre époque, si riche déjà en révélations de l'espèce; en un mot, si nous osons nous servir d'une expression que M. Sainte-Beuve a bien voulu appliquer aux *OEuvres inédites* de Piron, c'est là « une publication qui comptera et

» restera dans l'histoire littéraire de cet aimable et
» maudit dix-huitième siècle. »

La *Correspondance* de notre chansonnier nous prépare, en effet, un spectacle aussi nouveau qu'imprévu. Collé, le très-mondain Collé, l'apôtre des plaisirs défendus, va nous faire un cours de morale; et il y apportera une franchise d'accent, une vigueur de foi et une sincérité d'onction à humilier le curé de sa paroisse.

Autrefois, nous avons présenté Piron repentant; aujourd'hui, nous allons montrer Collé converti et régénéré.

Saint Piron et saint Collé, priez pour nous!

Cependant, entendons-nous. Ne croyez pas que Collé va nous psalmodier des sermons laborieusement divisés en trois points, ou des homélies dans le goût de celles de l'archevêque de Grenade. Dieu l'en garde, et nous aussi! Ce n'est point un endormeur d'auditoire que le prédicateur Collé. Son texte est varié et gai; il y répand l'agrément de son esprit et les finesses de son sourire; la malice y coudoie la bonhomie, et les réminiscences égrillardes la componction. Naturellement, il n'emprunte pas un mot aux Pères de l'Église; en revanche, il cite beaucoup les auteurs profanes, surtout Horace, cet apôtre de la raison aimable, de la philosophie facile et enjouée, qui a su faire du plaisir le code et la consolation de l'humanité [1]. C'est dire, en d'autres termes, que, dans ses lettres, Collé n'a point dépouillé le vieil homme : on l'y retrouve, au contraire, de place en place, et sous deux aspects différents.

Ici, c'est le vif chansonnier qui reparaît avec ses velléités de gaillardise, ses saillies joviales et risquées, dont le goût ne faisait que sommeiller dans son cœur. Il exhorte avec bonne foi son fils d'adoption à la sagesse, à la vertu (le mot y est); mais en cherchant à le prémunir contre les dangers de la route, en lui signalant les écueils où l'inexpérience fait si souvent

[1] On sera surpris du nombre et du choix des citations que, chemin faisant et comme sans y songer, Collé a répandues dans sa *Correspondance*. Son érudition classique est aussi sûre que variée. Il est bourré de latin. Horace, Virgile, Ovide, Plaute, Térence, Juvénal, etc., il met tour à tour ces auteurs à contribution; mais il ne leur emprunte le plus souvent que quelques mots détachés, un hémistiche, un fragment de pensée, qu'il arrange ensuite et complète à sa manière. Il s'ensuit que l'indication des sources où il a puisé eût été pour nous chose longue et difficile. Aussi n'avons-nous pas pris à tâche cette espèce de course au clocher. Nous n'avons pas jugé à propos non plus de mettre successivement, au bas de chaque page, la traduction française des citations dont il s'agit. Il nous a semblé que cette manière de procéder ne convenait qu'aux ouvrages à prétentions didactiques, et que la légèreté aimable du style de Collé s'accommoderait mal de ces sortes de *compléments*, souvent sentencieux et lourds. Nous aurions craint d'être comparé à ces agents du fisc dont parle Voltaire, qui attachent des plombs à de fines dentelles. Bien heureux encore si le lecteur ne trouve pas que nos propres commentaires sont de ces plombs-là!

naufrage, il passe et repasse ainsi par les chemins verts et fleuris de sa jeunesse, par ces sentiers perdus où, sur la brune, il s'est attardé tant de fois lui-même pour courir le guilledou; et alors les souvenirs de ces folles étapes de sa vie lui reviennent en foule. Il cherche à les écarter, à garder le sérieux qui convient à son rôle improvisé; mais leur image est là, devant ses yeux, souriante et brûlante. Elle lui cause des distractions, des éblouissements, des vertiges. Il souffre, il trépigne, il en met de travers son bonnet de docteur, et volontiers il couperait court au prêche, pour entonner une chanson à boire ou l'un de ces couplets à faire trembler les vitres, tels qu'il en composait autrefois entre deux vins et deux amours.

Par bonheur, la philosophie reprend peu à peu le dessus; d'un revers de main majestueux, il rajuste tant bien que mal son bonnet incliné sur l'oreille, et il poursuit la leçon commencée avec le calme de de l'innocence, ou mieux avec l'innocence d'un *vieux juge*, pour parler comme Beaumarchais.

Au surplus, ce n'est que dans la première partie de sa *Correspondance*, c'est-à-dire pendant que son jeune élève a besoin d'être surveillé et dirigé, que Collé a ainsi des luttes à soutenir contre lui-même, et qu'il retient le plus qu'il peut la bride aux retours de sa gaillarde humeur; mais plus tard, quand son *Émile* est à peu près parvenu à l'âge de raison, quand

il a rompu ses lisières et qu'il lui suppose l'estomac assez robuste pour digérer des aliments solides, il lui lance à brûle-pourpoint le mot à double entente et la plaisanterie au gros sel. Le jeune homme en est charmé ; il croit à une méprise : il ne peut en dissimuler son étonnement, sa joie ; et Collé de lui répondre « qu'en effet, il a *totalement changé son style...*
» Je *pédagogisais* quand vous étiez jeune ; je badine
» aujourd'hui que vous êtes un homme fait... Il ne
» serait pas juste que votre ancien pédant contrefît
» encore le Caton, lui qui ne l'a été de sa vie, etc...
» Je vous glisserai parfois dans mes lettres quelques-
» unes de mes courtes et anciennes folies, ajoute-t-il
» ailleurs : cela égaiera pour vous mes épîtres, et j'y
» trouverai, moi, le plaisir du *meminisse juvat*, etc.[1]. »

A la bonne heure ! voilà qui promet, voilà ce qui s'appelle parler ! Et là-dessus, il lui lâche de nouvelles gausseries rabelaisiennes, entremêlées d'aveux ingénus, de détails intimes et de traits piquants sur l'époque. On ne saurait être un plus aimable, un plus accommodant précepteur. Il va même parfois un peu trop loin dans ses complaisances. Aussi n'avons-nous pas hésité à retrancher quelques mots obscènes semés çà et là, en petit nombre d'ailleurs. Nous voulons bien voir Collé en robe de chambre et en bonnet de

---

[1] Voyez les lettres XXXIX et XLVIII.

INTRODUCTION. 39

nuit; mais il nous a semblé que le déshabillé devait s'arrêter là [1].

Mais passons au second aspect sous lequel reparaît notre chansonnier dans la *Correspondance* dont nous nous occupons.

Maintenant, c'est le caustique auteur du *Journal* qui remonte à la surface et surnage.

Nous le retrouvons frondeur et taquin comme autrefois, armé de ses lanières classiques et fustigeant sans pitié les écrivains dont le nom vient se placer sous sa plume. Et il faut voir comme il se redresse sur ses petits ergots de coq en colère, lorsqu'il veut atteindre jusqu'à J. J. Rousseau ou à Voltaire! Certes, si la mode n'était passée de défendre ces grands hommes, — qui se défendent tout seuls du haut de leur génie, — Collé nous offrirait une belle occasion de rompre une lance en leur faveur; mais nous ne nous donnerons ni cet orgueil ni ce ridicule.

Du reste, Collé est parfaitement dans son rôle lorsqu'il s'élève contre les novateurs en général, sur-

---

[1] Même vêtu comme nous le présentons, Collé eût fort effarouché les familiers de l'hôtel de Rambouillet, où les bonnets de nuit étaient en grande aversion. Afin de ne pas se brouiller avec les précieuses du lieu, le grave Montausier fut obligé d'abandonner l'usage de ce genre de coiffure qu'il affectionnait; et, sans ce divorce plus ou moins volontaire de sa part, la belle Julie l'aurait peut-être affublé d'une façon plus ridicule encore. Tallemant des Réaux, t. III, p. 222-223.

tout quand il dit que Voltaire « *a corrompu la France par ses écrits*, etc. [1]. En effet, les gens à priviléges et à blason n'étaient pas les seuls qui se plaignissent alors des entreprises hardies tentées par Voltaire et ses disciples, en vue de régénérer une société agonisante ; les épicuriens se plaignaient aussi, — les épicuriens ! pauvres diables qui avaient cependant tout à gagner à une rénovation ! — Mais la vie molle et paresseuse que ces aimables vauriens s'étaient arrangée s'accommodait mal des discussions philosophiques qui éclataient de toutes parts. Les pensées graves et austères, les préoccupations profondes que les doctrines nouvelles entraînaient à leur suite étaient comme un pli imprimé à la feuille de rose de ces sybarites, dont la gaieté s'était épanouie à l'ombre de l'insouciance et allait s'éteignant peu à peu aux rayons de la liberté.

Assurément, nous regrettons autant que qui que ce soit cette vieille gaieté gauloise, héritage charmant et glorieux de nos pères, auxquels elle apporta si souvent, hélas ! la consolation et l'oubli. Mais nos pères ont fait selon leur temps, et nous, nous faisons selon le nôtre. Ils jouaient avec l'idée : nous jouons avec le fait ; leur âge était celui du doute et de l'adolescence : le nôtre est celui de l'affirmation et de la virilité. Et certes, cela vaut bien les fabliaux grivois, les

---

[1] Voyez la lettre XXIII.

légendes merveilleuses et les refrains bachiques dont on berçait le premier sommeil de nos aïeux; mais voilà justement ce que ne comprenaient ni les Piron, ni les Collé, ni les Panard, ni les Vadé, etc., etc., tous ces enfants prodigues de la vie et du plaisir. Au surplus, s'ils avaient su lire dans le caractère national, ils se seraient consolés. Ils auraient vu que leurs neveux ne répudieraient pas tout à fait leur héritage, et qu'à défaut de la gaieté, la frivolité nous resterait à jamais comme signe distinctif de notre race, — ce qui devait faire dire plus tard à un autre chansonnier, leur confrère, — un véritable philosophe celui-là!

« On ne rit plus aujourd'hui;
» Est-on moins frivole? »

En définitive, si l'on envisage à un point de vue philosophique le caractère des deux époques et les différences radicales qu'elles présentent entre elles, on est amené à reconnaître que le travail, autrefois, était considéré comme une espèce de peine afflictive imposée à l'homme en punition de sa chute. C'était un acte servile, entaché de honte; le noble seul en était affranchi, et la classe bourgeoise, obéissant au même préjugé, tendait aussi à s'y soustraire. Il existait donc alors des hommes privilégiés, dont toute l'existence se composait de loisirs que chacun dépensait suivant ses goûts, ses aspirations et les aptitudes de son esprit. De là cet essaim de poëtes voluptueux, légers et aimables, continuateurs de la *gaie science*, qui ne songeaient qu'à jouir, sans souci du lendemain.

Aujourd'hui, au contraire, le travail est la loi commune, acceptée de tous. C'est par lui que l'homme s'honore et s'élève à l'indépendance et à la dignité; il n'est plus l'*expiation*, il est la *régénération*. Dans cette situation nouvelle, la pensée humaine va de progrès en progrès, et, sans dédaigner les amusements de l'esprit, elle s'y livre à son heure, et ne leur accorde plus que ce qu'elle peut dérober à ses devoirs.

En un mot, à l'*immobilité* égoïste qui isolait nos pères, a succédé le *mouvement*, qui nous réunit tous dans une commune solidarité.

La seconde et dernière partie de ce volume contient sept lettres écrites par Collé à différentes dates (1756, 1772, 1778) et à diverses personnes (à Favart, Préville, etc.). Ces lettres, dont quelques-unes nous montrent Collé à une époque antérieure à celle où il entreprit l'éducation du jeune de V***, roulent uniquement sur des choses de littérature et de théâtre : c'est dire qu'elles rentrent essentiellement dans notre sujet, auquel, pour ainsi parler, elles servent agréablement de bordure et de cadre. Nous en devons la communication à l'obligeance spontanée de quelques-uns de nos honorables confrères de la *Société des amateurs d'autographes* : MM. Boilly, Boutron, Chambry,

Chauveau, Gautier de la Chapelle, ainsi qu'à M. Dumouchel, l'ami intime de Béranger, un de ces rares vieillards, dont la santé du corps égale celle de l'esprit, et qui, jeunes de pensée et de cœur, font aimer le passé et sourire à l'avenir [1].

Que ces Messieurs veuillent bien en recevoir ici nos sincères remercîments.

Il est juste aussi d'exprimer notre gratitude à M. Gabriel Charavay, pour l'aimable empressement qu'il a mis à ouvrir les colonnes de son intéressant journal (l'*Amateur d'autographes*) à l'appel que nous avons fait aux détenteurs des lettres de Collé.

[1] M. Dumouchel, qui a quatre-vingt-deux ans révolus, a connu Béranger alors qu'ils étaient jeunes tous les deux (1809-1815). Expéditionnaires l'un et l'autre dans les bureaux de l'*Université*, ils y travaillaient côte à côte, et quand Béranger perdit son emploi, les deux amis continuèrent de se voir dans le monde. Aussi, que de traits piquants et familiers, que de curieuses anecdotes le survivant a pu recueillir sur le glorieux mort! Et comme il sait les raconter! Quelle sensibilité! quelle gaieté aimable dans cette voix douce et communicative qui évoque tout un monde déjà loin de nous! En l'écoutant, on croit voir Béranger revivre et l'ombre souriante de Lisette se ranimer. Et l'on se demande si, en composant sa chanson du *Bon vieillard*, le grand poëte n'a pas eu en vue son *vieil* ami, dont il a d'ailleurs, dans maint endroit de sa *Correspondance*, vanté la modestie et le digne caractère. Au surplus, M. Dumouchel a fourni une honorable carrière au ministère de l'instruction publique, où, après certaines fluctuations dues aux orages politiques, il est parvenu à l'emploi de chef de bureau.

A l'imitation de son frère, dont l'expérience éclairée en matière *autographique* fait depuis longtemps autorité, M. Gabriel Charavay rendra de fructueux services à la littérature contemporaine. Déjà son journal, qui éveille de plus en plus de justes sympathies, tant par la manière ingénieuse dont il est rédigé que par le caractère instructif des documents qu'il renferme, a levé plus d'un doute et porté la lumière sur des points restés obscurs jusqu'ici. Nous ne doutons pas que ce recueil piquant ne soit bientôt entre les mains, non-seulement des collectionneurs d'autographes, mais encore des curieux et de tous les amoureux de l'*inédit,* qui s'occupent de fouiller dans le passé.

HONORÉ BONHOMME.

I.

CORRESPONDANCE INÉDITE
DE COLLÉ.

LETTRES ADRESSÉES A M. DE V***.

LETTRE I.

A Paris, ce 5 mars 1775[1].

Votre affaire, mon cher enfant, sera arrangée demain. M. de Saint-Amand[2] me l'a assuré; il vous instruira des détails dans la réponse qu'il compte vous faire.

[1] Nous l'avons dit, M. de V*** était dans les fermes, et il y faisait alors son surnumérariat. Successivement appelé, dans cet emploi, à Soissons, à Aubenton et à Tournon, il fut nommé en 1780 contrôleur général à la résidence de Roanne, où il était encore à la mort de Collé (3 novembre 1783).

[2] Protecteur du jeune homme, et l'un des fermiers généraux. Nous croyons devoir rappeler qu'on nommait ainsi, sous l'ancien régime, les individus qui tenaient à ferme ou à bail les revenus publics, composés alors de la gabelle (impôt sur le sel), de l'impôt des tabacs, des octrois, etc. Les fermiers généraux formaient une association privilégiée, qui compta longtemps quarante membres, et qui fut ensuite portée à soixante. Ils s'enrichissaient rapidement. Leur nomination dépendait du ministre des finances, et le plus souvent le ministre recevait du postulant préféré un pot-de-vin considérable. Les femmes s'en mêlaient aussi, et nous lisons ce qui suit dans le *Journal* de l'avocat Barbier (avril 1749) : «... Le bail général des fermes doit se renouveler au mois d'octobre prochain. Il est étonnant le nombre de gens qui font des fonds comme ils peuvent, et qui remuent toutes les protections de la cour, à commencer par la reine, jusqu'aux seigneurs et dames, pour entrer dans les sous-fermes, que l'on regarde comme une voie sûre pour faire fortune, et qui est aussi une voie aux femmes de cour pour vendre un peu leur protection. » Bref, la plupart des fermiers généraux menaient une vie fastueuse et dissolue, qui semblait insulter à la misère publique. Il s'ensuivit une foule d'abus et de scandales, auxquels l'Assemblée constituante s'empressa de mettre un terme en supprimant l'institution.

Il est toujours dans les meilleures dispositions pour vous, mon cher ami. Vos mœurs, votre caractère et votre conduite les lui ont inspirées. C'est à vous à les justifier, les augmenter et les consolider actuellement par votre travail.

Je n'ai, mon cher fils, que deux conseils que je me permets et que vous me permettrez aussi de vous donner. Le premier est de vous instruire à fond et par principes de ce que vous devez savoir; j'entends par principes que votre travail soit raisonné, et d'y mettre de l'ordre et de la méthode.

Le second, c'est de faire valoir votre travail, et voici encore ce que j'entends par là : c'est de vous faire une besogne particulière et séparée de vos devoirs journaliers, d'intéresser l'amour-propre de vos supérieurs (votre directeur entre autres), en les consultant sur cette besogne particulière, en les priant d'être vos guides, etc., etc. Par ce moyen double, vous ferez deux doubles bons effets : vous vous instruirez réellement et plus vite, et, flattés des avis que vous leur aurez demandés et des confidences que vous leur aurez faites de vos travaux, ces mêmes supérieurs, en vous communiquant leurs lumières, rendront de vous un compte excellent à MM. les fermiers généraux. C'est par cet expédient à deux tranchants que je pense que vous pourrez venir à bout, et plus tôt et plus solidement, de couper le fil et le nœud de toutes les difficultés qui peuvent se trouver à votre avancement.

J'ai vu, mon cher enfant, réussir plus d'une fois dans

ma vie cette manière de procéder dans les affaires. Je ne vous soupçonne point d'avoir le dessein de paraître travailleur et de n'être, en dessous, qu'un paresseux hypocrite. S'il en était ainsi, ne comptez sur aucun succès, au contraire. L'on n'éblouit point aisément les hommes, et surtout les gens d'affaires. Il est presque impossible de les tromper, à cet égard du moins. Je vous crois d'ailleurs l'âme trop honnête pour vouloir jamais en imposer et tromper personne.

Ainsi votre avancement est entre vos mains. Il ne dépend que de votre travail. Mais votre travail serait infructueux si vous ne le faisiez pas connaître, si vous ne vous faisiez pas valoir. Ce sont les deux points de mon sermon, après lequel je descends de chaire en vous bénissant et en vous embrassant de tout mon cœur.

LETTRE II.

A Paris, ce 21 mars 1775.

Je n'ai point répondu, mon cher enfant, à votre première lettre, parce que je ne pouvais pas douter qu'elle ne fût bientôt suivie d'une seconde, ou bien il eût fallu que celle que je vous avais écrite eût été perdue à la poste : ce que je ne présume jamais.

Vous m'assommez d'éloges outrés, mon cher fils ; mais soyez sûr qu'il y a longtemps que j'ai enrayé sur la vanité. Les louanges glissent sur moi ; elles ne me font plus d'effet. Ce qui m'a touché véritablement dans votre lettre, c'est le ton de sentiment qui y règne, et que je mérite seulement par l'amitié que j'ai pour vous. Cette amitié est fondée sur l'estime que vous m'inspirez et sur les espérances que j'en ai conçues. Il faut augmenter l'une et réaliser les autres par votre travail et par l'honnêteté de votre conduite. Il n'y aura plus de bornes alors à ma tendresse pour vous. Ce n'est point assez, mon ami, ou plutôt je n'avais pas besoin d'être persuadé de votre reconnaissance pour les faibles services que je vous ai rendus ; ce n'est point moi qu'il faut en convaincre, ce n'est point moi qu'il faut flatter honnêtement comme vous le faites, c'est M. de Saint-Amand qu'il vous importe d'enjôler (sans fausseté, pourtant). Je vous ai dit à l'oreille le secret de sa vanité. Servez-vous continuellement de ce secret, que je crois infaillible pour votre avancement. Saisissez, que dis-je ? faites naître les occasions sans fin de lui écrire. Consultez-le, demandez-lui ses avis sur les moindres choses ; jetez dans vos lettres ce ton de confiance, de sentiment et d'abandon à ses lumières qui le persuadera. N'oubliez pas de le louer toujours : il est louable par beaucoup de côtés, et vous ne manquerez ni à vous ni à la vérité. Que votre directeur lui écrive aussi sur vous de temps en temps. Travaillez, instruisez-vous promptement, afin que M. Domiliers[1] puisse, en conscience, lui marquer

---

[1] Directeur des fermes, à Soissons, sous les ordres duquel le jeune homme était placé.

vos progrès rapides. Voilà, mon ami, le nœud gordien de votre affaire.

Si vous suivez les conseils que je me permets de vous donner, vous ne serez pas longtemps sans appointements. Vous serez bientôt en pied. Mais, mon cher fils, souffrez encore que je vous répète qu'il faut travailler, et beaucoup. Comme disaient les anciens : « De rien on ne peut faire rien. » J'y ajoute et je vous rabâche ce que je vous ai déjà dit : « Il faut aussi faire valoir ce quelque chose qu'on fait » et c'est, dans votre situation actuelle, ce que M. Domiliers, votre parent et votre ami, saura bien faire, si vous le méritez. Confiez-lui la lecture de ma lettre, et demandez-lui de vous fournir des occasions d'écrire à M. de Saint-Amand. Je connais beaucoup de réputation M. Domiliers : il en a une excellente, et vous êtes trop heureux d'être tombé entre ses mains, car vous resterez à Soissons ; M. de Saint-Amand en a assuré ma femme il y a quelques jours.

Après tous ces avis et sentences, n'allez pas me prendre pour un pédant, mais regardez-moi toujours comme votre vieux ami et votre second père.

LETTRE III.

A Paris, ce 1er avril 1775.

Comme votre dernière lettre, mon cher fils, n'avait aucun objet qui exigeât une prompte réponse, je ne vous l'ai pas faite sur-le-champ. Je vous dirai, à ce propos, que vous n'attendrez jamais les miennes, lorsque dans vos lettres il se trouvera quelque chose de pressé ou d'intéressant.

Ce qui me paraît vous tenir le plus au cœur dans celle que vous m'avez écrite le 26 mars, est que je voie M. Puissant, le fils, votre fermier général de correspondance. Je ne le connais point, mais je chercherai des connaissances auprès de lui. Si je ne puis en trouver d'ici à un mois, je me ferai connaître à lui comme un homme qui vous aime et qui vous est attaché. Le plus sûr, incomparablement, est de vous faire connaître à lui vous-même par l'intelligence et la netteté de votre travail, et par les bons témoignages mérités que lui donnera de vous M. Domiliers. Le beau-frère de ce dernier vous recommandera à cet honnête directeur; mais comptez que les bonnes recommandations sont celles qui viennent de notre suffisance personnelle, de nos dits, faits et gestes. *Cætera fumus.*

Vous êtes actuellement dans la carrière que vous désiriez qu'on vous ouvrît; c'est à vous de la remplir avec honneur, avec capacité et avec distinction. Instruisez-vous, consultez souvent, mais très-souvent, M. Domiliers. Un homme éclairé dans une matière abrége et simplifie le travail d'un candidat, par l'ordre et la méthode qu'il y fait observer. Cette vérité est une dans toutes les différentes professions et même dans les sciences.

Je ne doute plus, moi, mon ami, que vous ne teniez la promesse que vous faites de travailler. Ma femme est plus incrédule et ne se rend pas encore. Elle croit bien que vous en avez l'intention, une sorte de velléité; mais elle appréhende que tout ce que vous écrivez à ce sujet ne parte que d'une ferveur de novice, qui s'éteindra dans le noviciat même, et auparavant que vous ne preniez l'habit. *Macte animo, generose puer!* Donnez-lui-en le démenti! Ce n'est, au reste, que sur une amitié véritable pour vous que se fonde sa crainte; elle me charge de vous le dire, de vous faire mille compliments, et de vous assurer que ce n'est que par l'intérêt qu'elle prend à votre sort qu'elle redoute tant votre indolence. Prenez donc le mors aux dents. Elle vous prie, vous supplie de lui prouver qu'elle ne sait ce qu'elle dit.

Quant aux plombs que vous jetez, mon ami, je ne les trouve point mal visés. Mais ces idées, ces projets, ne peuvent acquérir de vraisemblance et prendre couleur qu'en devenant ce qu'on appelle un *sujet*[1] en affaires, et, par votre conduite, un homme estimable et aimable

[1] Un *bon sujet*, c'est-à-dire un homme de mérite, laborieux, etc.

dans la société. Vous avez en vous tout ce qu'il faut pour remplir ces deux objets. Je suis content de vos lettres. Elles sont senties et elles sont très-raisonnables. Je crois que vous pensez et sentez tout ce que vous écrivez, et que vous êtes bien loin d'en vouloir imposer par des superficies. Vos actions, j'en suis sûr, justifieront tout ce que vous dites à votre ami, et à celui qui prend plaisir à se dire votre second père.

LETTRE IV.

Ce 8 avril 1775.

Auparavant, mon cher fils, de répondre à votre lettre du 4 du courant, il faut que je vous avoue ingénument que je ne vous croyais ni autant de raison et d'esprit, ni autant de sentiment et d'âme. Vous n'en montrez pas autant en parlant qu'en écrivant; je vous le dis brutalement. Cette différence ne peut venir que de votre timidité extrême; conséquemment il faut travailler à la vaincre, attendu que rien ne fait plus de tort qu'une excessive timidité. Peu de gens dans le monde se donnent la peine d'aller déterrer l'esprit des autres (demandez-le à votre cher oncle); il faut avoir un peu de *boute-hors*, comme dit Montaigne[1]. Cette timidité portée

[1] Rabelais emploie aussi ce mot, qui signifie éloquence, faconde, facilité de parler.

trop loin, est plus l'effet d'un amour-propre mal entendu que d'une modestie véritable. Faites donc, à cet égard, des réflexions. Mais ne vous en tenez pas aux réflexions; agissez en conséquence, et mettez-vous à être plus hardi. Vous ne risquez rien; ce qui vous paraitra trop fort ne sera que fort bien. Je connais assez votre caractère pour être sûr que vous ne serez jamais téméraire.

Cet avant-propos sur vos lettres vous dit assez combien j'en suis content, c'est-à-dire plus du *fond* que de la *forme;* car sur ce dernier point, si je voulais être pédant (eh! pourquoi ne le serais-je pas?), je vous dirais que vous manquez un peu de ce côté-là. Dans votre dernière, vous me comparez à *Apollon*, etc.; cela sent le *phébus.* Dans une autre, *vous entrez dans la carrière, vous me mettez au bout de la lice; ce n'est que de moi que vous voulez recevoir la couronne,* etc. Tout cela n'est point du genre épistolaire, qui ne veut qu'un style naturel, simple, clair et précis. Molière m'a appris que :

> Ce style figuré, dont on fait vanité,
> Sort du bon caractère et de la vérité.
> Ce n'est que jeu de mots, affectation pure;
> Et ce n'est point ainsi que parle la nature[1].

Il faut écrire dans une lettre comme on parlerait. Mais après avoir critiqué ce qui est répréhensible, il faut, en joli pédagogue, approuver ce qui est bien; par exemple, mon ami, mon cœur a été sensible à

---

[1] *Le Misanthrope*, acte I*er*, scène II.

plusieurs traits de sentiment qui vous sont échappés, quoique je ne les mérite pas par les faibles services que j'ai été à portée de vous rendre. J'ai été touché de ce vers latin : *Dii mihi dent annos!* J'ajoute : *De te nam cætera sumo.*

J'aime que dans une autre lettre vous disiez que vous *connaissez cette joie douce et pure qu'on éprouve en finissant une journée bien remplie par ses devoirs*, etc. Ou vous seriez un monstre, ou il n'est pas possible que vous ne sentiez ce que vous écrivez là, et ces sentiments honnêtes font sur moi le plus grand effet, et redoublent pour vous mon estime et mon amitié. Il en est de même d'autres traits épars dans les lettres que vous m'avez écrites, surtout votre justification de la mauvaise opinion qu'avait prise ma femme de votre âme active. J'espère, et je suis sûr que vous détruirez tous ces préjugés-là. Votre physique se rétablit, votre âme va reprendre tous ses ressorts.

Ces observations, que je vous fais peut-être avec trop de bonne foi, et dont quelques-unes peuvent égratigner votre amour-propre, me conduisent, quoi qu'il en soit, à vous faire la première réponse essentielle que je vous dois sur un des articles de votre dernière. Vous êtes embarrassé, dites-vous, sur la façon dont vous avez à louer M. de Saint-Amand. Je crois vous l'avoir écrit : c'est la louange méritée et non la flatterie qu'il vous faut employer. Je suis bien éloigné de vous apprendre à être faux ; je vous enseignerais un art que je ne sais nullement et que je méprise beaucoup. Mais, comme je vous l'ai déjà fait entendre, M. de Saint-Amand a des côtés sur lesquels on peut le louer avec la plus grande vérité. C'est un homme de la probité la plus délicate, attaché à la justice et à la règle ; bon ami, serviable, tendre et sensible, remplissant tous les devoirs de la société avec l'exactitude la plus scrupuleuse et la générosité la plus grande ; fort entendu dans les affaires, ne perdant jamais de vue les siennes ni celles des autres, etc. *Omnis in hoc est.* Bon citoyen, bon mari, bon maître, bon ami, bon chrétien, le père des pauvres, l'appui des malheureux, enfin un homme qui réunit les grands principes de la morale à ceux de la religion.

Ainsi, mon cher ami, tous ces éloges véritables qui peuvent être tournés et combinés de mille façons différentes dans toutes vos lettres, sont des sources inépuisables que vous avez assez d'esprit pour ne voir jamais tarir entre vos mains.

Quant à l'objection que vous me faites : *Comment louer quelqu'un que l'on ne connait pas?* cette même objection me fournit un moyen adroit de lui glisser vos louanges. Vous lui marquerez que c'est par moi que vous le connaissez jusqu'au fond de l'âme. « M. Collé m'a dit... M. Collé ajoutait encore..., etc., etc. » Par cet expédient, qui n'est rien moins que gauche, vous me mettrez avec lui encore mieux que je n'y suis ; vous me mettrez conséquemment plus à portée de vous être utile, qui est l'unique chose que j'attends de lui, et vous vous mettrez vous-même plus à votre aise, en rejetant sur un tiers le bien que vous lui direz de lui à lui-même[1]. Prenez garde, ensuite, à mettre de la tournure et de la délicatesse dans ces éloges ; n'y soyez point phrasier, mais simple et naturel ; qu'ils aient plus le cachet du sentiment que du compliment. Soyez sûr, au reste, que de tous les conseils que je puis vous donner, celui-ci est le plus essentiel, après celui de travailler beaucoup et de vous rendre capable.

Vous trouverez, mon ami, beaucoup de verbiage et quelques répétitions dans tout ce que je vous écris là ; mais mon âge, et le *currente calamo,* me serviront, je crois, d'excuse auprès de vous. J'ai oublié, sur cet article, de vous dire que M. de Saint-Amand, que j'ai vu, avait reçu une lettre de monsieur votre père, le même jour que la vôtre lui était parvenue ; qu'il avait répondu à monsieur votre père tout ce qu'il aurait pu vous répondre.

J'ai vu, jeudi, M. Domiliers, qui m'a dit de vous, mon cher ami, un bien que vous devez justifier par votre bonne conduite et par votre travail. Je l'invitai à me faire l'honneur de dîner chez moi ; il me prouva que cela lui était impossible.

Ce samedi matin, j'ai interrompu cette lettre-ci pour faire ma visite à M. Puissant, le fils. Il ne me connaissait que de nom. Il m'a reçu poliment, mais il n'a pu s'empêcher de me paraître scandalisé de ne vous avoir

[1] Le maître conseille ici à l'élève l'emploi d'une honnête fraude, d'une innocente fiction. Collé connaissait le cœur humain. Il avait de l'entregent, de l'habileté ; toute sa vie il avait su allier aux goûts les plus frivoles l'esprit le plus positif.

pas vu. Cependant, à part les raisons que je lui ai données, et le badinage que j'ai fait sur le *péché d'omission* de M. de Saint-Amand, sur lequel j'ai tout rejeté, il m'a semblé être très-disposé à vous servir. Écrivez-lui au reçu de la présente, et, par le même ordinaire, écrivez à M. de Saint-Amand. Prenez pour le dernier le prétexte de la démarche que j'ai faite vis-à-vis du premier. *Vale et ama.*

LETTRE V.

A Paris, ce 27 avril 1775.

Si je vous ai *pédagogisé*, mon cher enfant, sur quelques petites *élevures*[1] de style dans vos lettres, en récompense, on ne saurait être plus content que je le suis de leur fond ; c'est le point essentiel, et c'est tout.

Je vous le répète : je ne m'attendais pas à vous trouver et autant d'esprit et autant de raison et d'âme que je vous en vois. Vos deux dernières lettres, surtout, m'ont donné de vous la meilleure opinion ; non pas que je ne vous aie toujours cru une très-honnête créature, mais je n'eusse jamais imaginé que vous fussiez aussi sensible, et que vous eussiez d'ailleurs autant

[1] *Élevure.* Sorte de pustule, bouton sur la peau ; mot que Collé détourne ici de son sens naturel d'une façon assez heureuse.

de ressort et de jugement. Je vous avoue le fait avec ma franchise gauloise, et j'ajoute que rien ne me fait et ne me fera plus de plaisir que les occasions que vous me fournissez et que vous me fournirez de vous estimer davantage.

Je ne vous donne ces éloges, mon fils, que pour vous exciter à en mériter d'autres, et d'autres encore, et toujours d'autres.

Ma femme, qui vous fait mille tendres compliments, est déjà beaucoup revenue sur votre compte, et elle me charge de vous le dire. Il lui reste cependant toujours, dit-elle, quelques menues racines de soupçons sur votre indolence; mais elle commence à espérer grandement que vous extirperez tout cela. Il n'y aura, je le vois, que vos actions qui lui enlèveront ces racines-là. Moi, qui suis plus confiant, je les vois déjà ôtées.

Je ne doute point, mon cher fils, que MM. Puissant et de Saint-Amand ne vous servent, surtout si vous servez bien la ferme. Je suis charmé que vous ayez été content de mes démarches; elles ne m'ont rien coûté, puisque je les faisais pour vous. Je vous embrasse de tout mon cœur.

Voilà vos affaires bien en règle. S'il vous arrive quelque chose de nouveau, écrivez-moi sur-le-champ. Mais épiez et faites naître les occasions d'écrire à MM. de Saint-Amand et Puissant.

LETTRE VI.

A Paris, ce 26 juin 1775.

Votre lettre, mon cher cousin, me parvient justement dans un court espace de temps que je suis obligé de rester à Paris. J'en suis charmé. Je profiterai de cette circonstance heureuse pour faire quelques démarches qui ne vous seront peut-être pas inutiles. Je verrai M. Puissant et je lirai une partie de votre lettre à M. de Saint-Amand. J'augmenterai dans l'esprit de ces deux messieurs la bonne opinion qu'ils doivent avoir de vous, si votre travail et ses effets les y confirment entièrement, ce que j'espère. Tout à présent dépend de vos faits et gestes. Car ce n'est pas seulement, comme vous savez, par de belles lettres et des mots bien arrangés que vous persuaderez de vos progrès, de vos études et de votre capacité. Ils vous jugeront sur vos actions et vos opérations. *N'en doutez point, Burrhus*[1] !

Je compte, mon cher ami, que votre probité égale celle de ce Romain, et que vous êtes la vérité même. Vous ne m'avancez sûrement rien qui ne soit vrai, et vous n'exagérez point. Je m'arrange là-dessus pour vous louer d'entamer votre éducation financière par vous bien mettre dans la tête l'ordonnance, son commentaire

---

[1] *Britannicus*, tragédie de Racine, acte II, scène 1re.

et tous les principes de votre métier. Quand on en a choisi un, il faut y primer, et ce n'est qu'en fouillant dans les principes, ce n'est qu'en les discutant, en les approfondissant et en recherchant les motifs et les causes, que l'on se rend supérieur à sa matière. L'on n'a point à rougir alors devant ses inférieurs de ses ignorances. Le travail ensuite devient un jeu, et l'on vit toujours bien avec soi-même quand on s'est mis en état d'être au-dessus de son état. Vous serez certain alors de l'estime de vos supérieurs et de la considération de tous ceux qui vous connaîtront; vous jouirez continûment [1] de ce bien, qui est le plus grand des biens, qui ne fera qu'augmenter chaque jour, et qui dans la vieillesse est le seul, l'unique trésor qui puisse satisfaire, et qui contente en effet délicieusement le cœur d'un galant homme.

Quant à votre timidité, mon cher pupille, je ne vous dirai pas : Changez de caractère,

> Car on n'en change point; je ne le sais que trop.
> Chassez le naturel, il revient au galop [2].

Mais je vous exhorterai, mon ami, à tenter des efforts qui diminuent les effets de votre caractère. A force de le contredire, vous affaiblirez ce qui s'y trouve de vicieux à cet égard. En affaires sérieuses que vous aurez à traiter, et dans les circonstances critiques, prenez des précautions contre votre timidité. Suivez le procédé des

---

[1] Pour continuellement.
[2] Destouches, *le Glorieux*, comédie, acte III, scène v.

avocats qui vont plaider. Ils ont un papier sur lequel ils jettent les premiers mots de leurs moyens ; ils établissent l'ordre et la division de leur plaidoyer. Vous avouerai-je qu'étant né sinon timide, du moins sans mémoire, je me suis servi avec succès de cet expédient, quand j'avais à parler de choses importantes à Mgr le duc d'Orléans [1] ou à quelques ministres ? La timidité fait perdre la mémoire, et il ne vous arrivera plus alors, mon cher Nicole, de ne pas réfuter Pascal [2].

A l'égard de la timidité dans la société, on pourrait venir à bout de la diminuer considérablement si l'on voulait faire le sacrifice plus ou moins de son amour-propre, s'oublier le plus qu'on le peut soi-même et se souvenir perpétuellement des autres. Suivez et commentez, pour ainsi dire, les idées des personnes avec lesquelles vous causez, vous serez sûr de réussir.

[1] On sait que Collé devait sa fortune au duc d'Orléans.

[2] Ce n'est pas la mémoire qui manquait au savant Nicole ; il en avait une prodigieuse, au contraire, puisque dès l'âge de quatorze ans il possédait à fond le grec et le latin, mais il n'avait aucune facilité pour la conversation : souvent il y restait court, et, à cet égard, c'était un second la Fontaine. Aussi disait-il au sujet de Tréville, homme d'esprit et qui parlait bien : « Il me bat dans la chambre, mais il n'est pas » plus tôt au bas de l'escalier que je l'ai foudroyé par mes » arguments. » J. J. Rousseau disait à peu près la même chose, dans une circonstance analogue. Quant à la Fontaine, on sait qu'il avait un ami nommé Gaches, qui était chargé de répondre pour lui ; et quand cet ami était absent et que le bonhomme était poussé à bout par quelque interlocuteur indiscret : « Ah ! s'écriait-il en soupirant, que Gaches n'est-il ici ! comme il vous répondrait, lui ! »

On plaît immanquablement davantage aux hommes et encore plus aux femmes en faisant valoir l'esprit ou la raison des autres, qu'en faisant briller le sien, ou qu'en montrant son jugement. C'est une vérité que je n'ai reconnue qu'à l'âge de trente-cinq ans, et que je vous fais passer à vous beaucoup plus tôt, mon cher enfant. Il ne tient qu'à vous de vous prouver à cet égard ce que l'expérience m'a démontré.

Vous voyez d'ailleurs que, par cet expédient, qui est bien simple, le fond de la conversation n'est pas autrement difficile à trouver, puisque ce sont les idées qu'on vous présente qui en fournissent la matière; il ne reste de votre part à y mettre que de la complaisance, de la politesse et de l'aménité.

Vous avez raison de dire aussi que votre timidité est un effet de votre amour-propre; mais ce que vous ne devinez pas peut-être, c'est qu'en général celui des jeunes gens est devenu mille fois plus fort qu'il ne l'était du temps de la jeunesse de Monticourt[1] et de la mienne. La naissance de la philosophie moderne vous a tourné la tête à tous. Vous vous êtes tous flattés d'être des

---

[1] Laujon nous apprend que ce Monticourt, dont Collé annonce la mort subite plus loin (lettre XXV), était « un con- » vive aimable, joignant au jugement le plus sain l'esprit le » plus délicat, le plus fertile en saillies, et une gaieté naturelle » qui souvent allait jusqu'au persiflage. Aussi son adresse à » donner des coups de patte sans trop égratigner l'avait-elle » fait nommer *le chat de la société.* » Tome IV, page 231 des *OEuvres choisies* de Laujon; Paris, Léopold Collin, 1811. 4 vol. in-8°.

personnages raisonnables parce que vous êtes des *ratiocinateurs* [1].

Vous avouez vous-même que vous êtes entré dans le monde tout plein, tout enthousiasmé de Jean-Jacques, et vous n'imaginez pas à quel point il a dû porter et exalter votre amour-propre, à vous personnellement. Revenez à cet égard de votre erreur : connaissez Rousseau. C'est un sophiste ; c'est un homme qui se joue sciemment de la raison et de ses lecteurs. Apprenez que c'est un charlatan de philosophie, et l'homme le plus faux que la nature ait jamais produit. Sans avoir de caractère à lui, il s'est fait celui d'homme singulier. Il ne l'est pas foncièrement. Feu M. de Marivaux, qui l'avait connu quinze ans auparavant qu'il eût pris le parti d'être extraordinaire, paradoxal, et de débiter son orviétan philosophique, M. de Marivaux, dis-je, m'a assuré qu'il l'avait vu l'homme du monde le plus simple, le plus uni et le moins enthousiaste. Ce que j'ai vu, moi, ainsi que Monticourt, c'est qu'il n'a écrit que par fausseté contre la musique française. Son amour-propre infernal avait été humilié par Rameau, lequel lui avait prouvé, chez M. de la Popelinière [2], que celui qui avait composé un de ses airs du *Devin du village* n'en avait

---

[1] *Ratiocination, ratiociner,* raisonner, exercer sa dialectique ; *Ratiocinari*. Montaigne, Rabelais.

[2] Très-riche financier, célèbre par son goût pour la musique, pour la magnificence, et surtout par ses mésaventures conjugales, dont Richelieu fut un des héros. Madame de la Popelinière était fille de Mimi Dancourt.

pas pu faire l'accompagnement, ou qu'il serait le plus ignorant des musiciens. Cette sortie de Rameau l'engagea à écrire pour se venger de cet homme de génie, et il a enveloppé notre musique dans sa proscription pour cette seule cause, et sans être convaincu de ses dogmes en cette matière [1].

Homme vain et faux, il refusait de l'argent d'une main et demandait l'aumône de l'autre. Crapuleux, méprisable, il a épousé sa servante qu'il tyrannisa. Sans égard pour la vérité, il n'a composé son Discours sur les sciences et sur les arts que pour briller. Diderot lui dit qu'il serait trop commun de soutenir que les sciences étaient avantageuses aux sociétés humaines, et, indiffé-

---

[1] Dans le huitième livre de ses *Confessions*, Rousseau dit qu'il a été amené à écrire sa fameuse *Lettre sur la musique française* par suite des deux partis qui s'étaient formés à l'Opéra, l'un pour la musique italienne, sous le nom de *Coin de la reine*, l'autre pour la musique française, sous le nom de *Coin du roi*. La lettre de Jean-Jacques produisit un effet incroyable; « elle est, dit Grimm, restée sans réplique, malgré cinquante libelles qu'on a faits contre l'auteur... et, ce qui est difficile à croire, ajoute-t-il, c'est que M. Rousseau a pensé être exilé pour cette brochure. » (*Correspondance, année* 1754). Quant à l'algarade que, suivant Collé, Rameau aurait faite à Jean-Jacques, Rameau en était bien capable : car, sur la fin de sa vie, il avait vu commencer la popularité des virtuoses italiens, « ce qui, nous apprend Diderot, le rendait sombre, triste et hargneux. » Il eut aussi de vifs démêlés avec d'Alembert au sujet de la musique; et, au surplus, c'était chose très-naturelle que le vieil auteur du *Traité sur l'harmonie* s'élevât avec force contre des novateurs qui venaient *brûler* ce qu'il avait *adoré* toute sa vie, et réciproquement.

rent pour le vrai ou pour le faux, il se décida à traiter la proposition inverse, par le motif seul de son extrême singularité. Ce fait est de notoriété publique parmi les gens de lettres [1].

Si les bornes d'une lettre, mon cher ami, me permettaient de vous écrire davantage, j'aurais bien d'autres choses à vous détailler sur la duplicité de cet écrivain, le plus éloquent d'ailleurs de son siècle. Logicien et plein d'une chaleur brûlante, je n'ai point été étonné qu'on ait été la dupe généralement de ses sophismes, qu'il n'est pas aisé d'apercevoir, et que son style éblouissant empêche la multitude de démêler.

Assurez bien monsieur votre père de mon amitié,

---

[1] Cette allégation, qu'on retrouve dans Marmontel (*Mémoires*), et dans Diderot lui-même (*Vie de Sénèque*), n'est nullement confirmée par Jean-Jacques (livre VIII de ses *Confessions*). Il y dit qu'étant allé voir Diderot, alors prisonnier au château de Vincennes, il fit part à cet ami du plan de son discours, comme aussi de la *Prosopopée de Fabricius,* et que Diderot *l'exhorta à donner l'essor à ses idées et à concourir pour le prix* proposé par l'Académie de Dijon. Il nous semble, quant à nous, que Rousseau n'avait pas besoin, au cas particulier, des conseils de Diderot pour prendre parti contre les sciences et les arts; la théorie développée dans son discours est conforme aux principes de toute sa vie, au système général qu'il avait adopté, car on peut dire, avec M. Villemain, que Jean-Jacques est à la fois le *représentant* et le *contradicteur* de la philosophie de son temps; et, d'ailleurs, la théorie dont il s'agit se trouve en germe dans une de ses lettres, écrite quelques années auparavant (1748), lettre dont Musset-Pathay a consigné un fragment dans son *Histoire de la vie et des ouvrages de J. J. Rousseau*, t. II, p. 363.

ainsi que monsieur votre oncle, le timide, que j'estime et que j'aime de tout mon cœur. Dites-moi des nouvelles de sa santé; elle m'inquiète.

Ma femme vous fait mille amitiés sincères. Elle voit, ainsi que moi, avec un vrai plaisir, que vous prenez le mors aux dents et le chemin de devenir un homme estimable et utile. Vous n'imaginez pas l'excès du tendre intérêt que nous prenons à vous, mon petit jeune homme. Quand vous seriez notre fils, je crois, d'honneur, que nous n'y en prendrions pas davantage, et je le signe.

LETTRE VII.

De vendredi, 27 juillet 1775.

Votre lettre du 14, mon cher pupille, ne m'est parvenue où je suis que le 20. C'est toujours avec grand plaisir que je reçois de vos nouvelles. Il est sûr que j'ai bien de l'amitié pour vous; qu'elle s'est fort augmentée depuis que je vous connais davantage, et qu'elle augmentera encore à proportion de l'augmentation de mon estime. Je ne doute pas des accroissements que vous y donnerez vous-même, à ce dernier égard. Je me persuade que vous allez vous instruire à fond de votre métier, que vous vous en acquitterez avec la plus exacte probité, et que la considération personnelle qui en découlera pour vous par une suite nécessaire, vous rendra alors mille et mille fois plus cher à mon cœur. Allons, courage, mon cher enfant! c'est à ces conditions que je désire passionnément de vous aimer en père.

En attendant, je ne négligerai rien de ce qui pourra vous procurer votre avancement, qui cependant, comme je vous l'ai dit, est actuellement plus entre vos mains que dans les miennes. J'ai vu M. Puissant pour vous et sans vos ordres; je prendrai encore cette liberté au retour des campagnes.

Je suis bien aise, mon ami, que vous ayez trouvé potables les remèdes que je vous ai donnés pour votre timidité[1]. J'espère qu'ils vous réussiront. J'oubliais de vous relever sur une idée de votre dernière lettre. Vous vous plaigniez de ce que vous ne saviez pas *être amusant* dans la société. Mais on n'est point obligé de l'être quand notre caractère ne nous y appelle pas. On serait, au contraire, ridicule d'y tâcher. Ne suffit-il pas d'y être honnête, attentif, complaisant? Le sérieux plaît et est en droit de plaire comme la gaieté, quoique par un chemin opposé. Boileau n'a-t-il pas dit : « *Qu'un homme né chagrin plaît par son chagrin même?* » Ne forçons la nature en rien; soyons ce que nous sommes, et nous serons bien. Il n'y a que l'affectation d'être ce qu'on n'est pas qui est insoutenable et choquante. Du reste, comme je vous l'ai dit, faites usage de l'amour-propre des autres pour soutenir la conversation, et soyez bien sûr que c'est un trésor qu'il est impossible d'épuiser.

[1] Voyez la lettre IV.

Je suis enchanté pour vous, mon cher pupille, que vous goûtiez un peu les conseils que je vous donne. Si j'eusse rencontré, dans ma jeunesse, quelqu'un qui eût voulu prendre cette peine pour moi, j'aurais fait moins de faux pas et dit moins de choses déplacées. Mais pressez-vous d'en profiter. Je ne suis pas loin des radotages, je vous en avertis, et, lorsque je les mêlerai avec les bonnes idées qui pourraient encore venir s'y glisser, reste à savoir si votre bon esprit aura la patience de distinguer le bon grain de l'ivraie. Peut-être suis-je déjà dans ce cas-là sans m'en apercevoir. Mais prenez ce qui est bon, rejetez les rêveries.

Je vous l'ai dit, Rousseau est le plus faux des hommes. C'est un homme à qui la vérité est indifférente. Auteur paradoxal, il se joue de tout et n'a point de sentiment à lui[1]. Ce n'est point un auteur original, excepté dans ses détails, par sa méthode, sa logique sophistiquée et son éloquence de feu grégeois. A l'égard du fond, il n'en a point à lui. C'est Montaigne et Locke où il a puisé son *Émile*. Montaigne est d'ailleurs dans tous ses autres ouvrages philosophiques. Il y a même un livre, imprimé depuis peu d'années, où l'on spécifie tous ses larcins faits à notre auteur gascon. Rien de ce qu'a écrit

---

[1] On sourit en songeant qu'à l'exemple de Rousseau, Collé avait aussi *son Émile*, et que s'il se déchaîne ainsi à tout propos contre le citoyen de Genève, c'est peut-être par pure *jalousie de métier*. D'un autre côté, en sa qualité d'auteur dramatique, il devait difficilement pardonner à Jean-Jacques sa *Lettre à d'Alembert sur les spectacles*, critique amère qui l'atteignait directement lui-même.

Rousseau ne lui appartient pour le fond. Son roman. d'*Héloïse* n'est lui-même qu'un pillage des situations et des caractères des romanciers qui l'ont précédé. C'est *Clarisse*, c'est *Paméla*, etc., etc. Il n'a rien inventé. Ses discours sophistiques sur les sciences et belles-lettres, son Traité social, ses dissertations hétéroclites et fausses sur le théâtre, et autres drogues de rhéteur qui a la fureur de bien dire, sont déjà presque oubliés. Son roman tiendra par la véhémence des passions et par la force de son éloquence vive et rapide; mais à qui l'a examiné de près, la nature y est exagérée et manquée dans une infinité d'endroits. L'on a dit effectivement que l'histoire de la séduction de son écolière était sa propre histoire. Je n'ai rien de positif sur ce fait; en tout cas, il se serait peint là comme un grand roué. Au reste, il était commis de M. Dupin, fermier général[1], avant de *s'être fait* singulier; car il n'est pas singulier

---

[1] Mort en 1769, dans un âge avancé. Avait servi avant d'être financier. Il travailla laborieusement à une réfutation de l'*Esprit des lois*, qui fut imprimée et supprimée ensuite d'après les conseils de ses amis. Il s'était proposé de faire l'apologie de la finance à l'encontre de Montesquieu, — rien que cela! — Sa seconde femme était fille de Samuel Bernard, qui, pour reconnaître l'accueil que lui avait fait M. Dupin, la lui donna avec une place de fermier général et une fortune immense. Il avait eu de sa première femme un fils, Dupin de Francueil, célèbre par ses amours avec madame d'Épinay et ses relations avec Jean-Jacques. Du reste, ce dernier, alors qu'il était encore obscur et ignoré, avait été secrétaire de madame Dupin, qui visait au bel esprit et qui recevait à sa table, toutes les semaines, les Mairan, les Buffon, les Fontenelle, etc.

par caractère, il n'est que charlatan : il a voulu jouer le rôle de cynique.

Je vous en dirai davantage une autre fois. On attend ma lettre pour la porter à Paris. Ma femme vous fait mille tendres amitiés.

LETTRE VIII.

Ce 23 septembre 1775.

Comment donc, charmant petit bidet normand, vous commencez déjà à manéger comme un jeune cheval d'Espagne! Vous donnez des idées nouvelles de voltes aux vieux haras des fermes générales! J'approuve très-fort ce que vous avez fait là, et quand votre travail serait ou défectueux, ou idéal, ou même inutile, il doit vous faire estimer de vos supérieurs. Car, comme je crois déjà vous l'avoir dit, mon cher ami, non-seulement il faut travailler pour s'instruire, mais il faut encore que l'on soit instruit que vous travaillez. D'ailleurs, dans ce siècle charlatan, on ne saurait trop faire claquer son fouet, qui est à grand'peine entendu de ceux qui doivent l'entendre, parce que le son en est presque étouffé par le bruit que font tous les marchands d'orviétan d'aujourd'hui.

Vous avez eu tort, mon cher enfant, d'avoir apporté de la timidité dans ce siècle impudent. Mais qu'y faire?

Je ne crois pas plus que vous que l'on s'en guérisse; mais je vous ai composé une ordonnance de palliatifs dont je désire vivement que vous ressentiez le succès [1].

Si j'étais à Paris, j'irais voir M. Puissant et jaser avec lui sur vos opérations. Il me reçoit très-bien. J'irai le *caponner* [2] pour vous à la Saint-Martin.

Si M. Domiliers approuve quelques articles de votre projet et regarde le reste comme impraticable, il faut refondre votre travail, en faire un nouveau dans lequel vous rapprochiez ses idées et les vôtres. Vous vous en ferez honneur une seconde fois vis-à-vis de la Compagnie, mais vous ne l'adresseriez à M. Puissant que dans les premiers jours de novembre prochain, afin que huit ou dix jours après je pusse aller chez ce dernier savoir ce qu'il pense de votre besogne et de vous, et accélérer, s'il est possible, votre avancement. Il avait, comme je vous l'ai déjà marqué, bonne idée et bonne espérance de vous. Il n'y a pas trois semaines que M. de Saint-Amand m'a dit que vos actions étaient encore haussées auprès de ce M. Puissant. Je ne sais s'il avait vu ce travail dont vous me parlez ici, j'entends M. Puissant.

Quoi qu'il en soit, mon cher ami, voilà le moment de donner ce coup de main que je vous demande. Je trouvai M. de Saint-Amand prévenu plus que jamais en votre faveur. Il me remit son estampe, et il me parut fort flatté que vous la lui eussiez demandée, et avec ce

[1] Voir la lettre IV.

[2] User de finesse au jeu. Dissimuler pour réussir. Du reste, c'est un verbe neutre, et Collé l'emploie ici dans un sens actif.

ton de sentiment que vous savez si bien prendre quand vous le voulez, monsieur le coquin, et dont je vous parlerai pour mémoire. Je ne vous ai point envoyé ce portrait du Saint-Amand, parce qu'en le pliant dans une lettre on gâterait cette estampe. En novembre, vous trouverez à Paris quelque occasion de voyageur qui retournera à Soissons, et qui vous la remettra roulée et non pliée et chiffonnée.

Oui, mon cher fils, j'ai écrit du bien de vous à monsieur votre père, et cela m'a fait plaisir de ne point mentir. Vous vous servez de Sénèque pour me dire des douceurs. Je ne crois pas qu'on eût encore mis Sénèque à cette sauce-là. Quoi qu'il en soit, je suis moins flatté qu'attendri des éloges que vous me donnez dans le passage que vous me citez de lui. Je veux croire, pour ma santé, que c'est votre cœur qui parle et qui vous fait exagérer le peu de mérite qu'ont mes conseils, qui partent d'ailleurs plus de mon âme que de mon esprit.

Je vous fais compliment, mon ami, sur ce que vous ne négligez pas les lettres, et de ce que vous n'avez pas abandonné vos auteurs latins. Sénèque a bien de l'esprit ; c'est un excellent moraliste, un peu charlatan, vantant la pauvreté au milieu des richesses, etc., etc. La morale d'Horace est bien supérieure à la sienne; c'est celle d'un homme du monde, d'un courtisan délié, d'un philosophe profond, d'un esprit délicat et sublime et d'un goût exquis; sa morale a quelquefois même l'empreinte de la plus tendre sensibilité. Lorsqu'il dit, par exemple, que les amants tournent en beautés les défauts de leurs maîtresses, il conclut avec sentiment :

> Vellem, in amicitia, sic erraremus! et ipsi
> Errori, nomen virtus posuisset honestum.

C'est, mon petit ami, ce que vous avez exécuté en m'appliquant le passage de Sénèque. L'amitié vous a grossi les objets, ou plutôt vous a donné ces douces erreurs sur mon compte, et qu'il me serait bien impossible de justifier.

Adieu, mon cher enfant; je vous embrasse de tout mon cœur, et je vous supplie de continuer à bien faire, cela me consolera de vieillir. *Vale, et ama.*

LETTRE IX.

Ce 21 octobre 1775.

J'ai reçu, mon cher enfant, dans son temps et à la campagne où j'étais, votre lettre du 4. Je comptais revenir, le 15, faire un tour à Paris; je n'ai donc pas voulu y répondre avant que je n'eusse vu M. Puissant. Je n'ai pu le voir que ce matin, et je vous écris tout de suite.

M. Puissant est fort content de votre zèle, mais n'est point satisfait du fond de la chose. Il m'a dit sur votre compte beaucoup de particularités très-obligeantes. Il

est enchanté que vous vous soyez ingénié même sur une chose qui a des dangers trop grands pour pouvoir être adoptée. Je lui ai parlé, le voyant si bien disposé, de votre avancement et de vous mettre en pied le plus tôt possible. « Vraiment, m'a-t-il dit, monsieur, je le désire
» autant que vous; premièrement, parce que je vois qu'il
» le méritera, et ensuite encore parce qu'il me paraît
» que mon ami M. de Saint-Amand y prend un intérêt
» singulier. Il me l'a recommandé avec la plus grande
» vivacité; mais, malheureusement, il y a auparavant
» lui beaucoup de contrôleurs surnuméraires. — Mais,
» monsieur, lui ai-je répliqué, j'imagine que vous
» traitez dans le grand ces espèces de promotions, et
» que vous ne vous amusez pas à suivre exactement
» l'ordre du tableau ? — Je vous demande pardon, m'a-
» t-il répondu ; hormis quelques cas extraordinaires
» d'incapacité, nous plaçons les sujets successivement,
» et, quoique quelques-uns d'eux ne soient pas parfois
» aussi forts que ceux qui sont après, nous les faisons
» cependant passer avant les gens qui le mériteraient
» davantage, parce que, travaillant sans appointements
» depuis plus longtemps, il est de l'équité de les em-
» ployer suivant leur rang [1]. »

[1] Ce M. Puissant exprime ici des principes qui contrastent fort avec ceux qu'on suivait alors dans toutes les administrations, où le bon plaisir et le système de la faveur la plus révoltante prenaient le haut du pavé. C'est tout simplement une fin de non-recevoir polie que le fermier général opposait à Collé; mais le rusé vieillard ne se payait pas de cette monnaie, ainsi qu'on le verra par les lignes qui suivent.

Je suis bien fâché, mon cher ami, que le coup que je viens de frapper ne soit qu'un coup d'épée dans l'eau. J'eusse été au comble de la joie si j'eusse pu vous annoncer une meilleure nouvelle. Mais, quoi qu'il dise, je ne l'en crois pas tout à fait. Je suis sûr, au contraire, que si vous continuez à remplir votre état d'une façon aussi distinguée que vous le commencez, on pourra bien sauter à pieds joints par-dessus la règle.

Je retourne à la campagne, mon cher petit cousin. Ne m'écrivez qu'à la Saint-Martin, époque à laquelle je serai de retour et à demeure. S'il faut faire alors quelques démarches, disposez de moi entièrement.

Je ne savais pas (c'est M. Puissant qui me l'a appris) que le petit V*** est le fils de M. F***, que j'ai beaucoup connu. C'était un homme fort riche, fort borné, et qui a fini par faire banqueroute. Il est actuellement à l'île de France, je crois, ou expatrié dans une autre de nos colonies. Je vous dis cela sous le secret, et comme chose qui peut vous intéresser. Vous me paraissez avoir pris de l'amitié pour ce jeune homme, qui peut, à la vérité, être honnête homme quoique fils de son père, mais qui peut aussi en tenir [1]. *Quod notandum.*

Si vous ne trouvez point de voyageur, je vous ferai

---

[1] « Les préjugés, ces vieux tyrans du monde, » a dit M. J. Chénier. On voit que Collé sacrifiait quelque peu à ces tyrans-là. Comme si le fils d'un banqueroutier devait être nécessairement un malhonnête homme dont on dût repousser la confiance ou l'amitié! Voyez la lettre XV, où Collé insiste sur ce point.

passer l'estampe de M. de Saint-Amand par la messagerie, à mon retour, quand vous me le marquerez.

Vous faites bien d'aimer les lettres; elles ne sont à présent qu'un plaisir passager pour vous; à mon âge, elles vous deviendront une nécessité continue et une consolation habituelle. C'est ce que j'éprouve tous les jours de ma vie actuellement.

Je suis bien sensible, mon ami, à la confiance que vous avez en moi; elle part plus de votre amitié que du peu que je vaux, et c'est là précisément ce qui m'en touche davantage. Depuis que vous travaillez, l'estime et l'amitié de ma femme augmentent aussi pour vous. Je ne me refuserai point à bavarder littérature avec vous. Je vous dirai comme je pense, mais ce que je pense ne sera pas sans doute toujours comme on doit penser. J'ai une imagination qui me fait quelquefois illusion et qui m'a souvent empêché de voir un objet sous toutes ses faces. Quand l'une d'elles m'a saisi vivement, je suis sujet à me tromper, comme il arrive à tous les gens d'imagination. Il ne faudra pas vous en rapporter aveuglément à moi, et même à personne. Il faut juger soi-même. *Nullius addictus jurare in verba magistri.*

Vous me demandez, par exemple, mon cher enfant, ce que je pense de l'éloquence de Beaumarchais. Je réponds à cela qu'entraînée par la cause publique qu'il a défendue, en maniant en maître le Parlement des roués [1], mon admiration pour lui a peut-être été trop loin.

[1] Le parlement Maupeou.

Quoi qu'il en soit, j'ai trouvé son éloquence une éloquence *de choses* et non une éloquence *de mots*, comme celle de Thomas [1].

Cet homme a tous les styles. Il est véhément et pathétique, tendre et spirituel. Personne n'a badiné avec plus de grâce et de légèreté. Il semble qu'on entend un homme de la cour. Ses plaisanteries sont du meilleur ton. L'interrogatoire de madame Goësman est un chef-d'œuvre de sarcasme et d'adresse pour se concilier les femmes. C'est un Démosthène quand il parle au public et à ses juges et lorsqu'il tonne contre M. de Nicolaï; c'est un Fénelon dans son roman attendrissant d'Espagne [2]; c'est un Juvénal et un Horace quand il *arrange*

---

[1] Thomas (Ant.-Léo.), littérateur, panégyriste (1732-1785), remporta cinq fois le prix d'éloquence et une fois le prix de poésie à l'Académie française, où il siégea lui-même. Voltaire a dit *galithomas* pour *galimathias*. Ce jeu de mots est plus plaisant que juste; car il y a des beautés incontestables dans les ouvrages de Thomas, si l'on y trouve quelquefois de la roideur et de l'enflure.

[2] Probablement, Collé appelle *roman d'Espagne* ce brillant épisode des *Mémoires* de Beaumarchais, où ce dernier rend compte du voyage qu'il fit à Madrid en 1764, à l'occasion d'une promesse de mariage faite à sa sœur par un littérateur espagnol, Joseph Carvijo, lequel, après la publication des bans, refusait de tenir sa parole. Alors Beaumarchais accourt : il voit le jeune homme et lui parle avec tant de force et d'éloquence, qu'il le ramène, soumis et repentant, aux pieds de sa fiancée. Mais Carvijo se ravise de nouveau; il accuse Beaumarchais d'un guet-apens, et obtient secrètement l'ordre de le faire expulser de Madrid. Prévenu à temps, Beaumarchais vole chez les ministres, pénètre jusqu'auprès du roi, se justifie, et fait si vite et si bien que c'est le jeune homme lui-

les Marin, les Baculard et le grand conseil. Jamais, de mes jours, je n'ai vu autant de sortes d'esprit que dans ses *Mémoires;* aussi les ai-je fait relier avec des notes que j'y ai insérées. Quoique je n'aime point Rousseau, personne ne rend plus de justice que moi à son éloquence, à sa chaleur et à son énergie. Mais je trouve Beaumarchais mille fois plus vrai, plus naturel, plus insinuant et plus entraînant que cet orateur, qui veut toujours l'être, le paraître, qui est d'ailleurs sophiste à impatienter son lecteur, que l'on sent qu'il méprise, et dont il se joue perpétuellement comme le rat fait de la souris.

LETTRE X.

Paris, ce 29 novembre 1775.

Auparavant de répondre, mon cher enfant, à votre lettre du 20, j'ai voulu voir vos saints patrons. Je n'ai pas trouvé M. Augeard; mais c'est de lui que j'avais le moins besoin. J'ai traité, avec M. de Saint-Amand et avec M. Puissant, la matière que vous m'aviez présentée

même qui est chassé de la cour, après avoir été révoqué de l'emploi qu'il y occupait, à titre de garde des archives. C'était bien joué. Par de tels tours de gobelet, Beaumarchais se formait la main. Il semblait préluder à ces imbroglios inextricables, à ces hardis coups de théâtre où il devint plus tard si habile.

sur les bureaux de correspondance, et ils n'ont pas éloigné cette idée autant que vous l'aviez craint, et que je l'appréhendais moi-même.

Je m'en suis ouvert d'abord à M. Puissant, qui, sans la rejeter, me fit observer que les places de chef ne montaient qu'à cinq mille livres, et celles de sous-chef à cent louis. J'allai ensuite au Saint-Amand, auquel je rendis compte de cette ouverture, et qui me dit que la chose pouvait se faire, si M. Puissant vous prenait en gré; que ces places dépendaient du fermier de correspondance, quand il en vaquait, mais qu'il faudrait attendre qu'il en vaquât. Il m'assura positivement qu'il prendrait langue sur ce sujet avec M. Puissant, et le solliciterait pour vous.

Je retournerai, samedi, chez ce dernier pour m'assurer s'ils se sont vus. J'ai fait valoir à l'un et à l'autre votre travail et votre esprit. Je leur ai lu votre lettre, qui en était aussi remplie que de raison. J'ai été votre prôneur, votre préconiseur, et, en vérité, presque votre paillasse. J'ai vanté votre orviétan comme un des bons Gilles que vous puissiez imaginer. Aussi ces deux messieurs ont-ils été aussi contents qu'on le peut être de votre style, de votre jugement et de votre bonne volonté.

M. Puissant est satisfait de votre besogne, quoique inutile. C'est lui qui vous a fait faire réponse par la Compagnie; il me paraît bien disposé en votre faveur. C'est à vous, mon cher fils, à entretenir et augmenter ces bonnes dispositions en travaillant plus que jamais, et en continuant à faire claquer le fouet de votre travail. Je vous aiderai, dans cette dernière opération, de toutes mes forces. Quelque chose que vous fassiez, au reste, je vous juge trop raisonnable pour vous flatter d'obtenir une place de sous-chef d'ici à dix-huit mois ou un an, encore après ce temps faudra-t-il qu'il en vaque. Vous ne penserez à coup sûr, en attendant, qu'à vous en rendre capable. *Ad omnia paratus et idoneus.*

Quant aux passe-droits, nous avons coulé à fond ce point, M. Puissant et moi. Il soutient qu'il ne s'en fait aucun. Il est entré avec moi dans le détail d'un prétendu passe-droit, qui n'en est pas un, dit-il, et qui n'en a que l'apparence. C'est celui d'un M. Noguez, qui épouse une mademoiselle Delinois, fille d'un intendant des finances de Monsieur. Un M. Bazin, qui était contrôleur général des fermes, lui a cédé sa place moyennant vingt-quatre mille livres; mais si M. Bazin n'eût pas quitté, il n'y aurait pas eu de vacance, et, d'ailleurs, les fermiers n'ont pu refuser leur agrément à cet arrangement, que Monsieur lui-même demandait. Je confonds peut-être les noms dans cette histoire-ci; c'est peut-être M. Bazin qui épouse et M. Noguez qui se démet de sa place; mais le fond est toujours le même.

Nous avons ri, M. Puissant et moi, de vous voir vous rouler dans le manteau de la philosophie, et de vous voir mettre tous vos confrères les surnuméraires dans un alambic où vous vous amusez à les regarder tomber goutte à goutte jusqu'à ce qu'enfin votre tour vienne.

Vous n'avez jamais écrit mieux que cette dernière lettre. Elle est aimable, spirituelle et sensée. Cela m'encourage à y relever une faute de grammaire que j'y ai trouvée; la voici : « Je voudrais que vous vous *informiez*, etc. » Il faut dire que vous vous *informassiez*, ou bien, je veux que vous vous informiez. Même faute : « Je serais » bien aise que vous me *tranquillisiez.* » Il faut *tranquillisassiez*, ou bien mettre le verbe au temps présent. Pardon de ces pédanteries; mais vous avez trop d'esprit pour qu'on vous laisse écrire incorrectement.

J'ai appuyé, comme vous le pouvez bien penser, mon cher enfant, sur la phrase obligeante que vous avez mise concernant M. Puissant. « M. Puissant a fait » oublier M. Pauze, et l'on désire de le conserver long- » temps notre correspondant. » Il en a été infiniment flatté. Vous êtes un coquin qui avez profité de mes leçons, et je suis un autre coquin qui ai fait usage de ce tour de Jarnac.

La pièce de Beaumarchais sur laquelle vous me demandez mon avis, est une jolie comédie, très-gaie et approchant de la farce. Elle ne valait rien en cinq actes. Elle est assez bien en quatre, mais elle serait mieux en trois. Le second acte est inutile en partie. Le déguisement du comte Almaviva en soldat ivre ne sert à rien à l'intrigue. La scène de Basile, au troisième acte, est une scène excellente et que Molière n'eût pas dédaignée dans la meilleure de ses farces. Cette comédie est charmante à la représentation. Elle est écrite avec une gaieté naturelle, et il y a nombre de saillies. Sa préface est

6.

puante d'amour-propre et d'un style hétéroclite. Elle n'est pourtant pas si ridicule que sa préface d'*Eugénie*, qui est d'ailleurs le comble de l'extravagance et du mauvais goût. J'avais jugé Beaumarchais un sot sur cette préface d'*Eugénie*, et un plat auteur sur *Eugénie* elle-même [1]. Mais ses *Mémoires* divins m'ont fait revenir sur son compte, au point de croire qu'il y a peu d'hommes dans la nation qui aient autant d'esprit et de talent que ce diable d'homme-là.

Pour vous ôter, mon cher fils, tout prétexte de me gronder, je ne fermerai point la présente que je n'aie vu M. Augeard. C'est un homme difficile à trouver, mais je suis tenace, moi [2].

Je vis hier enfin M. Augeard, mon cher ami; il est bien le vôtre. Le résultat de notre conversation sur votre affaire fut qu'il fallait tâcher de vous faire sous-

[1] En effet, voici comment Collé juge Beaumarchais dans son *Journal* (janvier 1767, t. III, p. 293-294) : « M. de Beaumarchais a prouvé, à ne pouvoir en douter, par son drame (*Eugénie*), qu'il n'a ni génie, ni talent, ni esprit. » Plus tard, en 1780, dans une note consignée au bas de ce paragraphe, il ajoute : « Je suis bien revenu de l'opinion que j'avais de Beaumarchais. C'est moi qui suis une bête de l'avoir jugé sans esprit. » Que dire à un homme qui s'exécute de si bonne grâce? N'avons-nous pas raison de considérer Collé comme un grand enfant dont on ne doit prendre au sérieux que l'insouciance et la gaieté?

[2] Collé dit vrai. Il était doué d'une ténacité rare qui ne se lassait jamais et qui avançait toujours. C'est par ce côté seulement qu'il se reprenait aux choses de la vie, et qu'il redevenait de temps en temps un homme.

chef dans les bureaux de correspondance à Paris, mais qu'il fallait partir de là pour vous faire, par la suite, directeur en province; que surtout vous deviez éloigner l'idée de tendre à être chef dans ces bureaux, attendu que c'était un cul-de-sac dans lequel il ne vous convenait pas d'entrer. D'après cela, je retourne, samedi, voir M. Puissant, que je vais fortifier dans les vues qu'il a lui-même approuvées. Écrivez-lui en conséquence, et marquez-lui que c'est moi qui vous ai dit de lui écrire. M. Augeard doit lui en parler, ainsi que M. de Saint-Amand. De mon côté, j'irai solliciter de temps en temps, et je suivrai de près votre affaire tout cet hiver, c'est-à-dire pendant tout le temps que je passerai à Paris. Je vous promets même que, s'il y avait quelque grand coup à frapper, je reviendrais exprès de la campagne, et que je me ferai toujours un honneur et un plaisir de vous servir tant que vous serez vertueux, et que votre travail m'autorisera à faire des démarches. Je vous aime plus que jamais, et ne croyez pas que ce soit votre esprit, que (je vous l'avoue ingénument) je ne connaissais pas, qui m'ait séduit; non, mon cher fils, ce sont les qualités estimables de votre cœur et votre ardeur au travail qui ont porté mon amitié pour vous au plus haut point où elle puisse aller.

Ne m'écrivez qu'après le brouhaha du jour de l'an, vers le 12 janvier. D'ici à ce temps, je n'aurai pas mes mains dans mes poches. Je suis né actif, et les sentiments que j'ai pour vous centuplent cette activité. J'ai reçu une lettre de monsieur votre père, auquel j'ai eu l'honneur de répondre sur ses idées provinciales. Il imagine bonnement que les services de son père, les siens et la banqueroute de Roussel doivent lui concilier les fermiers généraux, les piquer de reconnaissance, etc. Il est singulier qu'à son âge il ne connaisse pas mieux les hommes, et qu'il ignore qu'après le serpent rien n'est aussi ingrat qu'une *compagnie* quelconque, et surtout une compagnie de publicains. *Vale, et ama.*

LETTRE XI.

A Paris, ce 8 janvier 1776.

Il faut me remettre au courant, monsieur et cher petit cousin. Deux lettres des 4 et 10 décembre, la dernière du premier jour de l'an de cette année, qui fut remise hier au soir à ma femme par votre habitant de Soissons, votre ami, dont vous ne me dites ni le nom ni l'état. Il convient de répondre à toutes ces épîtres, pour peu que je veuille être honnête.

L'idée de venir travailler à Paris dans les bureaux de correspondance se réalisera, je l'espère, d'ici à huit ou neuf mois. Je pense qu'il n'y a plus de démarches à faire à cet égard. J'entretiendrai seulement la bonne volonté de MM. Puissant et de Saint-Amand pour vous. J'irai faire, dans quelques jours, une visite au premier pour l'échauffer. Toutes les fois que je vois le second, je l'attise pour vous. Ainsi voilà une partie de vos deux premières lettres répondue.

Dans la suite de celle qui m'a été remise par la personne qui s'est chargée de l'estampe de M. de Saint-Amand, j'ai trouvé la coquine de phrase qui suit :
« Votre célérité me confond. Cette activité, cette âme
» exaltée par le plaisir de dire et de faire des choses
» agréables, je ne puis que sentir et admirer tout cela :
» *Quod spero et placeo, si placeo, tuum est.* »

Comment, petit traître, vous vous servez contre moi des armes que je vous ai données! Vous voulez me prendre par mon amour-propre, et encore trempez-vous vos armes dans le poison de la flatterie et de l'adulation. Je vous ai conseillé de louer les hommes par les côtés où ils sont louables, mais je vous ai dit, en même temps, de donner ces éloges avec vérité, et même de ne jamais les outrer. Eh! qu'ai-je donc fait pour vous de si brillant en soi pour me casser le nez de l'encensoir? Je vous préviens, très-sérieusement, que ces flagorneries-là ne vous réussiront pas auprès de moi. Mon cher enfant, réduisons les choses au simple, et ne donnons point dans les travers de l'exagération.

Ma femme, à laquelle je lis les lettres que je vous écris, et qui a de l'amitié pour vous, dit que je vous gâte et que je vous perds, et je m'aperçois qu'elle pourrait bien avoir raison.

Nous nous sommes trouvés à la campagne [1], le jour

[1] La maison de campagne de Collé était à Grignon, près de Choisy-le-Roi. Après la mort de sa femme, Collé vendit cette

de la Saint-Denis de l'année dernière, avec une personne que vous voyez quelquefois à Soissons. Nous ne manquâmes pas de lui parler de vous, comme vous jugez bien. On s'étendit sur vos bonnes qualités, et je dis que je craignais que votre timidité naturelle ne vous empêchât de les développer, et que je vous avais beaucoup prêché sur ce texte-là. On sourit en me répondant que vous aviez *trop profité* de mes sermons à cet égard. On m'assura que vous versiez actuellement de l'autre côté, et que vous étiez devenu trop confiant ; que vous faisiez paraître un amour-propre et une causticité qui est une suite nécessaire de ce même amour-propre dans ceux qui ont de l'esprit comme vous en avez. C'est sur cela que ma femme me reprocha les petites louanges dont je vous avais parfumé. Je me défendis en lui disant que, sur le chapitre de l'amour-propre, je vous avais donné des principes bien opposés à ceux que l'on vous accusait de suivre, puisque je vous avais toujours rebattu que l'on plaisait bien davantage dans la société en faisant valoir l'esprit des autres qu'en voulant briller par le sien, et que l'art de plaire ne consistait qu'à s'oublier toujours soi-même et à se souvenir perpétuellement des autres.

Quant à l'article de la causticité, je vous en croyais si éloigné que je regardai ce grief comme une pure fable. Ma prévention pour vous, mon cher enfant, me faisait même croire d'ailleurs qu'il y avait beaucoup d'exagé-

maison à Marmontel, et loua un appartement meublé à Saint-Cloud, pour y passer la belle saison. Voyez la lettre L.

ration dans l'amour-propre qu'on vous reprochait ; en un mot, quelque instance que me fît ma femme de vous sermonner dans le temps sur cet objet-là, j'y ajoutais si peu de foi que j'en plaisantai et ne voulus point vous en écrire. Mais deux endroits de vos lettres m'ont fait apercevoir ce même amour-propre si à découvert, qu'en ami tendre, j'ai cru devoir aujourd'hui jouer le rôle dangereux de moniteur. Voici ces deux endroits : « Je » m'aperçois que depuis que j'ai le bonheur d'être en » correspondance avec vous, j'écris quatre fois plus » aisément et avec cent fois plus de plaisir. Vous en » êtes-vous aperçu ? »

Voyez combien l'amour-propre perce dans ces trois lignes ! Vous y paraissez fort content de votre esprit, et il n'est pas douteux que vous attendez de moi la confirmation de l'opinion que vous avez de vous-même.

L'autre endroit, mon cher ami, qui est trop long pour que je le copie, c'est la partie de votre lettre de bonne année où vous faites tous vos efforts et vous donnez l'estrapade pour faire de l'esprit. Celui *qu'on veut avoir gâte celui qu'on a* [1]. Mon cœur doit sûrement vous remercier de la tendre intention que vous avez eue de m'être agréable, mais mon cœur, en même temps, vous doit, par amitié et par reconnaissance, le service de vous empêcher de chercher de l'esprit. L'esprit n'est bon que quand il vient naturellement ; il est insoutenable quand on aperçoit l'effort et la fureur d'en avoir à quelque prix que ce soit.

[1] Gresset. *Le Méchant*, acte IV, scène VII.

Je tremble, mon cher enfant, de tout ce que je me suis permis de vous dire dans cette lettre. Je vous eusse parlé encore plus fortement dans une conversation ; mais le papier est toujours si sec et si dur, que, quelques mitaines que j'aie prises, quelques adoucissements que j'aie cru mettre à mes expressions, j'appréhende encore que les vérités que je vous ai dites ne vous fâchent contre moi.

Or, dans tout ceci, mon but, comme vous devez bien le juger, n'est point de vous fâcher, mais de vous rendre meilleur. Comptez qu'il n'y a point de ma part cette espèce d'amour-propre qu'ont les précepteurs des autres. Soyez sûr que tout ce que je vous dis part de mon âme, de l'amitié la plus tendre et la plus raisonnable, et du désir sincère de vous être utile. J'ai même celui de m'être trompé sur les défauts que je vous reproche. S'ils ne sont pas réels, tant mieux, mon cher enfant. S'il se trouve du vrai dans mes observations, qu'il serve à vous observer vous-même davantage, à être plus attentif sur vous, à vous défier de votre amour-propre qui se reproduit comme un Protée, et qu'en général on ne saurait trop continûment combattre. C'est un combat qui doit durer toute la vie, et dont on sort rarement vainqueur.

Ma femme, à laquelle je viens de lire ces objurgations amicales, trouve que je n'ai fait qu'effleurer le burin, tandis que j'ai peur de l'avoir enfoncé. Nous vous embrassons l'un et l'autre avec estime, intérêt, et la plus tendre amitié.

J'oublie de dire que l'on passe quelquefois la causticité aux gens vifs et étourdis, comme je l'étais étant jeune, mais qu'on ne la pardonne jamais aux gens de sang-froid, comme vous êtes. Elle parait, dans ces derniers, le signe du mépris qu'ils ont pour les autres.

LETTRE XII.

A Paris, ce 31 janvier 1776.

Vous avez fait l'enfant, mon cher enfant. Vous ne deviez pas avoir besoin de consolateur. Vous deviez, au contraire, regarder comme la plus grande marque d'estime et d'amitié que je pouvais vous donner, la petite incursion que risquais contre vous. Si vous y aviez pris garde, vous eussiez vu que je vous inculpais sur des indices peu certains, que j'avais négligé d'employer pendant trois mois, et auxquels je n'ajoutais foi que jusqu'à un certain point; vous vous fussiez dit à vous-même : « Cette philippique contre mes petits défauts » est, à coup sûr, un avertissement plutôt qu'une accu- » sation. Cependant, faisons sur ce qu'on m'a dit mes » petites réflexions. Je ne suis pas tout à fait coupable, » mais je ne suis pas aussi tout à fait innocent. » Alors, en vous jugeant vous-même avec sévérité, vous vous seriez trouvé quelque chose à corriger, et vous y auriez pris peine. Car n'allez pas vous imaginer que la sentence d'Horace : *Naturam expellas furca, tamen usque recurret*, soit vraie à tous les égards.

J'avoue qu'on ne peut pas changer le naturel ; mais je soutiens qu'on peut le réformer, l'adoucir et l'empêcher de paraître. Un homme né colère, par exemple, ne peut, à la vérité, s'empêcher d'éprouver intérieurement des mouvements violents de cette passion ; mais il peut, à force de réflexions et d'actes réitérés de modération qui lui coûtent beaucoup, surtout dans les commencements, parvenir à la fin à dérober extérieurement, aux yeux des autres, les mouvements impétueux qui agitent son âme au dedans. On obtient sur soi-même de plus grandes ou de moindres victoires ; mais il est certain qu'on en remporte, quand on s'est bien convaincu que son bonheur en dépend. Il en est de même de toutes les autres affections de l'âme. On n'exige point des hommes qu'ils changent leur naturel ; mais on est en droit d'exiger d'eux qu'ils travaillent à réprimer les effets des passions, de manière que ces effets ne soient ni nuisibles ni désagréables dans la société.

Heureusement, mon cher fils, vous êtes né, à ce que je crois, avec des passions douces ; il vous sera donc plus aisé qu'à un autre de les modérer et de les cacher.

La taciturnité ne peut venir, en général, que de l'estime que nous faisons de nous et de notre esprit, et du peu de cas que nous faisons de l'esprit et des autres qualités de ceux devant lesquels nous restons en silence. Ils doivent penser que celui qui se tait, ou craint de mésallier sa conversation, ou n'estime pas leurs vertus ou leur connait des vices. Ils doivent croire, enfin, ou qu'ils ennuient l'homme taciturne ou qu'ils en sont méprisés, relativement à leurs qualités morales. Rien n'est plus aisé que de se corriger de ce petit défaut. Personne n'est né taciturne. Le silence est une mauvaise habitude que l'on a contractée. L'habitude est, dit-on, une seconde nature ; par conséquent vous pouvez, par des actes réitérés, contracter celle de parler en société.

Je vous ai donné, pour parler, une recette infaillible. C'est une matière intarissable que de dire aux hommes tout ce qui peut les intéresser, eux et leurs goûts. « Oubliez-vous continuellement vous-même dans la » société, et souvenez-vous perpétuellement des autres. » Voilà la véritable politesse. C'est là sa loi, et c'est enfin le moyen le plus assuré de plaire à tout le monde. Je vous l'ai déjà dit ; je vous le répète et je vous le répéterai sans cesse, parce que je n'ai rien de meilleur à vous dire.

Avez-vous jamais lu l'*Essai sur les moyens de plaire*, petit ouvrage de feu M. de Moncrif[1] ? Si vous ne l'avez

---

[1] Moncrif (François-Augustin Paradis de), secrétaire des commandements du comte de Clermont, lecteur de Marie Leczinska, et membre de l'Académie française; 1687-1770. Esprit charmant et délicat. Voltaire, qui d'un mot peignait un homme, l'appelait *son cher Sylphe*, de même qu'il appelait Florian *Florianet*. Moncrif ayant publié un petit roman intitulé *Les âmes rivales*, un brahme crut y voir le développement du système de la métempsycose, et envoya à l'auteur, comme témoignage de reconnaissance, un manuscrit in-folio représentant les dieux de l'Inde. Moncrif en fit hommage à la Bibliothèque du Roi. Les œuvres complètes de Moncrif forment 2 vol. in-18; 1804.

pas, achetez-le, dussiez-vous acheter tous les ouvrages de cet auteur, ce qui est dur! Mais c'est un morceau excellent que cet *Essai*. Ce doit être le bréviaire de tout jeune homme honnête qui a des idées, de l'esprit, et qui entre dans le monde. Méditez-le, et, si vous le voulez, vous profiterez beaucoup de ce livre pour votre bonheur.

Probablement, mon cher fils, vous passez condamnation sur votre causticité, car vous ne m'en parlez pas dans votre lettre. Je vous appelle *mon fils* parce que je me sens réellement pour vous la tendresse d'un père, mais qui n'est point aveugle. Je vois vos petits défauts, mais je vois aussi que si vous voulez faire des efforts, mes vieux conseils peuvent faire de vous un homme vertueux et heureux. Cela m'encourage à vous *pédagogiser*. Soyez sûr, au reste, que je n'y mets pas d'amour-propre, mais l'amitié la plus sincère et le plus vif désir d'y réussir par rapport à vous uniquement.

Pour en revenir donc au ton pédagogue, je vous supplie, mon cher fils, de faire la plus grande attention à votre causticité. C'est un défaut qui ne va point du tout à l'air de votre visage. Vous êtes sérieux et de sang-froid, la causticité ne vous convient pas; elle deviendrait en vous la marque du mépris la plus caractérisée. Je m'accuse d'avoir été caustique, mais caustique outré[1].

[1] La spontanéité de ce nouvel aveu et le paragraphe qui suit font l'éloge de Collé et expliquent bien des endroits de son *Journal*.

On me l'a passé *comme ça* [1]. Pourquoi? C'est qu'il y a à parier qu'on dédaignait les traits violents qui m'échappaient ou qu'on n'y faisait pas attention, attendu qu'on les croyait la suite d'une jeunesse vive, bouillante, inconsidérée, imprudente et étourdie, d'une gaieté sans bornes ni frein, et qu'on sentait absolument que cette causticité ne venait nullement de la réflexion, *ains* [2] du contraire. Il était visible que je n'avais pas dessein de blesser ni d'offenser. On me pardonnait donc des railleries, des sarcasmes, très-gais à la vérité, et qui m'eussent fait des affaires très-sérieuses si j'eusse été, comme vous, le porteur d'une physionomie sage et tranquille; et l'on m'a dit depuis tout ce que je vous dis là. Ne vous imaginez pas cependant que cela ne m'ait point fait d'ennemis. J'étais haï très-correctement des sots, et c'est être haï de presque tout le monde. Une société, ou plutôt des sociétés honnêtes et au-dessus de ma sphère, me firent bien vite mettre de l'eau dans mon vin, et j'ose ici me donner comme une preuve vivante que l'on peut se corriger, jusqu'à un certain point, de la causticité [3].

[1] Expression familière à Collé, qui l'emploie assez souvent dans son *Journal*. Au cas particulier, elle signifie sans doute qu'on lui pardonnait sa causticité comme il s'en rendait coupable, c'est-à-dire sans y attacher d'importance, sans y faire attention, etc.

[2] Ains : *Mais*. RABELAIS.

[3] On voit qu'il a oublié ce qu'il vient de dire dans ce même paragraphe, où il ne flatte pas trop son prochain. Enfant terrible que ce Collé, qui, pour nous prouver qu'il est devenu sage, nous fait de nouvelles malices?

Je veux encore, mon fils, vous rebattre : que ce n'est point un prurit de morale, une démangeaison de faire de l'esprit et une lettre bien écrite qui me font vous dire ces vérités; c'est un amour vraiment paternel, c'est l'envie démesurée que vous profitiez de mes leçons et de mes fautes, qui me dictent tout ce que mon cœur vous dit là. Je désire passionnément, non que cela vous amuse, mais que cela vous serve. Et quand? Tout à l'heure. Je veux que dès aujourd'hui vous vous mettiez vous-même à vos trousses, et que vous vous poursuiviez sur vos défauts. Montaigne dit que *l'éducation doit être en action,* que ce n'est point assez de donner des préceptes, qu'il faut encore les faire mettre à exécution. Horace, d'un autre côté, n'entend pas qu'on diffère la curation des maux de l'âme. Si vous avez mal aux yeux, dit-il, vous vous hâtez de le faire disparaître.

> Quæ lædunt oculos, festinas demere : si quid
> Est animum, differs curandi tempus, in annum.
> Dimidium facti, qui cœpit habet : sapere aude!
> Incipe! Qui recte vivendi prorogat horam,
> Rusticus expectat dum defluat amnis : at ille
> Labitur, et labetur in omne volubilis ævum.

C'est à vous à présent, mon cher ami, à voir le parti que vous pouvez tirer de mes radotages. Ils doivent vous occasionner des réflexions, et c'est d'après vos réflexions et le coup d'œil que je vous oblige de jeter sur vous-même, que vous devez vous mettre en action.

Je ne me dédis pas de ce que je vous ai écrit : « qu'on n'était point obligé d'être amusant dans la

» société, etc., etc. Soyons ce que nous sommes, nous
» serons bien. Il n'y a que l'affectation d'être ce qu'on
» n'est pas qui est insoutenable, etc., etc. »

Quand j'ai dit d'être ce que l'on est, je n'ai entendu autre chose, sinon d'être simple et uni, et de rester dans notre caractère, pourvu qu'il ne soit ni vicieux, ni insupportable aux autres.

Vous terminez votre lettre par un trait de désespéré ; vous décidez que « c'est chercher la pierre philosophale » que de prétendre plaire à tout le monde. » Il n'est pas nécessaire de plaire à tout le monde, mais d'être estimé de tout le monde, de déplaire le moins qu'on peut à ceux dont on ne s'embarrasse pas, et de plaire dans les sociétés où l'on vit habituellement, que l'on aime et que l'on estime. Je soutiens, au reste, que je vous ai trouvé cette *pierre philosophale* dans la pratique de la maxime : *Oubliez-vous vous-même continuellement*, etc. Il est impossible que, si vous mettiez à exécution cette maxime et ses dépendances, sans jamais y déroger, vous ne vous fassiez pas estimer, aimer, et même adorer dans toutes les sociétés généralement quelconques.

J'avais oublié de vous dire, dans ma dernière lettre, mon ami, que M. Choquet m'était venu voir et qu'il ne m'avoit point trouvé. Je vous dis dans celle-ci qu'il est revenu, sans avoir pu me rencontrer ; que j'ignore où il est logé à Paris, que je l'eusse prié à dîner si je l'avais pu voir, et que je ne sais s'il est retourné à Soissons. Il a trouvé ma femme, qui n'a causé avec lui que peu de moments. Nous avons cru qu'il reviendrait : nous l'attendons encore.

J'ai gardé, pour le dernier article de ma réponse, celui de l'amour-propre. Vous me demandez des éclaircissements sur cet objet, et vous me dites : « Vous me » persécutez bien fort au sujet de l'amour-propre ; je » n'y entends pas malice ; je sais seulement que l'amour- » propre est un défaut, comme l'humilité est une » vertu, etc., etc. Quels en sont les signes? La vanité, » l'orgueil, la hauteur, ces trois défauts font-ils bande » à part ou marchent-ils toujours de compagnie avec » lui? etc., etc. C'est une hydre difficile à détruire. » L'humilité coupe d'un seul coup ces cent têtes ; mais » c'est une vertu fort aisée à pratiquer à un solitaire. »

Je vais faire une courte réponse à cet extrait de votre lettre, et je serai très-long sur cette matière, d'où dépend le bonheur de la vie des hommes.

1° Je ne vous persécute point, mon cher fils, terme impropre au moins. Je veux vous faire part de mes lumières et de mon expérience, dont je désire vivement que vous profitiez. Mon intention est droite et pure : c'est celle d'un père tendre qui vous dit ou croit vous dire la vérité. Je ne mets aucun amour-propre à vous la dire ; je n'y cherche que votre utilité, uniquement.

2° Autre terme impropre : l'humilité est une vertu *chrétienne*, la modestie est une vertu *sociale* et d'un homme du monde.

3° La vanité, l'orgueil, la hauteur, sont des sortes

d'amour-propre, qui a encore bien d'autres branches, comme je vous le dirai plus en détail.

Enfin, l'amour-propre est indestructible. Il est question seulement de le bien diriger. Il est aussi impossible de détruire l'amour-propre que l'amour de soi-même.

Ceci répondu en bref, j'entre en matière. Ne vous attendez pas, mon cher enfant, que je la traite à fond; il faudrait des volumes. Je vais l'effleurer seulement. Nous en parlerons toute notre vie dans nos lettres si vous voulez, et nous ne l'épuiserons jamais. On n'en saurait trop parler. Je soutiens et j'ai éprouvé que c'est l'amour-propre, bien ou mal dirigé, qui fait le bonheur ou le malheur de notre âme. Pour nous bien entendre, commençons par définir.

J'appellerai donc l'amour de soi-même (que les anciens nommaient *philantie*, et sous laquelle dénomination ils comprenaient aussi, à ce que je crois, l'amour-propre), j'appellerai, dis-je, amour de soi-même tout ce qui regarde le *physique*, comme la conservation de nos biens, de notre santé, etc., et j'appellerai amour-propre tout ce qui tient au *moral*, comme notre bon sens, notre esprit, nos agréments, nos talents, notre génie, etc., etc.

Dieu nous a imprimé ces deux amours, qui au fond n'en font qu'un, comme un principe nécessaire à notre existence. Il est indispensable que nous nous aimions nous-mêmes, plutôt que tout autre individu. Il est impossible de nous arracher à ce sentiment et de nous détacher de nous-mêmes. Je dirai même ici, en passant, que tout homme qui est parvenu au point de se détacher de lui-même ne peut être qu'un *gredin*, et je citerai pour exemple notre cousin le banqueroutier. *Deserere seipsum, turpissimum est.*

Cela posé comme incontestable, il s'agit donc de tourner notre amour-propre du côté du bien et des choses honnêtes, en se mettant à bien remplir ses devoirs, à commencer par celui de citoyen, de fils, de père, de mari, d'ami, de bienfaiteur, etc., etc. L'amour-propre devient alors le germe de toutes les vertus sociales en le portant à faire valoir l'esprit des autres, à cacher le sien, etc.; il devient le principe de l'amabilité; il nous fait adorer, etc.

L'homme, au contraire, qui ne donnera de direction à son amour-propre que du côté de la vanité, sera injuste et ridicule. Un grand seigneur, par exemple, qui, rempli de lui-même et de ses aïeux, ne voudra tirer son lustre que de sa naissance, qui en voudra prendre le droit de mépriser et de vexer le bourgeois et le paysan, et qui n'aura d'autre conversation que sa généalogie, sera aussi inhumain qu'il sera ridicule. Il commettra des injustices et même des crimes contre ses inférieurs, car l'amour-propre peut être la source de mauvaises actions comme il l'est des bonnes. Si cela ne va pas jusque-là, ce grand seigneur sera du moins très-fier, très-vain, très-haut, très-glorieux et très-ridicule. Voilà, mon cher ami, un des mauvais effets de l'amour-propre mal dirigé.

Parcourez tous les états, vous trouverez pareillement,

tout au moins, le ridicule dans ceux qui n'auront point un amour-propre désordonné, je veux dire odieux et nuisible. Ce seront des militaires qui vous raconteront leurs batailles et leurs combats singuliers, des magistrats qui parleront de la sûreté de leur coup d'œil dans l'examen d'un procès, des médecins qui ne finiront pas sur les cures qu'ils ont opérées; des poëtes, sur les vers qu'ils viennent de faire, des petits maîtres, sur les conquêtes qu'ils feront. Vous rencontrerez sur votre chemin une quantité de petites prétentions à l'esprit, au raisonnement, à la philosophie, etc.

Tous ces amours-propres si ridicules, et quelquefois incommodes et nuisibles à la société, ont une origine qui leur est commune : *c'est la trop grande estime que l'on fait de soi.* Si chacun voulait bien compter avec soi-même et s'apprécier ce qu'il vaut, la société deviendrait mille fois plus douce et plus aimable. Je crois vous avoir dit qu'après avoir fait le calcul de sa raison et de son esprit, il fallait en rabattre les *trois quarts,* et croire après que le public rabattra encore les deux tiers du quart que nous nous adjugeons, tant nous sommes aveugles sur notre compte. Nos prétentions à l'esprit sont toujours trop étendues; que notre raison et notre jugement nous servent à les borner sans relâche; attachons-nous surtout au bon sens. Le bon sens fait notre bonheur, l'esprit l'amusement des autres.

Je vais encore me donner pour exemple au sujet de l'amour-propre.

J'ai eu quelque petit talent pour composer des comédies. Je me suis scruté sur la force de ce talent; j'ai ensuite évalué ce qu'était, en lui-même, ce talent *inutile*. Il y a quatre à cinq ans que j'ai fait un morceau sur ce sujet. Je vais me donner la peine de le copier, je vous l'enverrai d'ici à huit jours, et je le ferai contre-signer. Vous n'en donnerez copie à qui que ce soit dans la nature. J'engage à cela votre probité[1]. Vous ne répondrez à la présente que huit jours après l'avoir reçue. J'exige encore cela de vous, mon très-cher enfant.

Vous me marquez que vous m'auriez écrit plus tôt, etc., et je me plains, moi, de ce que vous me répondez trop tôt. Vous ne vous donnez pas le temps de laisser mûrir vos idées. Dans un commerce de lettres aussi profitable pour vous que peut l'être le mien, si vous le voulez, voici comme je vous conseillerais de vous y prendre : « Avoir toujours une lettre pour moi » commencée, et ne l'achever qu'en quatre, cinq et » six jours — celle que je vous écris m'en a coûté » plusieurs; — m'écrire très-fin, serrer votre écriture, » et me faire de très-longues lettres. »

J'exige de vous, d'ailleurs, de bannir de plates cérémonies, de ne plus mettre en vedette : « Monsieur et » cher cousin, » et de commencer votre lettre aussi haut que je commence les miennes. « Appelez-moi mon ami, » mon cher Rosny[2]. » Je ne suis qu'un très-plat Henri IV,

---

[1] Voyez plus loin ce curieux document, espèce d'examen de conscience, intitulé : *Épanchement de l'amour-propre*.

[2] Mot que Collé lui-même met dans la bouche de Henri IV s'adressant à Sully. Voyez la *Partie de chasse*, acte I, scène VI.

et vous qu'un pauvre Sully; mais je suis très-bien votre ami, et votre ami le plus tendre.

Je reviens, mon cher fils, à quelques petits endroits de cette lettre où j'ai dit : « Je ne mets point d'amour-propre, etc. » Il paraîtrait que ces endroits-là contrediraient celui où j'assure affirmativement, ce qui est vrai, « que l'amour-propre est indestructible dans les hommes. » Cela signifie seulement que ce n'est point pour briller par vanité, etc. Je déclare, au contraire, ici, que c'est par amour-propre, mais bien dirigé, bien ordonné, et par un motif noble et pur, que je me suis donné la peine de vous écrire cette énorme lettre. Je mets mon amour-propre à vous rendre un bon sujet, à vous rendre heureux, parce que je trouve en vous de l'étoffe pour cela. Cet amour-propre vient de mon âme et de ma tendresse pour vous. Je ne vous en demande pas d'autre reconnaissance que d'avancer de plus en plus dans le chemin de la vertu; que de vous voir faire des efforts pour vous rendre plus sociable et plus aimable; enfin, de vous savoir plus appliqué que jamais à votre métier, et à la noble ambition de remplir par goût tous vos devoirs. Mêlez un peu de belles-lettres à tout cela, et je me trouverai récompensé du zèle et du travail que je mets à vous rendre meilleur. Je vous embrasse de tout mon cœur.

LETTRE XIII[1].

Ce samedi, 3 février 1776.

J'ai, mon cher fils, défini, dans ma dernière, l'amour-propre; j'ai disserté sur ce mouvement de l'âme qu'on ne peut détruire, qu'il ne faut pas détruire, mais qu'il faut bien diriger et cacher aux autres le plus qu'il est possible. Je joins, aujourd'hui, l'exemple aux préceptes; c'est à vous, mon ami, à voir et à discerner ce qui peut vous servir et vous être utile dans tous ces bavardages-là. C'est à vous à vous faire l'application de ces remèdes contre vous-même, contre vos prétentions à l'esprit, si vous en faites paraître de trop grandes; contre votre causticité, qui rabaisse celle des autres, et qui ne peut venir que de l'estime singulière et peut-être trop forte que vous faites de vous-même, du trop peu de cas que vous paraissez faire de l'esprit de quelques personnes; vous dire, à ce dernier égard, qu'il y aurait plus d'humanité et d'équité à vous faire pardonner par les sots l'esprit que vous avez, que de vous moquer d'eux parce qu'ils en manquent; enfin, de réfléchir sur votre taciturnité, qui ne peut être que la suite du mépris que vous avez pour ces gens-là, et de la haute idée que

---

[1] Cette lettre, qui a été détachée de la présente collection, appartient à M. Gaston La Caille, à l'obligeance duquel nous en devons la communication.

vous avez conçue de votre mérite; etc., etc. Je regarde ce fonds d'orgueil non pas comme vous appartenant, mais comme un emprunt étranger que vous avez fait jadis à ce Rousseau, à ce Satanas plein de superbe et à ses complices dans la philosophie moderne. Rendez-lui ce qui vous en reste; dépouillez-vous-en le plus que vous pourrez et le plus promptement. Ce fonds d'une vanité diabolique et insociable n'est fait que pour ces animaux sauvages-là! Il ne convient pas à votre belle âme et à la justesse de votre esprit.

J'ai vu M. Puissant : tout ira bien; attendons encore six ou sept mois. J'ai été voir votre ami, qui demeure au collége Mazarin, chez M. Riballier [1], qui en est le grand maître. Ce docteur est son oncle, et vous êtes, à à ce qu'il parait, son grand ami. Il m'a dit beaucoup de bien de vous : c'est à cause de cela que je l'ai prié à diner chez moi.

LETTRE XIV.

A Paris, ce 17 février 1776.

Je me hâte, mon cher fils, de vous répondre, du moins autant que les circonstances ont pu me le permettre.

[1] Riballier (Ambroise), docteur de Sorbonne, controversiste, adversaire des Jansénistes et des philosophes. Paris, 1722-1785.

Vous êtes un enfant; vous vous êtes trop affecté de ce que je vous ai écrit, et qui ne devait pas vous faire une si forte impression; mais c'est une preuve d'une sensibilité estimable. J'aime cela.

> Achille déplairait moins bouillant et moins prompt.
> J'aime à lui voir verser des pleurs pour un affront[1].

Ce n'en était sûrement pas un que je voulais vous faire. Mon cœur était à mille lieues de croire vous faire de la peine. Je croyais être sûr, au contraire, d'avoir pris toutes les mitaines de l'amitié; j'avais employé dans ma lettre tous les termes affectueux et onctueux d'un ami tendre et vrai, qui, en donnant des conseils un peu durs dans le fond, les adoucit par une forme remplie de sensibilité et de délicatesse.

Mais le papier est d'un froid perfide; quelque chose qu'on fasse pour le réchauffer, l'on n'en vient point à bout, je le vois. Je vous en eusse dit mille fois davantage en conversation, et je vous eusse blessé mille fois moins. L'air du visage, les inflexions de la voix, le moelleux tendre des tons, corrigent ce qu'il peut y avoir de trop âpre et de trop cru dans les avis que l'on hasarde. Mais on ne saurait faire passer et communiquer tout cela au papier. J'en suis au désespoir.

Je crains, mon cher fils, de ne vous en pas dire encore assez pour vous remettre. Je pense que je vous consolerai pourtant par deux motifs qui me paraissent devoir vous calmer.

[1] Boileau, *Art poétique*, chant III.

Le premier est que j'ajoutais si peu de foi à ce qu'on m'avait dit de vous, en octobre[1], que j'ai laissé passer trois mois sans vous en écrire, et que je traitais cela d'exagération.

Le second, c'est que, dans le très-petit mal qu'on m'a dit de vous, ou il y a quelque chose de vrai ou rien n'en est vrai. Dans le premier cas, descendez de bonne foi en vous-même, jugez-vous sévèrement et travaillez sur vous-même. Dans le second, prenez que je n'ai rien dit.

Observez bien, mon cher enfant, que ce n'est point pour moi, mais pour vous uniquement, que j'ai risqué de vous dire ce que je pouvais croire être la vérité. Vous ne pouvez pas, en conscience, me soupçonner le moins du monde d'avoir voulu prendre le cruel plaisir de vous mortifier et de vous humilier. Vous avez dû penser, au contraire, que votre seul intérêt me guidait, et qu'il était impossible que j'eusse une autre vue. Vous avez même dû croire et apercevoir dans ma lettre l'effort extrême que je me suis fait, et la peine que je me faisais de vous en causer. Relisez ma dernière avec attention, et vous vous convaincrez que toutes les tournures de cette lettre peignent ce que je vous dis là.

Quoi qu'il en soit de ma vague accusation, mettez à profit mon incartade, si c'en est une. Défiez-vous plus que jamais de votre amour-propre. N'en croyez pas ce séducteur sur sa parole. Sondez-vous bien. Rien n'est aussi traître, aussi subtil, aussi trompeur, aussi char-

[1] Voir lettre XI.

mant et aussi illusoire que ce diable de sentiment, qui nous revient toujours sous différentes formes. J'ai travaillé toute ma vie à le combattre et à le réduire à sa valeur. J'ai tâché de le diminuer; en suis-je venu à bout? Je n'en sais rien. Cependant c'est surtout dans quelques-uns de mes succès que j'ai mis peine et que je me suis ingénié pour n'avoir qu'un amour-propre raisonnable, car il n'est pas dans la nature de le détruire. C'est *La chose impossible*[1]. Il faudrait nous ôter notre existence. Il est d'ailleurs la source des bonnes actions, comme il l'est le plus souvent des mauvaises. Il ne s'agit donc que de le mettre au point où il doit être. J'en rabattais les trois quarts, mon ami, et du quart restant. Je pensais encore que, pour qu'il fût à son taux, la société et le public en retrancheraient les deux tiers. J'avais imaginé que ce devait être là, à peu près, la mesure des jugements des hommes sur mon compte.

Quant à la causticité et à la taciturnité dont vous vous accusez vous-même, ce sont deux grands défauts qu'il faut tâcher d'affaiblir tout au moins. On se fait des ennemis sans savoir pourquoi, par ces défauts-là. Le premier montre qu'on se croit de la supériorité sur les autres hommes, les blesse et découvre un fond d'amour-propre insociable. Le second, insociable aussi, mène à une humeur noire à mesure qu'on avance en âge, conduit à une vieillesse chagrine, importune à soi et aux

---

[1] Titre d'un conte de la Fontaine, dont le lecteur connaît le sujet, et qui revient gaillardement ici à la mémoire de Collé.

autres. La taciturnité, d'ailleurs, est le type du mépris d'autrui, et personne ne pardonne le mépris. On ferait plutôt grâce à une causticité étourdie. Mais vous n'avez que celle de *sang-froid,* qui est la pire espèce de toutes, parce que l'on croit aussi qu'elle vient du mépris, et, encore une fois, on ne pardonne pas le mépris.

Voilà bien de la morale, de la pédanterie, si vous voulez; mais passez-la à quelqu'un qui vous aime comme si vous étiez son fils, et qui le signe.

LETTRE XV.

A Paris, ce 5 mars 1776, et jours suivants.

Mon fils, je suis content de ton noble courage!

Vous avez résolu d'avoir celui de travailler sur vous-même : vous en recueillerez les fruits, mon cher enfant. Vous vivrez bien avec vous : c'est une des sources les plus sûres de bonheur dans ce bas monde. Des accidents étrangers, quelque cruels qu'ils soient, ne peuvent vous en priver que pour un temps. Quand nous vivons bien avec nous, on les supporte avec plus de force et de dignité; l'on s'en console plus facilement, on les oublie plus vite. Quand l'on n'a pas été par sa faute la cause de ces infortunes, quelles qu'elles soient, et que l'on n'a rien à se reprocher, c'est alors que l'homme juste s'applique le : *Si fractus illabatur orbis, impavidum ferient ruinæ!*

Ce qui me plaît beaucoup, parce que vous devez réussir par cela même, c'est que vous ayez pris votre résolution en conséquence des réflexions que vous ont occasionnées mes deux idées sur l'amour-propre : l'une, que l'amour-propre, bien ou mal dirigé, fait le bonheur ou le malheur de la vie; l'autre, qui n'en est que la conséquence, qu'il s'agissait donc de tourner son amour-propre du côté du bien et des choses honnêtes. Vous me marquez, mon cher fils, que cette vérité a été pour vous un trait de lumière; que vous vous en êtes pénétré, et que cela fait germer chez vous une foule de réflexions que vous m'avez très-bien développées, du moins en partie.

Vous n'imaginez pas à quel point je suis content de vous voir vous décider par vos propres réflexions. Premièrement, cela est d'un homme qui a de l'âme et du caractère; en second lieu, cela est d'un homme d'esprit qui ne suit point en aveugle les préceptes d'un autre. *Nullius addictus jurare in verba magistri.*

On ne saurait mettre plus de raison et même de sagacité qu'il y en a dans plusieurs endroits de votre lettre. Mais ce qui m'en a plu encore davantage, c'est que je vois que tout ce que vous y dites part de l'âme; c'est que vos sentiments sont honnêtes, c'est que j'y aperçois le fond de la plus tendre sensibilité; c'est là ce que je mets presque au-dessus de la raison, mais qu'à coup sûr je prise et préférerai toujours plus que l'esprit et ses saillies et tous ses pompons. La sensibilité que vous m'y faites voir et qui ne regarde que moi, m'a fait la plus douce et la plus forte impression. Celle que vous montrez pour monsieur votre père, monsieur votre oncle et feu madame votre mère, que vous n'avez point connue, est d'un prix aussi inestimable que les bonnes mœurs qu'on découvre dans ce que vous écrivez, et qui vous peignent à votre avantage.

C'est par ces côtés, mon cher fils, que mon amitié pour vous prend encore de nouveaux accroissements. Mais une chose singulière qui vous est arrivée dans votre dernière réponse : « *Un homme né colère,* etc. », c'est que vous ayez pris pour un reproche personnel que je vous faisais ce qui n'était qu'un exemple présenté au hasard d'une impression quelconque. J'aurais pu citer de même l'ambition, l'avarice ou l'amour, etc. Cette méprise de votre part m'a fait rire d'autant plus que vous employez un long article pour m'assurer, de la meilleure foi du monde, que vous vous êtes corrigé de ce péché, dont moi, votre confesseur, ne vous ai jamais, mais jamais soupçonné, et sur lequel j'étais bien éloigné de vous donner la question.

Comme personne, mon cher fils, n'est plus sensible que moi à l'amitié d'un homme né vertueux et qui veut l'être encore davantage, je vous prouverai la mienne par des conseils fondés sur l'expérience autant que sur mes propres réflexions. Je vous dirai toujours ce que je *croirai* être la vérité : car rien n'est plus probable que je me tromperai quelquefois; mais rien aussi de plus certain que je ne vous tromperai jamais. Erreurs d'hommes ou radotage de vieillard, c'est ce qu'il vous faudra distinguer. Je ne veux point que vous adoptiez tous mes sentiments; je veux que vous les jugiez. Ce n'est même qu'en vous les rendant propres que vous pourrez profiter de mes réflexions qui auront quelque justesse. Pour cet effet, il est nécessaire que vous les méditiez, les discutiez, les approfondissiez et les jugiez.

Je ne mets point d'amour-propre au métier de pédagogue que vous me faites exercer pour vous. J'y mets la plus tendre amitié, en dirigeant cet amour-propre à vous rendre et meilleur et plus heureux.

Je vais parcourir les endroits de votre lettre où nous ne nous trouverons pas d'accord; j'ajouterai du mien à quelques autres; je ne parlerai point de ceux où nous sommes du même avis.

J'avoue d'abord avec vous, mon cher ami, que peu *de gens laissent éclater leurs passions dans la société.* Grossièrement, *concedo;* mais si l'on vit avec des gens éclairés et qui aient intérêt à nous connaître, soyez sûr que, par des traits qui nous échapperont, ils démêleront et devineront toujours la passion que nous voulons cacher. Il n'est personne au monde, quand on le voit souvent, que l'on ne connaisse à la fin très-parfaitement. A la longue, le public lui-même ne se trompe pas sur les jugements qu'en général il porte des hommes. C'est ce qui doit vous engager à vous appliquer à gagner à être connu. Ce que vous dites d'ailleurs sur « *le bal masqué de la société* » est gentiment imaginé et ingénieusement tourné. Mais il faut y ajouter : *qu'on est démasqué dès la troisième contredanse.*

Je veux bien croire, et je suis même persuadé que ce n'est point « le *mépris des autres qui vous rend taciturne.* » Mais croyez et soyez convaincu aussi que les autres n'en attribuent pas moins votre silence à cette cause révoltante. Ainsi, que cela soit ou que cela ne soit pas, ils n'en doivent pas être moins choqués. Je vous conseillerai donc de vous rompre sur ce petit défaut qui produit en eux un si grand effet, l'effet de vous faire détester; car on pardonne la haine, mais, comme je l'ai déjà dit, on ne pardonne pas le mépris. Je ne vous dirai pas de devenir bavard, mais de lâcher quelques mots dans la conversation, de paraître écouter, vous intéresser à ce qu'on dit. Ce sont même là les premiers éléments de la politesse la plus commune. Occupez-vous des autres et oubliez-vous vous-même. Je vous le répète encore : voilà la loi et les prophètes dans la société civile. D'ailleurs (mettez la main sur la conscience), cette taciturnité vous est-elle naturelle? Si elle l'est, ne la poussez-vous pas encore plus loin qu'elle n'irait toute seule? N'y a-t-il nulle affectation? Par là, n'imagineriez-vous pas ajouter à votre caractère le piquant de la singularité?

Prenez-y garde, mon cher fils; rien n'est aussi ridicule et sitôt découvert que l'affectation de la singularité. Jean-Jacques Rousseau n'était point né singulier, je le répète : il a *joué* et *joue* encore ce rôle. Il a bien autant d'esprit que vous, n'est-ce pas? Eh bien, il ne reste plus que quelques sots dans la société qui soient aujourd'hui les dupes de son caractère factice. Il n'a pu tromper les gens d'esprit du monde et les gens de lettres. Ses contradictions dans ce caractère *joué* l'ont d'abord décelé.

Quant à votre *timidité*, mon très-aimé pupille, je ne saurais la nier, et je fus fort étonné quand celui qui me donna des renseignements sur vous, au mois d'octobre [1], m'assura que vous l'aviez perdue. Je ne l'en crus pas sur sa parole, et je crois que j'eus raison. Pour cette maladie-là, je vous ai bien donné quelques anodins dans mes dernières lettres; mais j'avoue que ce ne sont que des palliatifs qui ne peuvent pas vous guérir; toutefois ils vous soulageront.

Je conclus de tout cela que vous avez à réprimer, dans le commerce, et cette *timidité* et cette *taciturnité*. Le seul moyen que vous en ayez, c'est, comme je viens de vous le dire, d'être ou de paraitre attentif, dans la société, à toutes les conversations, d'y prendre ou d'y sembler prendre part. La moindre distraction, vu ces deux premiers défauts, devient pour vous nécessairement un crime de *lèse-société*, attendu que l'on prendra immanquablement vos distractions et votre silence pour du mépris.

Votre sortie sur la *nécessité d'être aimable* me plaît jusqu'à un certain point. N'outrons rien, mon ami. C'est une sottise actuelle de l'éducation de prêcher, sans aucune restriction, à ses enfants, de « se rendre aimables ». La phrase : *réussir dans le monde,* qui s'entend

[1] Voir la lettre XI.

aujourd'hui des qualités *superficielles* seulement, est une impertinence dans les instituteurs. Il faut d'abord le fonds des qualités solides et utiles. Mais quand on est aimable encore avec cela, cette phrase devient excellente.

Croyez, mon cher fils, qu'il est toujours des façons d'être aimable, quelque caractère qu'on ait reçu de la nature. L'homme sérieux et à réflexions peut l'être comme l'homme gai et à saillies. Il ne sera pas aussi amusant, mais il peut être aimable. Que dis-je? il doit même se faire aimer davantage, s'il veut en prendre la peine. L'homme vif, le diseur de bons mots, d'ordinaire emporté par son extrême pétulance dont il ne peut pas se rendre maître, ne saurait faire assez attention à l'amour-propre des autres pour ne pas le blesser à tort et à travers. L'homme qui réfléchit, au contraire, et dont les mouvements sont mille fois moins impétueux, se donne le temps de faire le choix des choses qui doivent plaire, suivant les personnes et le temps. Son âme, presque toujours dans l'équilibre de la raison, inspire à son esprit ce qu'il faut dire et ce qu'il faut taire. *Dicenda, tacendaque pollet.* Tout cela, mon ami, revient toujours au rabâchage de mon principe : Occupez-vous des autres, oubliez-vous vous-même. On plaît plus aux hommes en faisant sortir leur esprit qu'en leur montrant le sien, en les écoutant avec attention qu'en tenant le dé soi-même. L'amour-propre est la clef de l'amabilité.

A l'égard de votre esprit morose et de votre tempérament mélancolique, Boileau vous a répondu :

Qu'un esprit né chagrin plaît par son chagrin même.

Pourvu qu'on ne charge pas son caractère et que l'on soit bien exactement ce qu'on est, et pas davantage, on est toujours bien. C'est l'affectation uniquement, quelque légère qu'elle soit, qui fait que nous déplaisons. Soyons doux, attentifs, complaisants et pleins d'égards dans la société; dans les procédés, soyons équitables, montrons de la noblesse et de l'élévation d'âme, sacrifions de petits intérêts; soyons même dupes quelquefois, *en le sachant bien;* et, avec cette aménité et cette digne façon de traiter avec les hommes, il n'est pas possible de n'être pas aimables, quelque sérieux, moroses et mélancoliques que nous soyons nés. Il ne s'agit pour cela que de diriger son amour-propre à plaire aux hommes et à leur faire du bien, à surmonter les dégoûts qu'ils nous donnent et à mettre sa gloire à faire des ingrats. Car rien n'est plus sûr que ces dégoûts et cette ingratitude de leur part. Mais on devient un héros à ses propres yeux en se mettant au-dessus de ces misères-là. La direction de notre amour-propre vers ces deux objets nous agrandit l'âme, nous rend plus estimables à nos propres yeux, nous met au-dessus du vulgaire, nous fait goûter les plaisirs de la vraie humanité, et nous rend heureux.

C'est cette direction de mon amour-propre qui m'engage à vous écrire des lettres volumineuses pour vous faire profiter de mon expérience et de mon peu de lumières. Si elles peuvent vous être utiles, je ne compterai pour rien la peine qu'elles me coûtent à mon âge, et mon amitié pour vous savourera cette volupté de l'âme qu'on ne sent qu'en faisant du bien aux autres et en travaillant à leur bonheur.

Vous êtes bien neuf et bien enfant d'imaginer qu'on puisse lasser et ennuyer les hommes en leur parlant d'eux. Ils avalent comme l'eau les fadeurs les plus outrées, les louanges les plus exagérées. Vous ne connaissez pas le monde. A cet égard, vous êtes d'une simplicité qui fait pitié.

C'est par la raison inverse de celle-ci que le moyen le plus certain de leur déplaire, c'est la *causticité*. Travaillez-vous là-dessus. Plus vous êtes né sérieux, moins vous devez vous la permettre. Je vous l'ai dit, et je ne saurais trop vous le répéter : on passe la causticité à un homme gai, vif et bouillant : on la prend pour de l'étourderie ; dans l'homme de sang-froid, pour du mépris. Elle est offensante. Il faut que ce dernier ne fasse de plaisanteries que celles qui peuvent faire rire celui sur lequel il les fait. Toutes les autres lui sont interdites. Ce doit être là sa mesure et sa dose. Voilà la règle qu'il doit suivre, sans s'en écarter jamais d'une ligne.

Vous avez raison de vous louer, mon ami, de n'avoir jamais pu souffrir le persiflage. Cette manière détournée de railler les gens et de les humilier avec cruauté, est mille fois plus condamnable que la plaisanterie directe. Tous les aveux que vous faites de vos petits péchés véniels dans la société, et les résolutions que vous prenez de n'y plus retomber, m'ont plu merveilleusement, par rapport à vous. Ils me sont les garants les plus certains que vous deviendrez aimable, relativement à votre caractère. Le prix que vous mettez à mes avis, et les remercîments que vous m'en faites, m'ont pénétré de la plus tendre satisfaction, et toujours par rapport à vous. C'est pour cela, mon cher ami, que je vous répéterai ici : n'adoptez pas mes conseils en aveugle ; rendez-vous-les propres ; fondez-les en vous-même, afin qu'ils deviennent vos sentiments et non les miens.

Vous avez traité sagement, noblement et équitablement l'insulte d'un homme amoureux, qui avait, à coup sûr, perdu la tête ; mais vous ne me marquez pas de quel genre était cette insulte.

Je ne sais pourquoi vous m'embarrasseriez si vous m'en demandiez la raison ; mais je n'aime point à vous voir l'ami si intime de M. V***[1]. Rarement les enfants qui ont eu des père et mère peu honnêtes, et auxquels on a donné tous les mauvais exemples possibles, rarement, dis-je, ces enfants-là peuvent-ils avoir des principes, de la probité et des mœurs. Il sera élégant, il aura les belles manières et il sera charmant, je vous accorde tout cela ; mais une *amitié intime* ne doit être fondée que sur la base de l'estime, et rien ne peut la faire naître que des principes sûrs, une morale saine et une probité délicate. Votre V*** a-t-il toutes ces qualités solides ? Cela m'étonnerait prodigieusement. Il peut se faire que ses instituteurs l'aient relevé des impressions qu'ont dû lui donner les dangereux exemples de sa mère et de son père ; mais cela est diablement difficile. Il faudrait qu'il fût né avec un excellent naturel, auquel les malheurs et

[1] Voir la note au bas de la page 77.

la très-mauvaise conduite de ses parents ont pu joindre de cruelles mais d'utiles leçons. Je doute très-fort de ce petit miracle. Quoi qu'il en soit, mon fils, mettez-le à l'épreuve; examinez-le, sondez-le, jetez-lui quelques propos de morale relâchée, voyez s'il mordra à la grappe; tentez ce moyen à plusieurs reprises; regardez dans ses yeux s'il pense ce qu'il dit, le degré de chaleur qu'il mettra à défendre la vertu; voyez si le vice le révolte, etc. [1].

Je tombe, mon cher enfant, sur un endroit de votre lettre où vous parlez de l'amour-propre. « Entendons-nous. Nous rapportons tout à nous-mêmes, et nous sommes le principe et la fin de toutes nos affections. » Rien n'est plus vrai, et il n'est pas dans la nature que nous puissions être autrement.

Mais vous ajoutez après cela : « Cette vérité approfondie nous jetterait dans un égoïsme dangereux. » Dangereux pour une âme sèche et insensible, cela n'est pas douteux. Cet égoïsme alors est la source de toutes les injustices et même des crimes. Mais ce même égoïsme, dans une âme tendre et honnête, est au contraire la source de tous ses plaisirs et de toutes ses vertus. Affectueusement pénétrée de ce principe naturel : « Fais aux autres ce que tu voudrais qu'ils fissent pour toi », cette

[1] Ce paragraphe nous paraît exhaler une légère odeur d'inquisition, et nous doutons que le grand Torquemada eût mieux dit. Évidemment le zèle de Collé l'emporte trop loin, et il fait jouer ici à son disciple un assez vilain rôle. Il valait mieux lui dire de rompre tout net avec le jeune V*** que de mettre les deux amis dans un tel état de gêne et de suspicion.

âme déjà trouve son bonheur dans celui des autres. A-t-on un ami, on jouit du bien qui lui arrive; une maitresse, on se fait des délices de lui en procurer en l'épousant; des infortunés à soulager, on jouit de ce qu'on fait pour eux; est-on à portée de faire un bienfait, on jouit de même de son bienfait, etc., et dans tous les cas possibles, cette volupté de l'âme est toujours double. Vous jouissez par vous-même et par les objets de votre amitié, de votre amour, de votre bienfaisance. Et c'est ainsi que l'égoïsme ou l'amour-propre bien dirigé, loin d'être dangereux, devient le bien général de la société, multiplie nos plaisirs et nous rend heureux.

Vous raisonnez très-juste, mon ami, sur la sorte d'amour-propre qu'on appelle la gloire. Il peut avoir ses excès et ses mauvais côtés. Rousseau en est un exemple, comme vous le dites; mais lorsqu'il est dirigé vers l'utilité ou l'agrément de la société, il devient un bien pour elle et pour l'auteur, pourvu que ce dernier le sache contenir dans des bornes raisonnables, et qu'il ne s'en serve que pour s'exciter à faire tout ce qui lui est humainement possible, et à tirer parti de son génie ou de son talent, surtout qu'il n'en excède, n'en fatigue ni n'en ennuie les autres.

A la fin de votre morceau sur l'amour-propre que chacun apporte dans la société, vous prenez une résolution digne de votre bon naturel et de votre jugement sain. Vous ne sauriez croire combien cela me charme, parce que vous ne pouvez vous figurer avec quelle passion je désire que vous soyez heureux, et je suis sûr que c'en est le moyen infaillible.

Quant à ce que vous dites de la trop grande estime de vous-même, *trop* est *trop,* mais il faut s'estimer un peu au-dessous de ce qu'on vaut, si l'on peut. Mais, encore un coup, il faut s'estimer. *Deserere seipsum, turpissimum est.* Je vous l'ai déjà écrit.

Le tableau, tiré sans fard, que vous faites de vous-même, me fait au moins autant de plaisir que la résolution que vous avez prise, et dont je viens de parler, qui en raccommodera quelques petits traits défectueux. Combattez votre paresse. Je pense que vous n'aurez pas actuellement beaucoup de peine à la vaincre en partie. Elle tenait beaucoup à votre mauvaise santé, à votre *physique.* Nous en dépendons si fort! A présent que vous vous portez mieux, la force de votre corps doit en communiquer à votre âme, et la tirer de ce vilain état d'inertie.

Après votre tableau viennent les vœux que vous faites, et qui sont raisonnables et honnêtes. Vous les terminez par souhaiter une femme tendre et sensible comme vous l'êtes. Cet article est délicat. Il fera le bonheur ou le malheur de votre vie. Il y a pourtant beaucoup plus à présumer pour le bonheur, attendu qu'en général ce sont les maris qui font leurs femmes ce qu'elles sont. J'ai toute ma vie vu que dans tous les mariages c'étaient les hommes qui commençaient à avoir les premiers torts. L'intérêt seul ne vous décidera pas, sûrement. Vous ne serez pas homme à faire un mariage d'argent, sans que la personne vous convienne. Je n'appelle pas ces unions-là des mariages, mais des ventes de corps par-devant notaire. Il faut toujours plus regarder à la personne qu'au bien.

Je ne saurais vous donner assez de louanges pour votre sagesse, pour vous encourager à y persévérer. Vous n'arriverez pas à votre femme comme certains jeunes gens usés à vingt-cinq ans, qui n'apportent en ménage que des dégoûts et quelquefois les fruits de leurs infâmes débauches. Vous n'êtes ni dévot ni pédant, et quand je vous exhorte à cet égard à la plus grande retenue, je ne suis qu'un ami tendre et sensé qui voit que le parti que vous avez pris fait honneur à votre morale, à vos principes, et est le seul moyen de soutenir et de fortifier votre faible constitution.

Ma femme est contente de vos lettres, c'est-à-dire de vos sentiments et de votre sorte d'esprit. Son estime et son amitié pour vous en sont augmentées. Elle me charge de vous le dire, ainsi que de ses compliments. J'ai donné à diner à M. Cloquèt le mardi précédant le mardi gras. Depuis ce jour, nous n'en avons pas entendu parler. Est-il retourné à Soissons?

J'attends de vous *vos réflexions* sur mon *Épanchement d'amour-propre*[1]. Quand je dis que je les attends, ce n'est point assez dire; il faut vous expliquer encore comme je les attends. Je les veux entièrement relatives à vous, mon ami. Je vous ai adressé ce morceau, dans la vue unique que vous vous en fissiez l'application ; qu'il

[1] Voir la note 1 au bas de la page 102.

vous servit de modèle et de patron sur lequel vous tailleriez votre amour-propre, sur lequel vous pussiez prendre vos longueurs et votre mesure. Je veux qu'à mon exemple, vous vous jugiez avec rigueur sur vos bonnes qualités, sur vos défauts, vos prétentions fondées ou non fondées, vos forces, vos faiblesses, etc.; en un mot, je veux que vous vous évaluiez vous-même au plus bas prix possible, et qu'en descendant de bonne foi en vous-même, vous vous mettiez plus bas que vous ne valez, afin de vous assurer plus positivement de votre valeur, en vous pesant au poids du sanctuaire.

C'est, mon cher fils, ce que vous avez déjà entamé dans votre longue lettre, qui m'a fait un grand plaisir. Vous ne sauriez faire trop de réflexions multipliées sur cet objet, puisque c'est de cet objet, comme vous en êtes convenu, que dépend votre bonheur ou votre malheur. Adieu, embrassez-moi. Je suis vraiment votre père par mon amitié.

LETTRE XVI.

A Paris, le 18 mai 1776.

Quoique mon catarrhe ne soit pas encore tout à fait fini, mon cher fils, et que je n'écrive pas encore avec facilité, je meurs d'impatience d'avoir le plaisir de causer avec vous, et j'y cède. Je parcourrai quelques endroits de votre lettre pour y faire les observations les plus indispensables; à peine en convalescence, je ne pourrai encore vous satisfaire sur tous les points.

Je vous dirai d'abord, comme chose qui vous importe davantage, que ni vous, mon ami, ni principalement monsieur votre père (car je le vois d'ici), ne devez jeter les hauts cris en apprenant que vous allez pour trois ou quatre mois à Aubenton; qu'il se trouve encore quatorze surnuméraires à passer avant vous; que vous avez, dans les probabilités, encore deux ans à attendre pour être placé, et que cette règle d'équité qui vous paraît dure pourrait tourner de même contre vous, si messieurs les fermiers généraux ne l'observaient pas. Si monsieur votre père faisait à ce sujet le petit démon, renvoyez-le-moi; je lui parlerais, ou plutôt j'écrirais à monsieur votre oncle, pour faire passer des choses plus fortes à monsieur votre père.

Vous avez gagné, notre cher enfant, notre estime entière à ma femme et à moi, et vous pouvez compter sur notre plus tendre amitié, si vous agissez comme vous écrivez, je veux dire si vos actions répondent exactement et constamment à vos principes et à vos sentiments. Nous serions injustes si nous en doutions, ou, du moins, si nous n'en concevions pas l'espérance la plus apparente. On ne peut pas être plus content que nous le sommes de vos lettres, surtout de vos deux dernières, dans lesquelles vous vous êtes découvert jusqu'au fond de l'âme. Vous nous y avez fait voir vos principes de religion, d'honneur, de probité, d'humanité, des mœurs pures et simples, une raison au-dessus de votre âge et de l'esprit.

Soyez très-convaincu, mon cher fils, que de toutes ces bonnes qualités, que je crois que vous aurez toujours, c'est l'esprit dont je fais le moins de cas; bien éloigné de penser sur cet article comme mes confrères les beaux esprits, il n'est rien que je méprise autant, pour le personnel, qu'un homme d'esprit malhonnête homme; c'est ce qui m'a fait toujours haïr Voltaire avec passion, c'est ce qui m'a empêché souvent de goûter autant de plaisir que j'en aurais pris à ses ouvrages, s'il eût joint la probité à la supériorité de ses talents. Idem de Jean-Jacques Rousseau. Je ne m'étonne pas si, en le lisant et le quittant de temps en temps, vous vous trouvez *mâcher à vide*. Tout auteur, si éloquent soit-il, qui n'écrit pas de l'âme, fait cet effet-là. Ce rhéteur, le plus disert de son siècle, n'a que du sentiment contrefait par son esprit supérieur. *Vero non pectore manat.*

Vous n'éprouverez jamais ce vide à la lecture de *Télémaque* et de celle de l'*Histoire ancienne* de M. Rollin. Ces écrits, pleins de sentiments véritables, vous remplissent le cœur, et l'on ne peut les quitter. Mais revenons à vous, mon cher fils. Les expressions tendres et senties de votre amitié pour nous, répandues dans plusieurs endroits de votre lettre dernière, nous ont, en vérité, attendris jusqu'aux larmes. C'est qu'on aime à être aimé de quelqu'un qui mérite de l'être; et puis, il entre peut-être quelque peu de prévention en votre faveur en vous jugeant exactement tel que vous vous montrez. Rabattez donc, monsieur, non pas des sentiments que nous vous assurons avoir pour vous, mais rabattez de mes éloges, que j'ai peur qui ne vous perdent. Ce n'est sûrement pas dans cette intention que je vous les donne, mais dans la vue de vous voir justifier par vos actions et par votre travail tout ce que vous m'écrivez; de vous voir devenir encore plus vertueux, plus sociable et plus aimable. Si votre conduite venait, par la suite, à démentir vos paroles, soyez sûr et qu'il vous soit démontré que nous vous retirerions l'un et l'autre notre amitié, qui n'est solidement fondée que sur l'estime que vous nous inspirez. Pour finir cet article de sentiment, je vous dirai que rien n'est plus sage que ce que vous me répondez sur le petit de V***. Je n'ai aucune réplique à vous faire. Aimez-le tel qu'il vous aime. S'il pense et sent aussi bien que vous, vous êtes dignes et heureux d'être amis.

J'aime tout à fait la tournure agréable que vous avez prise pour en venir à m'avouer que « vous ne vous connaissiez pas vous-même ». Je le crois bien. Rien n'est plus difficile que la connaissance de soi-même. L'expérience seule la donne. Je n'entends pas seulement l'expérience qui nous vient des lectures, de ce que nous voyons et de ce qu'on nous apprend, même celle que nous acquérons par le plus grand nombre de réflexions que nous occasionne tout ce qui nous entoure; mais je veux parler de l'expérience que donne une passion vive. Ce n'est que dans l'effervescence de cette passion que nous nous démêlons, que nous nous apercevons nous-mêmes, que nous pouvons connaître véritablement qui nous sommes.

Mais cessez là-dessus d'avoir des terreurs paniques. Les passions, à la vérité, développent notre caractère entièrement, mais elles le suivent [1]. Vous m'avez peut-être entendu parler d'un M. de Segonzac, qui était mon intime ami dans ma jeunesse. C'était un très-honnête homme, très-sensible, très-gai, et aimant le plaisir à la fureur. Il se grisait de vin de Champagne quelquefois, et même souvent, du moins le plus souvent qu'il pouvait; eh bien, plus il était gris, plus il devenait tendre, plus il disait de choses polies et obligeantes à tout ce qui l'environnait. Un soir, à souper, il voulut nous forcer de partager avec lui le peu d'argent qu'il avait. On le refusa, comme bien vous croyez; mais nous en rimes beaucoup.

Je vais vous donner un autre exemple, mais sur la colère. En causant avec mes amis quelques jours auparavant le fait que je vais vous raconter, nous avions raisonné par hasard sur le malheur d'être obligé de tuer un homme, et le résultat de notre conversation avait été qu'il se trouvait très-peu de cas où ce ne fût seulement qu'un malheur; que presque toujours c'était un crime, et que le plus grand des crimes était, comme on sait, l'homicide, puisqu'il est irréparable. Je n'avais pas alors vingt ans, j'étais bouillant et impétueux, plus même qu'on ne l'est ordinairement à cet âge. Je passais dans

[1] C'est-à-dire que nos passions sont subordonnées à notre caractère, qu'elles en prennent la teinte.

la rue du Roule, un charretier derrière lequel je me trouvais m'atteignit de son fouet près de l'œil; il me causa une douleur cuisante; je lui dis avec colère : « Comment, f.....! tu ne peux pas regarder derrière toi avant de lever ton fouet! — Eh, f.....! me répondit-il brutalement, est-ce à moi à m'embarrasser de ce qui est derrière moi! » Transporté de fureur de cette réplique féroce, et sentant encore la douleur, je mets la main sur la garde de mon épée pour lui en couper le visage. Je m'arrête tout de suite. L'idée d'être exposé à tuer cet homme se présente rapidement à mon âme plutôt qu'à mon esprit. Je lui dis en m'éloignant de lui très-vite (il venait à moi) : « Va, misérable, tu es bien heureux que j'aie fait des réflexions avant-hier. »

Ainsi, vous voyez, mon ami, que ma passion prit l'empreinte de mon caractère, que des observations et des principes avaient d'ailleurs fortifié. Il en sera de même de vous. Vous êtes bien né; vous parlez d'idées de religion, d'équité, d'honneur et de vertu; votre esprit est mille fois plus porté à la réflexion que ne l'était le mien; ainsi les passions ne vous feront jamais faire de bassesses et d'injustices; elles pourront vous faire faire des sottises, mais des sottises de galant homme. Rassurez-vous donc, mon cher fils; la seule que je craigne pour vous, c'est celle de l'amour. Vous êtes né tendre, et je ne vois qu'un mariage *inégal* ou sans fortune que vous ayez à redouter. L'un ou l'autre sont des malheurs cruels pour nous et pour notre postérité.

Quant au désir de plaire dans la société, j'avoue avec

vous que ce n'est pas là le point essentiel. Auparavant d'être aimable, mettons beaucoup au-dessus les devoirs, utiles à nous et aux autres, que nous avons à remplir dans la société. Ne nous bornons pas à les remplir tout juste; allons par delà. Ne nous contentons pas de fuir le mal, élevons notre âme, ingénions-nous pour faire le bien. C'est à cela qu'il faut porter tout notre esprit et toutes nos facultés sensibles. C'est là que commence la vertu. Passionnons-nous pour elle. Si dans la jeunesse on n'en est pas fanatique, on se relâche petit à petit, et, dans un âge plus avancé, on se retrouve vicieux comme les autres hommes. La corruption même du siècle doit nous exciter à être vertueux. Nous semblerons des prodiges aux yeux du peu d'âmes honnêtes qu'on y trouve encore. Eh! quelle gloire, quel plaisir plus flatteur que d'être loué et honoré par les gens d'honneur! Rendez-vous donc d'abord estimable; rarement l'est-on sans être aimable. Mais enfin, si vous ne pouvez acquérir une qualité si désirable, vous vous en passerez, et l'on s'en passera. Rien n'y oblige; mais il faut cependant faire des efforts, et ne pas négliger une acquisition aussi précieuse. *Est modus in rebus, sunt certi denique fines, quos ultra citraque nequit consistere rectum.*

Se borner à une société choisie n'est point un *extrême;* se livrer à la solitude, c'en est un. Combattez votre humeur mélancolique : c'est votre plus grand ennemi, tant au physique qu'au moral. Ce que vous dites de notre société nous a été très-sensible à ma femme et à moi, et redouble notre amitié pour vous. Ce que vous y ajoutez : « Voilà les sentiments d'un jeune homme qui regrette de n'être pas né plus tôt, » est plein d'âme, et a pénétré la nôtre.

Nous venons de perdre le chef, pour ainsi dire, de notre société. M. l'abbé de Gouffier est mort dans le mois de mars dernier, âgé de soixante-dix-huit ans. Ainsi, depuis quarante ans de la famille de ma femme, il lui a donné la preuve de ses sentiments tendres. Il a laissé à ma belle-sœur et à ma femme, en usufruit seulement, sa maison de campagne de Grignon, et les meubles qui y sont. Cette marque d'amitié de sa part augmente encore nos regrets. Il laisse un furieux vide dans notre société. Heureusement que nous savons tous nous suffire à nous-mêmes.

Je ne quitte point prise sur la taciturnité. Travaillez-vous vous-même sans découragement. Emportez aujourd'hui une pierre, faites-en demain tomber une autre. Minez vos défauts. Je vous renvoie à la sape sur cet article important. Je ne sais si je vous ai dit que dans vos moments de taciturnité il vous échappe involontairement un rire ou sourire que je vous préviens avoir trouvé tout à fait sardonique.

Je crois que vous ne voulez point affecter la singularité, et je ne vous dirai plus rien à ce sujet, parce que vous m'avez persuadé par de bonnes et dignes raisons. Vous me voyez, mon cher fils, avec une loupe qui vous grossit finalement les objets à mon avantage. Je ne vous dirai pas que vous me flattez, parce que je sens que tout ce que vous me dites d'obligeant et de tendre part de votre amitié, qui vous aveugle, ou qui au moins vous surfait prodigieusement mes bonnes qualités et mon esprit. Je ne sais, mon cher fils, si je mets de l'éloquence dans ce que je vous écris; ce que je sais bien, c'est que je n'y tâche pas, et que je ne cherche point à y en mettre. C'est mon cœur qui parle avec effusion. Je n'y entends pas d'autre finesse.

Adieu, mon fils. Cette lettre m'a un peu fatigué, car je ne suis encore qu'un demi-convalescent.

LETTRE XVII.

A Paris, ce 30 juin 1776.

Il y a longtemps, mon cher fils, que les mains me démangent de répondre à la lettre que vous m'avez écrite le 11 du courant; mais mon c.. s'oppose encore un peu à ces velléités. Je ne puis me tenir sur mon fauteuil cinq ou six minutes de suite sans incommodité; cependant je veux essayer, en levant le siége de temps en temps, de vous faire une lettre qui ne soit point trop guinguette [1]. J'y mettrai un ou plusieurs jours.

J'ai cru devoir, mon ami, vous épargner le chagrin de la nouvelle de mon accident. J'ai voulu que vous ne la sussiez qu'après l'opération faite. La consolation que

[1] *Guinguet*, adj., qui a peu de force, peu de valeur.

mon catarrhe et ma fistule m'ont donnée en différents temps, c'est de m'avoir laissé assez de marge pour mes sollicitations, et quelques moments encore pour vous en rendre compte, et pour vous décider à venir dans les bureaux de Paris quand vous y serez appelé. Ce qui est de conséquence.

Je ne doute plus, mon cher enfant, de votre sincérité et de votre candeur. Je l'ai dit à monsieur votre oncle, que j'ai félicité d'avoir un pareil neveu. Il n'est sorte de bien que je ne lui aie dit de vous. Ce n'est point pour que vous en preniez de l'amour-propre, mais de plus forts engagements à la vertu; pour que vous étendiez même ces engagements aux choses qui vous semblent les plus difficiles, et sur lesquelles vous me bataillez encore dans vos lettres. Enfin mon projet, en vous préconisant à vos grands parents, c'est de vous passionner, de vous fanatiser pour la vertu.

Ne craignez pas que cette passion puisse avoir des excès comme vous me le marquez. La vertu n'en a jamais : les excès la font cesser d'être vertu. Si l'on devient amer et dur pour les autres, on cesse d'être vertueux. La douceur et l'aménité sont des vertus, et quand on donne dans les vices opposés, ce n'est que par un amour-propre grossier et malentendu, qui vous écarte du bien ou qui vous le fait mal faire.

Je ne fais pas grand cas de l'esprit comme on l'entend, mais du bon esprit. Le premier, qui n'est que l'agrément et la fleur des choses, est pour les autres; le second, qui est le préférable sens commun, est pour nous, et nous sert et à nous et à nos amis, quand ils nous consultent. Je n'estime pas non plus l'esprit quand je le compare aux qualités de l'âme et à la sensibilité. De l'esprit, sans des sentiments d'honnêteté et avec une âme froide, est regardé par moi comme une arme offensive et qui, dans la main d'un homme sans principes et sans tendresse, peut devenir très-dangereuse.

Je vous félicite, mon cher fils, de suivre la vertu *par goût*. Vous ne vous écarterez jamais de son chemin, moyennant cela; mais je voudrais que vous missiez de la gloire dans ce goût-là; que vous en fissiez votre idole. Vous devez remercier mille fois par jour le ciel qui vous l'a imprégnée. La vertu est la seule et la vraie source du bonheur. Des accidents extérieurs viennent-ils l'altérer ou même le troubler cruellement, la vertu devient notre consolation; elle n'est jamais vaine. Quand on vit bien avec soi-même, il est peu d'infortunes auxquelles la vertu n'apporte des soulagements solides et satisfaisants.

Je ne connais qu'un malheur, pour une âme sensible comme la vôtre, où vous pourriez ne pas trouver la consolation de la vertu suffisante, quoique, à la longue, elle le devînt encore nécessairement. Ce malheur est celui d'un *mauvais mariage;* j'entends un mariage où vous eussiez été trompé sans qu'il y eût de votre faute. J'avoue, mon très-cher enfant, que la philosophie; la vertu et la religion réunies ont à peine assez de forces ensemble pour faire soutenir le tourment le plus terrible et le plus irrémédiable qui existe, lorsque surtout, malgré son indignité, on est encore amoureux de sa femme, ce qui arrive quelquefois. Mais, en général, ce malheur n'arrive d'ordinaire qu'à des libertins de maris qui méritent leur mauvais sort.

J'ai vu beaucoup de mauvais ménages dans ma vie; j'en ai vu quelques-uns d'odieux, très-peu de détestables au point où vous me les présentez dans votre lettre, et, dans tous ces cas, j'ai toujours observé que c'étaient les hommes qui avaient eu les premiers torts envers leurs femmes et qui avaient commis les premières hostilités. Vous ne serez point de cette classe méprisable d'hommes sans principes, sans mœurs et sans réflexion; et, bien loin de donner à votre femme barre sur vous par une conduite mauvaise, ou même inconsidérée, vous seriez, au contraire, mon cher ami, un modèle pour elle. Vous l'instruiriez perpétuellement de ses devoirs par votre exemple, vos actions et vos propos. Il faudrait qu'elle fût un exécrable sujet, si, l'étant même au fond, elle ne se contraignait pas et si elle n'avait pas recours, du moins, au masque de l'hypocrisie. Je ne serai pas, au reste, un grand prophète quand je vous prédirai du bonheur en mariage : c'est celui pour lequel vous êtes né; vous le méritez, vous saurez le préparer, l'arranger vous-même, en jouir, en faire jouir votre femme, et étendre la durée de cette jouissance aussi loin que ma femme et moi nous faisons et ferons subsister le nôtre.

Quant à l'ivresse de l'or que vous craindriez, dites-vous, si vous deveniez riche quelque jour, je ne la crains nullement pour vous, parce que je pense assez bien de vous pour croire que vous regarderiez comme un malheur d'être trop riche. Parvenu à un certain point de grande aisance, je suis sûr que vous vous y arrêteriez.

Mais dans la supposition que vous fussiez forcé de faire une fortune comme feu Montmartel [1], je suis convaincu que, dans ce cas, vous n'en auriez pas meilleure opinion de vous-même, que vos trésors ne vous feraient pas tourner la tête d'amour-propre, parce que c'est le fait d'un fat et d'une bête de s'enorgueillir de ses richesses; qu'un cœur sensible d'ailleurs met peu de prix à cette *poudre* jaune et blanche dont les hommes durs et sans âme font tant de cas et qu'ils estiment si prodigieusement.

Le *rire* sardonique que j'ai trouvé en vous, mon ami, n'est point un mouvement « faux et forcé », comme vous le dites. C'est, je crois, un mouvement machinal dont vous n'êtes pas le maître, et dont, sans doute, vous ne vous apercevez pas vous-même, mais qui n'en existe pas moins réellement. Ainsi, ne renonçant pas au titre d'homme aimable, vous devez renoncer à votre rire sardonique.

---

[1] L'un des quatre frères Pâris, qui s'enrichirent dans les finances. Bien que Pâris de Montmartel devînt garde du trésor royal, ensuite banquier de la cour, son frère, Pâris-Duverney, est plus célèbre. Il avait été d'abord garçon cabaretier, puis soldat aux gardes; c'est lui qui donna l'idée et le plan de l'École militaire, dont il fut nommé directeur, grâce à la protection de madame de Pompadour. Du reste, on cite quelques traits de générosité de Pâris-Duverney, à qui Voltaire et Beaumarchais durent une partie de leur fortune, par suite d'entreprises financières auxquelles il les associa.

Voilà, mon cher fils, votre lettre répondue avec plus de précision que je n'en mets ordinairement. Mais un convalescent qui a de la peine à s'asseoir encore et qui a fait sa réponse à plusieurs reprises, est forcé, malgré lui, malgré ses dents, malgré son caractère, de suspendre ses bavardages ou plutôt de les resserrer.

Quand nous nous verrons, nous éclaircirons, comme vous me l'écrivez, plus de questions en un instant de conversation que dans dix lettres. Je compte que vous ne serez appelé à Paris que cet automne. Si M. Puissant ne vous écrit pas, cherchez quelque prétexte pour lui écrire. Il est fort prévenu en votre faveur, du moins je le crois; et il m'a paru qu'il estimait votre zèle et votre travail. J'ai tâché de lui donner bonne opinion de vous sur d'autres objets au moins aussi estimables. Je désire y avoir réussi.

Écrivez aussi à M. de Saint-Amand. Quoiqu'il n'y puisse influer beaucoup, il sera flatté de ce qu'on le juge nécessaire, et très-nécessaire.

Si vous arrivez à Paris, mon ami, avant la fin d'octobre, vous nous viendrez voir à Grignon. Mes femmes vous recevront dans leur nouveau domaine. Je compte y aller très-incessamment pour y rester continûment, si je le puis, jusqu'aux fêtes de Tous-Saints.

Adieu, mon très-cher enfant. La lettre que je vous écris aujourd'hui est encore une des grandes marques d'amitié que mon cœur et ma santé puissent vous donner. Ma femme vous estime et vous aime plus que jamais, et me charge de vous le dire.

LETTRE XVIII.

Ce 4 août 1776.

J'ai reçu, mon cher fils, votre lettre tardive du 28 juillet. Je n'ai pas perdu pour attendre, et j'en suis très-content. Votre métaphysique sur la vertu est spirituelle et sensée, mais ce que j'en estime le plus, c'est qu'elle est sentie et qu'elle respire les bonnes mœurs. Je ne m'étendrai pas beaucoup aujourd'hui sur cet objet, parce que je compte m'en entretenir avec vous bientôt. Autant que je puis m'en souvenir, MM. Puissant et de Saint-Amand m'ont dit que vous seriez à Paris cet automne. Je m'étonne que vous me parliez de cet hiver, et que vous n'ayez pas écrit pour presser à ce sujet M. Puissant, de qui cela dépend. Oserai-je, à cet égard, vous reprocher un peu de négligence, ou du moins d'indolence?

Mon amitié vous souhaite ici, mon cher enfant. Je suis vieux, et je n'ai que ce temps de votre résidence à Paris pour y voir un homme que j'estime et que j'aime plus que jamais. Je désirerais même que vous fussiez placé dans la grande ville au commencement d'octobre. Je vous tiendrais quelques jours, pendant des fêtes [1], à

---

[1] C'est-à-dire pendant les jours de congé, que Collé appelle, dans la lettre suivante, les *jours fériés* du jeune homme. Du reste, ce projet ne se réalisa pas. M. de V** ne fut point appelé dans les bureaux de Paris; il continua de rester en province.

la maison de campagne de Grignon, que feu l'abbé de Gouffier a léguée à ma femme et à sa sœur, comme je vous l'ai dit ; du moins, je vous verrais à Paris tous les jours : car je compte bien que vous regarderiez ma maison comme la vôtre.

Le bien que j'ai dit de vous, mon ami, à monsieur votre oncle, ne doit que vous encourager au mieux. Dirigez votre amour-propre comme nous l'avons dit, et que mon encens ne vous entête pas. Au reste, je me méprends : ce n'est point encens, c'est le pur sentiment qui m'a fait parler ainsi à monsieur votre oncle. Écrire longtemps me fatigue, depuis ma convalescence. Ainsi, ne m'en veuillez pas d'avoir aujourd'hui affaire à

Pepin le Bref.

C'est ainsi que je signe celle-ci.

LETTRE XIX.

A Grignon, le 26 octobre 1776.

Je suis enchanté, mon cher fils, que votre affaire soit arrangée, et que vous nous arriviez à la fin de septembre. Nous serons encore ici. Nous ne comptons revenir à Paris que vers la fin d'octobre. Nous nous flattons de vous avoir vos jours fériés ; et quand nous serons de retour dans la grand'ville, je veux que vous regardiez ma maison comme la vôtre. Si j'avais chez moi seulement une chambre à vous donner, je ne souffrirais pas que vous fussiez loger ailleurs. J'ai déjà parlé à mon frère, et je parlerai à qui je pourrai, pour vous trouver gîte, mais gîte seulement. Ma femme, ainsi que moi, nous sommes d'avis que vous cherchiez un logement dans le quartier des Fermes, mais que vous ne vous mettiez pas en pension. Le lundi et le vendredi, vous irez dîner, quand vous voudrez, et tant que vous voudrez, chez Boulogne; trois ou quatre autres jours de la semaine chez moi. Quand vous voudrez bouder, vous irez à l'auberge. Il y en a d'excellentes et de très-honnêtes dans notre quartier. Cette façon de vivre vous coûtera moins qu'une pension, qui, d'ailleurs, est d'ordinaire fort maussade. Au reste, ce sera à vous à vous décider. Ma femme et sa sœur me chargent de leurs compliments et amitiés. Quant à moi, je vous estime et je vous aime plus que jamais, et j'aurai un très-grand plaisir à vous voir et à vous assurer, de cœur, que je suis votre meilleur et votre plus tendre ami.

LETTRE XX.

A Paris, ce 11 novembre 1776.

Vous ne pourrez jamais, mon cher fils, me donner une marque d'amitié que je ne vous la rende sur-le-champ. La raison en est que c'est un plaisir que vous me procurez quand vous m'offrez l'occasion de vous témoigner la mienne. Je vous sais donc le meilleur gré de m'avoir donné de vos nouvelles et de vous être souvenu de votre bonhomme de père. C'est de moi que je parle, au moins, monsieur, ce n'est point de celui d'Évreux, qui a pourtant des prétentions plus fondées que les miennes de prendre ce titre que l'on s'arrache : car il y a longtemps que votre cher oncle l'abbé a voulu usurper, comme moi, ce nom avec plus de droit ; et l'on sait même qu'il en a rempli les fonctions avec une bonté et une tendresse qui lui font honneur, ainsi qu'à vous.

Jusqu'à présent, mon cher ami, vous méritez par votre conduite et par vos sentiments qu'on lui dispute cette qualité. Mais, *nota bene*, je ne la prends et je ne la garderai qu'autant que mon fils continuera de s'en rendre digne, avec des redoublements. Et je ne vous donne des éloges qu'afin que vous en méritiez davantage. Je ne vous ai fait passer, dans toutes mes lettres, ces douceurs, ces petites sucreries-là, que pour vous encourager et au travail et aux bonnes mœurs, et vous rendre de plus en plus aimable. Ce n'est pas, comme vous jugez bien, mon dessein que mes louanges vous perdent. Mon amitié pour vous les doit rendre outrées à coup sûr. Ainsi, rabattez-en et ne les passez que comme de tendres encouragements. Je me défie et je dois me défier de mon faible pour vous. Gardez-vous donc curieusement de croire tout.

C'est assez, mon ami, faire le rôle de *Géronte*. Je reprends celui d'ancien ami et parent de monsieur votre père et de monsieur votre oncle. Je vous prie de leur

[Handwritten letter in French, largely illegible cursive script]

Les orateurs de ce beau siècle de lumières
mettent l'éloquence dans les choses, Bossuet
et Fléchier, et les anciens la mettoient dans
les choses! et c'est là la vraye éloquence!
Partout ailleurs, on en abuse!

Je veux, ma chère, et tendre fille, que continuiez de
m'écrire des lettres; elles sont d'amusement, et la
consolation de ma vieillesse! surtout à en suspendre
le cours quand quarante ans!

...... Des exemplaires grecs
detiendrai d'or fate, mais; à rester divers!
aud je dis Grecs; J'entends, sous ce mot, tous
les anciens écrivains; soit grecs, soit latins; et
elques excellents auteurs Modernes qui ont
surpassé les anciens: La Fontaine et Corneille;
Molière, et Racine; Despréaux et Quinault!
Pascal, et Bourdaloüe; et les Trois Orateurs,
qui sont au haut de cette page! Plus vous les
ez plus vous admirerez! il est sur ce petit
intere: Pauci, quos aequus amavit,
Juppiter!

parle latin, comme une Université! Cela s passez
si et tres pédant! et je veux passer ... chose!
Mes f ... me chargent de vous faire mille amitiés
le Recommandent de me recommander de vous
...

...vous vous et faudra faire de ...
vous votre ..., auprès de ... Delalande, ...
... que vous faites pour le sien! cen est ...
Tourailles; il faut faire valoir son travail!
Je vous embrasse, ...

« Grignan, ce 20 octobre 1777.

Petit cousin, Désavoué,
Prenez pour votre Devise,
« Il vaut mieux tard, que jamais! »

Il faudroit là un quatrième Vers, Vous conviens!
Mais, comme vous n'avez qu'à faire qu'un seul Vers pour
cette femme, j'en écrirois plus que vous, puisqu'en trouver
nouveau, si je ne vois l'eau adoucie que trois.

Quoiqu'il en soit, Mon cher enfant, je viens avec tard,
aux Nouvelles de vos nouvelles; celles de Mr. votre
Père, et de Mdre. chère oncle, par cette triste raison de
votre indisposition, je vous y plains, & vous me plaignez
pas. Je appelle indisposition, Mon ami, ce que
vous nommez si pompeusement Maladie! Les Maux
D'Estomach sont faciles à guérir, c'est que j'ai toujours
entendu dire. Un régime, un peu strict, et suivis, les
fait disparaître, et surtout, à votre âge! Mais, à
votre âge s'astreindre à un Régime... est Le Diable!
J'écris, vrai, que vous chercherez un Médecin, qui vous
Guérisse du Régime, que la Jeunesse regarde comme la
plus grande des Maladies.

J'aime votre état, que vos chers parents désirent
trouver en très beau mois! J'espère être malade pour
toute ma famille.

C'est en me donnant de nouvelles, Mon bon ami, des
suites de vos chers péres, que vous me dites d'essuiez,
qui est du meilleur ton de plaisanterie!

Faites à Mes compliments, bien tendres, Mon cher enfant,
à votre papa Laïque, et à votre papa, Ecclésiastique!
Je suis charmé de me rencontrer, avec de dernier, dans
les mêmes principes de Littérature! n'avons nous
pas donné dans la nouvelle cuisine! Les Ecrivains
Du Siècle de Louis XIV, seront des L'agent, (Solides)
et dont les vieux gourmands ne se lassent point!

dire mille tendresses pour moi. Ma femme leur fait mille compliments, et à vous, qu'elle prétend que je gâte et à qui elle se propose de dire ses vérités ! Tenez-vous bien ! Vous arrivez le mercredi 20, venez dîner avec nous le vendredi 22. Je dînerai sûrement chez moi ce jour-là. Je vous embrasse de toute la tendresse de mon cœur.

LETTRE XXI.

A Grignon, ce 20 octobre 1777.

Petit cousin, désormais,
Prenez pour votre devise :
« *Il vaut mieux tard que jamais.* »

Il faudrait là un quatrième vers, j'en conviens ; mais comme vous n'avez pu faire qu'un seul vers pour ma femme, je ne crois pas que vous puissiez trouver mauvais si je ne vous en adresse que trois.

Quoi qu'il en soit, mon cher enfant, si vous avez tardé à me donner de vos nouvelles, de celles de monsieur votre père et de votre cher oncle, par la triste raison de votre indisposition, je vous plains et ne me plains pas. J'appelle *indisposition*, mon ami, ce que vous nommez fastueusement *maladie*. Les maux d'estomac sont faciles à guérir, à ce que j'ai toujours entendu dire. Un régime convenable et correct les fait disparaître, et surtout à votre âge. Mais à votre âge s'astreindre à un régime, c'est le diable. Je vois d'ici que vous chercherez un médecin qui vous *guérisse du régime*, que la jeunesse regarde comme la plus grande des maladies.

J'aime votre mot, que vos chers parents doivent trouver un très-bon mot : *J'espère être malade pour toute ma famille.*

C'est en me donnant des nouvelles très-bonnes des santés de vos deux pères que vous me dites ce mot, qui est du meilleur ton de plaisanterie.

Faites mes compliments très-tendres, mon cher enfant, à votre papa laïque et à votre papa ecclésiastique. Je suis enchanté de me rencontrer avec le dernier dans les mêmes principes de littérature. Nous n'avons pas donné dans la nouvelle cuisine. Les écrivains du siècle de Louis XIV avaient des ragoûts solides, et dont les vieux gourmands ne se lassent point. Les orateurs de ce borgne de siècle de lumières mettent l'éloquence dans les mots; les Bossuet, les Fléchier et les Fénelon la mettaient dans les choses; et c'est là la vraie éloquence. Partout ailleurs on nous abuse.

Je vous exhorte, mon cher fils, à continuer de cultiver les lettres; elles font l'amusement et la consolation de ma vieillesse. Autant vous en pendra au nez dans quarante ans.

. . . . . . Vos exemplaria græca
Nocturna versate manu, versate diurna.

Quand je dis *græca*, j'entends par ce mot tous les anciens excellents, soit grecs, soit latins, et quelques excellents auteurs modernes qui ont surpassé les anciens : La Fontaine et Corneille, Molière et Racine, Despréaux et Quinault, Pascal et Bourdaloue, et les trois orateurs qui sont au haut de cette page. Plus vous les lirez, plus vous admirerez. Ils sont en petit nombre. *Pauci, quos æquus amavit, Jupiter.*

Je parle latin comme une université. Mais passez-moi d'être pédant, et je vous passerai autre chose.

Mes femmes me chargent de vous faire mille amitiés, et me recommandent de vous recommander de vous ménager.

J'oubliais. A votre retour, il faudra faire claquer un peu votre fouet auprès de M. Delahaut, sur le travail que vous faites sur le sien. Ce n'est pas assez de travailler, il faut faire valoir son travail. Je vous embrasse de toute la tendresse de mon cœur.

LETTRE XXII.

A Paris, ce 6 mai 1778.

J'ai été attendri jusqu'aux larmes, mon cher fils, de l'application que vous me faites de ce passage de Télémaque que vous vous êtes donné la peine de copier. Le sentiment qui termine cette application : « J'ai dévoré cet écrit, et je le lirai encore. J'oublie mes chagrins en le lisant, j'oublie ma solitude, et je perds jusqu'au regret de ne plus vous voir », ce sentiment, dis-je, m'est bien précieux, et il a pénétré jusqu'au fond d'une âme qui vous aimait déjà bien tendrement, et qui vous en aime encore davantage. Et ne croyez pas que ce soit, cette fois, le moins du monde l'effet d'un amour-propre qui se paillarderait bêtement du plaisir de se voir comparer à Minerve sous le nom de Mentor. Je suis né trop gai et trop fou pour être jamais flatté de cette comparaison, qui ne me va point. C'est votre sensibilité et l'amitié que vous me marquez en me donnant des louanges que je ne mérite pas; c'est la tendresse de vos expressions, qui ont su trouver, seules, le chemin de mon cœur.

Je fus, hier matin, lire à M. Puissant cette lettre que vous écrivez à votre père. Elle lui a fait le plus grand plaisir, et l'a prodigieusement confirmé dans la bonne opinion qu'il avait de vous. C'est dans cette vue que je la lui montrais. Quant à l'article qui le regarde : « Je n'ai point encore écrit à M. Puissant; je ne sais trop que lui dire; je suis dans un pays où l'on n'a guère d'esprit », je lui ai dit, quoique je ne vous réponde qu'aujourd'hui, que je vous avais déjà répondu qu'il ne s'agissait point là d'esprit; que c'était en lui rendant compte de vos bonnes opérations et en lui montrant un travail judicieux, que ce que vous lui écriviez lui plairait, et que cela valait mieux que de belles phrases et de l'esprit. Il a souri, et il en est convenu. Surtout, mon ami, ne lui parlez de votre affaire secrète qu'en termes très-généralisés et presque énigmatiques.

Souvenez-vous aussi de ce que je vous ai dit tant de

fois, qu'il ne suffit pas de travailler, qu'il faut encore faire valoir son travail. Ingéniez-vous donc, pour remplir cet objet, dans les lettres que vous écrivez à M. Puissant, à votre fermier de correspondance et aux autres personnes qui ont quelque part à votre besogne. Mais il faut faire ces choses d'une façon fine, adroite et détournée, comme, par exemple, en leur demandant leur avis sur ce que vous savez aussi bien qu'eux; en étant modeste, en paraissant toujours douter de vous et avoir besoin des lumières de vos supérieurs, etc. [1].

Ma femme et sa sœur, mon cher fils, qui ont été presque aussi touchées que moi de votre sensibilité, me chargent de vous faire mille amitiés, mais de vraies amitiés. Elles m'ont interdit les compliments.

Depuis votre départ, mademoiselle Bazire a eu un rhume violent, de la fièvre, a été saignée deux fois et est au lit depuis huit jours. Elle y est encore, mais elle n'a

---

[1] Une grande dame du dix-septième siècle, aussi spirituelle que galante, disait qu'elle « *cachait son esprit, afin de s'en mieux servir.* » Au fond, c'est ce que Collé conseille à son élève. Le rusé bonhomme n'ignorait pas que beaucoup de gens d'esprit manquent parfois leur fortune pour vouloir se montrer tels qu'ils sont, tandis que d'autres gens d'esprit font, au contraire, un chemin brillant, arrivent aux emplois, aux honneurs, en sachant se donner à propos les airs d'un sot. Le fait est que c'est la seule manière d'entrer en concurrence avec une foule d'imbéciles qui ne réussissent pas trop mal dans le monde. Il s'agit donc de regarder de quel côté vient le vent, et de tendre sa voile en conséquence. Voyez, à ce sujet, la délicieuse fable de Florian, intitulée *le Renard déguisé*, où l'exemple le plus piquant est placé à côté du précepte.

plus de fièvre, et l'affaire est totalement civilisée. Ma sœur et mon frère vous remercient de votre souvenir, et vous font mille tendres compliments. Je vous écrirai plus longuement la première fois, mais j'ai des affaires pressantes ce matin, et c'est tout ce que je puis prendre sur mon temps aujourd'hui que de vous écrire ce peu de mots. Je vous embrasse comme un père content de son fils, qui lui donne lieu de l'estimer et de l'aimer.

Je lirai, quelqu'un de ces jours, votre lettre à M. de Saint-Amand.

LETTRE XXIII.

A Paris, ce 31 mai 1778.

J'ai toujours beaucoup de plaisir, mon cher enfant, à recevoir de vos lettres, mais je ne vous tourmenterai jamais sur leur fréquence. Dans la circonstance présente surtout votre travail doit absorber votre temps. Celui dont vous pouvez disposer, après vos chevauchées, doit être employé à écrire à votre fermier général de correspondance. Tâchez de faire valoir adroitement votre travail dans toutes vos lettres, comme je vous l'ai rabâché cent fois, et n'oubliez pas de saisir toutes les occasions ou d'inventer des prétextes pour entretenir commerce avec M. Puissant. Dans toutes ces écritures à vos *pères supérieurs*, prenez toujours la tournure du doute sur les choses dont vous êtes le plus sûr. Cette modestie plaît et va au profit de l'amour-propre de celui auquel on écrit. Ingéniez-vous d'ailleurs pour lui donner les éloges qu'il peut mériter. Vous vous concilierez sa bienveillance par là, immanquablement. Je ne vous dis pas d'être flatteur et faux ; *est modus in rebus*, etc., mais il n'est point d'homme, pas même de fermier général, qui ne soit sensible à la louange et qui n'ait un côté favorable.

Les yeux de ma femme vont mieux. Mademoiselle Bazire est en pleine convalescence ; elle a été très-malade. Elle est encore d'une maigreur à faire trembler. L'une et l'autre vous aiment et me chargent de vous faire mille tendres compliments. Nous partons, le 4 juin, pour Grignon, où j'ai fait des folies. Malgré le séjour du Vernan à Paris, j'espère que vous serez de retour avant l'automne, et avoir le plaisir de vous voir dans mon château de Gaillardin ou de Grimaudin, comme il vous plaira le nommer. Je vous en laisse le choix.

Il faut pourtant, jeune homme du désert, vous dire quelques nouvelles de la ville. Voltaire a pris étourdiment une dose trop forte d'opium : il en a perdu la raison, et il a été depuis dans un délire perpétuel. Il doit être mort à présent que je vous parle. On dit beaucoup ici que le curé de Saint-Sulpice lui refusera la sépulture ; et il fera bien, vu la notoriété publique et scandaleuse de ses ouvrages contre la religion ; ceux mêmes qui n'en ont guère approuvent le curé [1]. Les

---

[1] Voltaire mourut le 30 mai 1778, et le curé de Saint-Sulpice lui refusa en effet la sépulture. Il fut enterré par les soins de

encyclopédistes jurés sont les seuls qui ne soient pas de ce sentiment, et traitent d'*a poco* ceux qui ne sont pas du leur. M. le curé de Saint-Eustache, qui n'est point un brûlot, s'estime fort heureux de ce que Voltaire n'est pas sur sa paroisse. Il m'a dit à moi-même que cette esclandre lui aurait déplu souverainement, et l'eût embarrassé. Quatre mois plus tard, Voltaire était son paroissien, par l'acquisition qu'il a faite, il y a six semaines, d'une maison rue de Richelieu.

Voilà donc la fin du plus prodigieusement bel esprit que la nature ait jamais créé, avec une *vaste mémoire*. Ce n'était point un homme de génie. *Infelix operis summa, quia ponere totum nesciet*. Il n'a jamais fait d'ensemble, de son cru, qui eût de la raison et de la vraisemblance, soit dans le sujet inventé par lui, soit dans la création de ses caractères mal faits ou mal soutenus. A ce dernier égard, il n'a jamais peint de couleurs vraies que l'amour et surtout l'amour jaloux [1]. Ses deux poëmes épiques sont une congestion et une indigestion de beaux et jolis vers, sans aucune invention de lui et sans aucun caractère. Ce sont des poëmes détestables par ces deux côtés principaux. Ses ouvrages philosophiques sont dénués de logique, et ne prouvent rien. Son *Essai sur*

son neveu, l'abbé Mignot, à Sellières, abbaye des Bernardins, située entre Nogent et Troyes, d'où il a été transporté, en 1791, d'après un décret de l'Assemblée nationale, dans les caveaux du Panthéon, à Paris.

[1] L'acharnement de Collé contre Voltaire finirait par agacer, s'il n'était pas si amusant. Il semble voir un roquet japper aux oreilles d'un bouledogue.

l'histoire universelle est un monstre en morale [1]; et il y cherche perpétuellement l'antithèse et l'esprit, à en être fatigant. Il y est odieux, d'ailleurs, et abominable par la façon dont il traite toutes les religions, et par l'indifférence affectée qu'il a pour le bien et le mal, pour le juste ou l'injuste. Le succès lui suffit; les grands scélérats sont ses grands hommes. Aussi était-il lui-même un gredin et un homme sans mœurs et sans principes. Il a fait un mal affreux à la France, qui ne s'en relèvera pas. Ses écrits l'ont corrompue sans ressource et pour jamais.

Ses chefs-d'œuvre sont l'*Histoire de Charles XII*, écrite avec la dignité et la majesté de l'histoire. C'est un morceau excellent. *Candide* est un roman unique par sa gaieté et sa rapidité. *Zadig*, *Memnon* et *Scarmentado* sont des pièces charmantes. En un mot, toutes ses pièces fugitives, en vers, sont ce qu'il a fait de mieux, et ce que, dans notre langue, nous avons de mieux en ce genre agréable et qui n'appartient qu'aux Français.

[1] L'*Essai sur l'histoire universelle* trouva, à certains égards, quelques censeurs même parmi les amis de l'auteur; mais ils n'allèrent pas jusqu'à dire, comme le folâtre Collé, que cet ouvrage était un *monstre en morale*. Grimm reproche à Voltaire d'avoir cherché à déprimer les auteurs anciens au profit des modernes, et de s'être montré partial à l'égard du siècle de Louis XIV, dont il serait moins l'historien que le panégyriste. Du reste, dans l'ensemble, Grimm admire le livre de Voltaire, qu'il appelle « un ouvrage de génie, destiné à faire » germer dans les cœurs des principes de justice, d'équité, de » compassion et de bienfaisance. » *Correspondance littéraire*, avril et juin 1757, t. II, première partie.

M. d'Estaing a passé le détroit, à ce qu'on croit [1]; mais on ne croit pas encore les galions d'Espagne arrivés. En attendant, je vous embrasse de toute la tendresse de mon cœur.

LETTRE XXIV.

A Grignon, ce 12 août 1778.

Si je ne voulais pas, mon cher petit cousin, vous punir de votre paresse silencieuse, je vous gronderais; mais je veux faire semblant de n'y être pas sensible, et vous faire, au contraire, des compliments très-courts sur le repos apathique dont vous avez joui. Recevez donc, en bonne part, mes félicitations à cet égard.

Je suis bien aise, mon cher enfant, que les fermiers généraux soient contents de votre besogne. Je ne suis pas fâché, et vous ne devez pas l'être, qu'ils vous laissent plus longtemps qu'ils ne le croyaient dans cette commission transitoire. Du moins n'êtes-vous point sur vos cro-

---

[1] Estaing (Charles-Hector, comte d'), né en 1729. Élevé au grade de vice-amiral, il partit de Toulon le 13 avril 1778, avec douze vaisseaux de ligne, s'empara de l'île de Saint-Vincent et débarqua à Grenade, qu'il prit d'assaut. En 1787, il fut appelé à l'assemblée des notables, et, peu reconnaissant des grâces dont la cour l'avait comblé, il se jeta dans le parti de la révolution et devint sa victime. Il mourut sur l'échafaud le 28 avril 1794.

chets. Je n'en suis pas fâché encore par une autre considération : c'est que votre position actuelle vous forcera, l'ennui sous la gorge, d'employer ce temps fastidieux à l'étude de votre métier et à l'approfondir, de rage.

Monsieur votre oncle, mon cher ami, et je vous prie de le lui dire, est un bien vilain prêtre. Il fait quatre-vingts lieues pour voir quelqu'un qui ne l'aime pas plus que moi, et il n'en peut pas faire trois pour venir dîner à Grignon.

> Je le vois trop : un prêtre se dispense
> En amitié de se mettre en dépense.
> Un bon lévite, un serviteur de Dieu
> Se laisse aimer, mais il aime fort peu.

Rousseau est mort, non sans soupçon de s'être empoisonné lui-même [1]. Il était redevenu hérétique, comme bien savez. Il a été enterré dans la terre de M. Girardin, à Ermenonville. C'était un fanatique de ce sophiste célèbre. Il lui a fait élever un tombeau dans son jardin à l'anglaise.

Vous devez savoir qu'on a refusé d'enterrer Voltaire à Paris sur la paroisse où il est mort. Sur quoi made-

---

[1] Des procès-verbaux authentiques établissent que la mort de Jean-Jacques fut naturelle : il succomba à une attaque d'apoplexie séreuse. L'opinion qu'il s'était suicidé fut accueillie, toutefois, par beaucoup de personnes, et même longuement discutée. Voyez, pages 269 à 285, t. I de l'*Histoire de la vie et des ouvrages de J. J. Rousseau,* par Musset-Pathay. Du reste, Collé ne se doutait pas que, cinq ans après, il serait accusé lui-même de s'être aussi volontairement donné la mort. Singulier retour des choses d'ici-bas!

moiselle Quinault a dit le bon mot qui suit : *Voltaire est mort, et il n'y a que le marquis de Villette d'enterré*[1].

Voici une des épitaphes de Voltaire, tournée contre l'un et contre l'autre :

> De l'athéisme Arouet fut l'apôtre.
> Sans cœur, sans âme, il pourrit en ces lieux.
> Villette a l'un, le diable l'autre.
> Dieu pouvait-il se venger mieux !

Pour l'intelligence de cette épitaphe, apprenez, si vous ne le savez pas, que le marquis de Villette a eu le cœur de Voltaire après sa mort, qu'il l'a mis dans un vase précieux avec cette inscription :

> *Son esprit est partout, mais son cœur n'est qu'ici.*

Je ne pense point, comme vous, mon cher enfant, que la réputation de cet homme célèbre s'éteindra. Je

---

[1] Villette (Charles, marquis de), né en 1736, mort en 1793, fils d'un trésorier des guerres et ami de Voltaire, qu'il encensa toute sa vie et qu'il reçut chez lui, à Paris, lorsque ce dernier vint y mourir. Voltaire l'avait marié à mademoiselle de Varicourt, sa nièce adoptive, qu'il nommait *belle et bonne*, et qui se rendit célèbre par sa bienfaisance. Quant au marquis, il s'est fait une triste réputation par le cynisme de ses mœurs. Voltaire chercha, mais en vain, à lui faire une autre réputation, en l'appelant le *Tibulle français*. C'est dire qu'il s'occupait de littérature, et ses Œuvres (prose et poésie), ont été imprimées avec luxe à Paris, en 1786, in-8°, sous la rubrique d'Édimbourg. Il publia un supplément à ce recueil, en un volume in-16, imprimé sur du papier fait avec de l'écorce de tilleul.

crois, au contraire, qu'elle ira jusqu'à la postérité la plus reculée ; mais je suis de votre avis sur celle de ce sophiste de Rousseau. Sa réputation ne durera pas trente ans. Il ne lui restera que quelques lecteurs, amants de la dialectique et du sophisme [1].

Je reviens encore à vos affaires. Trouvez quelque prétexte pour écrire à M. Puissant, et, pour en tirer quelque réponse, ne perdez pas de vue de lui faire valoir votre travail, etc. Dès que vous n'avez plus de livres, imaginez quelque travail qui vous soit utile pour votre métier, et par lequel vous puissiez faire claquer adroitement votre fouet vis-à-vis de la compagnie.

J'ai fait vos compliments, qu'on me charge de vous rendre tout chauds. Mes femmes et moi vous assurons de notre amitié.

[1] *Risum teneatis!* Cette prédiction aura le sort de celle de madame de Sévigné, touchant *Racine* et le *café*. Le nom de Jean-Jacques et celui de Voltaire n'iront pas plus s'amoindrissant que les principes à la défense desquels ces grands hommes ont consacré leur vie. Le triomphe de leurs doctrines s'affirme de plus en plus, et pour qu'il en fût autrement il faudrait que l'humanité rétrogradât, ou qu'elle mourût, ce qui est tout un : car, pour l'humanité comme pour l'individu, ne pas avancer, c'est cesser de vivre.

LETTRE XXV.

A Grignon, ce 10 octobre 1778.

Il se peut très-bien, mon cher enfant, que votre retour ici que vous annonce M. de Saint-Amand soit le terme et la cause du silence de M. Puissant. Il vous attend peut-être pour vous dire ce qu'il ne veut pas confier au papier. Il se peut aussi que M. Puissant n'ait rien à vous dire encore; communément, ce n'est que vers le milieu de novembre que les affaires commencent à se remuer à Paris. Quoi qu'il en soit, tranquillisez-vous, mon ami; vous n'avez pas encore longtemps à attendre. Vous êtes jeune; j'avais près de trente ans lorsque j'eus un emploi de douze cents francs, et je riais.

Il est sûr, mon cher fils, que votre négligence à mon égard a été un peu bien forte; et si vous voulez que je vous parle en père là-dessus, je vous dirai, *à la franquette,* qu'il ne faudrait pas agir de même avec un autre qui serait dans la même position où je suis avec vous. Vous blesseriez au moins son amour-propre, si vous n'offensiez pas sa sensibilité. Je vous dis cela uniquement pour vous. Je vous aime, et mon amitié est indulgente; mais croyez que peu de gens sont aussi bénins que moi sur ces matières.

Nous resterons ici, mon fils, jusqu'aux fêtes de Toussaints, au moins. S'il faisait beau, nous pourrions bien les y passer.

M. de Monticourt est mort subitement le lundi 5 octobre, en allant promener à Neuilly, où il a été enterré [1].
J'en suis dans le plus grand chagrin. Je vous embrasse de tout mon cœur.

Venez-nous voir, si vous revenez bientôt, et aimez-moi plus que vous ne m'aimez. Mes femmes vous font mille compliments.

LETTRE XXVI.

Ce 26 octobre 1778.

Chrétien, je suis content de ta lettre d'excuses.
Cousin, j'y vois ton cœur sans finesse et sans ruses.

Votre naïveté, mon cher fils, me plaît infiniment, et je ne veux point vous chicaner par quelques petites choses que j'aurais bien encore à vous dire. Je vous ferai observer seulement, mon ami, que lorsque je vous demande une lettre, je ne vous demande pas une pièce d'éloquence. C'est votre âme que je veux voir dans ce que vous m'écrivez, et non pas votre esprit.

Votre amour-propre, soit dit sans vous déplaire, vous a mené par le nez comme un jeune niais, quand il vous

[1] Fin bien digne d'un épicurien! *Il tomba, rit et mourut,* dit un auteur danois d'un des héros de son pays. Quant à Monticourt, il se promène, il tombe, il meurt, et on l'enterre là où il a cessé de vivre.

a fait employer quinze jours à teinter¹ une lettre de cinq ou six pages. Dans le genre épistolaire, il faut s'habituer à écrire du premier jet. Rien n'y doit paraître écrit; tout y doit être naturel. Le négligé même sied bien aux lettres. En général, une lettre à prétentions est une sotte lettre, quoique ce ne soit point un sot qui l'écrive toujours.

Je sens comme vous, mon ami, que l'incertitude est un rigoureux tourment. Quinault, dans un opéra, l'avait dit avant moi; mais d'un autre côté, Piron a ainsi commencé son conte de *Rosine* ² :

> Chacun trouve à la fin son compte.
> Gens mécontents de votre état,
> Patientez. C'est de ce conte
> La morale et le résultat.

Ainsi, mon petit boudeur, vous voyez que si un poëte vous afflige d'un côté, un poëte vous console de l'autre. J'estime qu'il ne faut pas de réponse plus sérieuse à vos déplorations un peu iniques. Car enfin, mon cher cousin, vous êtes bien près d'avoir le pied à l'étrier, et vous n'avez que vingt-cinq ans! C'est un *bel âge, pour plaider* ³. Mais sentez donc tout le prix de la jeunesse, tandis que vous la tenez, injuste dadais que vous êtes.

Je ne vous plains pas davantage, mon fils, sur l'ennui que vous vous vantez d'éprouver et auquel je n'ajoute

---

¹ Parer, orner avec trop d'affectation.
² Nous possédons ce joli conte, écrit de la main de Piron.
³ Citation du mot de Chicaneau dans la comédie des *Plaideurs*.

point foi. En voici la raison : Si vous êtes occupé comme vous le dites, l'ennui ne peut trouver un joint pour vous saisir. Si vous avez des vides de travail, les belles-lettres que vous aimez doivent les remplir. Demandez-le à Cicéron : « *Studia adolescentiam alunt; senectutem oblec-* » *tant; res secundas ornant; adversitati perfugium et sola-* » *tium præbent; delectant domi; non impediunt foras; per-* » *noctant nobiscum; peregrinantur; rusticantur.* »

Au reste, mon cher enfant, je ne mérite aucune reconnaissance pour les services que je vous ai rendus, qui sont très-minces. Mais je mérite votre amitié par celle que j'ai pour vous. Sans l'amitié, votre reconnaissance ne payerait pas mon cœur des sentiments qu'il a pour vous. Si je vous ai hargné [1] et si je vous tourmente encore, c'est que je vous aime. Regardez-vous comme une femme russe, qui ne croit pas être aimée de son mari si elle n'en est point battue.

Arrangez-vous comme vous pourrez, au reste, du fatras de cette lettre, que j'ai écrite en moins de quinze heures.

Je retourne à Paris samedi 31. J'espère que vous y serez bientôt aussi, et je vous verrai encore avant de mourir. Je vous embrasse de toute la tendresse de mon cœur.

Mes femmes et mon frère vous font mille tendres compliments.

[1] *Hargner :* gronder, quereller.

LETTRE XXVII.

A Paris, ce 21 décembre 1778.

Nous attendons, monsieur et cher cousin, avec autant d'impatience que vous la fin de votre exil, mais nous ne pondons pas comme vous sur les œufs de l'ennui. Nous avons seulement grand'pitié de vous. Vous ferez très-bien d'abandonner promptement à son mauvais sort celui qui va vous remplacer, et qui est payé pour cela par la Compagnie.

Ma femme et sa sœur, la mienne, mon frère et moi, vous faisons nos compliments de bonne année, après avoir reçu les vôtres dans votre dernière : ce n'est qu'un rendu. Je suis bien touché des assurances que vous me donnez de votre amitié, *car, en aimant, qui ne veut être aimé?* a dit le bon la Fontaine.

Quoique vous soyez bientôt à la veille de vous éloigner de nous, et qu'il y a grande apparence que je ne vous verrai plus, je ne désire pas moins que notre séparation se fasse bientôt. Il faut souhaiter le bien de ceux auxquels on s'intéresse aussi vivement que je m'intéresse à vous, aux dépens de notre satisfaction particulière. Je me flatte que vous vous souviendrez de moi, et que vous serez toujours honnête et vertueux comme vous avez commencé de l'être. Si jamais vos passions vous mettaient sur le point de commettre quelque injustice, j'espère que ma mémoire vous arrêtera au bord du précipice. Passez-moi ce petit mot d'homélie.

Aimez-moi toujours, et soyez sûr que vous aurez toujours en moi un ami qui vous servira et qui vous chérira tant qu'il lui restera un souffle de vie. Je vous embrasse de toute ma tendresse paternelle.

LETTRE XXVIII.

A Paris, le 25 mai 1779.

La convalescence de ma femme, monsieur et cher cousin, a été et est encore contredite et chicanée par des mouvements et des crispations de nerfs qui commencent pourtant à se relâcher un peu. L'air de la campagne achèvera le reste. Nous comptons y être dans quelques jours. Elle me charge, mon jeune monsieur, de vous faire mille amitiés et des compliments pour monsieur votre père, le mondain, et votre saint homme d'oncle, surnommé le téméraire. Vous ne me parlez ni de l'un ni de l'autre dans votre lettre écourtée : ce qui ne vous fait pas honneur.

Je vois, mon petit docteur, que vous faites une consultation pour votre papa, et que vous vous adressez à ma femme et à moi comme à deux médecins. Il y a du bon dans cette démarche; mais vous auriez pu l'accompagner de quelque souvenir de nous un peu plus tendre que des détails d'une consultation toute simple. Quoi qu'il en soit, préoccupé comme vous l'êtes de craintes peu fondées sur la santé de monsieur votre père, laquelle vous cause de l'inquiétude comme à lui, vous devez oublier les autres. Ne prenez point ceci, mon ami, pour des reproches sérieux, mais badins; et vous ferez bien.

Quant aux douleurs de côté que votre papa éprouve depuis quatre mois, le CONSEIL SOUSSIGNÉ, d'après l'exposé que vous nous en avez fait, et sur ce que vous assurez que le médecin (qui l'a probablement tâté) prononce qu'il n'y a point d'engorgement au foie; que, de plus, le malade est sans fièvre, a bon appétit et bon sommeil, DÉCIDE que cette douleur est une affection rhumatismale qui doit se dissiper petit à petit par un régime suivi et des choses rafraîchissantes qui détendent les nerfs. C'est à cette curation, déjà bien avancée, que ma femme travaille encore actuellement pour elle. Mais il faut de la patience; et je crains que le papa ne soit de ces gens auxquels la patience donne de l'impatience.

Après la lecture de cette ordonnance, mon ami, embrassez-moi bien cordialement votre père et votre oncle pour moi. Dites-leur que je les aime, ainsi que leur fils et neveu.

LETTRE XXIX.

A Grignon, ce 8 juin 1779.

Je suis charmé, monsieur et cher petit cousin, que votre papa soit quitte de son mal de côté, et j'espère que votre excellent oncle s'en tiendra aussi à ses trois accès de fièvre, et n'aura point à cet égard de plus grandes prétentions. *Hæc illis sufficiant, docte baccalaure*[1]. J'aime infiniment mieux avoir à leur adresser mes tendres félicitations sur leur santé, que mes savantes consultations sur leurs maladies. D'autant plus que, dans ma dernière lettre, je crains, par les menues excuses que vous me faites, d'avoir poussé trop loin la plaisanterie. Si j'ai enfoncé le burin plus qu'il ne le fallait, j'ai tort; c'est la faute de ma main, qui a été trop lourde; mon âme n'y a point eu part. Ce n'était nullement mon dessein. On peut dire souvent ce qu'on ne doit pas écrire. Le ton de la voix change tout, au lieu que le papier est sec. Je veux dire qu'il présente les objets sans adoucissements.

Quoi qu'il en soit, mon ami, votre dernière lettre était fort bien, quoique je me sois égayé dans ma réponse plus qu'il ne fallait sans doute.

Je reprends le ton doctoral cependant pour exhorter mes deux convalescents à la patience et aux ménagements. Ne point augmenter et aigrir ses douleurs par des remèdes, s'observer et vivre de régime continuellement; aux âges de messieurs vos parents et au mien, voilà le grand secret de la médecine, voilà sa loi et ses prophètes.

Ma femme remercie le *petit,* comme elle l'appelle, de l'intérêt qu'il prend à sa santé, et me charge de lui dire qu'elle est sensible à son souvenir. Nous adressons ensemble nos compliments à monsieur votre père et à votre cher oncle.

La convalescence de ma femme est bien longue, mon cher enfant. Ses nerfs ont peine à revenir de l'attaque cruelle qu'ils ont éprouvée. Elle marche assez bien, et, dans nos promenades, une lieue ne l'effraye pas; mais elle ressent des maux dans les jointures des genoux et dans les reins. Elle souffre quand elle monte des escaliers ou en voiture. Mais comme elle éprouve une petite diminution journalière à ces accidents, elle se flatte d'en voir, à la fin, la fin, quoique lente.

Quant à vous, monsieur, je n'ai point encore eu des nouvelles de votre sénat républicain, et vous n'êtes point encore nommé par vos patriciens, ennemis du peuple, pour aller le tourmenter dans quelque province. Je crois qu'en vous agitant les bras comme le *Mercure* de l'*Amphitryon,* vous dites :

La vigueur de mon bras se perd dans le repos.
    Et pour me remettre en haleine,
    Il me faudrait *une vingtaine*
« De dos » et de *procès-verbaux* [1] !

---

[1] Dans plusieurs endroits de cette *Correspondance,* Collé s'égaie sur le compte des fermiers généraux, mais en termes

Comme pour voler à vos exploits, mon cher ami, il faudra que vous repassiez par Paris, je désire ce moment autant presque pour moi que pour vous. Ce sera la dernière fois que je vous verrai, peut-être. Je voudrais que ce fût bientôt, et à Grignon. Je vous aime de tout mon cœur, et vous embrasse de même.

adoucis, et cette indulgence était de situation, puisqu'il parlait à un jeune *publicain,* à un apprenti *maltôtier.* Piron, qui n'avait pas les mêmes raisons pour mettre une sourdine à son langage, les appelle tout net d'*honnêtes cartouchiens.* (Voyez la lettre XXXVII, dans les *OEuvres inédites de Piron*, p. 272.) On connaît du reste le ridicule, même l'odieux jeté sur les gens de finance par la plupart des écrivains du dix-huitième siècle, Le Sage en tête, avec son admirable comédie de *Turcaret.* Un de nos étonnements, c'est le silence gardé par Molière à cet égard. Une seule fois il a mis en scène un homme de finance, encore est-ce un financier de province, et l'a-t-il présenté d'une façon épisodique et quelque peu effacée, bien que comique (M. *Harpin,* receveur des tailles, dans la *Comtesse d'Escarbagnas*). Chamfort prétend que « Molière, » ainsi que les autres auteurs comiques du temps, eurent » là-dessus les ordres de Colbert. » Quel dommage! Se figure-t-on ce qu'eût été un pareil sujet, traité *ex professo* par le sublime *contemplateur?* Que de pages éloquentes! que de tirades empreintes de vertueuse indignation et de *haines vigoureuses* il eût léguées à notre admiration! Assurément, Le Sage y aurait perdu un chef-d'œuvre, car il n'aurait pas osé glaner sur les pas du grand homme; mais Molière compterait un titre de plus à la reconnaissance de l'humanité.

LETTRE XXX.

Ce 17 juin 1779.

Je crois, monsieur et cher parent, que l'on peut vous dire :

. . . . . . Et si tu veux m'entendre,
Ce que tu sais déjà, je m'en vais te l'apprendre.

Quoi qu'il en soit, M. de Saint-Amand m'écrit, du 14, sur votre nomination à l'emploi de Tournon. Petit Israélite, écoutez ce que votre Jéhovah de la ferme générale vous fait passer par mon canal : « Qu'il est intéressant » que vous fournissiez votre cautionnement le plus tôt » possible et que vous vous rendiez à votre destination, » où il ne doute pas que vous ne travailliez de manière à » mériter promptement un meilleur contrôle général. »

Peut-être, mon cher ami, ma lettre vous trouvera-t-elle parti déjà, et je ne serais point étonné que vous fussiez à Paris depuis plusieurs jours. Il y en a plus de huit qu'on a dû vous faire part de votre nomination.

Nous vous attendons ici, mon cher fils, pour vous embrasser pour la dernière fois, du moins moi, qui ne suis pas loin d'aller à mon père; mais je mourrai content de vous voir en train d'aller votre chemin, en galant homme, qui le sera toujours.

Mille amitiés à votre papa et à votre cher oncle. Faites-leur mes compliments d'avoir un sujet comme vous. Ma femme et moi vous attendons à Grignon, pour vous faire nos légères félicitations.

LETTRE XXXI.

A Grignon, ce 14 août 1779.

Je n'ai reçu ici, cher petit cousin, votre lettre que mercredi dernier. J'y réponds. Je vous passe de vous plaindre de la fatigue et de l'embarras que vous avez essuyés, dites-vous, pendant trois semaines, mais dans vos comptes, en outre de vos doléances, je ne saurais vous allouer l'*ennui*.

Quand on se porte bien, monsieur, que l'on a vingt-cinq ans et de l'esprit tirant sur le jugement, il est impossible de s'ennuyer, à moins d'être favorisé de grâces particulières pour cela. Ainsi permettez-moi de croire à de l'exagération dans ce que vous nous écrivez là-dessus. Vous avez voulu nous tirer les larmes des yeux; je vous ai pénétré.

Quoi qu'il en soit, cousin, nous ne vous trouvons point du tout à plaindre. Quoique soixante livres par mois pour sa nourriture ne soit pas bon marché, c'est en attendant une pension où vous puissiez vous mettre et qui doit être à meilleur compte. Quant au logement meublé, pour deux cents livres, il est à très-bon compte, et ce ne sont point là les dépenses que vous avait annoncées votre prédécesseur.

Vous dites, mon ami, que le ton de la société est fort bon; tant pis! Comme Tournon est pour vous un point dans votre vie, que vous devez souhaiter être presque imperceptible, j'eusse voulu que le ton de la ville eût été détestable, et que vous y eussiez été mal reçu [1]. En trouvant le contraire, conduisez-vous en bon chrétien qui ne s'attache à rien des choses d'ici-bas. C'est ce que vous pourrez faire de plus sage, tant que vous resterez à Tournon.

Nous sommes bien sensibles, *tutti quanti,* à vos bons souvenirs. Ma femme a repris ses forces et son sommeil. Elle vous fait mille compliments, ainsi que mon frère. Je connais votre cœur, mon ami, je ne doute point de votre reconnaissance. Vous avez l'âme honnête et très-honnête, si vous ne l'avez pas très-vive et très-chaude. Ne croyez point, mon ami, que ce soit plainte ou reproche; je n'en ai pas le plus léger à vous faire. La grande chaleur de l'âme ne dépend pas de nous; quand on n'est pas né avec elle, on ne peut pas se la donner. Vous serez plus heureux; vous n'aurez que des passions douces, qui vous amuseront et ne vous tourmenteront pas. Vous

---

[1] Tournon, dans le Vivarais (Ardèche). Cette petite ville, qui possède un vieux château des ducs de Soubise, eut, dès le douzième siècle, des seigneurs particuliers, revêtus plus tard du titre de comtes, et dont la race s'est éteinte en 1644. Le titre de ce comté passa ensuite successivement dans les maisons de Montmorency, de Lévy-Ventadour et de Rohan-Soubise.

n'aurez jamais de grands plaisirs, mais aussi serez-vous exempt de grandes peines. C'est ce que vous prédit votre vieil ami, qui ne compte plus avoir le plaisir de vous voir.

Quant aux nouvelles que vous me demandez, en voici une du 11 août : « Voilà M. d'Orvilliers dans la Manche
» avec soixante-six gros vaisseaux. On dit, on veut que
» l'amiral Hardy ne soit pas assez osé pour attendre
» l'armée française et espagnole, qu'il est rentré et qu'il
» n'y aura point de combat. Si cela est, la mer alors
» devient libre, et nos vaisseaux, en étant les maîtres,
» favorisent la descente projetée. Aussi assure-t-on que
» les ordres sont partis pour embarquer nos troupes.
» M. d'Orvilliers est en avant; les Espagnols font l'ar-
» rière-garde et empêcheront, de leur côté, l'entrée de
» la Manche. Ce même M. d'Orvilliers vient de perdre,
» sur son bord, son fils unique. Il a donné deux jours à
» sa douleur, et il a repris son commandement le troi-
» sième jour après ce coup affreux [1]. »

Ces nouvelles me viennent de bon lieu, mon ami.

---

[1] Orvilliers (L. Guillouet, comte d'), né à Moulins en 1708, lieutenant général en 1777, fut chargé du commandement de l'armée navale de France, battit l'amiral anglais Heppel, près de Brest, le 27 juillet 1778; mais, en 1779, il tenta d'opérer un débarquement en Angleterre, sans y pouvoir réussir, par suite des lenteurs que mit la flotte espagnole à se rallier à lui, et des maladies qui décimèrent ses équipages. En 1783, il quitta le service et se retira au séminaire de Saint-Magloire, à Paris, où il était encore quand la révolution le força à chercher un autre asile. On ignore l'époque et le lieu de sa mort.

Vous y pouvez compter. Quand je saurai quelque chose sur le bail des fermes, ce sera une nouvelle pour vous bien plus galante, plus riante et brillante, plus intéressante et plus appétissante ;

Et moins inquiétante, et moins alarmante que celle de notre descente.

Adieu, mon cher fils. Je vous aime et je vous aimerai toujours comme un véritable père.

Écrivez-moi sous le couvert de M. de Juvigny [1], conseiller honoraire au parlement de Metz, à l'hôtel de la Poste, rue Coq-Héron, à Paris.

---

[1] Rigoley de Juvigny (Jean-Ant.), ami de Piron. Avocat au parlement de Paris, où il était né, il y mourut en 1788, avec les titres de conseiller honoraire du parlement de Metz et de membre de l'Académie de Dijon. La littérature l'occupa plus que la jurisprudence. Il publia les *OEuvres complètes de Piron*; Paris, 1776, 7 vol. in-8°, et 9 vol. in-12, et fit des *Mémoires historiques sur la Vie et les ouvrages de la Monnoye*, Mémoires pleins de recherches curieuses et qui sont placés en tête de l'édition in-4°, en deux volumes, des œuvres de la Monnoye. On a en outre de lui plusieurs ouvrages originaux : *Mémoire pour l'âme de Fréron; Bibliothèques françaises de la Croix du Maine et de Duverdier de Vauprivas; de la Décadence des lettres et des mœurs*, in-8°. Il attribue cette décadence à l'abus qu'on a fait du bel esprit et de la philosophie. La Harpe s'est montré sévère, injuste même dans le jugement qu'il a porté sur Juvigny, dont le mérite était solide et l'esprit nourri de fortes études.

LETTRE XXXII.

Ce 5 septembre 1779.

Je ne suis point surpris, comme vous, mon cher ami, de vous voir si promptement placé. Je m'y attendais. Je viens d'en remercier M. de Saint-Amand avec la tournure qui peut vous être utile. Je lui dis que votre satisfaction tombe principalement sur ce que vous vous flattez d'être estimé et un peu aimé de lui; de ce que vous paraissez l'intéresser, etc.

Ma femme et moi nous vous faisons nos compliments de ce que vous êtes à Roanne. C'est une ville aimable pour la société [1]; mais il ne reste plus qu'à savoir, et nous ignorons, si dans cette cité, qui n'est pleine que de noblesse, MM. les commis sont reçus dans la bonne compagnie de la ville. J'ai toujours oublié de vous demander, mon ami, si vous *étiez gentilhomme;* cette bêtise sert beaucoup dans la province. Quand on l'est, il faut « faire claquer son fouet tout comme un autre », devant des chevaux qui estiment cela.

Quoi qu'il en soit, je ne vous fais cette question que pour vous, mon cher enfant, et parce que ma femme a

---

[1] Roanne est une ville ancienne, mais son importance ne date que du dix-huitième siècle. C'était jadis le chef-lieu d'un duché créé en 1566 en faveur de Ch. Gouffier, et qui passa depuis dans la maison des ducs de la Feuillade. Roanne est la patrie du bénédictin Pernetty.

à Roanne un ami très-bon gentilhomme, et qui, peut-être, pourrait l'être plus qu'il ne faut, si c'est la mode du pays de l'être beaucoup.

Ce gentilhomme se nomme M. de Mirat. Il aime et estime beaucoup ma femme, et quand il est à Paris, il vient souvent manger chez moi. Ne lui dites pas tout ce que je viens de vous dire là ; mais dites-lui, monsieur, que j'ai l'honneur d'être votre parent, et je suis presque sûr que, malgré ses préjugés, s'il en a, il vous comblera de politesses. Peut-être aussi que je suis un fat qui présume trop de moi.

Je suis bien fâché, mon ami, de n'avoir point de nouvelles; nous en attendons à tous les quarts d'heure. Sans un coup de vent arrivé le 18, et qui a démâté le *Protée* de son grand mât, et un orage affreux qui a contraint M. d'Orvilliers de gagner la haute mer, il était, le 17, dans la plus belle position pour nous et très-critique pour le général Hardy et les Anglais. Mais je vous ai dit et je crois toujours que cette guerre ne peut pas être longue, attendu l'état affreux dans lequel nous avons pris les Anglais, épuisés d'argent, de matelots, de soldats et de vaisseaux. Il me semble qu'il ne leur reste rien que leur orgueil.

Ma femme se porte mieux, mais beaucoup mieux. Cependant elle n'est pas entièrement rétablie. Elle vous fait mille amitiés et compliments, ainsi que mon frère. Je vous embrasse de toute la tendresse de mon cœur.

LETTRE XXXIII.

Ce 10 septembre 1779.

Ma sœur, mon cher fils, vient de me marquer la perte que vous avez faite. Je prends part au chagrin qu'elle vous cause, et la part la plus tendre.

Je ne crois pas que cet accident cruel vous oblige à demander un congé à la Compagnie, à moins que ce ne soit pour consoler monsieur votre oncle, et qu'il ne l'exige de vous. Sans cela, il est tout simple d'envoyer votre procuration en blanc à ce second père, qui ne peut rien faire qui nuise à vos intérêts.

Je crains fort, mon ami, que cette perte ne soit plus affreuse encore pour monsieur votre oncle que pour vous, et qu'elle n'entraîne la sienne. Accoutumé, depuis nombre d'années, à ne se mêler de rien, ni d'affaires, ni de ménage, comment cet homme isolé va-t-il vivre? Quel parti prendra-t-il?

Marquez-moi, mon fils, comment vous vous trouvez à Roanne; donnez-moi tous les détails que vous êtes en état de me faire, et de la ville et de la façon dont vous comptez y vivre. Tout ce qui vous regarde m'intéresse et m'intéressera toujours. Ma femme me charge de vous dire mille choses tendres, et la part qu'elle prend à cet événement. Je vous embrasse de toute la tendresse de mon cœur, et je veux être tout à fait, actuellement, votre père.

LETTRE XXXIV.

A Paris, ce 21 décembre 1779.

Ils ne vous croiront pas, Britannicus! Je ne vous crois donc pas, mon cher fils. Vous n'avez pas dû penser sérieusement que mon amitié pour vous était ralentie; vous n'avez pas pu le penser, à moins que vous n'ayez perdu l'esprit. Elle est établie sur l'estime; je vous estime de plus en plus, *ergo enfrezizomorum.* Mon amitié est infiniment plus forte qu'elle ne l'était. Votre conduite et vos sentiments ne font que l'accroître tous les jours davantage. Ma femme, qui vous fait ses plus tendres compliments, la partage et me charge de vous en assurer.

Nous nous portons assez bien, mon cher fils, ma femme et moi. Si je n'ai point répondu à votre dernière, qui n'était qu'un billet, c'est que ce billet m'a semblé m'annoncer une seconde lettre de vous. Vous me marquiez que vous alliez faire la tournée de votre département, et vous ne m'indiquiez pas l'endroit où je pouvais vous adresser ma réponse. J'ai conclu de là que vous me récririez lorsque vous seriez de retour à Roanne. Dites, si vous voulez : *V'là qu'est bien conclusu!* Mais voilà, comme disent nos beaux parleurs, quel a été *mon aperçu.* Si cet aperçu ne vaut rien, gare alors pour le résultat.

Venons, mon ami, à votre lettre véritable. J'aime très-fort la résolution où vous êtes de vous instruire à fond de votre métier. Il faut en être le maître au point de vous en faire un jeu. Mais, comme je vous l'ai rabâché mille fois, n'allez pas oublier l'essentiel : faites valoir votre travail, et à Roanne et dans vos lettres à vos publicains. Mettez-y de l'adresse, de l'art et de l'honnêteté. Ingéniez-vous à cet égard, et secouez-moi votre indécente Minerve. Je vous conseille d'écrire très-tard votre lettre de bonne année au Saint-Amand, afin de n'être point confondu dans la mêlée du jour de l'an. Si cette lettre est partie, cherchez un prétexte d'affaires pour lui récrire à la fin de janvier. Demandez-lui des conseils ; il aime à la folie qu'on le consulte, et à faire l'oracle. Il en est de même, j'en suis sûr, de vos autres correspondants. Tous les hommes se ressemblent par l'amour-propre. Partez de ce principe pour bien faire vos affaires. J'eusse bien mieux et bien plus tôt fait les miennes si, à votre âge, quelqu'un m'eût développé cette vérité-là et m'en eût bavardé comme je le fais aujourd'hui pour vous.

En effet, persuadez les autres de leur mérite, ils seront convaincus du vôtre, n'en eussiez-vous point. Les hommes ne sont que de grands enfants qui ne peuvent se passer de dragées : ce sont les louanges, et que veulent-ils encore ? des louanges. Il n'en est point qui n'en mérite par quelques endroits. Ainsi, comme je vous l'ai dit, et vous le redis, et vous le redirai encore : Élogiez-les-moi tant que vous aurez de force par leur côté estimable, vous réussirez à vous en faire aimer, et vous n'y aurez point employé de fausseté. Jetez-vous dans la plus grande méditation de cette vérité éternelle. Je m'arrête, approfondissez.

Je suis charmé, mon cher ami, que vous ayez des sociétés agréables où vous êtes. Voyez tout le monde, rompez-vous au monde. Rien n'est si nécessaire que d'en avoir l'usage. Vous en avez déjà quelque chose; mais il vous manque encore une certaine aisance que vous acquerrez quand il vous plaira vous en donner la peine. Travaillez votre timidité.

J'approuve fort votre réserve avec la noblesse; mais je n'aimerais pas que vous ne la vissiez point du tout. Il faut être tout à tous.

A l'égard du jeu, besoin n'est de vous prêcher; vous êtes par bonheur un peu cruche [1] à cet égard, et l'on n'aime point autrement à être cruche.

Mon homélie, mon cher auditeur, roulerait plutôt sur les femmes. Vous êtes taillé pour en être la dupe. Vous ne connaissez pas encore trop votre petit cœur; mille fois moins celui des femmes. N'allez pas me faire un mauvais mariage. C'est ce dont on ne revient jamais. Le bonheur ou le malheur de la vie en dépend.

Faites mes compliments à M. du Mirat. Adieu, mon cher et très-cher parent. Soyez tranquille; ma femme et moi vous estimons et vous aimons de tout notre cœur.

[1] Personne simple.

LETTRE XXXV.

A Paris, ce 22 janvier 1780.

Vous m'avez écrit, mon cher fils, une lettre fort tendre; et votre père les aime [1] à cette sauce-là. C'est aussi celle que ma femme préfère. Elle me charge de vous faire mille et mille amitiés; elle se regarde aussi comme un peu votre mère, et nous avons tous deux pour vous les sentiments affectueux de la paternité et de la maternité. Nous vous avons donné la meilleure éducation qu'il nous a été possible. Continuez de nous faire honneur. Conservez toujours votre probité, dans ce siècle où l'intérêt est devenu la loi unique de nos gredins de philosophes, loi qui est religieusement observée, surtout par les gens de votre métier. Faites vos efforts pour joindre à cela toutes les qualités aimables; vous le pouvez : on peut tout ce qu'on veut fortement. Voilà, mon petit parent, les exhortations de ceux qui voudraient être vos grands parents.

Vous devez avoir déjà reçu dans votre province l'arrêt de règlement du 9 janvier 1780, concernant les fermes et les régies du roi. Vous y verrez vos généraux réduits à un très-petit pied; les grands officiers de la ferme et les soldats s'en ressentiront. C'est une matière à vos justes réflexions. Il vous faut, plus que jamais, avoir

[1] Collé avait pris ce titre depuis la mort du père du jeune homme.

recours à une sage économie. Je vous la recommande. C'est une vertu qui en engendre bien d'autres ; c'est elle qui fait la tranquillité, la douceur et le bonheur de la vie. L'économie fait qu'on trouve tout en soi et que l'on s'épargne les intrigues, les courbettes et tout le menu fretin de bassesses qu'emploient ceux qui se font de grands besoins et qui ne jurent que par ces mots : *Faire fortune!* Vous êtes bien éloigné, par votre caractère, de cette vile ambition ; je voudrais que vous le fussiez autant de la dépense. Je ne vous dis pas d'être avare. Un moraliste païen, auquel vous avez foi, vous a dit : « *Est modus in rebus*, etc. » Mettez en pratique l'adage de cet ancien prédicateur du bon sens.

Je vous ai prévenu, mon cher ami, et je vous préviendrai toujours sur les démarches qui dépendront de moi et qui pourraient vous être utiles. J'ai vu les Saint-Amand, les Puissant, les Ladiant, et mon amitié pour vous m'a inspiré ce que j'avais à leur dire. J'ai vu avec plaisir qu'ils pensaient de vous tout le bien que je leur en disais. Que mon secret, que je vous confie ici, ne vous fasse pas devenir trop confiant, et vous arrête sur le travail. Ne cessez point d'acquérir de nouvelles connaissances. Je ne veux pas vous gâter, et que mes louanges vous amènent à n'être qu'un fat ; entendez-vous, mon petit maraud ? Soyez toute la vie en garde contre l'amour-propre.

Si votre emploi n'est pas aussi fort que vous le pensiez d'abord, du moins en êtes-vous dédommagé par les agréments que vous me dites avoir trouvés dans votre petite ville. Cela vaut mieux que de l'argent. Quoique vous soyez dans le chemin de la finance, je vous exhorte à ne faire toujours de l'or que le cas qu'il mérite. Gardez-vous curieusement que la soif ne vous en prenne en grandissant; jamais vous ne pourriez vous désaltérer. Faites nos compliments les plus tendres à M. du Mirat, et dites-lui notre satisfaction de le savoir dans une ville aussi agréable que la sienne.

Je vous ai assez parlé de vous, mon ami; je crois qu'il faut à présent vous parler de moi : car vous savez aussi bien que moi qu'un égoïsme réciproque fait le fond de toutes les lettres passées, présentes et à venir. Cela posé, ou supposé, et ne sachant plus que faire de mon temps, je vais en perdre en vous disant que j'égaye encore, le plus que je peux, la fin de ma vie. J'ai barbouillé, en décembre, un vaudeville qui probablement sera le dernier que je barbouillerai. Il me passe par la tête de vous l'envoyer, et je cède à ce premier mouvement, qui a bien son côté ridicule. Au reste, pourquoi ne vous l'adresserais-je pas? Je l'ai bien adressé à Mgr le duc d'Orléans, qui était alors à la campagne, et que j'aime bien moins que vous, quoique je le respecte davantage. Je lui marquais que le fond de ce vaudeville était si abondant, que le produit net d'icelui devait rendre au moins cinq mille couplets; que je n'en avais fait que cinq, et que je suppliais Son Altesse Sérénissime de faire faire les autres par de plus jeunes gens que moi.

Ce vaudeville est sur l'air : *Cela reviendra*, ou : *Ma*

raison allait faire naufrage, qui se trouve dans un opéra de Lulli.

LES DIFFÉRENCES DES CARACTÈRES
MIS EN OPPOSITION.

ESSAI DE VAUDEVILLE.

PREMIER COUPLET.

Rose est une bonne créature ;
Sans esprit, pleine de bonne foi,
Rose s'ignore : elle a l'âme si pure
Qu'elle a rempli le vœu de la nature,
　Sans savoir pourquoi.

DEUXIÈME COUPLET.

Lucinde a toute une autre tournure ;
Son caprice est son unique loi :
On lui voit prendre un fat, à l'aventure,
Un intendant ou quelque autre figure,
　Sans savoir pourquoi.

PREMIER COUPLET.

Lise a peur que l'Encyclopédie
Ne l'accuse d'avoir trop de foi :
Contre le ciel jasant comme une pie,
A toute force elle veut être impie,
　Sans savoir pourquoi.

DEUXIÈME COUPLET.

Mais Brigitte a toutes les croyances :
Il faudrait qu'on éclairât sa foi.
Elle croit aux agnus, aux indulgences,
A son pape infaillible, à ses dispenses,
　Sans savoir pourquoi.

DERNIER COUPLET.

Sait-on ce qu'on fait dans cette ville ?
Non, ma foi ! Moi tout le premier, moi,
J'essaye encore, et d'une main débile,
A soixante et dix ans un vaudeville,
　Sans savoir pourquoi.

Nota. Ces couplets accouplés font une forme nouvelle de vaudeville.

Comme, à votre âge, mon cher jeune homme, on n'a pas la *main débile* en matière de galanterie, vous n'avez pas dû être surpris que d'avance je vous aie fait une petite homélie sur le mariage. Assez souvent la galanterie y conduit, et c'est ce que l'intérêt que je prends à vous me fait craindre. Ce sont des frayeurs de précaution que m'inspire l'amitié que j'ai pour vous. Que le

Seigneur vous maintienne dans les bonnes dispositions où vous êtes à cet égard. Vous me marquez que vous n'y songez point du tout, et que vos affaires ne sont pas assez avancées pour y penser encore. Rien de plus raisonnable. Il vous faut une bonne direction ; je dis *bonne*, pour faire ce grand saut-là. *Quo circa vivite fortes*.

Je m'arrête là, et je vous donne, pour vos étrennes, ce mélange de raison et de folie, de morale et de radotage, en désirant qu'au moins ce salmigondis vous amuse.

Dixi.

LETTRE XXXVI.

A Paris, ce 17 février 1780.

Vraiment, mon cher enfant, comme je n'ai plus rien à vous apprendre dans mes lettres, c'est bien raison qu'elles vous amusent un peu. Je vous ai assez bourré de morale depuis que je vous connais ; il est juste de vous en dédommager par des choses moins sèches et plus agréables.

Si vous avez été content de ma dernière, je ne l'ai pas moins été de la vôtre. L'amitié que vous nous marquez, à ma femme et à moi, nous satisfait pour notre vade [1]. J'en suis content, par rapport à vous, parce que

---

[1] Terme de jeu, mise ; intérêt que chacun a dans une affaire.

je vois que vous avez tous les sentiments que je vous désirais. Ces sentiments feront votre bonheur, et consolideront à jamais votre probité. Votre modération dans le changement de votre fortune, tout ce que vous me marquez à ce sujet m'a fait le plus grand plaisir. Cela est pensé, senti et exprimé on ne peut mieux. Ce qui me pénètre de la joie la plus tendre dans l'expression de vos sentiments, c'est d'y voir l'assurance presque certaine de votre bonheur présent et futur. Vous avez les passions douces et de la raison; elle sera de plus en plus éclairée par l'expérience et par les belles-lettres que vous n'abandonnerez pas, comme un Turcaret que vous n'êtes pas. Vous ferez votre félicité, si le diable ne s'en mêle. On doit craindre toujours ce monsieur-là. Les gens qui ont vécu longtemps disent qu'il est bien malin. En attendant, jouissez de la vie à votre façon; elle est bonne : celle des autres ne nous convient presque jamais; il faut être heureux à sa manière.

Vous l'êtes déjà, mon cher cousin, à un égard : je veux dire que vous avez laissé de vous ici et aux Fermes une très-bonne réputation. M. de la Hante me disait encore ces jours-ci qu'il lui revenait du bien de vous de tous côtés. Je ne sais si je ne vous ai pas déjà dit que vous êtes le seul jeune homme qui m'ait fait désirer d'être père, et je serais votre ami-père. Je suis fâché que vous ne soyez que mon petit-cousin. Que le grand Monticourt ne vous ressemble-t-il [1]! Cet énorme dadais ne veut pas apprendre son métier. Toujours content de lui et mécontent

[1] Probablement le fils de Monticourt l'épicurien.

des fermiers généraux, il clabaude contre eux, et il est de la dernière surprise qu'on ne lui rende pas justice, lorsqu'on la lui fait en le laissant pourrir dans son emploi de Quimper. C'est un aimable héritier, ainsi que sa sœur, que mon frère, ma sœur et moi avons là! Ils le seront cependant. J'ai en principe qu'il faut suivre les lois du pays où l'on est, et ne point faire tort à ses plus proches parents. La branche des Roussel a bien sa part dans notre succession d'avance, ainsi que dans la vôtre, s'ils étaient vos héritiers un jour. La banqueroute de Roussel les a remplis. Pour me venger de ce qu'ils recueilleront nos héritages, j'ai barbouillé, il y a quelques jours, la manière d'épigramme suivante :

> J'ai des collatéraux ennuyeux à périr,
> Des issus de germain, des façons d'imbéciles;
> Quoiqu'à me succéder ils se disent habiles,
> De pareils héritiers dégoûtent de mourir.

Voilà des bavardages qui sentent le radotage et qui pourraient vous empêcher de m'écrire. C'est pourquoi je coupe court, et vous embrasse bien vite, en vous assurant de ma tendre amitié.

LETTRE XXXVII.

Ce 18 mars 1780.

Si mes lettres, mon cher fils, vous paraissent aujourd'hui plus tendres qu'autrefois, ce n'est pas que je vous aimasse moins alors, mais je vous cachais, comme un grand politique que je suis, une partie de mes sentiments : je craignais de vous gâter. Vous voilà devenu homme, *et homo factus es :* votre pédagogue voit à présent que vous n'avez pas besoin de lui dire : *Jamque manum ferulæ subduximus.* Il ravale sa morale et répand plus d'agrément dans ce qu'il vous écrit, parce qu'actuellement il juge qu'il est plus nécessaire de vous amuser que de vous instruire. Il ne serait pas juste que votre ancien pédant contrefît encore le Caton, lui qui ne l'a été de sa vie qu'autant qu'il convient à un galant homme de l'être : Caton, s'entend. Je dois à présent vous cacher, autant que je le pourrai, les épines de la vieillesse. Je crois voir, et je sens qu'il n'est plus nécessaire de vous piquer de mes radotages moraux; il vaut mieux, s'il m'est possible, vous jeter quelques roses fanées du vieux Anacréon. Pour vous faire supporter mes lettres, je tâcherai, — sans y tâcher, — qu'elles vous soient agréables, puisqu'elles ne peuvent plus guère vous être utiles. J'aime à causer avec vous, et je ne voudrais pour rien que la sécheresse de mon commerce vous dégoûtât de m'écrire. Je n'ai plus le plaisir de vous voir, je ne veux pas perdre du moins celui de m'entretenir avec vous, par le moyen et la complaisance du courrier, qui veut bien se prêter au besoin que mon amitié a de vous parler.

Ce n'est pas, mon cher enfant, que vous soyez parfait. Et que votre amour-propre ne s'échafaude pas sur tout ce que je vous dis là de gracieux : j'ai de quoi donner sur les doigts à votre perfection. Pour la rendre complète, si ce miracle est possible à l'humanité, il y faudrait joindre encore bien des choses. Vous manquez, par oubli ou par distraction, d'égards et d'attentions dans la société ; en faisant vos compliments à mon frère et à ma sœur, ils se sont plaints à moi que vous ne leur ayez pas écrit au jour de l'an. Les femmes surtout ne pardonnent pas les *péchés d'omission*. Plus vous les connaîtrez, et plus vous sentirez la vérité de cet adage, qu'elles appliquent surtout à l'amour et à l'amour-propre.

Je vous laisse sur la bonne bouche de ma juste causticité, menu pécheur que vous êtes : ce sera votre pénitence. Dans ce saint temps, regardez-moi comme votre confesseur en cette partie, et attendez-vous à un refus net d'absolution si vous ne me montrez pas un peu plus que de l'attrition.

Le R. P. Charles,

Ancien desservant de la maison polie des religieuses d'Amathonte, ordre de Cythère.

LETTRE XXXVIII.

A Paris, le 21 avril 1780.

Si j'eusse, mon cher fils, consulté mon saint homme de frère sur les exigences du cérémonial de mon auguste sœur, je ne vous aurais point fait la camisade[1] de plaintes et de plaisanteries que je vous ai faite mal à propos ; c'eût été, au contraire, sur cette belle princesse tenant avec une dignité insigne aux étiquettes de nos anciens, que je me serais égayé. Mais j'ignorais ou j'avais oublié que vous eussiez écrit à Boulogne une lettre qui était commune à icelle. Dans l'ignorance où j'étais, je l'entends faire ses tendres plaintes sur votre oubli volage ; je présume alors, assez bêtement, je l'avoue, que vous avez négligé aussi mon frère le gaillard, et voilà comme on fait des imbroglio et une petite scène de comédie. *Toujours souvient à Robin de ses flûtes*[2]. Tout ceci n'est donc

---

[1] Attaque nocturne ou matinale faite par des soldats qui ont mis leurs chemises par-dessus leurs habits pour se reconnaître.

[2] S'il faut en croire le Duchat, ce proverbe vient de ce qu'un bon ivrogne, accoutumé à boire dans de grands verres appelés *flûtes*, n'osant plus, à cause de sa goutte, boire son vin que trempé, se rappelait toujours ses flûtes. Rabelais a employé ce proverbe, et, dans le *Moyen de parvenir*, au chapitre intitulé *Cause*, Béroald de Werville s'en est aussi servi. *Livre des Proverbes français*, par le Roux de Lincy, t. II, p. 61.

qu'un malentendu, dont je suis seul coupable. Passez-moi cette légèreté-là. C'est principalement ce qu'on doit passer à ma jeunesse que le défaut de mémoire.

Vos lettres, mon cher enfant, sont naturelles et bien écrites. Pourquoi vous défier tant de vous-même? Je ne vous dis pas cependant d'être aussi intrépide que votre cher oncle. Gardez-vous d'imiter son exemple à cet égard. Un homme qui ne doute de rien ne fera jamais bien ses affaires dans un siècle aussi modeste et aussi timide que celui où vous vivez et où je *dure* seulement. Je vous remercie des nouvelles que vous me donnez de la bonne santé de ce bon abbé. Ne laissez jamais passer une occasion de lui donner des marques de mon souvenir, de mon estime et de mon amitié.

Je suis charmé que votre aveuglement pour moi ne vous laisse pas apercevoir la dégradation de l'esprit de votre vieux père ; c'est toujours cela pour moi, et vous vivrez longuement, parce que vous l'honorez : ce sera pour vous.

Votre philosophie est la vraie, mon cher ami. Elle est fondée sur la probité et la raison. *Épluchez-en les herbes,* soit ! mais souffrez que je vous rabâche encore qu'il faut être en garde contre vous-même pour ne la point pousser jusqu'à vous montrer taciturne et farouche. Faites que l'on ne se doute pas que vous êtes philosophe ; cachez-en la prétention, et jouissez secrètement de ses fruits. Le plus grand des philosophes pour la conduite et la vie est le fin Horace. Qu'il soit votre *vade mecum* (je ne vous parle que de ses épîtres et de ses satires); c'est la morale d'un homme du grand monde et du plus délié courtisan. Je vous prie d'en lire tous les jours six vers, jusqu'à ce que vous les sachiez par cœur. A propos de ce divin moraliste, il faut que je vous mette ici une application assez heureuse que j'ai faite l'année dernière de sa belle épître à Auguste, à notre curé de Saint-Eustache, M. Poupart, pour l'inviter à venir dîner à Grignon, où il vint :

> Cum tot sustineas, et tanta negotia solus;
> Res sacras, monitis, tutaris; vocibus ornes;
> Legibus emendes vivos; morientibus adsis;
> Cum regi, sponsæque suæ, cœli ostia pandas,
> Pauperibusque vaces; in publico commodo peccem,
> Si, longo sermone, moror tua tempora, Poupart.

Saviez-vous, mon fils, que je m'escrimasse en vers latins? Cette longue lettre fait une critique en action des vôtres. Vous ne me parlez point assez de vous. Il faut être égoïste vis-à-vis de ses amis. En me parlant de vous, vous me parlez d'une des choses les plus intéressantes pour moi. Je vous donne l'exemple de l'égoïsme à cet égard. Suivez-le. Votre serviteur. *Amen!*

LETTRE XXXIX.

A Grignon, ce 2 juin 1780.

J'ai attendu quelques jours, mon cher enfant, que je fusse quitte d'un radotage que j'ai achevé hier, pour en commencer un autre aujourd'hui en répondant longuement à votre lettre du 23 mai.

Quoi que votre politesse en dise, je sens suffisamment les effets de la vieillesse, et je ne m'en vante pas, mais je m'en excuse. Mon jeune ami, ces rabâchages sur la pesanteur de mon âge ne sont que des regrets inutiles de n'être plus au vôtre. Toutes ces gaillardes déplorations ne me rendront rien; mais si je conserve votre amitié, j'ai tout.

Mes lettres doivent vous paraître nouvelles (je suis la vôtre), parce que j'en ai changé totalement le style. Je vous pédagogisais quand vous étiez jeune; je badine aujourd'hui que vous êtes un homme fait, et même plus raisonnable que vingt-cinq ans ne le comportent. Car je vous crois philosophe dans la bonne acception de la philosophie. Vous l'avez définie vous-même sans y tâcher. Vous êtes philosophe sans *le savoir* et sans le vouloir. Je n'en ai jamais connu d'autres. Mon sentiment a toujours été que l'on naissait philosophe, comme l'on naissait poëte. Voici la raison sur laquelle j'appuyais cette façon de penser : c'est que ce ne peut jamais être par un système réfléchi que l'on peut prétendre à être sage, et qu'on le sera. Si l'on est né fou, je veux dire emporté par ses passions et par son physique, les passions culbuteront par-dessus tête le système de conduite, l'enverront à tous les diables, etc. [1]. *Naturam expellas furca, tamen usque recurret.* A bon entendeur, peu de mots. Dites-moi si je pense juste. Vous n'avez pas, je crois, les passions vives; vous possédez tranquillement votre âme.

> Moi qui vous parle, votre père,
> Je n'étais pas ainsi bâti :
> Sois donc philosophe, et prospère.
> Va! *Gaudeant bene nati* [2] !

Je suis fâché, mon sérieux monsieur, que la ville de Roanne soit encore plus sérieuse que vous, et même, dites-vous, très-triste. Vous ne l'êtes point; vous aimez même à rire, et riez de bon cœur : mais vous avez besoin de quelqu'un qui vous aide. Il vous faudrait une ville qui vous secouât, au lieu de cette Jérusalem-là! Dites-

---

[1] Cette proposition de Collé, qui consiste à faire au tempérament, seul, les honneurs de la vertu, est une chose trop bouffonne pour mériter une discussion sérieuse. Du reste, sentant lui-même que d'un trait de plume il vient de supprimer le libre arbitre, il prie le jeune homme de lui *dire s'il pense juste*, et, d'après la lettre suivante, ce dernier se serait attaché à rétablir tout doucement les choses et à rappeler Collé aux saines doctrines. En ceci le disciple est plus sage que le maître.

[2] Piron a aussi employé cet adage latin comme trait final dans une de ses épigrammes les mieux venues et les plus *salées*.

moi un peu : madame du Mirat, dont vous me parlez, a-t-elle de l'esprit? Son mari n'a que celui des affaires, du jeu et de l'intérêt; avec lesquels esprits il n'est pas difficile d'être une bête.

Au reste, je suis indigné contre le Lignon [1] de ce qu'il continue à couler pour ces animaux de Roannais.

Je m'étonne, mon aimable cousin lourdis [2], que, connaissant M. de Saint-Amand comme vous devez le connaître, vous ayez eu l'intelligence assez obtuse pour ne pas percer le sens qu'il attache à ces mots : « Une position qui augmente ses obligations ». Ne voyez-vous pas, petite taupe, que cela signifie : « qu'il est aujourd'hui à la tête des Fermes, et qu'il a la confiance du Necker », ce qui multiplie ses occupations? C'est affaire de vanité que cette phrase. Je vous répète de ne pas perdre, et même de faire naître les occasions de lui faire valoir votre travail. Mais faites-le-lui valoir comme tous les diables. Saint-Amand a un très-grand fonds d'estime pour vous; il vous aime, il a tout le crédit qu'il peut avoir. *Carpe diem*. Dans quelque temps, il est possible que cela change.

Vous allez, mon fils, dans un beau pays. On m'a tou-

[1] Petite rivière qui sort des monts du Forez et va joindre la Loire au-dessus de Feurs. Honoré d'Urfé a célébré le bonheur des bergers du Lignon dans son roman pastoral intitulé l'*Astrée*, qui parut en 1610. Ce livre singulier fut accueilli avec la plus grande faveur, et donna naissance à toute une école de romanciers bucoliques.

[2] De *lourdise*, défaut du niais, du lourdaud, du timide. J. J. Rousseau a employé ce mot. Rabelais dit *lourdier*.

jours vanté la Limagne pour ses gras pâturages[1]. Ne vous en donnez pas trop. Soyez sobres, votre cheval et vous. *Fratres, sobrii estote.* C'est le poëte qui l'a dit. C'est que dans la Limagne vous allez vous trouver à table d'hôte depuis les pieds jusqu'aux aisselles.

Pour nous, mon ami, nous sommes au régime à Grignon depuis le 10 mai. Nous y sommes arrivés malingres l'un et l'autre; mais en huit jours nous nous y sommes rétablis. C'est là, mon cher enfant, que nous jouissons, ma femme et moi, des seuls plaisirs qui restent aux personnes avancées en âge; je veux dire de la paix, d'une grande aisance et de la considération personnelle qui suit une vie qui a été sans tache. La grande gaieté que vous me voyez encore est, j'ose le dire, la récompense de mes mœurs, qui ont toujours été simples et assez pures[2]. Ma femme est au-dessus de ce que

---

[1] La Limagne, *Alimania*, petit pays de France, dans le nord de la basse Auvergne, le long de l'Allier, avait pour principaux endroits Clermont-Ferrand, Riom et Billom. La Limagne dépend aujourd'hui du département du Puy-de-Dôme, qui était renommé pour sa fertilité, ses riants aspects et sa population.

[2] Collé a toujours eu en grand souci la considération personnelle, et, comme nous l'avons dit, il était généralement estimé : il avait même quelque crédit. Quant à l'allégation relative à ses mœurs, qu'il annonce avoir *été toujours simples et assez pures,* c'est un paradoxe qui pourrait bien cacher une vérité. Assurément, une pareille prétention se concilie mal avec les *dieux* que Collé a *chantés* et *célébrés* toute sa vie; mais il faut faire la part de ce genre de culte, qui comporte essentiellement la *vanterie,* d'où il suit que le libertinage de

j'avais lieu de prétendre, et je ne l'ai pas mérité; car, enfin, qu'ai-je fait d'utile pour la société? Un poëte est-il utile comme un avocat, comme un négociant, un juge, etc.? Et doit-on être aussi à son aise que celui qui a servi la république? *Auctius atque di melius fecere; bene est...* *Bene est* veut dire pour moi : je suis plus que content, attendu que le bien que j'ai ne me vient ni par l'intrigue, ni par la souplesse, ni par aucune autre vilaine voie. Je n'ai rien à me reprocher, pas même une révérence plus basse qu'il ne me convenait de la faire à M. le duc d'Orléans lui-même. Vous êtes né honnête, mon cher fils, et vous le serez toujours; et je me plais à vous prédire qu'à mon âge vous aurez une fortune plus considérable que la mienne, parce que vous serez fermier général, et que vous en jouirez, comme moi, sans remords et avec la même considération personnelle, parce que vous l'aurez faite par les mêmes voies. Voilà le bonheur que je vous promets pour votre vieillesse; « *et, pour vous souhaiter tous les bonheurs ensemble, puisse naître de vous un fils qui vous ressemble*[1] ! » Vous

tous ces grands abatteurs de quilles conjugales et autres était peut-être plus dans leur imagination et au bout de leur plume que dans leurs actes. Il semble donc qu'on peut appliquer à Collé, ainsi qu'à beaucoup de ses amis, ce que nous avons dit ailleurs à propos de Piron lui-même : *Lasciva est nobis pagina, vita proba est.*

[1] Pour les besoins de la cause, Collé a donné ici une légère entorse à ces deux vers de Rodogune, acte V :

Et pour vous souhaiter tous les *malheurs* ensemble,
Puisse naître de vous un fils qui *me* ressemble!

savez que les poëtes sont des devins : le mot de *vates*
l'emporte : *Credite! vaticinor.*

Je vous farcis furieusement de latin dans cette lettre,
beau cousin, et vous êtes bien loin d'en être quitte encore, puisque je veux vous donner ici les vers latins que
j'ai composés sur mon *Théâtre de société,* et vous les
donner tels que je les ai écrits de ma main à la tête de
mon exemplaire. Vous les transcrirez sur le vôtre, en
faisant *note* du cadeau rempli d'amour-propre que je
vous fais aujourd'hui.

Voici la *mienne,* qui précède mes vers :

« M'estimant moins qu'un atome, en compa-
» raison de Virgile, je n'en ai pas moins eu,
» malgré cela, l'impertinente vanité de compo-
» ser, à son imitation, le petit *Ille ego* qui suit,
» et l'audace de l'arranger dans la langue même
» de ce poëte divin :

Ille ego, qui quondam, obscenis festiviter, urbem
Cantibus obscenam secui; ad privata theatra
Aggredior; primusque, viam, hoc tentamine laudo :
Musa jocosa, novos, docuit me ludere mores;
Et vitia, ante aliis nondum traducta theatris,
Carpere, ridiculo; dictisque notare facetis.

Voyez à présent, mon cher fils, ma politesse, et si je
vous laisse des reproches à vous faire sur votre bavardage que votre timidité vous fait craindre d'avoir fait.
Il faut être diffus, verbeux, bavard, égoïste, en un mot,
il faut être véritablement soi-même, et même se surpasser, quand on n'est pas né aussi bavard que je le suis

et qu'un ami vous presse de l'être. Je vous en fais un précepte, en vous *baillant* l'exemple. *Baillant* est un vieux mot; mais actuellement je dis qu'il ne faut pas mépriser la vieillesse.

Ma femme me charge de ses tendres amitiés, mon frère de son triste attachement, et moi de mes gaillards sentiments.

Malgré l'effrayante *logodiarrhée* dont j'ai été dans cette lettre, j'ai encore oublié de dire, à l'article de la considération personnelle, que celle que j'ai toujours souhaitée le plus est la considération que l'on tire de sa droiture, de ses mœurs et de sa bonhomie. Celle qui m'est venue par hasard de ma fluette réputation littéraire ne m'a jamais fait, à cent piques près, le plaisir que m'a fait l'autre dont je me flatte de jouir, et qui fait mon bonheur actuel.

LETTRE XL.

A Grignon, le 27 juin 1780.

Vraiment, mon fils, madame votre mère et moi nous avons été très-contents de votre lettre du 17 de ce mois. Elle est pleine de tendresse et de sentiment, que nous vous rendons bien tous les deux. Ma femme me charge de vous donner sa bénédiction, et moi je vous l'allonge

  Comme un vieux évêque routier,
  Et qui s'entend à son métier.

Plaisanterie à part (si c'en est là une), nous avons été touchés et attendris, ma femme et moi, des choses obligeantes que vous nous dites, et du ton de vérité avec lequel vous nous les dites. Nos cœurs sont faits pour sentir le prix de ces témoignages de votre amitié. Vous pouvez être assuré de la nôtre; nous ajoutons que vous la méritez. Je ne m'étendrai pas davantage aujourd'hui sur cet article, car sachez que si je le voulais, je n'en finirais pas : mon âme serait inépuisable sur ce sujet.

Je passe à la réponse que je vous dois. Je les fais toujours très-exactes, moi qui vous parle; je ne vous ressemble pas. Vous ne répondez pas à chacun des articles : vous en omettez quelquefois. Par exemple, cette fois-ci, vous ne me remerciez point de mes vers latins, que mon amitié ne donne qu'à vous. Mon cœur d'abord est sensible à ce défaut d'attention; puis, vient après mon amour-propre, qui endève et regrette de vous les avoir envoyés. Dans ce dernier cas, figurez-vous qu'un poëte est comme une femme qui se met en posture pour recevoir un compliment et qui n'obtient rien. N'allez pas jouer ce tour-là à d'autres auteurs, si vous en rencontrez : ils ne vous pardonneraient de leur vie. Vous êtes tombé, heureusement pour vous, sur une vanité qui est accommodante, et bonhomme comme moi.

Mais, mon cher enfant, une chose plus essentielle et que je crois vous avoir dite plus d'une fois dans le temps que j'étais et me portais pour être votre pédant : c'est que dans une lettre d'affaires rien n'est plus nécessaire que d'avoir toujours devant les yeux celle à laquelle

on répond; et encore faut-il avant que de mettre le
« J'ai l'honneur d'être, etc. », relire d'un bout à l'autre
la lettre à laquelle vous répondez, pour vous assurer que
vous n'avez rien oublié d'important. C'est la méthode que
j'ai toujours suivie, et dont je me suis bien trouvé, et
souvent, attendu que j'étais très-vif et très-étourdi. Pardon
de cette pédagogie. *Toujours souvient à Robin de ses
flûtes* [1], et moi, Charlot, j'ai peine à renoncer à ma
férule, quoique vous me disiez comme Juvénal : « *Manum
ferulæ subduximus.* »

Autre menu péché d'omission pareil à celui dont la
reprise de ma pédanterie vous fait encore un gros reproche : c'est que vous ne me parlez point, mon cher pupille
émancipé, du pays de la Limagne où vous me marquez
que vous allez faire une pointe. Faites votre acte de
contrition pour toutes ces peccadilles. Permettez-moi
dévotement de ne plus y retomber. *Et ego te absolvo.*

Passons, mon jeune ami, aux consolations que vous
donnez à votre vieux ami. Elles sont très-sensées et très-
honnêtes pour moi. Je les ai déjà senties avant que vous
me les rappeliez. Ce n'est point assez que d'être heureux : il faut encore sentir qu'on l'est, et c'est ce que
j'éprouve habituellement avec la femme que le ciel m'a
donnée, et qui est presque entièrement la source de
mon bonheur. Je ne regarde que comme des accessoires
(essentiels à la vérité à ma félicité) et l'aisance des
biens et la petite considération personnelle dont je jouis,
ainsi que ma moitié. Il m'est bien doux cependant, sur

[1] Voyez la note 2 au bas de la page 184.

la fin de notre vie, d'être regardés par les autres comme de bonnes et honnêtes gens, et des gens qui ne manquent pas d'esprit. Nous nous préparons tout doucement à mourir en odeur de probité. Mais la vue de notre fin ne nous attriste pas.

Quant au paiement des travaux du poëte, mon cher enfant, je crois et je croirai toujours, quoi que vous en disiez, qu'on ne lui en doit point. J'en mériterais autant que cet homme adroit qui soufflait dextrement des pois avec une sarbacane, et auquel, pour sa récompense, un roi en fit donner un boisseau. Ce sont, je vous le répète, les travaux utiles à la société auxquels on doit un salaire, et non pas à des niaiseries qui ne servent à rien [1]. Dans le temps où je pensais à être auteur comme

---

[1] Malherbe disait qu'un poëte n'était pas plus utile à la société qu'un *joueur de quilles*, et Lamotte-Houdard comparait plaisamment les plus grands versificateurs « à *des charla-* » *tans* qui font passer des grains de millet par le trou d'une » aiguille, sans avoir d'autre mérite que celui de la difficulté » vaincue ». Nous croyons que Malherbe et Lamotte-Houdard, ainsi que Collé lui-même, eussent été bien attrapés si on les avait pris au mot. Du reste, J. J. Rousseau les met tous d'accord en allant plus loin qu'eux; il ose s'attaquer au docte Corps académique tout entier : « J'estime, moi, les paysans de Montmorency des membres plus utiles à la société que tous ces tas de désœuvrés payés de la graisse du peuple pour aller six fois la semaine bavarder dans une Académie. » — Toutes ces opinions sont prises à un point de vue trop exclusif. Dans une mesure subordonnée à l'étendue respective de leur esprit, les poëtes et les écrivains exercent le sacerdoce de l'art, et celui-ci a toujours été un des éléments nécessaires et puissants de la civilisation.

à m'aller noyer, dès ce temps-là, et depuis, j'ai toujours été et je serai toujours du sentiment du divin philosophe Molière :

> « Leur savoir à la France est beaucoup nécessaire,
> » Et des livres qu'ils font la cour a bien affaire.
> » Il semble à trois gredins, dans leur petit cerveau,
> » Que pour être imprimés et reliés en veau, etc. [1]. »

Lisez le reste de cette tirade.

Me voilà arrivé, mon cher fils, à la petite dissertation que vous faites sur ce que je vous ai écrit qu'on naissait philosophe, ainsi que l'on naissait poëte. Elle est pleine de raison; j'y trouve, de plus, de la sagacité et de l'esprit. Je vous fais mon compliment sincère de ce que vous aimez Horace.

> C'est avoir profité que de savoir s'y plaire [2].

La question que vous discutez si bien revient à la grande question sur la liberté de l'homme. Je n'entrerai pas dans un grand détail là-dessus. C'est se jeter dans un labyrinthe où nos théologiens, qui se flattent d'avoir un fil pour en sortir, s'égarent comme les autres moralistes laïques. Le libre arbitre que Dieu laisse aux hommes paraît à quelques-uns d'entre eux une espèce de tire-laisse [3].

Au reste, je conviens avec vous que, surtout dans la jeunesse, il est possible de se corriger de beaucoup de

---

[1] Les *Femmes savantes*, acte IV, scène III.
[2] Boileau, *Art poétique*, chant III.
[3] Appât, faux espoir qu'on donne.

défauts, et de se travailler soi-même. Socrate, s'il n'a pas menti, a assuré qu'il était né vicieux et méchant; et, si ce qu'il a dit est exactement vrai, c'est un exemple bien encourageant, puisqu'il est devenu le plus vertueux des hommes.

Nous vous remercions, ma femme et moi, du détail que vous nous faites sur M. du Mirat et sur sa famille. Elle le connait plus que moi. Il a voulu l'épouser, mais je l'avais gagné de vitesse. Nous savions son alliance avec ce maraud d'abbé Terray.

Toute la famille, mon cher cousin, de laquelle vous déclarez ma femme le *chef,* sans me fâcher, vous fait mille et mille tendres amitiés. C'est une galanterie française que cette manière de proclamation et d'intronisation que vous faites là dans notre famille. Quoique détrôné, je vous la passe, parce que j'aime de tout mon cœur l'*usurpatrice*. Je vais vous le prouver par les derniers vers que j'ai faits pour elle, dans le temps que tous les poëtes de Paris en faisaient pour l'Empereur dans son voyage ici [1]. Comme vous voilà grand garçon et tout élevé actuellement, je vous glisserai quelquefois dans mes lettres quelques-unes de mes courtes et anciennes folies. Cela égayera pour vous mes épîtres, et j'y goûterai, moi, le plaisir du *meminisse juvat* et de l'égoïsme. Je vous recommande aussi de me parler de vous : car, dans le fond, quel est le charme secret des lettres des amants et des amis? C'est qu'ils parlent tou-

[1] Joseph II, empereur d'Allemagne, frère de Marie-Antoinette, reine de France. Né en 1741, mort en 1790.

jours d'eux-mêmes. Cela posé et avoué de bonne foi, voici mes vers :

VERS ADRESSÉS PAR MOI A MA FEMME,

EN MAI 1777.

Au lieu de faire des vers
Pour les rois de l'univers,
J'en veux faire pour ma femme.
Fussent-ils faits de travers,
Parce qu'ils partent de l'âme,
A coup sûr, la bonne dame
Y verra les cieux ouverts.

Maîtresse et femme, amie intime,
Toi, dans qui je trouvai le plus tendre retour,
Reçois le tribut légitime
De cette intéressante estime
Qui prévint, qui fonda, qui suivit notre amour.
Mon cœur, jusqu'à mon dernier jour,
Conservera cette tendresse,
Ces doux transports de l'amitié
(Et dont ton cœur est de moitié),
De cette amitié vive, unique en son espèce,
Qui succède à l'amour, qui cesse
Quand le Temps, ce dieu sans pitié,
Nous ravit les plaisirs qu'il porte à la jeunesse.
Cette divinité traîtresse
Ne m'a point vieilli par le cœur :
Il est toujours pour toi dans la plus tendre ivresse.
Du Temps, le sentiment vainqueur
Me dérobe, en partie, aux traits de sa rigueur,
Et mon âme est toujours la même.
Je sens toujours combien je t'aime.

Mais je sens, en même temps,
La pesanteur et la glace,

Dans le déclin de mes ans
Prendre évidemment la place
Du peu d'esprit, de talents,
De ces gaillardes saillies,
De ces sottises jolies,
De ces couplets pétulants
Et de toutes les folies
Que je fis dans mon printemps.
Je vois, à tous les instants,
Aux grâces de la jeunesse
Succéder la sécheresse
Et le manque de gaité.

J'ai d'ailleurs, sans vanité,
Nombre d'autres défauts et que chez moi je laisse,
Malgré moi, s'établir à leur commodité.
Et ton cœur a la noblesse
Et la générosité
D'en accuser ma vieillesse
Plutôt que ma volonté.

Ne m'écrivez, mon fils, que quand vous en aurez le loisir. Mais quand vous m'écrirez, mettez-y le temps, et m'écrivez longuement. Reprenez-vous-y en deux, trois jours, et surtout *égoïsez* avec confiance.

LETTRE XLI.

Ce 7 août 1780.

C'est, mon cher ami, à vous seul que vous devez les bonnes qualités que vous avez et à votre sensibilité, et non aux principes que j'ai tâché de vous inspirer. On a beau parler sur le jeu à ceux qui n'en ont point l'esprit, vous ne les ferez jamais jouer, même médiocrement; mais quand on trouve un sujet qui a des dispositions, on lui aide à développer et à arranger les dons qu'il a reçus de la nature; on lui abrége le chemin, mais à la longue il y serait venu de lui-même.

De cinq ou six jeunes gens au moins que depuis vingt à vingt-cinq ans j'ai *pédagogisés* gaiement et sérieusement, vous êtes le seul, avec le petit abbé Thomas, qui ayez profité de mes bonnes intentions, et je vous dirai ici, par parenthèse, que ce dernier, qui est une honnête créature, vient d'avoir, dans la fin du mois dernier, du pain assuré. Le comte Louis de Durfort vient de lui confier l'éducation de son fils. Il a fait un traité avec M. l'abbé Thomas, par lequel il s'engage à douze cents livres de rente viagère envers ce galant homme, à la fin de cette éducation. Cet instituteur a véritablement le talent de l'institution, et c'est le seul qu'il ait. Mais ce talent est bien utile et bien respectable, et j'ai toujours pensé que les hommes n'en faisaient pas le cas qu'ils en devraient faire. J'ai toujours regardé cet état comme infiniment supérieur à d'autres états qu'on estime davantage. Si j'en eusse eu le génie et le caractère patient qui doit l'accompagner pour y réussir, je vous jure sur mon Dieu que, né pauvre comme je l'étais, je l'eusse préféré dans ma jeunesse à être le commis d'un financier, comme je l'ai été [1].

[1] M. de Meulan, receveur général des finances. Voyez l'*Introduction,* p. 9.

C'est d'abondance de cœur, mon fils, que je me suis laissé aller à cette longue digression. Je jouis du bien qui vient d'arriver à ce bon abbé comme s'il m'était arrivé à moi-même. D'ailleurs, vous le connaissez un peu; vous devez avoir dîné chez moi avec lui plusieurs fois, et c'est l'excuse de mon cœur trop plein, pour cette divagation qui vous est étrangère.

Revenons à la réponse que je vous dois. Je vous la dois effectivement, monsieur, par reconnaissance d'avoir aussi bien défendu la cause des poëtes. Vous l'avez si vigoureusement soutenue, que vous m'avez presque forcé dans mes retranchements. Le luiton se *confessa victus* [1]. J'avoue que la Fontaine, de qui je cite ce vers, Homère et Virgile, les tragiques grecs, Corneille et Racine, Despréaux et Molière, quelques autres poëtes moralistes et philosophes véritables, ont pu être de quelque utilité aux hommes; mais moi, cordelier indigne et poëte ordurier du Parnasse [2], j'ai fait plus de mal à l'humanité que je ne lui ai été utile. Où diable trouveriez-vous de l'utilité dans mes chansons, mes parades et mon gaillard théâtre de société? Si je m'étais fait notaire, et que je l'eusse été bon, j'aurais du moins

---

[1] Citation empruntée à un conte de la Fontaine (*La chose impossible*), où un pauvre *luiton* ou lutin, n'ayant pu venir à bout de l'affaire *entortillée* dont on l'avait chargé, s'écrie : « Je suis *victus*, je le confesse. »

[2] *Poëte ordurier du Parnasse!* Le mot est bon à noter. Mais il va sans dire que Collé l'entendait avec l'indulgence de l'abbé de Voisenon, qui appelait certaines licences de pensée et de style d'*agréables* ordures.

été utile par mes actes. Ainsi, quant à ce qui me regarde, je suis bien loin d'avoir mérité l'aisance dont je jouis.

> Par cette raison-là, je persiste en ma thèse :
> Ce que j'ai fait n'est que *fadaise*.
> J'ai fait plus de mal que de bien,
> Et me trouve heureux qu'on se taise,
> Et que quelque censeur chrétien
> A cet aveu n'ajoute rien.

Vous avez raison, mon cher enfant, sur les vers que j'ai faits pour ma femme, et je reçois, à bras ouverts, l'éloge que vous m'en faites, en en rabattant ce qui convient[1]. Je les aime mieux que mes vers latins, d'autant plus que je vous dirai à l'oreille qu'il est bien plus aisé d'en faire de latins que de français. Dans une langue morte, on trouvera très-peu de juges, ou point, de la propriété des mots. Dans notre langue, les femmes mêmes s'aperçoivent si vous avez employé le mot propre, ou si vous êtes à côté de l'expression juste et vraie.

Lorsque je vous ai marqué, mon ami, de prendre du temps pour répondre à mes lettres, voici ce que j'entendais par là : c'est que lorsque vous recevez une de mes lettres, vous la lisiez et ne vous pressiez pas d'y répondre; que vous fassiez vos affaires, et que vous ne préfériez pas ce léger amusement à des choses qui vous seraient utiles et nécessaires; enfin, que vous commenciez cette réponse dans vos moments perdus; que vous en écriviez tantôt une demi-page, un autre jour dix

[1] Assurément il n'en *rabattait* pas autant qu'en bonne poésie on aurait pu en rabattre.

lignes, trois jours après une page, etc. Mais, de par Dieu! ou de par Cicéron et tous les épistoliers anciens et modernes! je n'ai jamais entendu, dû entendre et pu entendre que vous *travaillassiez* une lettre! C'est la plus pernicieuse de toutes les méthodes. Il ne faut jamais faire de brouillons de lettres. C'est leur ôter leur grâce et le naturel. Il faut écrire tout d'un jet ses différents articles. Sans cela, on a toujours l'air géhenné [1]. On doit d'ailleurs se faire un reproche d'être un *chercheur d'esprit*. La prétention est la mort du genre épistolaire. L'esprit naturel fuit qui le cherche. Il vaut mieux être commun, ou bête même, naturellement, que d'employer l'art à la composition d'une lettre. L'art en ôte tout l'agrément et la vérité. Cette lettre, par exemple, est commencée, et ne sera finie qu'en plusieurs jours; après cet article, je la quitte, et je l'achèverai quand il me plaira. Je l'ai déjà laissée deux fois sur mon bureau grignonnois [2].

Je reviens à vous, mon cher fils, et j'y reviens toujours avec plaisir. Je vous disais donc que vous êtes un nigaud d'avoir mis cinq jours à m'écrire. J'ai senti le prix de quelques louanges fines et délicates que vous m'y donnez, et que je ne mérite point. Votre lettre est bien, mais je suis sûr qu'elle eût été mieux si vous n'y eussiez pas mis tant de soin et de peine. Chapelle avait raison de dire de ses vers :

---

[1] De Géhenne, *s. f.*, enfer, torture, prison.
[2] Il était alors à Grignon.

Et si je les voulais mieux faire,
Je les ferais bien plus mauvais.

A fortiori, si cela est vrai pour les vers, cela l'est bien davantage pour la prose. Cela l'est mille fois plus encore pour une lettre, qui doit présenter toujours l'image d'une conversation naturelle et familière.

Je connaissais un peu M. de Rozières. Il passait pour un assez honnête homme; je ne sais si c'était par la comparaison qu'on faisait de lui à son sacrilége de frère, mais on sait bien que l'abbé Terray était l'improbité personnifiée. Je crois même qu'il tirait vanité de ne la point masquer. Coup de génie [1] !

Je ne me souviens plus, mon cher enfant, si vous vous trouviez bien à Paris; mais vous vous déplaisiez à Tournon, vous vous déplaisez à Roanne, et je présume que vous vous déplairez dans l'endroit où l'on vous placera, encore mieux, etc. Voulez-vous qu'en conséquence de

---

[1] Terray (l'abbé Jos. Ma.), né à Boin en 1715, mort en 1778. Contrôleur des finances (1769). Il discrédita l'État par ses banqueroutes, ses édits fiscaux, ses monopoles, ce qui ne l'empêcha pas d'être nommé intendant général des bâtiments et directeur des beaux-arts; il ne perdit son portefeuille qu'en 1774. Les recueils du temps fourmillent d'épigrammes et de chansons contre l'abbé Terray, qui, à l'exemple du cardinal Mazarin, avait l'habitude de répondre par des plaisanteries aux traits de la malignité publique. « Ils chantent : ils » paieront, » disait Mazarin. « Il faut au moins les laisser » crier, puisqu'on les écorche, » disait l'abbé Terray. Pour avoir une idée des quolibets qui coururent sur son compte, il faut lire les curieux *Mémoires* qui ont été publiés sous son nom par Coquereau; 1778, 2 vol. in-8°.

votre caractère, je hasarde mes conjectures et mes conseils sur ces déplaisances? Vous y consentez? Eh bien, je vais risquer le paquet.

Avec des passions douces, né comme vous l'êtes pour une vie tranquille, indolent sans être paresseux, aimant la retraite sans être sauvage absolument, sans beaucoup de tempérament, mais point eunuque, à la rigueur vos déplaisances et vos inquiétudes pourraient bien venir du désir que vous auriez de vous marier et de passer vos jours avec une femme estimable qui ferait votre bonheur, et que vous tâcheriez de rendre tout doucement heureuse. Si j'ai deviné à peu près, voici l'avis que j'aurais à vous donner. A votre place, je m'ouvrirais sur cela à M. de Saint-Amand. Je lui ferais cette très-honnête confession. Je lui dirais au juste le montant de mon bien et mes espérances, et je le prierais de me procurer une excellente direction et une bonne femme. Hasard à la blanque pour une bonne femme [1] ! Là-dessus on ne peut répondre de rien. Toutes les fois qu'on fait un mariage comme tout le monde les fait, il est rare d'en pouvoir faire d'autres que ceux où l'on marie du bien avec du bien, et sans que les futurs se connaissent. J'appelle ces unions générales : *des ventes de corps* pardevant notaire. Sur un million d'hommes, il ne s'en trouve peut-être pas trois qui se marient par choix comme nous nous sommes épousés ma femme et moi. Cependant, comme il y a un dieu pour les ivrognes,

---

[1] Jeu de hasard en loterie, au moyen de feuillets noirs et blancs.

dit-on, je croirais qu'il y en a un aussi pour ces « ventes de corps », puisqu'on en voit plusieurs fort bien réussir. Au reste, je pense qu'un mari raisonnable et qui a d'excellents procédés envers sa femme doit, en général, la rendre raisonnable comme lui. L'expérience m'a fait voir que le dérangement des neuf dixièmes des ménages venait des torts des maris, qui, communément, font les premières hostilités [1].

J'ai laissé aller ma plume à ce commérage. Je vois bien qu'il est long, et si j'étais civil, je devrais finir par des excuses.

Actuellement, mon pauvre patient que j'ai fait souffrir par une réponse bien large, bien longue et doublée de même, il est juste, raisonnable et salutaire : *vere dignum et justum est, æquum et salutare,* de finir par quelques broutilles de nouvelles littéraires, pour vous

[1] Les mœurs conjugales s'étaient évidemment améliorées, et il eût été assez facile de reconnaître alors qui avait commencé les hostilités, du mari ou de la femme; mais cette distinction eût été impossible quelques années auparavant : car les deux époux s'évertuaient à qui prendrait l'initiative; et voici ce que raconte un courtisan, historien assez digne de foi lorsqu'il ne parle pas de lui : « ... Les hommes n'étaient » occupés qu'à augmenter authentiquement la liste de leurs » maîtresses, et les femmes à s'enlever leurs amants avec » publicité. Les maris ne vivaient point avec leurs femmes. » Logeant ensemble, jamais ils ne se voyaient, jamais on ne les » rencontrait dans la même voiture, jamais on ne les trouvait » dans la même maison... *Avoir* pour les hommes, *enlever* » pour les femmes, étaient les vrais motifs qui faisaient atta- » quer et se rendre, etc. » *Mémoires de Besenval,* t. I, p. 137 et suivantes.

dédommager de l'ennui que j'ai pu vous causer; et sur ce, je vous dirai que *Pierre le Cruel* vient de réussir, après avoir été ignominieusement sifflé du vivant de feu de Belloy [1]. Lequel des deux parterres est une bête? Peut-être tous les deux, et je dis avec Racine, car on peut faire aux deux parterres l'application de ces deux vers de *Britannicus* :

> Vous avoûrez, messieurs, qu'elle n'a *mérité*
> *Ni cet excès d'honneur, ni cette indignité.*

Cette tragédie est sans intérêt. Celui qu'on pourrait y prendre est absolument étranger au sujet. Le prince noir et Duguesclin ne sont que des personnages secondaires. Il y a beaucoup d'action, mais elle est fort embrouillée et fort romanesque. On y trouve quelques belles scènes, et suffisamment d'ennui. De Belloy avait du *vis tragica,* et mille fois plus d'invention que Voltaire; mais le jugement ne la réglait point assez. Il peignait ses caractères avec énergie, et l'on rencontre dans ses

---

[1] Cette tragédie, jouée la première fois en 1772, fut reprise à Rouen avec succès. Belloy (P. Laurent Buirette de), auteur dramatique, de l'Académie française : 1727-1775. Un esprit charmant et sérieux, M. le marquis de Belloy, a, de nos jours, donné à ce nom, déjà célèbre, une nouvelle auréole littéraire, plus brillante encore que la première. Théâtre, poésie, roman, il a traité ces divers genres avec le même talent, avec une égale supériorité. Récemment encore il a publié une traduction du Théâtre de Térence, traduction qui restera comme type de la distinction, de l'exactitude et du goût.

tragédies beaucoup de vers de sentiment. Il a voulu imiter ceux de Voltaire; il s'est blousé à cet égard, je veux dire à l'égard de faire des tirades comme ce poëte élégant. Il a voulu, par exemple, peindre la mine, et n'a composé qu'une énigme qu'on eut la malice de mettre dans le *Mercure* de ce temps-là. S'il se fût tenu à être tout bonnement ce qu'il était, il eût été mieux *lui*. Pourquoi vouloir être un autre, quand on a de quoi être soi? C'est un des tragiques les plus passables de nos jours.

Autre démence, mon cher fils, du parterre badaudois.

Il y a quatre ans que Lemierre donna la *Veuve du Malabar*, tragédie froide et sans intérêt [1]. Elle tomba tout doucement avec des changements légers. Elle vient d'avoir trente représentations. Le public s'est passionné pour une veuve qui veut se brûler après la mort de son mari. Les épouses honnêtes et pudiques de la capitale se sont engouées de cet héroïsme *brûlant*. Un amant romanesque arrache d'ailleurs cette femme aux flammes.

[1] On venait de reprendre l'*Orphelin de la Chine*, tragédie de Voltaire, et, afin d'obtenir la même faveur pour la *Veuve du Malabar*, Lemierre adressa le quatrain suivant aux comédiens :

> Par vos délais longs et sans fin
> C'est assez me mettre à l'épreuve :
> Vous qui protégez l'*Orphelin*,
> Ne ferez-vous rien pour la *Veuve?*

Puis il alla les trouver et leur dit : « Messieurs, il n'y a » point de veuve qui n'ait ses reprises, et je viens vous de- » mander celle de la *Veuve du Malabar*. » Il l'obtint, et cette tragédie, qui n'avait point eu de succès primitivement, comme le dit Collé, reparut en 1780 et eut trente représentations.

Le bûcher était bien représenté; la Rive [1] enlève avec grâce la jeune Saint-Val [2], qui se laisse enlever avec grâce aussi. Toute cette catastrophe s'exécute si gracieusement, qu'avec une quantité innombrable de vers contre le fanatisme, contre les prêtres et contre cette vilaine coutume de brûler les veuves, cette tragédie a paru tout à fait philosophique et intéressant l'humanité. On craignait qu'on ne vînt à établir cette coutume du Malabar. De là l'intérêt et trente représentations, où la foule a été jusqu'au dernier jour.

Vous savez, mon ami, ou vous ne savez pas que le bâtiment de la Comédie française avance beaucoup. On doit donner aux rues nouvelles et adjacentes à cette salle de spectacle les noms des plus célèbres auteurs du théâtre français. Nous y verrons les rues de Corneille, de Racine, de Crébillon, de Molière, de Regnard, de Piron, de Dufresny, de Destouches, de Voltaire, etc. Un mauvais plaisant, — point trop mauvais, — a ajouté qu'on y trouverait aussi le *cul-de-sac Dorat*. *Claudite jam rivos, pueri; sat prata biberunt.*

[1] Larive (J. Mauduit de), acteur tragique, né à la Rochelle en 1744, mort en 1827. Il était froid en général, et bien éloigné d'avoir les *entrailles* de Lekain; aussi, à la mort de ce dernier, fit-on courir le quatrain suivant :

    Qui me consolera du malheur qui m'arrive?
      Disait Melpomène à Caron :
    Lorsque tu fis passer à Lekain l'Achéron,
    Que ne déposa-t-il ses talents sur Larive?

[2] Mademoiselle Sainval cadette, qui débuta en 1772 par le rôle d'Alzire, fut reçue en 1776 et se retira en 1792 ou 1793. Elle jouait les *grandes princesses tragiques*.

LETTRE XLII.

Ce 11 septembre 1780.

Il n'est pas possible, mon cher ami, que vous n'ayez jamais rencontré chez moi M. l'abbé Thomas. C'est un petit homme à quatre pieds et demi de terre. Quoique habitué à porter le rabat, il n'a jamais voulu entrer dans les ordres; il est pourtant fort éloigné du désordre : mais il n'a pu souffrir un sacrement qui le privait d'un autre. Il aime moins l'ordre que le mariage. Quoique sage et pieux, il n'a point voulu renoncer aux femmes. Son état de précepteur l'appelait à l'ordination; des bénéfices sont la récompense la plus aisée et la plus sûre que puissent espérer les instituteurs de la jeunesse; je lui ai mis sous les yeux plus d'une fois cette perspective : il n'a jamais pu s'y prêter, et de là j'ai conclu que ce galant homme était soumis aux appétits de la chair comme un autre, quoiqu'il n'eût ni taille haute ni épaules larges; mais vous savez que l'amour a dit : *Sunt multæ mansiones in domo mea.*

Au reste, c'est un très-honnête homme qui a du caractère, des mœurs et des principes, et pour lequel j'ai beaucoup d'estime et un peu d'amitié. Il a le sens droit, point d'esprit, nul talent, excepté celui de l'éducation [1]. Il sait se faire aimer et craindre de ses écoliers; une instruction commune, mais bonne. Vous connaissez

---
[1] C'est-à-dire de l'enseignement.

actuellement l'abbé Thomas, quelque obstiné que vous soyez à ne le pas connaître. Je sais que vous vous en seriez passé à merveille; je sais que j'aurais pu me passer, moi, de ce bavardage inutile et ridicule sur un homme qui vous est inconnu; mais je sais aussi que des lettres comme les nôtres sont une espèce de conversation où l'on cause de ce qui se présente et de ce dont l'esprit est occupé pour le moment, et le mien l'est, à présent, du hasard heureux qui a procuré à notre abbé une éducation qui lui assure par acte une pension viagère, s'il finit cette éducation.

Cette parlerie, mon cher élève, sur un homme qui vous est inconnu est sûrement une bêtise dans une lettre ordinaire. Je le sens, mais je suis bien aise de m'y être laissé aller pour vous être un exemple du peu de soin qu'on doit prendre dans une lettre de la nature de celle-ci. En général, il en est du style épistolaire comme de l'éloquence : il faut savoir à qui l'on parle, de quoi l'on parle, et parler suivant son caractère. Le père Rapin, dans ce qu'il a écrit sur l'éloquence, y a dit de très-bonnes choses, et que l'on peut appliquer à beaucoup d'autres qu'il n'a pas traitées [1].

Malgré toutes les bonnes raisons que vous me donnez pour faire des brouillons de lettres, je reste dans mon sentiment, et je vous conseillerai, encore et toujours, de

---

[1] Rapin (René), jésuite, né à Tours en 1621, mort à Paris en 1687. On a de lui, entre autres ouvrages remarquables, des *Réflexions* sur l'éloquence, sur la poésie, sur l'histoire et la philosophie.

vous déshabituer de cette façon d'écrire, petit à petit. J'en excepte les lettres d'affaires et celles qui exigent de la réflexion, et même celles que vous écrivez à des gens fort au-dessus de vous. Quant aux familières, accoutumez-vous à les écrire tout d'un jet. Monsieur votre oncle écrit très-agréablement et a une manière facile; mais je n'eusse jamais pensé qu'il perdît son temps à modeler ses lettres. J'ai eu, comme lui, dès ma plus tendre jeunesse, des prétentions, j'ai eu, comme lui, la gale de l'esprit; mais je n'ai pas attendu qu'elle fût tombée pour arranger des lettres. Je ne me rappelle pas, depuis l'âge de quinze ans, en avoir jamais fait une esquisse, à moins qu'elles ne fussent en vers. Voiture [1] était bel esprit de profession; d'ailleurs il écrivait à des grands, ses lettres n'étaient pas des lettres : c'étaient des compositions. Je sens, au reste, tout le prix de votre bonne foi et de votre candeur dans la définition cruelle que vous faites de votre esprit. Vous en avez, ainsi que de la légèreté agréable parfois; mais vous êtes trop sévère à vous-même : je vous le dis avec la même bonne foi et la même candeur. Je vous proteste que ce ne sont point de vains compliments. Vous êtes, mon cher enfant, de ces gens timides qu'on est sûr de ne point gâter en les rassurant; au contraire, vous avez besoin que l'on combatte votre timidité. Ayez meilleure opinion de vous-même : c'est moi qui vous le dis, et sans adulation.

[1] Voiture (Vincent), né en 1598, mort en 1648. L'abus de l'esprit et la recherche puérile déparent ses *Lettres,* qui du reste ont une juste célébrité.

Ma femme a ri; elle aime à la folie votre sincérité; elle trouve, comme moi, que cette naïve peinture de soi-même ne peut partir que d'une âme honnête et d'un bon esprit. Allez, mon enfant, il vaut mieux mille fois que le bel esprit.

C'est ce bon esprit, mon cher ami, qui vous a fait parler aussi sensément que vous le faites sur votre mariage. Nous trouvons, comme vous, que vous n'avez pas besoin « d'*épouser* une direction ». Vous êtes au-dessus de cela par votre instruction dans votre métier et par votre mérite personnel, présent et futur. *In tuam ergo sententiam descendo.* Je ne parlerai que cet hiver à MM. de Saint-Amand et Puissant, surtout à ce dernier. Nous sommes entièrement, ma femme et moi, de votre avis sur tout ce que vous dites là-dessus. Cela est vu avec toute la justesse d'esprit possible. J'y ajoute une réflexion seulement. C'est qu'allant à la direction de votre propre vol, et sans le secours des protections, et qu'ayant d'ailleurs mille écus de rente de patrimoine, par conséquent pouvant vous passer, pour vivre, du revenu d'une dot, vous pourriez épouser une fille qui n'en a point ou peu, et faire un mariage avantageux et très-avantageux pour vos enfants par des espérances et des assurances de grandes successions à venir, stipulées dans votre contrat de mariage. Marquez-moi si cette idée vous rit.

Je reçois, mon fils, vos compliments sur mes deux pièces, sans faire trop le modeste et l'hypocrite, et croyant les mériter jusqu'à un certain point; mais je reste toujours dans mon sentiment quant au peu d'utilité dont les poëtes sont à la société. Ce n'est pas que je voulusse troquer mon état contre celui d'un fermier général très-riche, au moins! Les lettres sont l'occupation et la consolation de ma vieillesse. La connaissance la plus profonde des droits du roi de France ne m'amuserait pas autant que mes lectures journalières de Virgile, d'Horace, d'Ovide, de Plaute et de Térence; et je les estime plus que toutes les richesses qu'a données le *bail* de Pierre Carlier [1].

Quant à mes chansons, mon cher fils, dont vous tirez une citation, vous me grattez où il me démange, puisqu'à mon âge je viens de faire encore un *vaudeville* qu'on a trouvé passable; mais je ne le trouve qu'à *mi-sucre d'ordures*, et il ne vaut pas et ne doit pas valoir ceux de

---

[1] Quelle chaleur! quel saint enthousiasme! Et combien de tels sentiments devaient profiter aux lettres! Certes, notre siècle l'emporte sur son aîné sous bien des rapports, mais il aurait beaucoup à apprendre de lui pour le culte *désintéressé* des choses littéraires. Et puis, comme le plus petit chansonnier connaissait ses auteurs! On se voile la face quand on songe à quel degré le niveau classique est descendu. Pour quelques esprits privilégiés, nourris de la moelle des anciens et qui poursuivent vaillamment leur tâche, combien d'écrivains vides et poussifs, de petits auteurs qui enflent leur voix au départ et qui tombent bientôt épuisés sur la route, faute de provisions, c'est-à-dire d'instruction première! Nos devanciers *apprenaient* avant d'écrire, nous écrivons avant d'avoir *appris*, même parfois avant d'avoir pensé. C'est surtout la *critique* contemporaine qui présente un étrange tableau! Nous nous proposons d'en parler ailleurs avec quelque étendue.

mon bon temps, si tant est que j'en aie eu un. Au reste, je vous dirai à l'oreille mon secret comme à un ami : c'est que la base du *vaudeville* est la gravelure, sans laquelle il n'y a point de gaieté. Mais il faut un voile fin, délicat, transparent et gracieux, sans quoi l'on n'est que dégoûtant. Je joins ici le *vaudeville* septuagénaire.

Enfin, mon ami, pour que vous trouviez réponse à tous les articles de votre lettre, je finirai cette longue causerie par vous dire que je crois que dans la nouvelle salle, le parterre sera assis; que je crois, comme vous, les tragiques détestables, les comédiens comiques plus naturels que de mon temps; que je ne crois point du tout les vers de de Belloy si mauvais que ceux d'autres auteurs qui font des vers de sentiment. Si ce poëte n'avait pas voulu singer Voltaire, dans sa poésie descriptive, et n'avait pas eu la prétention de nous peindre la mine, la bombe, etc., etc.; s'il avait moins donné dans les tirades et su s'en tenir aux vers de sentiment pour lesquels il avait du talent, sa réputation serait fort au-dessus de ce qu'elle est.

A l'égard de l'art dramatique et de sa décadence, je vous dirai, peut-être en vieillard, que la corruption des mœurs entraîne nécessairement la corruption du goût, et finalement la chute de tous les arts agréables. Vous êtes jeunes, messieurs, vous verrez tous ces décombres. *Quocirca vivite, fortes ! Fortiaque, adversis, opponite pectora rebus.*

Vous direz un jour à vos petits-enfants, quand ils auront passé vingt-cinq ans : Collé était votre parent; il m'aimait, et j'ai encore, dans mes papiers de famille et de sa main, un *vaudeville* qu'il fit dans sa soixante-douzième année, et qu'il m'adressa à Roanne, où j'étais alors contrôleur général des fermes.

LES HISTOIRES[1].

VAUDEVILLE, EN 1780.

Air *De la tendresse pour sa maîtresse et du goût pour le vin.*

PREMIER COUPLET.

Relever les familles
Des belles qui n'ont rien ;
Aider de pauvres filles
Comme un homme de bien,
 Sont des histoires
  Très-méritoires
Aux yeux d'un bon chrétien.

DEUXIÈME COUPLET.

Des houris toujours belles
Qu'on satisfera bien,
Et qui, toujours fidèles,
Ne se plaindront de rien :
 C'est une histoire
  Qu'on aime à croire,
Quoiqu'on soit bon chrétien.

TROISIÈME COUPLET.

J'entends dire à Sophie :
« Le père Cyprien
» Tête à tête édifie

---

[1] Ce vaudeville a été imprimé ailleurs; mais nous le reproduisons, parce qu'il présente quelques variantes.

» Par son chaste maintien » :
C'est une histoire
Qu'on ne peut croire
Sans être bon chrétien.

QUATRIÈME COUPLET.

Quand ma femme me conte
Qu'elle se conduit bien
Et que monsieur le comte
Ne lui dit jamais rien :
C'est une histoire
Que je dois croire
Si je suis bon chrétien.

CINQUIÈME COUPLET.

Quand la tendre Lucelle
Jure comme un païen
Qu'elle est toujours cruelle,
Que son cœur ne sent rien :
C'est une histoire,
Qu'on ne peut croire
Sans être un bon chrétien.

SIXIÈME COUPLET.

Quand l'histoire est utile
Aux gens dont elle part,
Il faut être imbécile
Pour la croire au hasard :
Témoin l'histoire
Du purgatoire
Qu'arrangeait saint Bernard [1].

---

[1] Ce dernier couplet n'attaque point le purgatoire, mais saint Bernard et l'usage qu'il en fit pour se faire donner des biens sur la terre, en donnant à entendre que, par des fondations, on sortirait plus tôt du purgatoire. (*Note de la main de Collé.*)

Pour balancer la faiblesse de ce vaudeville, fait dans ma vieillesse, je joins ici une épigramme que j'ai faite dans la force encore de mon âge.

C'est une plaisanterie sardonique contre les esprits forts d'aujourd'hui :

LES CONVERSIONS COURANTES.

ÉPIGRAMME.

Un théologien expert
Et maître en l'art du syllogisme
Se flattait qu'au christianisme
Il saurait amener Robert,
Et le plier au catéchisme.

De gloire il se croyait couvert
Pour avoir, d'abord, à Robert
Fait presque abjurer l'athéisme;

Mais voyez à quoi cela sert!
Robert s'est réduit au déisme,
Encore dit-il qu'il y perd.

Vous me promettez donc de lire tout cela à vos petits-enfants.

LETTRE XLIII.

Ce 8 octobre 1780.

Je ne vous prendrai pas davantage à la gorge, mon cher enfant, pour vous faire avouer que vous avez vu M. l'abbé Thomas chez moi. J'ai eu tort d'insister là-dessus; n'en parlons plus. Je vous dirai seulement qu'à mon tour je n'ai point vu l'acte qui lui assure sa pension, mais je sais que les différents cas qui peuvent arriver pendant le cours de l'éducation, ou s'il ne la finissait point, sont prévus dans l'acte par diverses conditions stipulées dans son contrat, selon la diversité de ces cas.

Je vous fais mon compliment sincère, mon ami, sur un don du ciel que je ne vous connaissais pas. Vous avez une belle mémoire! C'est un grand bonheur. Rien n'est plus utile pour nous et pour les autres. Elle est de première nécessité dans les affaires, et c'est un trésor pour la vieillesse de ceux qui aiment les lettres comme vous. La mémoire est la clef des langues. Si vous me permettez encore de vous donner un conseil, je vous inviterai à apprendre la *langue grecque,* à *vos heures perdues.* Je suis aujourd'hui au désespoir de l'avoir abandonnée en sortant du collége, où je la bégayais. Je donnerais toute chose au monde pour qu'elle me fût aussi familière que le latin. Virgile, Horace et Ovide font tout l'amusement de mes vieux jours; et j'enrage tout vif de ne pouvoir lire Homère, les tragiques grecs et Démosthènes que dans des traductions. C'est sûrement la plus belle des langues et la plus négligée dans ce siècle-ci. Ce n'est pas la mer à boire; ce n'est rien quand on a de la mémoire et des principes de grammaire et de syntaxe. Vous en viendrez aisément à bout. Mais je joins à ce conseil un autre avis : c'est, si vous suivez le premier, de vous donner bien de garde que des gens d'affaires sachent que vous faites cette folie-là, *folie* à leurs yeux. Les financiers et tous les *fortuniers* jugent un homme incapable d'affaires quand le malheureux a l'imprudence de montrer du goût pour les lettres [1]. Au reste, mon ami, si vous déférez à ce mien conseil, vous direz un jour, vous qui avez de la mémoire : C'est un f.... ignorant qui m'a persuadé d'apprendre le grec, et vous me nommerez. Si je ne suis pas savant, je n'en accuse que ma mémoire et non ma volonté. J'ai toujours été de l'avis de La Fontaine :

Laissez dire les sots : le savoir a son prix [2].

Défigurez, mon cher fils, vos lettres par des ratures plutôt que de faire des brouillons de lettres pour moi. Je ne vous passe point cet amour-propre, ni la plus légère prétention à l'esprit. Je vous passerais plutôt

[1] Le bourgeois de nos jours, qui a pris à peu près la place des *fortuniers* dont parle Collé, porte en général un jugement aussi sévère et aussi éclairé sur les jeunes gens qui consacrent leurs loisirs à la culture des lettres. Avis à la jeunesse studieuse qui veut faire un *bon mariage!* Il faut qu'elle cache ses goûts et qu'elle montre tout juste l'esprit d'un maçon ou d'un pâtissier.

[2] *L'Avantage de la science*, fable XIX du livre VIII.

d'être bête *tout bonnement*. Dans les lettres, ainsi que dans toutes les actions de votre vie, soyez toujours ce que vous êtes, vous ferez bien. Faites des efforts pour être plus, vous serez moins. On les fuit, ces efforts : ils rendent ridicule. Soyez simple, uni, naïf comme vous l'êtes ; vous plairez. Faut y tâcher.

Un homme né chagrin plaît par son chagrin même,

a dit Boileau [1] ;

Ce n'est que l'air d'autrui qui peut déplaire en nous [2].

Vous flattez-vous, mon petit finaud, qu'avant de nous l'avouer ingénûment, ma femme et moi nous ne nous fussions pas aperçus, il y a plusieurs années, de vos apprêts de style et de vos menues prétentions ? Nous disions souvent : « Voilà notre cher jeune homme qui » veut faire de l'esprit ; voilà une tournure de phrase » qui lui a coûté ; il l'a bien cherchée celle-là ! » et nous riions de vos *tâcheries* au beau style. *Tâcherie* n'est pas français ; c'est un barbarisme que ce mot, mais pourquoi se gêner avec ses amis ? Je vous donne l'exemple avec les préceptes, moi !

Oui, mon ami, vous avez un bon esprit. Tenez-vous-y : c'est bien le meilleur lot. *Marta autem fatagebat*. Laissez roupiller les autres dans le bel esprit. Fortifiez le vôtre par des connaissances ; étendez-le par l'étude des anciens. Partout ailleurs on vous abuse. J'ai songé à cela trop tard ; ou plutôt l'état très-étroit où j'ai été dans ma

---

[1] Épître IX.
[2] *Ibidem*.

jeunesse m'a empêché d'y songer. L'honneur me commandait de penser à un état utile pour n'être à charge à personne. J'étais pauvre, je n'ai pu me livrer à mes goûts ; au contraire, il m'a fallu les contrarier pour tirer quelques plumes des ailes de la fortune (quoique je ne sache pas qu'elle en ait), pour arriver à l'indépendance, qui fut toujours le seul but de mes désirs, et que j'ai obtenue sans savoir comment [1]. Mais je vous répéterai bien que ce n'est que par une aisance que je n'ai point méritée que je tiens ce bien de tous les biens : l'indépendance ! Mais cet accès d'égoïsme qui vient de me prendre ne doit pas me faire oublier ce que je voulais vous dire. La suite de mon homélie sur les belles-lettres, c'est que si je vous prêche en faveur des anciens et vais jusqu'à vos ordonner d'apprendre le grec à fond, vu votre mémoire, je vous défends expressément d'apprendre l'anglais. Les anciens vous donneront un goût exquis, les Anglais un détestable. Car qu'arrive-t-il quand on s'est donné la peine d'apprendre une langue ? notre amour nous la fait épouser : c'est Pygmalion amoureux de sa statue. On ne lit, on ne veut lire que de l'anglais ; et c'est un moyen infaillible de se corrompre le goût.

> Tudieu ! l'ami du conjungo,
> Comme vous mordez à la grappe !
> Vous enfileriez tout de gô,
> Et sans crainte qu'on vous attrape,
> Le grand chemin du conjungo,

[1] Oh ! qu'il le savait bien ! C'était son rare savoir-faire qui l'avait conduit à l'indépendance.

bien entendu, si l'on avait là, sur le bout du banc, un parti raisonnable à vous proposer; mais il n'en est rien. Nous n'avons que l'idée générale de vous marier, et de vous bien marier, s'il s'en présentait une occasion. Au reste, rien ne presse, si vous n'êtes point trop pressé de vos nécessités. Vous ferez même un meilleur établissement dans trois ou quatre ans qu'actuellement. Si vous n'êtes pas encore directeur, vous aurez au moins alors un emploi plus considérable. Vous aurez fait quelques économies. Ma femme veut que tous les ans vous achetiez une action de la Compagnie des Indes; qu'à la troisième année, vous en acquerriez deux autres; en un mot, que vous fassiez la pelotte jusqu'à votre mariage. L'économie est la plus sûre des richesses. Je croyais votre patrimoine plus fort. A la mort de monsieur votre oncle, hériterez-vous de quelque chose? Autre question, relative aussi à votre établissement. Préféreriez-vous la province à Paris? et si l'on vous y offrait une place de chef de bureau, l'aimeriez-vous mieux qu'une direction en province? Au surplus, vos sentiments sur le sort de vos enfants sont de la plus grande honnêteté, à votre ordinaire. Vous avez des principes : vous serez heureux.

Il ne fallait pas, mon cher fils, vous presser de me répondre. Dans la crise où vous êtes actuellement, et où vous devez être encore quelques mois, je n'eusse été ni surpris ni fâché que vous eussiez laissé passer six semaines pour m'écrire, et même davantage. Continuez à vous distinguer par votre travail, et ne pensez pas à moi.

Je suis bien aise que vous ayez été content de mon *vaudeville* : car je le suis aussi un peu. Mes flatteurs mêmes me sont venus dire, à Grignon, qu'il courait Paris, et qu'il avait pris. Il y a cinquante ans qu'il eût bien fait et plus vite fortune; mais les Français n'aiment plus à chanter; le vaudeville est tombé ainsi que la gaieté [1].

Dites-moi quelque chose de la salle de comédie de Lyon.

LETTRE XLIV.

A Paris, le 27 novembre 1780.

Mon cher enfant, faites toujours marcher les affaires d'abord. Quand elles sont faites, pensez à vous amuser. Quoique cette maxime soit commune, et même un peu triviale, elle ne perd rien de sa vérité pour cela. Vous avez donc agi très-sagement de ne pas vous géhenner pour m'écrire.

A votre aise,
Maître Blaise!

Tous les arrangements nouveaux dans les Fermes donneront beaucoup de travail aux commis, des augmentations de produits aux régisseurs, et le public en sera tourmenté plus exactement et avec plus de correction.

---

[1] Nous l'avons dit : les épicuriens ne comprenaient rien ou ne voulaient rien comprendre à la transformation sociale qui s'opérait autour d'eux.

J'introduisis dans une ode, il y a trente-cinq ans, un financier, et voici comme je le faisais parler. Les financiers d'aujourd'hui s'énonceront de même, mais en prose. Lisez.

> Ce commis n'est pas assez ferme.
> Par Plutus, qu'il soit révoqué !
> Ce monstre a fait tomber la ferme
> Du contrôle, et papier marqué.
> Que l'on établisse à sa place
> Quelqu'un qui n'ait jamais fait grâce,
> Qui ne dorme ni jour ni nuits,
> Et dont l'activité vorace
> D'autre chose ne s'embarrasse
> Que de centupler nos produits.

Envoyez cette strophe aux dévots et aux saints de la régie.

Je suis bien aise, mon cher ami, que vous soyez revenu de votre frayeur et que vous ne craigniez plus un changement inutile. M. de Saint-Amand vous en procurera un avantageux, et bientôt peut-être. Je croirais volontiers que dans leurs nouveaux établissements, surtout les plus considérables, ils auront un besoin urgent d'employer des gens intelligents comme vous, qui puissent donner de la consistance à leurs innovations.

Ma femme et moi, notre fieux, nous nous trouvons de l'avis de monsieur votre oncle sur le mariage qu'il vous propose. Il nous paraît que c'est aussi un peu le vôtre. Ainsi, en supposant ce que vous nous dites de cette demoiselle, qu'elle a quatre-vingt mille francs de bien clair, vous ne pouvez, du côté du bien, espérer beaucoup davantage, et, d'ailleurs, qu'est-ce qu'un peu plus ou un peu moins?

Il semble, d'un autre côté, que vous avez au moins de l'estime pour la demoiselle dont il s'agit. Vous lui donnez de la sagesse, de la décence et de la grâce; ce sont vos propres termes, et ces termes prouveraient presque que vous avez déjà du goût pour elle. Tout cela ne rompt point le marché.

Enfin, comme vous penchez prudemment, et très-prudemment, pour vivre et rester dans la province, et qu'en effet il faut être à moitié fou pour faire son établissement à Paris, où le luxe est effroyable, et où, par conséquent, personne n'est à son aise [1]; par toutes ces raisons et beaucoup d'autres que vous pouvez y ajouter

---

[1] Qu'eût dit le bonhomme Collé du luxe et des dépenses de l'époque actuelle? On doit croire, au surplus, que cet état de choses ne fera que s'aggraver; dès l'année 1749, l'avocat Barbier s'en plaignait en ces termes : «... Les dépenses sont si fortes et le luxe à un tel point, que chacun ne sait comment se retourner pour gagner. » *Journal* de Barbier, t. IV, p. 360. On était loin de cette époque où, réglant le budget de sa belle-sœur, récemment mariée, madame de Maintenon écrivait cette fameuse lettre restée à l'état de problème, et d'après laquelle la dépense d'une maison composée de douze personnes, dont six domestiques, plus quatre chevaux, voitures, loge à l'Opéra, location d'hôtel, etc., ne s'élevait qu'à douze mille livres par an. En évaluant à soixante mille francs la dépense qu'entraînerait aujourd'hui un semblable train de vie, M. Pierre Clément nous paraît dans le vrai, si même il n'est pas resté en deçà. Voyez p. CLI de l'*Introduction des Lettres, instructions et Mémoires* de Colbert, publiés par M. Pierre Clément, de l'Institut; 1861-1863.

encore, le conseil soussigné conclut à faire terminer cette affaire par votre très-cher oncle, en y réfléchissant encore beaucoup et en mettant les points sur les *i* dans votre contrat de mariage. Qu'il soit bien fait. Songez, mon ami, que c'est une loi que l'on s'impose; qu'elle ne doit pas nous gêner dans les placements futurs de notre fortune, et qu'il ne faut s'y lier que le moins qu'il est possible. Une légère considération à faire encore : c'est de différer ce mariage peut-être jusqu'à ce que vous ayez le meilleur contrôle possible; en sorte que vous n'ayez plus d'émigration à faire que pour passer à la direction; que pour conclure votre mariage, en un mot, vous soyez stable dans votre contrôle et dans une ville. Mais ce menu, et très-menu arrangement ne doit pas vous arrêter beaucoup, et vous faire manquer l'objet principal.

J'arrive au menu placement d'argent, mon ami, que vous avez à faire cette année. Nous pensons qu'à votre âge vous devez être heureux. La jeunesse est l'âge du bonheur à tous égards. Il y a plusieurs chances à courir dans cette loterie à douze cents francs le billet [1]; il peut vous en échoir une bonne. C'est à vous d'examiner l'édit de création que l'on vous prêtera à Roanne, et de vous décider.

Si vous vous déterminez à prendre deux billets de

---

[1] Il s'agit probablement d'une de ces loteries dites *royales*, auxquelles le gouvernement avait parfois recours pour se procurer de l'argent, et dont Louis XV avait fait un si fréquent usage, de même que des *tontines*.

cette loterie, envoyez-moi ou à Boulogne [1] vos deux mille quatre cents francs, en prenant où vous êtes une rescription sur les Fermes de Paris, et nous achèterons ici les deux billets. Je vous propose mon frère, parce qu'il n'est pas aussi sédentaire que moi à Grignon, et qu'il va et vient à Paris, où il pourrait revendre ces billets en cas qu'il vous prît fantaisie de vous en défaire après les premiers tirages et les premières chances courues.

Vous me demandez, mon ami, ce que c'est qu'une action de la Compagnie des Indes [2]. Avant sa destruction,

[1] Le frère de Collé.

[2] « La Compagnie des Indes, dit Voltaire, établie par Louis XIV, anéantie en 1712, renaissante en 1720, dans Pondichéry, paraissait très-florissante; elle avait beaucoup de vaisseaux, de commis, de directeurs, et même des canons et des soldats; mais elle n'a jamais pu fournir le moindre dividende à ses actionnaires du produit de son commerce. C'est la seule compagnie commerçante d'Europe qui soit dans ce cas; et, au fond, ses actionnaires et ses créanciers n'ont jamais été payés que de la concession faite par le roi d'une partie de la ferme du tabac, absolument étrangère à son négoce. Par cela même elle florissait à Pondichéry; car l'argent de ses retours était employé à augmenter ses fonds, à fortifier la ville, à l'embellir, à se ménager dans l'Inde des alliés utiles. » Le *Journal* de l'avocat Barbier (janvier et février 1745) contient des détails assez circonstanciés sur la Compagnie des Indes, sur son mécanisme, ses produits, etc.; et dans ses *Mémoires*, dont nous devons la publication au savant et spirituel M. de Lescure, Matthieu Marais a aussi consigné de curieux détails sur la constitution de cette Compagnie, dont le duc d'Orléans avait été nommé gouverneur perpétuel. — *Journal* et *Mémoires* de Mathieu Marais; Paris, Didot, 4 vol. in-8°, t. I, p. 409.

c'était un effet sur cette Compagnie, dont elle payait un dividende ou l'intérêt. Depuis son anéantissement, le roi s'est mis à sa place; il a porté le capital de chaque action de cette défunte Compagnie à la somme de 2,500 francs, duquel capital il paye annuellement 125 francs d'intérêt, sur lesquels il retient le dixième; par conséquent on reçoit net 112 fr. 10 sols. Le cours de ces effets sur la place est aujourd'hui à 1,980 et tant de livres, tantôt plus, tantôt moins, etc.; en sorte que, pour moins de 2,000 livres, vous acquerrez un capital de 2,500, et vous avez un intérêt plus fort que 5 pour 100. Il y a les risques à courir, comme tout ce qui est entre les mains du roi y est sujet et les court.

Sur ces exposés, mon jeune seigneur, prenez le parti qui vous plaira le mieux, et faites-nous l'honneur de nous regarder, mon frère et moi, comme vos intendants à Paris. Nous exécuterons vos ordres; mais lisez et méditez le nouvel édit de création de la loterie.

Il ne me reste plus, mon ami, qu'à traiter notre article de la langue grecque.

> Vous cherchez, mon bel ange, avecque trop de ruses,
> De mauvaises raisons et de faibles excuses.

Non-seulement je trouve toutes vos raisons boiteuses, mais même culs-de-jatte. La seule qui ne soit pas bancroche est celle de vos occupations actuelles. Ne vous mettez au grec que dans huit mois, dans un an, soit!

Avec une grammaire grecque, un lexicon et les racines grecques, on peut apprendre cette langue sans maître et sans confident. J'avoue que cela est difficile, mais rien n'est moins impossible à quelqu'un déjà instruit. Dans tout le cours de votre vie, sachez distinguer le difficile de l'impossible. M. l'abbé Thomas a appris le grec tout seul. Il passait une partie de ses nuits à préparer à ses écoliers de rhétorique les versions grecques qu'il leur donnait à faire le matin, et c'est en leur montrant le grec qu'il l'a appris lui-même. C'est un fait.

Passez-vous donc de maîtres. Aussi bien, sont-ce des sots. Mais quand vous serez de loisir dans une grande ville, faites le choix d'un homme de lettres duquel vous exigerez le plus grand secret; il vous lèvera toutes les difficultés et ne vous déshonorera pas aux yeux de vos autruches de financiers.

A l'égard de la frayeur panique que vous avez de vous passionner, je vous réponds de vous, mon cher ami. Je vous connais *intus et in cute*. Vos goûts, vos passions, n'auront jamais cette violence que vous craignez sans fondement aucun. Pour le bonheur de votre vie, vous avez les passions douces.

Ma femme et moi, à quelques petites indispositions près, nous nous portons assez bien et vous aimons de tous nos cœurs.

Cette lettre-ci, mon ami, est si sérieuse et si temporelle, et si peu spirituelle, que j'en ai presque honte. Elle ne convient guère à un gaillard et à un cadet comme moi et comme vous. Pour vous dérider le front des impressions que vous auront faites et ma morale et les affaires que j'ai traitées, je l'accompagne, pour votre délassement et pour me distraire, du papier ci-joint [1].

LETTRE XLV.

A Paris, ce 8 janvier 1781.

Vous n'aurez jamais de moi, mon cher fils, de reproches, même d'amitié, sur les petits délais de vos réponses. Indépendamment des affaires qu'il faut, comme je vous le répète, faire marcher d'abord, je vous passerais, à votre âge, de vous laisser encore aller à vos plaisirs et à vos amusements, de préférence à un commere épistolaire, duquel le fondement, entre amis, doit être la liberté. Point de géhennes de part ni d'autre. Je recevrais sans aucune satisfaction une lettre de vous si j'étais forcé de vous l'arracher par de menues persécutions, par des plaisanteries même. Je prétends que le jeu vous plaise quand vous m'écrivez; sinon, j'aime mieux quitter la partie et la perdre.

Je ne sais, mon ami, si je ne vous ai pas déjà, au sujet des réponses que vous me faites, indiqué et radoté un moyen dont je m'aidais dans ma jeunesse, quand j'avais des affaires et des amis badins. Rien ne me dérangeait des premières, et j'avais pour les seconds des

[1] Ce *papier*, dont l'envoi est annoncé par Collé, et qui contenait probablement quelques poésies, n'a pu être retrouvé.

lettres que je commençais dans les intervalles de mes occupations. J'en ai eu jusqu'à deux ou trois d'entamées comme comptes en banque. Les unes où il n'y avait que quelques phrases écrites ; d'autres, la première page ; celle-là, quelques lignes, etc. C'est ainsi que j'accordais mon travail et mes amusements ; mais il est vrai que j'étais affligé ou doué d'une prodigieuse activité.

Je veux, mon cher enfant, pour votre avancement, ne point douter que M. de Saint-Amand ne vous laisse à Roanne pour faire le nouvel établissement [1]. Je ne doute point que vous n'en sortiez à votre honneur, et, conséquemment, que ce *pédant des Fermes* n'en augmente pour vous d'estime et du désir de vous placer très-bien, après votre besogne faite. Point d'impatience ! Saisissez l'heureuse occasion qui se présente de vous distinguer. Travaillez comme un diable ; mais faites valoir votre travail comme quatre. Souvenez-vous de tout ce que je vous ai marqué là-dessus. Faire valoir son travail est plus nécessaire et plus utile que le travail même [2].

Flattez en action votre régent financier ; consultez-le

[1] Il s'agit de mesures d'organisation, par suite de l'extension qui venait d'être donnée aux fermes, en exécution du nouvel arrêt du 9 janvier 1780.

[2] Hélas ! c'est là une vérité désolante et de tous les temps ! Les médiocrités hableuses et les turbulentes vanités l'ont presque toujours emporté sur le mérite silencieux et modeste. C'est toujours la fable, ou plutôt l'histoire du *Bouvreuil et du Corbeau*; l'un, qui ne demande rien, meurt de faim dans sa cage ; l'autre, qui demande sans cesse, obtient tout par l'importunité :

Il crie encore et ne manque de rien.

lui-même, mon cher ami, sur quelques-unes de vos opérations : c'est ce que j'appelle flatter en action. Quand on entretient les hommes de ce qui leur plaît le plus, de ce qu'on leur fait entendre qu'ils entendent le mieux, et que, par-dessus le marché, ce dont on leur parle est de leur intérêt pécuniaire joint à celui de l'amour-propre, on doit être certain de se mettre bien avec eux.

Je suis fâché, mon cher enfant, que ce mariage que vous paraissiez assez désirer ne soit rien moins que prêt à se conclure. Mais peut-être que *cela reviendra*[1]. Rien ne presse, au reste, et si votre nubilité peut attendre que vous soyez directeur, vous vous marierez plus avantageusement. Quand je rencontrerai les Puissant, les Saint-Amand, les marieurs, j'en causerai avec ces m......... honnêtes. Peut-être feriez-vous mieux, quand vous aurez à écrire au Saint-Amand, d'en faire un article de votre lettre ; lui dire que vous voudriez être marié de sa main, mais être directeur auparavant, afin qu'une direction, que vous croyez mériter un jour par votre travail, ne soit pas votre dot.

Ne faites point de façons avec des parents qui vous estiment et qui vous aiment. Je puis vous répondre de mon frère comme de moi. Il sera votre intendant d'été, je serai votre intendant d'hiver ; nous servirons par semestre et sans gages.

Je reçois votre serment, chevalier latin. Vous me jurez d'apprendre le grec, Apollon vous entend :

---

[1] Refrain d'une chanson de Collé.

. . . . Delphosque suos, ipsumque recludet;
Æthera, et augustæ ipsa oracula mentis Homeri,
Maxima, et ingeniis evestigata priorum,
Quæ diu latuere tibi, et mihi, cuncta videbis.

Je ne partagerai pas ce plaisir avec vous; mais je goûterai du moins celui de vous en préparer un pour votre vieillesse. Ce seront des trésors d'amusements que je vous aurai amassés et dont je jouirai actuellement. La délicieuse jouissance, si j'avais eu dans ma jeunesse un ami qui, comme je le fais aujourd'hui, m'eût enflammé pour ce bien duquel je ne sens à présent que la privation, et privation cruelle pour moi! Je ne puis lire Homère, les tragiques grecs, et Démosthènes, et Thucydide, et tant d'autres excellents modèles. Je juge par Virgile, Horace, et Cicéron, et Ovide, et les meilleurs auteurs latins, ce que je perds en ne connaissant ceux de la Grèce que par des traductions. Le ciel n'est pas plus éloigné de la terre que les plus excellentes traductions ne le sont des originaux, celles des poëtes principalement. Le génie ne peut être rendu que par le génie, et le contraire du génie est le traducteur. Le serait-il s'il en avait une étincelle [1] ?

[1] Ce jugement porté sur une classe estimable de littérateurs est assez ingénieux et ne manque pas d'une certaine justesse, mais il est trop absolu. On connaît du reste le jeu de mots qui a été fait dans l'espèce : *traduction, trahison.* Voyez un des intéressants volumes qu'a publiés M. Ludovic Lalanne, sous le titre de *Curiosités littéraires,* où sont indiquées, p. 184 à 193, quelques-unes des méprises grotesques commises par les traducteurs, et les plaisanteries auxquelles elles ont donné lieu.

Des compliments, mon cher ami, que vous me faites sur mon *vaudeville*, j'en crois le moins que je peux, et l'amour-propre en croit encore plus qu'il ne faut. Je sens très-bien que ces bagatelles n'ont pas la séve et le feu de celles que j'ai composées il y a trente ans. Je ne sais si je me trompe, mais je ne dirai pas cela du couplet suivant. Dans son genre, je le trouve aussi vif et aussi bien tourné que dans mon bon temps. Jugez-en, mon petit Aristarque.

D'abord, pour bien le comprendre, il faut vous rappeler les défauts énormes du plan et des caractères de la tragédie de *Mahomet*[1]. Mahomet est, à l'époque du poëme, le maître de l'Asie; il va s'enfermer niaisement dans une bicoque, où il court le risque de la vie. Qu'il dise à Séide et à Palmire qu'ils sont frère et sœur, il n'a plus besoin de faire commettre un parricide, etc. Le caractère de Mahomet est celui d'un scélérat sans raison et sans un grand objet. Il dit de grandes choses, et il en fait de petites. Le miracle qui fait le dénoûment est absurde et digne du théâtre des Marionnettes du sieur Bienfait, etc., etc. Vous en connaissez les vers, qui sont à se mettre à genoux devant et plus beaux que ceux de la Henriade. Cette broderie magique a couvert le fond de l'étoffe, qui est un drap de l'hôpital.

Sur ce, voici mon couplet, sur l'air : *Le joli, belle meunière, le joli moulin* :

---

[1] *Mahomet* ou le *Fanatisme*, tragédie de Voltaire; jouée pour la première fois en 1742.

> Ce Mahomet que l'on fête
> Avec force écrit,
> Mais qui n'a ni pieds ni tête,
> Corneille en eût dit :
> « C'est l'ouvrage d'une bête
> De beaucoup d'esprit[1]. »

LETTRE XLVI.

A Paris, le 2 février 1781.

Vous vous reconnaissez donc, mon cher fils, « un capucin indigne de mon amitié ». Eh! de quoi seriez-vous digne si vous ne l'étiez pas de celle d'un bonhomme qui radote et auquel vous vous êtes toujours montré par des côtés vertueux et estimables? Ce serait à vous, mon enfant, à trouver ma vieille et paternelle amitié trop peu récréative; ce serait à moi, qui ai besoin de bavarder comme tous les vieillards, à vous savoir gré de la complaisance que vous avez d'entendre tous mes anciens rogatons, surchargés de conseils et de morale. L'indulgence doit être entièrement de votre côté, et non pas du mien.

---

[1] Pour peu qu'il eût du goût, le *petit Aristarque* a dû être fort embarrassé pour exprimer son avis sur un semblable couplet. Nous préférons les *homélies* de Collé, ou même ses couplets d'autrefois, au risque de rougir quelque peu sous l'éventail.

Au reste, si je vous ai aimé, si je vous aime et si je suis disposé à vous aimer toujours, j'ai eu, j'ai et j'espère avoir encore de bonnes raisons pour cela. Je ne les dis pas même à vous.

Je persiste à croire, mon ami, que le nouvel établissement auquel vous travaillez actuellement ne peut que vous être utile; que vous devez saisir l'occasion de vous distinguer, et surtout qu'il faut faire connaître et reconnaître que vous vous y distinguez. Les publicains et le ciel feront le reste. On ne peut pas mieux être disposé pour vous que l'est M. de Saint-Amand. J'ai vu M. Puissant; je lui ai parlé mariage pour vous; il est d'avis que vous ne vous pressiez point; il dit que si vous trouviez à épouser la fille d'un directeur, qui vous donnerait sa démission, vous n'auriez pas à balancer, ne vous donnât-il point de dot, et prenant cette fille avec ses droits seulement. Celle de M. Domilies est-elle mariée? J'ai si peu de mémoire, que j'ai oublié ce qui en est.

M. Puissant ne me flatta point le dé. Il me dit très-positivement que vous étiez encore loin de la direction; que parmi trente-sept ou trente-huit contrôleurs généraux, vos anciens, il y avait au moins huit ou dix sujets de la plus grande distinction. Il parlera de votre avancement et mariage à M. de Saint-Amand.

Ma femme, mon cher enfant, a bien en main une demoiselle bien élevée, douce, qui a de la raison, dix-sept ans, quelque figure, et qui aura plus de biens que vous n'en pourriez espérer; mais ses parents, qui l'idolâtrent, désireraient vivre avec leur gendre, et, conséquemment, qu'il eût un emploi à Paris; et elle craint que cette raison ne vous convienne pas. Elle appréhende plus encore que cette même raison ne soit un obstacle insurmontable vis-à-vis des parents de la jeune personne.

Le 9 du courant, mon ami, ma femme fut saignée deux fois en ce même jour, pour un accès de fièvre violent, qui me jeta dans les plus grandes alarmes, lesquelles, heureusement, n'ont pas duré. Le 12, sa fièvre la quitta. Elle a été causée par un érysipèle, qui a été très-vif et qui n'a cessé que le 24. Elle est en pleine convalescence, et bientôt elle sortira les matins, à son ordinaire, comme vous diriez aujourd'hui. Voilà, mon ami, mes craintes finies pour cette année; mais cette funeste maladie périodique, qui lui revient tous les ans, me fait toujours désirer de mourir, après qu'elle en a été attaquée. Je veux et j'ai droit de finir avant elle, ayant douze ans de plus. C'est le seul égoïsme auquel je tienne avec une vérité bien sincère, et une grande ténacité [1]. Nous avons fait souvent ensemble le souhait de terminer nos jours comme Baucis et Philémon de la fable :

> Poscimus, et qui nos concordes egimus annos,
> Auferat hora duos eadem; nec conjugis unquam
> Busta meæ videam, nec sim tumulandus ab illa!

Hélas! malheureusement, nous ne sommes plus au temps des métamorphoses! J'ai eu aussi quelques légères

---

[1] Ses vœux n'ont pas été exaucés; sa femme l'a précédé dans la tombe.

indispositions de mon côté; elles sont passées; actuellement nous nous portons bien tous les deux, et nous voudrions, de bon cœur, que quelque incident vous amenât encore à Grignon cette année.

Ce n'est point, mon cher fils, par amour-propre que je tiens à mon sentiment, et je puis vous jurer que je n'y attache aucune importance. C'est une consolation de plus pour votre vieillesse, et qui me manque dans la mienne, que je vous ménage quand je tâche d'allumer votre indifférence pour la langue grecque. Rien ne me parait plus faux que ce que vous me dites et m'objectez sur une *traduction* et un *ouvrage* original, surtout celui d'un poëte. *Quod sic probo.* Vous savez le latin, monsieur l'obstiné; eh bien, je vous donne six mois, à vous, monsieur le rétif, pour me faire passer dans une traduction toutes les beautés de ces six vers de Virgile, même en prose. C'est Junon, qui, au septième livre de l'*Énéide*, adresse le discours suivant à Tysiphone :

. . . .
Tu potes unanimos armare in prælia fratres,
Atque odiis versare domos : tu verbera tectis
Funereasque inferre faces : tibi nomina mille,
Mille nocendi artes : fecundum concute pectus,
Disjice compositam pacem, sere crimina belli ;
Arma velit, poscatque simul, rapiatque juventus.

Je sens que je prendrais dix ans et que je n'en viendrais pas à bout [1].

[1] Pour mettre le lecteur en mesure d'apprécier la justesse de l'opinion exprimée par Collé, nous transcrivons ci-après la

De l'aveu de tous les savants que j'ai vus dans ma vie, la langue grecque est infiniment supérieure à la latine. Conséquemment, quels amusements et quels trésors ne vous mitonnez-vous pas dans un âge avancé en apprenant le grec dans un âge encore tendre, surtout ayant de la mémoire!

Ce que vous objectez sur les mots propres d'une langue morte n'est pas vrai en général : c'est au contraire l'exception de la règle générale. A force de lire dans tous les excellents auteurs latins, d'étudier et de méditer cette langue, on parvient nécessairement à connaitre la propriété de presque tous leurs mots, leurs différentes acceptions et leurs usages; il y en a peu qui puissent nous échapper. Or, si ce que je dis de la langue latine est vrai, il l'est nécessairement du grec. Un étranger qui saurait notre langue aussi bien que le latin, même aussi faiblement que nous savons cette dernière langue, cet étranger, dis-je, se mettrait à genoux devant

traduction que Delille a donnée de ce passage et des quelques vers qui le précèdent :

> . . . .
> Viens, fille de la Nuit, dit Junon; viens, sers-moi;
> Sers ma juste vengeance : elle a besoin de toi.
> La haine à ton aspect s'empare des familles;
> Devant toi plus d'époux, ni de sœurs ni de filles.
> Tu tiens les fouets vengeurs, les funèbres flambeaux;
> Tu détruis les palais, tu creuses les tombeaux :
> Va, cours, romps cet hymen où leur espoir se fonde;
> Fouille dans les trésors de ta rage féconde;
> Épuise tout ton art, déchaine tout l'enfer;
> Toi-même forge, aiguise, ensanglante le fer;
> Arme tout, confonds tout : c'est Junon qui l'ordonne.

Racine comme devant Virgile, et, s'il a du goût, il trouvera une analogie complète entre ces deux poëtes ; si c'est un ignorant, comme vous voulez persister à l'être, c'est autre chose.

Je ne dirai point qu'il « est si peu de bonnes traduc-» tions », comme vous le dites ; je dirai hardiment qu'il n'en existe aucune, et qu'il n'est pas possible qu'il en existe de passable des poëtes et des orateurs. Il faudrait avoir leur génie pour les traduire, et quand on a du génie, on ne s'amuse pas à n'être qu'un f.... traducteur. Peut-être les historiens sont-ils traduisibles ; et encore qui traduira Tacite ? Quels squelettes que les traductions de d'Ablancourt et d'Amelot de la Houssaye ! Voilà encore de jolis estampiers, auprès des tableaux vivants de ce peintre coloriste et divin [1] !

Je ne puis mieux faire, mon cher lecteur, que de faire suivre cette tant belle oraison *pro græca lingua* par des vers latins pris çà et là dans Virgile pour mettre au bas de deux estampes des portraits de l'abbé Terray et du Maupeou le chancelier. Ce vous sera une preuve qu'on entend la propriété des expressions latines. Ces vers

---

[1] Collé revient avec vivacité sur le compte des traducteurs qu'il n'aimait pas et que madame de Sévigné comparait à « des domestiques qui vont faire un message de la part de leur maître, et qui disent le contraire de ce qu'on leur a ordonné ». Voltaire leur trouvait encore un autre défaut des domestiques, « celui de se croire aussi grands seigneurs que leur maître, surtout quand ce maître était fort ancien ». Voyez *Curiosités littéraires*, par Ludovic Lalanne ; Paris, 1857, 1 vol. in-12, Delahays.

viendront ici comme de cire[1]. Ne les donnez et ne les lisez à personne. Je ne veux me faire ni des ennemis ni des affaires. Les voici :

Ces estampes sont deux pendants... de deux pendards.

Abbatem Terraï Furiarum maxima juxta
Accubat, attollitque faces, hæcque intonat ore :
« Tu potes auriferis[2] ditare, tyranne, tyrannum,
» Legibus; euge, tyranne minor, Sejane sacerdos!
» Euge! velis, poscasque simul, rapiasque, feroci
» Pectore, opes populum; singultim, corripe plebem! »
Paruit hic, et spem diræ complevit acerbam.

Vendidit hic, auro, patriam, dominumque potentem
Imposuit : fixit leges pretio, atque refixit.
Vivit adhuc, quatiente animo[3] tortore flagello;
Traditor hic superest; sed mox ultricibus Orci
Cernere erit regnis, lacerum crudeliter ora;
Ora, manusque ambas, populataque tempora raptis
Auribus; et truncas inhonesto vulnere nares.

Ex Virgilio versus excerpti et discerpti[4].

---

[1] Locution familière. Cela va de cire signifie cela va bien, cela va à souhait, arrive fort à propos. La Fontaine a dit :

« L'un et l'autre vient de cire,
» Je ne sais quel est le mieux. »

[2] *Auriferis legibus* désigne assez bien vos arrêts du conseil, messieurs des Fermes. (*Note de la main de Collé.*)

[3] *Quatiente animo*, etc., est un vers de Juvénal. Le visage cruellement balafré, les lèvres, les mains et les oreilles coupées, marquent le supplice des traîtres. (*Note de Collé.*)

[4] Il est superflu de faire remarquer au lecteur que les citations de Collé sont en général des vers ou des hémistiches

Avouez, petit, qu'il faut être bien possédé encore du *scribendi cacoethes* pour écrire aussi longuement ; mais qu'y faire? Cette maladie fait ma santé. Je suis trop heureux, à mon âge, d'avoir encore cette mauvaise petite rage, et qu'elle fasse mon amusement. Voilà la consolation des lettres.

Je n'ai plus, mon ami, que quelques mots à dire pour achever totalement la réponse à votre lettre. C'est un coup de dé heureux que d'avoir mis dans la bouche de Corneille : « Cet ouvrage est d'une bête de beaucoup d'esprit ; » mais le fameux Blot[1] a été encore plus heureux que moi lorsqu'il a mis dans celle du pape ce couplet contre Anne d'Autriche et contre le cardinal Mazarin. Il est sur l'air de *Réveillez-vous, belle endormie*.

> Ce qui cause le trouble en France,
> A ce que dit Sa Sainteté,
> C'est, etc...[2].

pris çà et là dans Virgile, et qu'il a appliqués, en les *modifiant* selon le cas, aux actes et aux personnes qu'il voulait flétrir.

[1] Blot, baron de Chauvigny, originaire d'Auvergne, gentilhomme de Gaston d'Orléans. Il servit d'abord les intérêts du cardinal Mazarin ; mais, une fois arrivé au pouvoir, celui-ci l'ayant oublié, Blot s'en vengea par des épigrammes et des couplets satiriques, et prit parti contre lui dans la guerre de la Fronde. Il mourut en 1655, à Blois, et cette date sert même à fixer celle du voyage de Chapelle et Bachaumont, qui disent qu'arrivés en cette ville ils demandèrent à M. Colomb :

> Ce que fit en mourant notre pauvre ami Blot,
> Et ses moindres discours, et ses moindres pensées ;
> La douleur nous défend d'en dire plus d'un mot.
> Il fit tout ce qu'il fit d'une âme bien sensée.

[2] Ce couplet a été imprimé, et, en fût-il autrement, nous

C'est le plus fort et le plus naïf couplet que je connaisse. Peut-être le connaissiez-vous.

J'ai entrepris et achevé mon commentaire sur les meilleures tragédies de Voltaire. Il y a encore de la gaieté ; mais j'étais vieux. Je doute que cet ouvrage soit passable. Il n'y a que quatre ans que je l'ai fini ; il y en avait dix-huit ou vingt que je l'avais commencé.

Punctum, satis.

LETTRE XLVII.

A Paris, ce 3 mars 1781.

Je me garde curieusement, mon cher ami, de répondre si vite à vos lettres par deux raisons. Je ne suis pas si abondant en raisons que le bon M. Pincé, qui ne manque jamais d'en avoir trois [1]. La première des miennes, c'est que vous avez des affaires, surtout cette année. La seconde est la peur que j'ai de vous ennuyer plus qu'il n'est permis par les lois de la société. Quoi que vous en disiez, mon cher enfant, je dois radoter un

---

ne nous chargerions pas de le faire connaître au lecteur. Toutefois, Collé n'a pas hésité à le rapporter *in extenso;* mais nous ne croyons pas que cette communication entrât précisément dans le plan d'éducation qu'il avait formé pour son disciple.

[1] Personnage du *Tambour nocturne,* comédie de Destouches.

petit; j'ai l'âge convenable à cet exercice, dont on s'acquitte souvent sans s'en apercevoir soi-même. Que s'il est vrai que je ne radote pas aujourd'hui, je ne puis répondre de ne point radoter demain. Le diable des années est bien malin. *Ergo,* si je veux toujours être honnête, mon devoir est de prendre des précautions contre le présent et l'avenir, et de vous renvoyer à mon *prétérit* imparfait, mais qui du moins a été plus gaillard.

Il est sûr, mon cher enfant, qu'un fonds extrême de sensibilité, tel que celui que j'ai reçu de la nature, est un fonds de tourments cruels, quand elle est blessée; mais elle est aussi une source inépuisable de plaisirs et de jouissances de l'âme, quand elle est payée d'un retour complet, tel que celui que j'ai trouvé et que je trouve encore dans ma femme. Elle s'est tirée de son accident avec plus de force et plus promptement que de cette même maladie de l'année dernière. Elle a une sœur religieuse à Sainte-Marie, qui a éprouvé des maux presque pareils, et à laquelle la santé n'est revenue qu'à soixante ans passés. J'espère qu'elle suivra son exemple, et que la sienne reviendra dans ses vieux jours. J'ai douze ans de plus qu'elle; j'ai tout lieu de me flatter que le ciel me fera la grâce de mourir avant elle. C'est mon seul égoïsme, comme je vous l'ai déjà dit.

Vous nous charmez quand vous nous marquez que vous viendrez à Paris cette année. On est enchanté quand on revoit son enfant, tant vaurien fût-il. Jugez par là de la satisfaction inexprimable que nous aurons de vous revoir, vous, notre fils honnête, et qui, nous l'espérons, le deviendra encore davantage en grandissant. Écoutez, mon fils, je veux, j'exige, et c'est l'ordre d'un père, que, dans ce dernier voyage pour moi, vous veniez à Grignon le samedi y dîner; que vous y restiez à coucher, et que vous ne retourniez à Paris que le lundi, aussi matin que vous voudrez. Vous verrez dans ma chambre mes deux estampes, avec mes inscriptions latines et plagiaires, au milieu desquelles je placerai celle du chancelier d'Aguesseau, avec l'inscription suivante, qui le *panégyrise* à tout excès, pour démontrer que je ne suis pas un malin b....., qui n'aime que la satire, mais un homme vrai qui sait rendre justice. Aussi, à la tête de chacune de ces trois estampes ai-je fait écrire, en en faisant l'application, ce vers d'Horace, dans sa *Poétique* :

« Reddere personæ scit convenientia cuique. »

J'ai changé les deux premiers vers de l'inscription de l'abbé Terray. Ce n'est plus la déesse de la Tyrannie qui lui ordonne les maux de la France, c'est la déesse de la Fraude ouverte; cette vilaine divinité n'est encore que trop bonne pour ce ministre sans génie. Ces deux vers sont de moi, et les voici :

Fœda, sacerdoti huic fœdo, da fraudis aperta :
IIis, quondam (ut perhibent), verbis mala jussit amaris.

Revenons à vous, mon cher ami, et laissons mes radotages romains. Mais bon! j'allais oublier, comme une bête, ceux que je vous annonce plus haut sur le chancelier d'Aguesseau. Voici son inscription :

> Te circum, bene tuta fides, et conscia recti
> Sancta Themis, verique tenax constantia, et omnes
> Undique virtutes glomerantur. Copia fandi
> Dia tibi, divinaque scripta! Oracula regis
> Eloquio crevere tuo : nec dignius unquam
> Majestas meminit sese romana locutam.
> . . . Attice, facunde, renovasti nomina gentis.
>
> *Ex Ovidio versus excerpti et discerpti.*

Oh! pour cette fois, je reviens à vous sans m'écarter davantage. Je reprends, et je suis les autres articles de votre lettre. Celui du mariage sera traité, discuté et coulé à fond à Grignon. Les réflexions que vous faites sur ce sujet très-important sont très-judicieuses. Le mariage est un des grands pivots du bonheur de la vie. Je ne blâme pas qu'on désire des avantages pécuniaires et qu'on fasse ce que le monde appelle « un grand mariage », mais j'estime mille fois plus « un bon mariage. » J'entends par là épouser un excellent sujet, même avec très-peu de bien ; j'appelle celui que l'on fait pour la richesse « une vente de corps par-devant notaire[1] ».

---

[1] Dans son excellente *Introduction* aux *Journal* et *Mémoires* du marquis d'Argenson, M. Rathery a donné un aperçu des théories étranges de ce dernier à l'endroit du mariage, qu'il appelle un *droit furieux* dont la *mode passera*, etc., etc. C'est quelque chose d'incroyable que le dévergondage de d'Argenson. On dirait un épicurien en goguette; et, à cet égard, Collé donnerait des leçons de morale au grave magistrat. Du reste, M. Rathery termine par une citation empruntée à un

Nous causerons de tout cela. En attendant, je ne vous conseille nullement de rechercher la seconde fille de M. Domiliers, en cas qu'elle ne soit pas encore mariée, puisque son caractère ne vous conviendrait pas. J'irai, quelqu'un de ces jours, causer avec M. Puissant de ces places de chefs de bureaux à Paris, et vous vous en éclaircirez vous-même avec lui quand vous viendrez, cet été, nous honorer de votre présence.

Est-il bien avéré, mon cher ami, que je vous aie amené à penser comme moi sur les langues mortes et sur leurs traductions? Pope et Colardeau n'étaient point des gens de génie, mais des gens d'infiniment d'esprit. A l'égard de Racine et de Rousseau, ils ont réussi souvent, et très-souvent, à imiter, et n'ont jamais traduit les Grecs et les Latins dans un ouvrage entier. Je vous le répète, mon ami, les orateurs et surtout les poëtes sont intraduisibles. D'ailleurs, comment faire passer avec chaleur dans une traduction les intérêts, les mœurs, les usages, les coutumes des peuples anciens? Dans l'*Iliade*, dans l'*Énéide*, comment rendra-t-on les dénombrements des armées, les jeux du cinquième livre de l'*Énéide,* etc.? Comment sauvera-t-on et garantira-t-on de l'ennui les lecteurs, en traduisant les noms, les pays, les grandes

---

écrit du maréchal de Saxe, où il est dit, sur le même sujet, des choses presque aussi folles. Par exemple, le maréchal prétend que « le mariage ne devrait être contracté que pour cinq ans, etc., etc. » Voyez page xxv de l'*Introduction* précitée, placée en tête du premier volume des *Journal* et *Mémoires* de d'Argenson, publiés par M. Rathery; Paris, madame veuve Jules Renouard, 1859.

qualités des personnages et des familles romaines dans l'*Énéide?* Ces noms et ces détails étaient excessivement intéressants pour les grands de Rome et les patriciens. Pour moi, c'est de l'essence du plus violent ennui. Imiter les anciens dans leurs sublimes morceaux, les surpasser même en ces imitations, voilà ce que fera l'homme de génie. Les mulets de la littérature entreprendront des traductions entières. *Quæ cum ita sint, macte animo, generose puer!*

Puisque vous êtes assez heureux pour avoir une bonne mémoire, n'enfouissez pas ce don du ciel. Mettez-vous à portée d'entendre les anciens parfaitement. Vous savez comme moi que Caton apprit le grec à quatre-vingts ans, et que Plutarque apprit le latin étant très-vieux. Thésaurisez des connaissances pour votre vieillesse.

Si vous saviez combien j'enrage d'être un ignorant, vous tendriez à savoir tout ce qu'il est donné à l'homme de savoir. J'en serais inconsolable si c'était par ma paresse, par ma faute et par ma très-grande faute, comme il est dit dans le *Confiteor;* mais la nature m'ayant presque totalement refusé la mémoire, je ne suis qu'un ignorant innocent. Vous serez, vous, un coupable ignorant si vous vous obstinez à ne vouloir pas faire usage de votre mémoire. La mienne, mon cher ami, a été, dès les premiers moments de ma vie, plongée dans les eaux du Léthé, ce qui n'arrive aux autres qu'après la mort, si cela arrive; car il y a bien des incrédules, par le temps qui court. Quoi qu'il en soit, je ne me souviens nullement d'avoir écrit, et même d'avoir eu jamais occasion d'écrire à monsieur votre grand-père. Je jurerais du contraire, si ce n'était pas vous qui m'en assurassiez. Eh! dites-moi donc ce que je lui disais.

Vous parcourrez à Grignon, si vous le voulez, mes *Commentaires* sur les tragédies de Voltaire; ils sont en trois volumes, qui en feraient cinq ou six d'impression. Je leur ai donné le titre d'*OEuvres posthumes de M. Collé*. Ils ne paraîtront jamais de mon vivant. Qu'on me tourmente quand je serai mort, à la bonne heure! Mais je ne me soucie pas de l'être par les fanatiques de Voltaire tant que je vivrai. Voilà comme pense votre serviteur [1]. *Exigit innocuæ tranquilla silentia vitæ.*

Actuellement que vous êtes grand garçon, mon fils, je vous laisserai lire, à Grignon, toutes mes facéties licencieuses, et entre autres un certain roman que je brûlerai avant de mourir [2]. J'ai écrit prodigieusement, mais, plein de respect pour le public, je ne lui ai donné, au plus, que la sixième partie de mes compositions, et encore, en les donnant, tremblais-je de lui avoir donné six fois trop.

[1] Il pense comme il a toujours pensé, en véritable épicurien, très-amoureux de son repos. Quant à ses *Commentaires* sur les tragédies de Voltaire, ce manuscrit a été longtemps en la possession de M. François Barrière, l'ingénieux chroniqueur du dix-huitième siècle. Aujourd'hui il est entre les mains de M. Génie, qui a bien voulu nous permettre d'en extraire quelques curieux fragments que le lecteur trouvera plus loin.

[2] On frissonne à la pensée de ce que pouvait être ce roman qu'il veut *brûler*, quand on a sous les yeux quelques-unes des *chansons* qu'il n'a pas jugées dignes des honneurs de l'auto-da-fé.

Notre commerce épistolaire me fait autant de plaisir qu'à vous. Votre style devient meilleur de jour en jour. Votre dernière lettre est charmante; elle est pleine de raison et de sensibilité : c'est surtout cette dernière partie que je vous désirais voir posséder. Ma femme, qui est un juge très-sévère, commence à être contente de vous; mais elle voudrait, comme moi, que vous vous accoutumassiez à écrire sans faire de brouillons. Essayez avec moi; que risquez-vous vis-à-vis d'un ami et d'un père comme moi? Dites : Foin de l'amour-propre !

Votre paquet à M. de Batz a été contre-signé le lendemain de la réception d'icelui.

Vale et ama : dulcissima rerum.

LETTRE XLVIII.

A Paris, ce 10 avril 1781.

Pour la centième fois, mon cher enfant, je ne vous tarabusterai jamais sur le retard ou sur la brièveté de vos lettres. Tantôt, vos voyages doivent vous les faire différer, tantôt, à votre retour, vos travaux remis et ajournés doivent vous les faire trousser courtes. A ce dernier égard, je me permettrai seulement une plaisanterie : c'est qu'il ne faut pas, comme Arlequin, demander une petite chambre pour vous et une grande chambre pour votre épée; c'est-à-dire que lorsque vous ne pouvez que m'écrire peu, il ne faut pas prendre beaucoup de papier. Le grand format de votre dernière m'a paru une vilaine nudité. *Ad quid perditio hæc?* dit l'Évangile. Deux grandes pages nues comme ma main, cela a un air d'indécence qui choque ma pudeur. Et puis, dans le reste, une écriture qui a le coup d'œil de celle d'une étude de procureur; cela n'est point riant.

Ce qui l'est infiniment davantage et très-véritablement, mon cher fils, c'est l'assurance amicale que vous me donnez que mes lettres sont pour vous le plus agréable délassement. Vous me faites plaisir de me flatter là-dessus, et je désire très-vivement qu'il en soit quelque chose. Quant à ce grand *vide,* souffrez encore que j'y ajoute quelques mots. Je suis comme la nature, je l'abhorre. Vous eussiez pu le remplir en gardant votre commencement de lettre sur votre bureau pendant quelques jours; celles que je vous écris sont toujours faites à trois ou quatre reprises; elles restent souvent sur le mien une semaine entière, et je n'y mets la date que le jour où elles partent. Tout en disant que je ne voulais rien dire, j'ai tout dit : cela s'appelle une réticence d'orateur. Au demeurant, ces menus reproches ne doivent vous paraître qu'obligeants, et vous prouver le plaisir que me font vos lettres.

Je vous remercie, mon cher ami, de vos prédictions sur la durée de notre vie, à ma femme et à moi, c'est-à-dire du sentiment qui vous a inspiré ces prédictions-là; car, dans le fond, ni elle ni moi ne désirons d'aller à cent ans. Faites-nous plutôt revenir à trente ans, cela sera mille fois plus drôle. Et, pour être aussi bon neveu que bon petit cousin, ôtez magiquement, enlevez à monsieur votre oncle l'octogénaire une cinquantaine d'années qu'il a de trop, ainsi que moi. Mettez-vous à faire des miracles. Pour être bon parent, devenez thaumaturge. Cela a bien ses petites difficultés, mais il faut s'ingénier.

Je n'aime point que monsieur votre oncle plaide à son âge. Ainsi, mon enfant, vous voyez la nécessité de le rajeunir, s'il persiste à ne pas s'accommoder. Si vous avez occasion de lui parler de moi, faites-lui mes plus tendres compliments, et dites-lui que s'il s'obstine à plaider, je le condamne à s'attacher encore à quelque honnête femme, jeune et jolie.

Je vous avouerai franchement que je n'ai pas mis une grande suite à l'affaire de votre mariage, traité entre le Saint-Amand et le Puissant. Comme ce n'est pas chose pressée, je ne me suis pas fort soucié de savoir le résultat de la conversation de ces deux messieurs, d'autant plus que je vous ai vu vous-même dans la disposition sensée d'attendre, pour vous marier, que vous fussiez directeur, sans ce secours dont vous n'avez pas besoin pour le devenir.

Les deux scélérats dont vous me parlez, mon cher cousin, et dont nous parlerons encore en voyant leurs estampes, n'ont pas l'honneur exécrable de l'avoir été dans le grand [1]. L'abbé n'a été qu'un coupeur de

---

[1] Il s'agit encore de l'abbé Terray et du chancelier Maupeou.

bourses, et l'autre un gredin assez imbécile pour dégrader son état et sa place par une ambition et subalterne et mal entendue. C'est un homme vil et bête.

Vous ne me marquez pas le temps à peu près que vous viendrez faire un tour à Paris. Ma femme, si vous y venez à la Saint-Louis, m'a ordonné de vous arrher pour toutes les fêtes. Les femmes ne doutent de rien ; mais je trouve, moi, que c'est trop exiger ; la jeunesse n'est pas faite pour vieillarder aussi longtemps, et ne pas mieux s'amuser. Je tâcherai pourtant, mon cher fils, de vous paraître le moins vieux qu'il me sera possible, en vous faisant part de mes *juvenilia* et de mes *senilia;* j'entends de mon *roman.* Quoique je ne l'aie composé qu'en 1774, il est plus licencieux cependant que les ouvrages de mon bon temps, si j'en ai eu un [1]. C'est de dessein prémédité même que je l'ai mis à la *sauce la plus forte.* Je n'ai pas voulu être tenté, et peut-être succomber à la tentation de le faire imprimer, s'il eût été imprimable, attendu que depuis plus de douze ans je me défie de toutes mes compositions. Je crains, et il y a beau jour que je crains la glace de l'âge, et de radoter sans m'en douter.

> Citò senex, benè qui tacuit, benè facit; et infra
> Ætatem debet quisque malere suam.

[1] Ainsi, Collé avait soixante-cinq ans sonnés lorsqu'il écrivit ce roman de *haut goût*. On peut donc dire que, comme Piron, Collé est mort dans l'impénitence finale littéraire; mais il a renchéri sur maître Alexis, qui n'a rien brûlé de ses compositions, les ayant jugées toutes bonnes à être mises sous les yeux du public : en quoi il n'a pas toujours eu raison.

Je ne vous ferai pas lire, mon cher fils, mes *Commentaires* sur Voltaire, parce que je ne les aurai pas probablement; je les ai prêtés, et ils ne me reviendront peut-être de longtemps. Il serait trop long de vous expliquer le pourquoi du petit service que j'ai rendu en les prêtant. Je commence à les estimer un peu. Il y a de bonnes choses et de la connaissance du théâtre. Ils ne manquent même pas de gaieté et de légèreté; mais il y aurait des retranchements à y faire, et quelques changements. Je laisse cela à d'autres; je ne m'en occuperai plus. Aussi ai-je appelé ces trois volumes mes *OEuvres posthumes;* et j'invite les survivants à les retoucher et à les faire imprimer s'ils les jugent mériter l'impression. Si tout n'en est pas bon, il y a du moins des choses qui ne sont pas indignes de voir le jour, et qui pourraient être utiles à notre théâtre et à notre poétique en général.

Nous politiquerons, à Grignon, ajoutez-vous dans votre lettre, c'est-à-dire nous déraisonnerons. Volontiers, mon fils, quoiqu'il y ait longtemps que j'aie abandonné cette partie et l'administration des royaumes et des républiques à Messieurs de la philosophie moderne, et notamment au divin et soporatif Marmontel, prédicateur très-somnifère de l'humanité, dans ses sermons sur *Bélisaire* et les *Incas* [1].

Quant à la littérature que vous joignez à la politique, j'espère bien que nous nous en donnerons jusqu'aux

[1] Peu de temps après la mort de sa femme, comme on le verra plus loin, Collé vendit à Marmontel la maison qu'il avait à Grignon.

gardes. Je vous tiendrai le poignard sous la gorge pour apprendre le grec. Je vous exalterai Homère, surtout dans sa langue. Je lui égalerai Virgile, si je peux; mais c'est bien de la besogne. Il faut pourtant avoir l'équité de juger l'*Énéide* par ce qu'elle est et par ce qu'elle serait devenue si Virgile eût vécu. Je vous dirai, et je vous dis d'avance, que la traduction qu'en fait M. l'abbé Delille ne sera jamais qu'une traduction. Ce sera l'estampe morte d'un tableau plein de vie. Je n'estime point celle qu'il a faite des *Géorgiques :* c'est une image enluminée. M. l'abbé a trop d'esprit; il en a voulu donner à Virgile, dont les beautés simples et mâles sont bien au-dessus de l'esprit, et qui a dédaigné et les antithèses, et les oppositions, et toutes ces drogues de prétendus ornements qui défigurent le style. D'ailleurs, ce gentil *bagatellier* n'écrit point de l'âme. Je n'en veux d'autre preuve que son morceau d'Orphée et d'Eurydice. Je plains bien cette pauvre femme d'être tombée entre les mains d'un traducteur spirituel seulement [1]. *Ah ! miseram Eurydicen.*

Puisque vous avez exigé, mon père, que je vous envoie une confession de mes fautes, confession écrite et signée de ma main, je vous ai obéi, mon révérend, comme un pénitent, qui l'est encore.

Les lettres qui étaient jointes à la vôtre ont été à leurs destinations, et il n'y a point de politesse et de remerciment à me faire à cet égard.

Voilà, mon cher enfant, votre lettre répondue *de capite*

---

[1] Cette appréciation du talent de l'abbé Delille nous paraît aussi juste au fond que remarquable dans la forme.

ad calcem. Actuellement, parlons un peu de ma femme et de moi, et de ce qui nous intéresse, parce que je suis sûr que cela vous intéressera. C'est quand on s'aime qu'il est permis d'*égoïser*. Dans leurs conversations et dans leurs lettres, les amants et les amis ne s'ennuient jamais. La raison de cela, comme on sait, est qu'ils se parlent d'eux-mêmes perpétuellement, et que l'amour-propre et l'amour de soi-même y trouvent leur compte des deux parts. Ce principe posé, je puis vous rabâcher des choses qui seraient fastidieuses à un indifférent. Par exemple, je vous apprendrai que, ces jours-ci, nous venons d'acquérir un logement à vie sur nos deux têtes. Nous avons pris un joli mais très-petit appartement rue de la Michodière, au coin de la rue même Saint-Augustin, laquelle rue est nouvelle et la continuation de la rue Gaillon. Elle perce jusqu'au boulevard, et aboutit presque vis-à-vis de la Chaussée d'Antin. Nous allons être de la paroisse Saint-Roch.

Moyennant cet arrangement viager, nous mourrons, ma femme et moi, sans craindre davantage des déménagements, qui pourraient échoir à des époques fâcheuses, telles que sont les maladies ou les grandes infirmités auxquelles on doit s'attendre à nos âges.

Nous serons donc logés dans de très-petits lieux, mais à demeure, dans un premier étage, les entre-sols, grand nombre d'exigus logements de domestiques, une cour à nous seuls, écurie et deux remises, et à une très-agréable exposition, chez M. Puissant, premier commis de la police, qui est le propriétaire de la maison, et qui en occupe le second. C'est un galant homme, plein d'honneur et de la vieille roche.

Voilà un commérage des plus complets, comme vous voyez, compère. On nous emménagera pendant que nous serons à Grignon, pour lequel nous partons au commencement du mois prochain. A notre retour, en novembre, nous occuperons notre nouvelle habitation, à laquelle il restera encore une queue de déménagement, ou de menus arrangements à faire.

Cet article est-il assez *long, lent, lourd* [1]? Laissé-je quelque chose à dire à mon chancelier [2]? Je sais bien que je suis bête, mais qu'est-ce que cela me fait vis-à-vis d'un ami? Ma femme me charge de vous assurer de ses tendres sentiments.

Vale, ama, et oscilla parumper.

---

[1] Allusion à une épigramme dirigée contre Marmontel :
Ce Marmontel si long, si lent, si lourd.
. . . .

[2] Allusion à la formule solennelle et consacrée par laquelle le roi, en parlement, après avoir ouvert la séance, donnait la parole au chancelier chargé de faire connaître les volontés royales; et réminiscence peut-être aussi du bon mot connu du roi Stanislas à madame de Bassompierre, maîtresse de M. de la Galaisière, chancelier du roi.

LETTRE XLIX[1].

Ce 22 juin 1781.

Mon frère, mon cher ami, se charge de répondre à votre lettre, qui m'a touché. Vous deviez à ma femme les sentiments tendres qui y sont pour elle. Vous me devez les vôtres, car elle vous aimait et je vous aime. Je vous recevrai toujours chez moi avec plaisir. Vous, ni aucun de mes amis, ne me consolerez. Il n'est plus de consolation et de vie pour moi. Tout est fini pour moi dans la nature.

LETTRE L.

A Saint-Cloud, ce 10 juin 1782.

Dites-moi, mon cher fils, vous qui avez une mémoire si bonne et si sûre, ne vous souvenez-vous pas bien distinctement que vous nous aviez fait le plaisir d'aller vous-même à Vitry payer les droits de centième denier pour l'usufruit de la maison de Grignon, léguée par M. l'abbé de Gouffier à mademoiselle Bazire et à ma femme, suivant son testament? Je n'en trouve point la quittance,

---

[1] Cette lettre est relative à la mort de sa femme. On remarquera qu'un intervalle d'un an s'est écoulé entre cette lettre et celle qui suit.

et le commis de Vitry, auquel M. de Marmontel vient de payer les droits nouveaux qui sont dus à cause de l'acquisition qu'il vient de faire de ma maison ces jours-ci, lui a soutenu que les anciens pour l'usufruit lui en étaient dus, et qu'ils n'étaient point portés sur son registre. Je me souviens, moi, du contraire de cette assertion : ils sont payés, mais je ne me fie nullement à ma perfide mémoire. Venez à son secours, et tâchez de vous rappeler les faits tels qu'ils sont. Comme ce n'était point par une vente, mais par un legs que cette maison est passée à mes femmes, ces droits n'auraient-ils pas été payés avec ceux de l'insinuation de leur legs d'usufruit? et du bureau de Vitry ne vous aurait-on pas renvoyé, pour leur payement, au bureau de Paris? Je n'y comprends rien. Le commis de Vitry aurait-il oublié l'enregistrement? Donnez-moi des éclaircissements. *Fiat lux.*

Je vous prie, mon cher ami, de me faire réponse le plus tôt que vous le pourrez, sans vous géhenner pourtant, sous le couvert de M. de Juvigny.

J'ai vendu ma maison de Grignon bon marché à M. de Marmontel [1], et loué à Saint-Cloud un apparte-

---

[1] Dans le livre XI de ses *Mémoires*, Marmontel rend ainsi compte de la vie qu'il menait à cette époque : « Je me donnai
» une voiture qui, trois fois la semaine, *dans* une heure et
» demie (*sic*), me menait de ma campagne au Louvre, et,
» après la séance de l'Académie, me ramenait du Louvre à
» ma campagne. Dès lors, jusqu'à l'époque de la Révolution,
» je ne puis exprimer combien la vie et la société eurent
» pour nous d'agrément et de charme. » Nous le croyons

ment tout meublé, où je me plais fort. J'en jouirai peu, attendu que l'âge me presse beaucoup. Cependant ma santé va mieux, mais mon âme est toujours la même. Je suis comme au premier jour de ma perte. Je ne sais que faire de la vie : je la gaspille; je ne puis encore ni lire ni écrire comme je le voudrais, quoiqu'il y ait un peu de mieux à cet égard. Mais quand je regagnerais de ce côté, mon cher enfant, que ferais-je de cet avantage-là? J'entre dans l'extrême vieillesse, et je n'ai à envisager que des déperditions de toute espèce, et des infirmités et maladies de tous les genres à attendre. Belle perspective! Dieu eût dû mettre la jeunesse à la fin de notre vie : actuellement, je trouverais bien mon compte à cet arrangement-là.

Adieu, mon fils. Je vous embrasse avec la plus tendre et la plus sincère amitié.

LETTRE LI.

A Saint-Cloud, le 25 septembre 1782.

Il y a longtemps, mon cher fils, que je n'ai reçu de vos nouvelles. Quoique le temps adoucisse très-peu ma

volontiers, ô académicien philosophe! Et cette maudite révolution vint bien mal à propos déranger vos petits calculs égoïstes et cette vie *si innocente* que vous deviez raconter un jour si complaisamment à vos enfants, pour leur édification personnelle.

situation, qu'à chaque instant j'éprouve que ma divine femme me manque, et que je ne puisse m'habituer à cette privation qui n'est remplacée par rien, pas même par l'amitié de M. de Saint-Wast, de vous, ni de personne, je goûte pourtant quelque satisfaction lorsque mes vrais amis s'intéressent encore à moi et me le témoignent, quoique ma douleur et mes chagrins m'aient changé l'humeur, et en dépit de l'ennui que je dois leur causer. Ma vieillesse d'ailleurs, qui broche encore sur le tout (*singula de nobis, anni prædantur euntes*), doit me rendre complétement insoutenable. Car à présent ce n'est plus *singula* qu'il faut dire de mes années, c'est *omnia*.

Mon amour-propre, mon cher fils, regrette autant mes anciens agréments pour mes amis que pour moi-même, à quelque chose près pourtant.

Il faut que je vous parle de moi; mon cœur, né aimant et qui vous aime, a besoin de se décharger dans votre sein, et je sens quelque douceur à me satisfaire à cet égard, parce que je suis sûr que par là je contenterai votre tendresse pour moi.

Mon physique va mieux que je n'eusse osé l'espérer. J'ai repris quelques forces à la campagne, à l'exception de ma tête, qui est moins faible à la vérité, mais qui l'est encore beaucoup. Je commence à lire et à écrire un peu plus que je ne le faisais. Mon attention ne peut encore être bien longue, et lorsque je m'applique, ma pauvre tête s'en va.

Les deux premiers mois que je suis venu ici, je pouvais soutenir à peine une demi-heure de lecture et écrire plus d'une douzaine de lignes. Seul et livré à moi-même, je me suis avisé de vouloir faire des vers, et j'en ai fait. La grande contention d'esprit rendait ma tête encore plus mauvaise, et j'étais obligé de planter là la besogne; je la reprenais : elle me fatiguait ; je la quittais encore, et j'y revenais. Enfin, en six semaines, je suis pourtant venu à bout de faire ce que j'eusse ouvré, il y a dix ans, en six matinées. C'est une satire contre les *vieillards et la vieillesse* [1]. Je vous envoie mon brouillon : prenez-en copie, et renvoyez-le-moi par M. de Juvigny. Vous verrez ce que c'est que de nous. Vous y trouverez ce que j'ai mis dans l'épigraphe : quelques traits badins, mais aussi rares qu'ils étaient abondants jadis; peu de vivacité, une raison suffisamment pesante, l'habitude du mécanisme de la versification; somme toute, cela ne vaut rien; mais je veux que vous ayez, mon ami, à peu près tout ce que j'ai écrit.

Pour me récompenser de ce penard [2] d'égoïsme et de mes radotages, égoïsez beaucoup vous-même, et confiez à mon amitié les radotages de votre jeunesse, ou vos sagesses, vos idées, vos espérances, vos châteaux en Espagne; parlez-moi de votre emploi, de vos succès en cette partie, de vos plaisirs, de vos ennuis, de vos sociétés, de tout ce qui peut vous toucher.

Employez-moi encore, mon cher enfant, pendant le peu de temps que j'ai à vivre, auprès de Saint-Amand,

[1] Cette pièce de vers suit la présente lettre.
[2] Vieillard libertin.

si vous jugez que je puisse vous y être utile. Les affaires commenceront à se remuer après la Saint-Martin. Je retourne à Paris vers ce temps-là.

Je vous embrasse, mon cher fils, avec la plus tendre et la plus gauloise tendresse.

SATIRE CONTRE LA VIEILLESSE,

PAR UN VIEILLARD QUI FUT JEUNE.

> Hic, disjecta poetæ agnosces membra jocosi.

Du lourd fardeau des ans, lorsque notre esprit baisse,
    Peut-on porter le poids gaillardement?
Sur nombre d'accidents communs dans la vieillesse,
Sur ses ennuis divers, ses maux et sa tristesse,
    Ne peut-on pas gémir un peu gaiment?
        La gaité, qui fut mon aimant,
        Vers elle m'attire sans cesse,
        Et toujours inutilement.
        Mais je me sens dans ce moment
        Quelque vieux regain de jeunesse.
        Tentons de ravir lestement
Les dernières faveurs de ma belle déesse,
— Elle en est libérale assez étroitement. —
Hélas! me reste-t-il encore assez d'adresse,
    De mouvement et d'agrément
    Pour rentrer dans mon élément?

    Jeunes fous, quand j'étais des vôtres,
Boire, rire et chanter fut mon unique emploi :
    Gai pour moi comme pour les autres,
Je n'amusais jamais les autres qu'après moi.

Jadis, à table, entre les nôtres,
J'eusse égayé les douze apôtres,
Et Jérémie encor, je croi.
Mais mon âge à présent m'inflige une autre loi :
J'ennuie et je m'ennuie aujourd'hui comme un roi

Peu fier de ce double avantage
D'ennuyer et d'être ennuyé,
Quand je bâille l'on me ménage
Un bâillement mieux appuyé.
Si j'ai dans ce négoce en passant essuyé
Quelque petit désavantage,
Je puis dire avec vérité
Que je l'avais bien mérité :
Car dans ce commerce bizarre,
La vieillesse, loin d'être avare,
Fait toujours, d'ordinaire, au jeune commerçant
Galamment gagner cent pour cent.

Au bel ennui qui fut sans cesse
L'apanage de la vieillesse,
Cet âge aimable joint encor
L'air aisé de l'impolitesse,
Le ton flûté de la rudesse,
Les prétentions d'un Mentor,
Les radotages de Nestor,
Et, sur le temps présent, des plaintes idiotes.
Ou bien entendez-vous les propres anecdotes
De cet agonisant Médor
Qui vous conte, à propos de bottes,
Ses bonnes fortunes vieillottes?
Ou bien aimez-vous mieux d'autres grâces encor,
Et surtout celle-ci : l'ardente soif de l'or?

Du moins cette basse manie
Ne me saisira pas au déclin de ma vie,
Et, sans rien amasser pour me faire un trésor,
Je jouirai de tout avec économie;
Loin qu'à la vanité je donne un libre essor
Et me laisse gagner par cette épidémie,
   Je n'irai point, en fastueux butor,
   Ou comme un vain et riche matador,
   Fonder un prix dans quelque Académie.
Contre ces sots orgueils ayons l'âme affermie.
   Dans nos maisons faisons beaucoup de bien,
   Au dehors peu [1]. Surtout ne donnons rien
A ces journaux quêteurs, marchands fripiers de gloire,
Et devenus des troncs du temple de Mémoire.
   Cette bienfaisance illusoire
Et de ces dons publics l'éclat pharisien
Est peu modeste ou faux, et ne nous mène à rien.
   Une main vraiment libérale
   Doit faire le bien sans scandale,
Mesure ses bienfaits sur ses devoirs divers.
   Que tous nos trésors soient ouverts
A la voix de l'honneur et de nos mœurs antiques.
   En pratiquant les vertus domestiques,
   Abandonnons les jactances publiques
De ces dons inconnus aux inconnus offerts,

---

[1] Il nous semble qu'en restreignant à sa maison, à sa famille, le *bien* qu'on peut faire, c'est circonscrire singulièrement parfois les devoirs de la charité. Ce n'est pas probablement ce que Collé a voulu dire; et cependant son raisonnement continue par quelques vers qui ne sont pas plus orthodoxes que les prémisses. En voulant châtier chez les autres l'ostentation dans les bienfaits, il tombe tout simplement dans un égoïsme déguisé.

Aux grands soins charlatans des petits d'Alemberts.
  La bienfaisance générale
Dans les particuliers me parait un travers :
  C'est dans le prince une vertu royale.

  La philosophique cabale
  En vain et d'un air vain étale
  Son inhumaine humanité.
Cette cosmopolite et fausse charité
Semble étendre amplement son manteau sur l'Afrique,
  Sur l'Asie et sur l'Amérique,
  Comme aussi sur l'Europe un peu.
  Mais à la plus juste critique
  Ces aumôniers donnent beau jeu.
  D'abord, il n'est point de milieu :
  Si ce n'est point un tour de gibecière
De leur humanité, cette grande sorcière,
  S'il est réel, ce tant secret bienfait,
  Comment peut-on s'assurer qu'il se fait ?
  Restant caché, si l'on voit son effet
Et qu'on ne puisse plus le traiter de chimère,
La critique, en ce cas, sans être trop amère,
Pourra leur dire en prose, un peu mieux qu'en ces vers :
« Pourquoi faire des dons, grands esprits à l'envers,
» A des gens inconnus, peut-être à des pervers ?
» Tandis que, méritant les plus justes reproches,
» Nous ne secourons pas nos parents les plus proches,
» Et que vous n'aidez point vos amis les plus chers,
  » Et vos esclaves et vos serfs ? »

 — « Mais, répondra l'un d'eux, l'ami, lorsque je sers
  » Des inconnus qui viennent par les coches,
  » Les paquebots, les yachts, les cutters,

» Des quatre coins de l'univers,
» Et que d'or je remplis leurs poches,
» Le bruit en court, je fais sonner toutes les cloches,
» On le sait, on le dit, et l'on a les bons airs. »

— « Bien répondu ! Je tiens l'aveu de vos travers,
» Superbe bienfaiteur, homme vain qui préfère
» Le bienfait inutile au bienfait nécessaire. »

Mais je reprends mon affaire,
Dont mes divagations
Et mes déplorations
Un moment m'ont su distraire.
Souvent nous nous écartons :
Revenons à nos moutons.

Pour mettre un terme à tout ce *moutonnage*,
Je finirai par un vrai *chiffonnage*,
Mais qui cause un cruel dégoût
A l'homme instruit, à l'homme sage,
Au vieillard encor vert et de qui le sang bout :
C'est de voir que, dans son vieil âge,
Le jeune âge vient changer tout,
Les mœurs, la mode et le goût;
C'est de voir des auteurs, aussi bornés qu'infâmes,
Nier que dans ce siècle il soit d'honnêtes femmes,
Et de n'accorder aux amants,
Qu'ils supposent, comme eux, sans âmes,
Que les brutaux emportements
Et les ignobles mouvements
D'une sensation physique,
Au lieu des doux, et purs, et tendres sentiments
Dont l'amour véritable embrase un cœur pudique.

Oui, ce n'est qu'un ressort purement mécanique
    Que cette délicate clique
    Des philosophes de ce jour
    Met à la place de l'amour.
Loin, bien loin de ces fous, qui sont ses antipodes,
Mon troubadour lettré va criant autre part :
Quoi! l'esprit et le goût, victimes du hasard,
Sont, ainsi que les jeux, sujets au sort des modes?
    La musique et ses nouveaux codes
Mettront le vaudeville et nos chants à l'écart[1]?
    Des *ariettes* plus commodes,
Attendu qu'on les fait sans génie et sans art,
Nous feront oublier les couplets de Panard?
Ah! du moins, si Grétry nous modulait les odes
    Et les cantates de Rousseau,
    On verrait les traces du beau!
Mais de la poésie on éteint le flambeau.

    De mon temps c'était la manière
    D'admirer Corneille et Molière :
    Mais la philosophie entière,
    Par la bouche d'un Diderot,
    A, dans ce siècle de lumière,
    Prouvé que Molière est un sot!
    Et Corneille, qu'elle a fait taire,
    Cède le théâtre à Voltaire :

---

[1] Voilà un de ces crimes irrémissibles aux yeux de Collé, qui oublie les progrès réels que la querelle des *Piccinistes* et des *Gluckistes* a fait faire à l'art. En somme, suivant l'expression de Grimm, *Correspondance littéraire,* janvier 1768 : « Collé enrageait que l'opéra-comique en *musique* eût écrasé l'opéra-comique en *couplets.* »

Ce singe du théâtre anglais et de ses mœurs,
  De ses dégoûtantes horreurs
Et des atrocités de ses basses fureurs;
  Ce caméléon de Voltaire,
  Pervertisseur d'un badaud de parterre,
Pillant presque toujours, inventant mal parfois,
N'imita bien que l'art d'effrayer nos bourgeois.
  Gens de goût, déclarez la guerre
  A ces beaux tremblements de terre,
A ces sénats muets, quoiqu'ils donnent leurs voix
  Dans les élections des rois.
  Proscrivez, malgré le parterre,
Ces spectres blancs et noirs, et sur leurs pieds bien droits
Faits pour en imposer à Picard, à Saint-Pierre,
  Bourguignon, Champagne ou Courtois.

Sifflez ces voix du ciel et ces coups de tonnerre [1]
Dont ce fou de Shakspeare eut besoin autrefois
Pour émouvoir un peu la féroce Angleterre.
En France, de nos jours, ces ressorts maladroits,
  Et sans vraisemblance et très-froids,

---

[1] Allusion à la tragédie de *Sémiramis*. On connaît les couplets de Piron, et commençant ainsi :

> Que n'a-t-on pas mis
> Dans *Sémiramis?*
> Que dites-vous, mes amis,
> De ce beau salmis? etc.

On raconte qu'à la répétition générale, l'employé du théâtre chargé de lancer la foudre au milieu d'une scène où jouait mademoiselle Clairon, et ne sachant s'il devait frapper un coup sec et brusque ou prolonger le bruit, s'avisa de crier du haut des nuages à l'actrice : « Le voulez-vous long? — Comme celui de mademoiselle Dumesnil, » répondit-elle.

Ces merveilleuses inepties,
Ces lanternes et ces vessies
Et ces tragiques facéties
Ont sur nous désormais établi tous leurs droits.

Il n'est plus que l'effroi pour attendrir nos âmes.
Dans le tragique, dans les drames,
Il nous faut d'aimables horreurs,
Une tendre épouvante et de douces fureurs;
De bons poignards, armés de bonnes lames.
Dans *Gabrielle de Vergy*[1],
On touche nos belles dames
Par le cœur d'un amant fait d'un carton rougi.
Le théâtre à présent, par le Sage élargi,
Ne s'est-il pas bien assagi[2]?

La jeunesse le trouve sage.
« Et moi, dit mon vieux personnage,
» En faisant ici mes adieux,
» Je vois qu'on radote à tout âge.
» La jeunesse a son radotage :
» Cette vérité saute aux yeux.
» Des jeunes gens les passions fiévreuses,
» Dans leurs accès impétueuses,
» Sont suffisamment radoteuses.
» Jeunes gens et vieillards radotent tous les deux[3]. »

---

[1] Tragédie de de Belloy, jouée en 1777.

[2] Devenir sage. Assagissement (Montaigne).

[3] S'étant aperçu de l'incorrection de ce dernier vers, Collé, dans la lettre suivante, recommande au jeune homme de le remplacer par celui-ci :

Et jeune homme et vieillard radotent tous les deux.

LETTRE LII.

A Paris, ce 2 novembre 1782.

Je suis, mon cher fils, de retour à la grand'ville du 26 du mois dernier. Ce bâtard d'automne-ci m'a fait quitter sans regret les charmes de Saint-Cloud. J'ai eu, en arrivant, beaucoup de menues affaires à mettre en ordre; j'ai eu des devoirs et des visites à rendre, et la vieillesse est si longue et si lente dans ses moindres opérations, que cela me fait pitié à moi-même.

Je trouve, mon ami, que je n'en ai pas dit assez de mal dans mes vers caducs. Votre indulgence et votre amitié les jugent trop favorablement. Le fond de cette satire n'est pas traité comme j'en avais le projet, c'est-à-dire en gaieté depuis le commencement jusqu'à la fin. Je voulais garder le ton des cinquante premiers vers; ceux qui suivent, et que vous approuvez tant, sont trop sérieux; il y faudrait une ironie gaillarde et fine, qui ne s'y trouve pas. J'y vois, au contraire, un ton dogmatique et pédant qui m'a fait sentir que Mgr l'archevêque de Grenade est diablement tombé depuis son affreux malheur [1]. Je n'ai pas eu besoin de Gil Blas pour m'avertir sur cette homélie-là. Je m'en console au moins en me disant que je ne suis pas la dupe de mon amour-propre autant que ce prélat apoplectique. Je ne sais

[1] Depuis la mort de madame Collé.

encore si je ne dois pas être content jusqu'à un certain point du morceau contre Voltaire et l'état actuel du théâtre, mais je sais bien que je suis mécontent, et très-mécontent, des vingt-cinq vers qui terminent cette satire. On doit finir toujours par le bouquet d'artifice; c'est à la fin qu'il faut toujours ranimer ses lecteurs par son feu, et je les enterre dans la glace [1]. Il y a faute dans le dernier vers; mettez :

« Et jeune homme et vieillard radotent tous les deux. »

J'ai voulu d'abord, mon cher fils, me débarrasser de ce que j'avais à dire sur ma vieille *véraille*, et j'en ai vingt fois trop dit. Je passe actuellement, et j'eusse dû passer plus vite à l'objet qui me tient au cœur, attendu qu'il doit faire le bonheur ou le malheur de votre vie. Je ne mets point de bornes à cet article pour cette raison. Je ne quitterai point ce sujet que je ne l'aie, pour ainsi dire, épuisé suivant mes faibles lumières ; mais ne manquez pas de consulter des gens plus éclairés que moi. Il y va de tout pour vous, mon très-estimable ami.

Je me rappelle très-bien vous avoir dit qu'un homme d'honneur et de probité doit avoir en principe de ne point faire un mariage trop inégal ; que c'était d'abord mettre un bâton à la roue de sa fortune, se faire moquer par les autres et se préparer des remords pour soi et pour ses enfants pendant le reste de ses jours. Vous êtes dans ce cas plus que personne ; je veux dire

[1] Il semble qu'il n'y a plus rien à dire après cette critique juste et piquante que Collé fait lui-même de sa pièce de vers.

qu'avec les talents que vous annoncez dans votre métier, la réputation que vous vous y êtes acquise et la considération personnelle qui en résulte nécessairement, c'est perdre en un jour tous ces avantages que de faire un mariage d'inclination. Un mariage avec peu de bien, mais avec un grand crédit, ce n'est pas la même chose, comme vous le savez bien. Il pourrait vous conduire au grand dans votre état, et, si vos espérances n'étaient pas remplies, du moins ne vous laisserait-il pas de repentirs persécuteurs, quand vous seriez plus avancé en âge, parce qu'en le faisant vous auriez eu des motifs raisonnables. Mais en épousant une femme sans crédit et sans biens, vous ne paraîtrez excusable à personne; vous vous aliénerez tout le monde; votre réputation d'homme sage en souffrira, et vous pourrez dire adieu à la considération personnelle. Vous aurez contre vous tous les gens sensés, les pères de famille, à qui vous ôterez les vues qu'ils avaient pour votre établissement, et généralement tous ceux qui s'intéressaient à vous. Le public indifférent vous regardera comme une tête légère; les gens d'affaires surtout et adonnés à l'argent (ce qui est le grand nombre pour vous), iront jusqu'à vous croire un imbécile. Ce n'est pas encore tout, mon ami : si vous mourez de bonne heure, vous réduirez votre femme et vos enfants à la pauvreté, ou vous les laisserez au moins dans un état très-malaisé, sans ressources pour votre veuve, sans éducation pour vos enfants. Joignez à cela qu'en vivant même âge d'homme, vous avez nécessairement des charges qui vous empêchent de jouir de la vie. Ce n'est pas seulement une femme pauvre que vous épousez, mais encore sa famille entière. C'est se mettre quelquefois deux familles sur les bras, c'est s'enlever toute son aisance.

Je ne doute point, mon cher fils, que vous n'ayez fait toutes ces réflexions. Il ne faut pas se donner au diable pour prévoir ces inconvénients terribles, et beaucoup d'autres qui sont encore plus communs, et dont je ne daigne pas faire mention. Tenez pour indubitable qu'un mariage inégal, ou mauvais, a une influence malheureuse sur tout le reste de notre vie. Opposez à cela le tableau de celle que vous menez actuellement : la liberté, l'espèce d'opulence, la certitude du bien-être actuel, les espérances fondées, et très-fondées, d'un bien-être futur, et qui ne peut qu'augmenter, si vous ne faites pas de sottises.

« Mais, me direz-vous, *j'aime,* et vous-même vous » avez fait un mariage d'inclination ; vous-même m'avez » toujours prêché que l'argent n'était pas le bonheur et » n'en était qu'un des moyens. » Je tiens encore cette dernière vérité pour constante ; mais j'ai été dix années entières, malgré mon amour, et jusqu'à ce que j'eusse assez de bien et pour ma femme et pour moi, avant que de l'épouser. Ma passion pour elle datait de 1746 ; je ne me suis marié qu'en 1756 [1].

J'oserai d'ailleurs vous dire, mon ami, quelque amoureux que vous soyez, et quelque estimable que soit et

[1] Dans son *Journal,* Collé dit qu'il s'est marié au mois de mai 1757.

doive être celle que votre sagesse et votre prudence ont distinguée, que cette même prudence et cette même sagesse ne sont nullement comparables à mon examen. Par dix années d'amour, de même que par une étude profonde et qui équivalait à une démonstration, je m'étais assuré de l'honnêteté du cœur, de la bonté et de la grandeur d'âme de la divine femme que je me proposais d'épouser; j'y voyais tous les rapports possibles avec moi, et les plus singuliers : une vraie philosophie, la plus grande sensibilité, qu'elle étendait sur les malheureux qui ne l'étaient point par leur faute, une excellente judiciaire, le goût délicat, un tact fin, assez d'instruction pour une femme, un attrait pour la littérature légère, et notamment pour le théâtre; l'équité, la probité la plus scrupuleuse : voilà quelle était l'épouse adorable que je m'étais choisie avec connaissance de cause.

Pour moi, « *ami de la vertu, plutôt que vertueux* [1] », j'étais bien loin d'avoir tous ces rapports effectifs avec elle; mais, les désirant fortement, elle m'en a communiqué quelques-uns qui tenaient à l'âme, que ma tendre sensibilité, qui égalait au moins la sienne, si elle ne la surpassait pas, s'est rendus propres; c'est elle à qui je dois le peu de vertu que j'ai ou que je n'ai pas. L'extrême douceur de son caractère avait réprimé l'impétuosité et la violence du mien; la sagesse de ses vues arrêtait la précipitation des miennes et mon étourderie en affaires; sa prudence avait, seule, arrangé complétement notre fortune; son économie sensée réglait notre mai-

[1] Boileau, épître X.

son, en la tenant toujours de la façon la plus honorable.
J'y trouvai l'abondance. Menant ses domestiques avec fermeté, elle avait trouvé l'art de s'en faire craindre, respecter et adorer. Elle joignait à l'esprit d'agrément celui des détails d'un ménage, ne dédaignant pas de descendre jusqu'aux moindres. Dans les affaires épineuses et difficiles, son grand sens lui fournissait les meilleurs conseils, et son imagination les meilleurs expédients. C'est par ses avis que je jouis encore du peu de santé que j'ai; c'est pour les avoir suivis et parce que je les suis encore; c'est à sa raison que je dois la mienne, qui était souvent, et très-souvent, emportée par les écarts de mon imagination bouillante; c'est à son goût exquis et à ses délicates critiques que je dois le peu de réputation littéraire que je laisse; et je compte pour très-peu de chose ce dernier article. Enfin, jamais je n'ai pu lui trouver d'autre défaut que sa mauvaise santé : j'ai été trente ans sa garde-malade.

Voilà, mon cher fils, mon très-cher fils, le mariage d'inclination, et très-inégal du côté de la fortune, que j'ai fait. Mariage divin! mariage qui ne peut être comparé à aucun de ceux que j'ai vus pendant le cours de ma trop longue vie! mariage qui n'a peut-être existé jamais que pour moi seul. C'est, à cette loterie, avoir gagné vingt quines à la fois dans un seul tirage. Et ne pensez pas que j'exagère : mon âme va encore plus loin et en sent plus que je n'en dis encore.

Aussi, mon cher enfant, je ne prétends pas que vous cherchiez ce miracle unique et introuvable; mais si la fille respectable que vous aimez a la vingtième partie des qualités de ma céleste défunte, épousez-la demain et les yeux bandés. Mais prenez garde au bandeau de l'amour. On ne voit plus rien quand on est amoureux.

Ma tendre amitié, mon fils, ne vous demande qu'une grâce : celle de combattre votre amour pendant une année au moins. Pendant cette année, examinez, scrutez et approfondissez. Mettez-vous au point de vous assurer avec certitude, mais avec une défiance extrême de vous, et du peu de raison que doit vous laisser l'amour; assurez-vous, dis-je, autant que votre borgnerie pourra vous donner de lumières, des qualités excellentes et suffisantes de la jeune fille, pour compenser la faute énorme que vous êtes près de faire, et qui ferait le malheur de votre vie et de votre postérité.

Ou plutôt, mon courageux ami, faites mieux. Prenez le parti violent de vaincre cet amour. C'est le parti le plus sage et le seul digne de vous. Mais, comme il a été dit mille fois en pareil cas, ce n'est que par la fuite qu'on remporte la victoire. On a beau dire que sa passion est trop forte pour lui résister, il est sûr qu'elle ne l'est que par notre faiblesse. En général, l'homme honnête et prudent peut faire plier ses penchants, quand il le veut bien, à son honnêteté, à sa raison, à toutes les convenances. Il lui en coûte, sans doute, des efforts; mais qu'il se présente le miroir de la vérité et de l'honneur, il cesse de balancer.

« Pour être vertueux, on n'a qu'à le vouloir[1].

[1] *Électre*, acte III, scène I.

Rien n'est plus vrai que ce vers de Crébillon. Il vous en coûtera de ne point voir l'objet aimé, j'en conviens; mais, mon cher enfant, quand vous vous serez prouvé démonstrativement que le sens commun, votre fortune, le soin de votre réputation, de la considération dont vous jouissez, et la continuation de l'estime et de l'amitié qu'on a pour vous, enfin, que votre bonheur et celui de vos enfants dépendent de ce pénible effort, votre vertu courageuse vous le fera faire. Vous y mettrez la gloire et l'amour-propre de la raison ; et cet effort, qui vous rendra plus grand à vos yeux et aux miens, vous deviendra plus aisé que vous ne l'imaginez.

Adieu. Votre plus tendre ami vous embrasse avec la plus tendre pitié, l'intérêt le plus vif et la certitude la plus affectueuse de votre triomphe et du sien.

Ne vous pressez pas, mon fils, de me répondre. Ménagez-vous quelque coup de force que vous aurez à m'apprendre, et vous me *bienheurerez*.

LETTRE LIII.

Ce 4 juillet 1783.

Trop tendre financier, que fais-tu dans ces lieux?
Tu négliges la ferme, hélas! pour deux beaux yeux.
Tu ne tourmentes plus les commis et ta plume;
On ne te trouve plus aussi dur qu'une enclume.
Dans tes devoirs sacrés tu portes la froideur,
Et ton feu suit l'amour, et non pas l'extendeur [1].

Peut-être qu'en ces vers ton père, qui te pince,
Te peint-il dans le vrai ton amour de province,
L'oubli de tes amis, de ta raison, de toi.
Mais s'il les peint ici, c'est qu'il sait bien pourquoi.

Je ne doute pas, mon cher fils, que tu n'aies repris tes chaînes, et que tu ne sois plus tracassé que jamais par tes velléités d'amour et tes démangeaisons d'hymen.

Tout cela est bon, mais de l'argent vaut mieux; demandez-le à Messieurs de la Ferme, et même à Messieurs de Sorbonne.

Les gens raisonnables, mon ami, n'iront pas si loin; ils se renfermeront dans de justes bornes, et diront qu'un esprit droit ne doit point faire de mariage inégal en fortune sans les motifs les plus puissants. Un mauvais mariage influe sur le reste de la vie : j'en ai vu cent exemples. Quand on a aussi peu de patrimoine que vous en avez, il est injuste et cruel de risquer de donner le

[1] Extendeur, celui qui cherche à étendre une loi fiscale.

jour à des tas d'enfants indigents, si vous venez à mourir cinq ou six ans après les avoir faits.

Après un aussi long silence, mon cher enfant, et aussi étrange, rien n'est aussi caractéristique que votre lettre. On y voit à découvert le dégoût des affaires, l'ennui de son état, l'éloignement de tout ce qu'on aimait. Vous prenez en guignon la finance, les financiers, leurs commis, leurs lettres tant agréables que désagréables. Passe pour ces dernières! *Angit et mulcet,* dites-vous, et vous ne savez ce que vous dites. Ce métier, qui est de votre choix et où vous réussissez, qui fait et qui fera davantage encore par la suite votre considération, « est un peu » vil et un peu bête; ce vilain esprit des affaires éteint » le peu de génie et de gaieté, etc. » Vous êtes mon plagiaire des propos que je tenais il y a cinquante ans, quand j'avais mes accès de folie, mes prurits d'esprit, et que j'étais titillé de prétentions poétiques. *Quid furis, insane et mentis non bene compos?*

Vous êtes devenu fou, mon garçon. Non; mais vous avez l'air d'un amant qui jette le manche après la cognée. Cette lettre a tous les caractères d'un amour mécontent : c'est de l'humeur. Si je ne vous la renvoyais pas, vous la nieriez, et vous vous donneriez au diable pour me soutenir qu'elle n'est pas telle.

Oh! parbleu, mon irascible et humoriste amoureux, voyez si c'est moi qui vous fais dire tout cela!

Je vous ai indiqué déjà, mon ami, les secours que l'on peut employer contre une passion : les distractions de ses devoirs, les travaux de son état, les lettres, les mathématiques mêmes, font une puissante diversion. Madame de Staal, je vous l'ai dit, l'éprouva étant à la Bastille, éperdue d'amour comme vous [1]. Écrire à un ami et à un père comme moi ; lui ouvrir son cœur au lieu d'en avoir honte, parce qu'on est faible, sont des ressources qui réussissent à la longue, ou qui consolent au moins, si elles ne sont pas curatives : ce sont des palliatifs qu'il ne faut pas dédaigner. Jeter, comme vous faites, votre bonnet par-dessus les moulins, n'est pas d'un bon esprit comme le vôtre et d'un homme qui a du nerf. *Deserere seipsum turpissimum est.* Je m'arrête là.

Ma santé, mon cher ami, n'est pas trop mauvaise, mais aussi sommes-nous dans la belle saison. Mon moral décline tous les jours, et cela doit être. Mon amitié pour vous ne diminue point, et quelqu'un qui vous aime m'a combattu et vaincu, en partie, sur mes scrupules de laisser à des parents éloignés quand le bien est d'acquêts. J'ai satisfait enfin mon cœur en vous faisant sur mon testament un petit legs honnête. Je vous en préviens, de peur que cela ne vous paraisse un coup de foudre. Je vous aime et vous embrasse.

[1] Mademoiselle Delaunay (madame de Staal) était fortement éprise du marquis de Silly lorsqu'elle fut mise à la Bastille, et, pendant sa captivité, elle chercha à tromper son amour en écrivant presque chaque jour au chevalier de Ménil, prisonnier comme elle ; mais ce que Collé ne dit pas, c'est qu'elle trouva tant de charme dans cette correspondance que le chevalier de Ménil prit bientôt dans son cœur la place du marquis de Silly. Un clou chassa l'autre. Au surplus, dans la lettre suivante, Collé conseille à son élève de recourir à un *dérivatif* analogue pour donner le change à son amour.

LETTRE LIV.

A Saint-Cloud, ce 31 juillet 1783.

Petit cousin badin, à coup sûr, je ne vous ai jamais dit ni écrit ce que vous me faites dire au commencement de votre lettre.

> Comment, moi, le vieux serviteur,
> Le clerc et le prédicateur
> Du dieu qu'on adore à Cythère,
> Puis-je être le blasphémateur
> De son doux et tendre mystère?

Je n'ai jamais eu l'impiété de croire « que l'amour ne » vous convenait pas encore ». C'est contre l'hymen, presque toujours son plus grand ennemi, que j'ai prêché et que je me suis élevé avec toute la force de ma faible éloquence.

Jouissez, Monsieur, mais ne vous mariez pas. Je ne vous dis point, dans cette seconde homélie, de séduire celle que vous aimez et qui vous aime : ce serait un trait de malhonnête homme. Au contraire, je continue à vous exhorter à la fuir, à y renoncer, et à ne pas l'épouser. Mais je vous invite à attendrir le cœur d'une autre personne pour laquelle vous pourriez vous sentir quelque goût faible. Emparez-vous d'une veuve ou d'une fille dont vous ne troubleriez pas l'établissement parce qu'elle aurait fait quelque faute assez grave pour la réduire à la nécessité de ne pouvoir se marier[1]. La fornication, suivant sainte Madeleine elle-même et Notre-Seigneur, est un péché qui peut se pardonner. Il l'a prouvé par son indulgence pour elle.

[1] Collé recommande à son disciple de se distraire de son amour par un autre amour. Cette *recette* n'est pas toujours d'une application facile. En pareille occurrence, le docte Huet, évêque d'Avranches, aurait probablement ordonné les *grandes sueurs* et les *copieuses saignées*. Il prétendait que l'amour « n'est pas seulement une passion de l'âme, mais que » c'est aussi une maladie du corps, et qu'on peut la traiter » méthodiquement par les règles de la médecine ». A ce compte, les deux tiers de la France seraient constamment au régime. Du reste, le bon évêque cite naïvement, à l'appui de son système, quelques cas de guérison obtenue par les « sueurs » et les « évacuations ». (Voyez *Huetiana*; Paris, 1722, p. 261, 263.) De son côté, un grave médecin du même siècle, Cureau de la Chambre, nous a dépeint en ces termes les *caractères* de l'amour : « Ceux du premier ordre sont les mouvements » des yeux et du front, le trémoussement de la langue, l'adou- » cissement et les inflexions diverses de la voix, le ris et le main- » tien du corps; » mais, selon lui, « un effet dont la cause » est extrêmement cachée, c'est le mouvement de la langue » qui trémousse souvent entre les lèvres et qui semble les cha- » touiller. Or, cela arrive dans un grand excès d'amour, etc. » N'est-ce pas le cas de s'écrier, avec le spirituel érudit M. Émile Colombey : « O profanation! autant vaudrait transformer ces » pauvres amants en chiens altérés? » (Voyez le chapitre sur l'*Amour*, dans les *Caractères des passions*, par Cureau de la Chambre; Amsterdam, 1658, 4 vol. in-4º; et Tallemant des Réaux, t. I, p. 77, 78.) Nous avons emprunté la substance de la note ci-dessus aux *Ruelles, salons et cabarets* de M. Émile Colombey, ouvrage où l'habile et charmant écrivain, à qui les lettres étaient déjà redevables de plusieurs publications marquantes, a su réunir avec autant de choix que de méthode des trésors d'érudition, d'esprit et de goût. C'est merveilleux,

Le Sauveur, mon fils, n'a pas eu tout à fait la même indulgence pour la femme adultère; toutefois il n'en a point trop manqué en prenant le parti (ne voulant pas la punir) de dire à l'assemblée : « Que le moins cou-
» pable de vous lui jette la première pierre. »

Cependant c'est une grande injustice, voire même un crime, quoiqu'il soit commun. Je ne l'ai commis qu'une fois en toute ma vie, et malgré moi, pour ainsi dire. Je fus presque violé; j'en eus des remords et du chagrin [1].

c'est incroyable, tout ce que renferme ce petit livre, unique en son genre, et qui servira de bréviaire aux curieux comme aux fins gourmets du dix-septième siècle, dont il est le résumé littéraire et chevaleresque, pour ainsi parler.

[1] Se représente-t-on Collé violé ou renouvelant la scène du fils de Jacob devant madame Putiphar? Dans tous les cas, cet aveu singulier de Collé, qui restreint ainsi à *l'unité* ses braconnages dans l'enclos du voisin, contraste étrangement avec ce couplet que nous empruntons à une de ses chansons :

>Pourquoi nous marier,
>Quand les femmes des autres
>Ne se font pas prier
>Pour devenir les nôtres?

Ne croirait-on pas, en effet, que l'auteur de ce couplet est un *minotaure*, comme dirait Balzac, une espèce d'ogre qui va tout dévorer? Rassurez-vous, honnêtes maris, car, ainsi que nous l'avons dit plus haut, le libertinage de tous ces aimables paresseux était plutôt dans leur imagination que dans leurs actes. Évidemment il n'y avait pas de leur faute si, après avoir érigé le plaisir en précepte, ils n'y joignaient pas plus fréquemment l'exemple, et, à ce sujet, la bonne volonté ne leur manquait pas, mais trop souvent les voies et moyens. L'immoralité *effective* venait de plus haut, elle venait des grands, qui faisaient litière de l'honneur des familles comme des deniers de l'État.

Le hasard pourtant l'avait rendu moins odieux : il n'y eut point d'enfant sous mon règne, qui ne dura guère qu'une année. J'allais contre mes principes et ma conscience; j'étais, pour cette raison, plus criminel qu'un autre. C'est un crime, c'est un vol que de mettre des enfants dans une famille, et d'intervertir ainsi l'ordre des successions. Les païens, comme vous le savez, regardaient l'adultère comme tel. Le divin Caton, qu'Horace fait parler dans une de ses satires, exhorte les jeunes gens à avoir plutôt des esclaves, ou à aller même dans les mauvais lieux, *quam permolere alienas uxores*.

Après ce petit prône, mon cher paroissien, je continue ma réponse à votre lettre.

J'ai toujours peur, mon cher enfant, que ce ne soit un feu très-mal éteint qui vous ait inspiré le dégoût que vous marquez pour votre état. Une passion à laquelle on est obligé de renoncer par raison répand sur la vie une langueur et un détachement de tous les autres objets, qui paraissent tous fastidieux et désagréables. Il serait plus malheureux pour vous, mon ami, que ce dégoût eût une cause moins passagère et plus sérieuse.

Votre état, quand on le remplit aussi noblement que je suis sûr que vous le faites, est honorable dans la société comme tout autre état. C'est une enfance que de croire le contraire et d'en exagérer les désagréments. Quel état n'a pas les siens? Il est de votre choix; vous êtes au-dessus de votre besogne; vous y êtes considéré; vous parviendrez plus tôt qu'un autre aux meilleurs postes; qu'avez-vous donc tant à geindre? Je vous le répète, c'est votre amour qui vous donne de l'humeur. Votre idée burlesque de voyager me confirme encore dans ce que je vous dis là.

Mon ami, vous êtes à plaindre, et je vous plains. Vous avez bien fait de barbouiller du papier et de chercher des distractions. Ce que vous avez écrit sur Rousseau fait honneur à votre âme et à votre esprit. Vos réflexions sont d'un galant homme; on y découvre une délicatesse de probité qui n'est pas commune, et j'y trouve de la finesse, de la sagacité et un jugement solide, qui doit vous encourager à écrire. Mais je vous voudrais une distraction plus puissante encore. Voilà le moment d'apprendre le grec.

Ces chaleurs m'écrasent; elles me tueront. Ma tête s'en va, et mes forces se perdent. Je vous embrasse de toute la tendresse de mon cœur [1].

[1] Ici finit la correspondance de Collé avec M. de V***. Nous transcrivons à la page suivante le document dont il a annoncé l'envoi au jeune homme. Voyez page 102.

ÉPANCHEMENT DE L'AMOUR-PROPRE [1].

A mesure que mes ouvrages ont paru, soit au théâtre, soit à l'impression, les journalistes en ont parlé. J'ai arraché des journaux les articles qui me regardaient, et j'en ai formé un petit volume dans lequel j'ai mêlé mes propres réflexions. Je les ai mises sous divers titres. Voici celui de l'avant-propos, et l'avant-propos lui-même.

J'avoue de bonne foi, dans cet avant-propos, que je n'ai fait cette petite collection des journaux qui ont parlé de *Dupuis* et *Des Ronais* que par amour-propre.

Quelques tours que j'eusse pris pour cacher cette vérité, elle n'en aurait pas moins sauté aux yeux, et ce n'eût été qu'un ridicule de plus que mon silence à cet égard. Je n'ai point parlé de moi ni de ma comédie au public. Je me suis épargné le ridicule d'une préface imprimée : c'est bien la moindre chose que ma vanité regagne cela dans un écrit particulier.

Houdard de la Motte, dans les siens, qui sont publics,

---

[1] En tête de la seconde édition de son *Théâtre de société* (3 vol. in-12; Paris, 1777, chez Gueffier), Collé a placé, sous le titre de *Manière de Préface*, plusieurs fragments du manuscrit que nous donnons ici *in extenso*. Dès lors, une partie de ce document est déjà connue; mais, outre qu'il s'y trouve des paragraphes entiers que nous n'avons vus nulle part, les fragments mis en tête du *Théâtre de société* présentent d'assez nombreuses *variantes* avec la rédaction originale que nous avons sous les yeux. C'est donc une restitution que nous avons jugé convenable de faire, en rétablissant le texte primitif.

a plaidé pour la vanité des gens de lettres, et il a pensé avec raison que c'était l'amour-propre, uniquement, qui les faisait travailler et se donner tant de peine. C'est lui seul, assurait-il, qui les conduit à la gloire ; et j'ajoute, bien plus souvent encore au ridicule. Mais enfin, quoi qu'il en soit, ce ridicule (si ridicule il y a) est bien pardonnable, quand il n'est nuisible ni incommode, et n'ennuie personne. L'on ne verra celui que je me donnerai qu'à ma mort : ce sera un ridicule *posthume*. J'en fais d'avance mes excuses à ceux qui hériteront de ce manuscrit. Mais pourquoi leur en faire? Le ridicule n'ennuie pas toujours : au contraire, ils se divertiront aux dépens du pauvre défunt, et cela satisfera leur petite malice, dont alors je ne m'embarrasserai guère, suivant toutes les apparences.

Les trois journaux qui ont donné des extraits de *Dupuis* et *Des Ronais* sont la *Renommée littéraire*, le *Mercure de France* et l'*Année littéraire*. Je n'ai pas voulu y joindre la feuille de l'*Avant-Coureur*, parce que j'en ai trouvé les louanges trop outrées. Je n'ai point poussé la vanité jusque-là, d'autant plus que j'avais eu celle de la réfuter. Et ces sortes de réfutations, quand elles ne sont pas faites vigoureusement, ont l'air d'un consentement hypocrite ; et quand elles sont faites avec force, vous êtes obligé de vous rabaisser, et l'on vous prend au mot. Je garde donc un honnête milieu en supprimant cette feuille. Je ne suis point assez fat pour consentir aux éloges exagérés que l'on y donne à ma comédie ; mais je ne veux pas être assez sot pour les combattre.

A la suite de l'extrait que Fréron a donné de la *Partie de chasse*, j'ai écrit le peu de lignes qui suivent :

Je trouve de l'exagération dans les louanges que Fréron donne à cette pièce, mais je les lui passe plutôt qu'une critique outrée qu'il en eût pu faire.

Je conviens, encore une fois, que cette collection des articles des journalistes sur mes ouvrages est un ragoût de l'amour-propre et d'une vanité qui peut paraître petite; mais j'ai travaillé et ne me suis donné tant de peine que pour en retirer quelques fumées légères de gloire.

Après les extraits qu'ont donnés de mon *Théâtre de société* le *Mercure* et Fréron, j'ai écrit ce qui suit :

Je confesse avec la plus grande ingénuité, qu'il y a beaucoup à rabattre des éloges des journalistes. Quand ces Messieurs se mettent à louer, ils passent toujours le but. Mais, en continuant d'épancher ici mon amour-propre, j'avouerai avec la même simplicité que ce qui m'a flatté mille fois davantage que leurs louanges, c'est de les avoir vu confirmer par des succès de théâtre.

L'on sait qu'aussitôt après son impression, la *Partie de chasse* a été représentée sur tous ceux du royaume et dans toutes les soirées particulières, et l'est encore tous les jours depuis huit ans qu'elle a paru. Le roi ne veut pas qu'elle soit jouée à Paris. Il a sûrement ses raisons : Polichinelle a bien les siennes.

Depuis six ans les comédiens vont jouer, en ville, la

plus grande partie des pièces de mon *Théâtre de société*, quelque libres que d'abord on les ait trouvées.

Les femmes s'y sont accoutumées, et on les joue même entre soi dans beaucoup de maisons de campagne. C'est là ce que j'appelle le sceau du succès, avec quelque vérité, ou si l'on veut, avec quelque vanité.

Après les derniers extraits faits par Fréron, le *Mercure* et le *Journal encyclopédique* de mes quatre comédies retouchées et mises à neuf, j'ai écrit le peu de lignes qui suivent :

Il faut réduire les éloges que les journalistes ont donnés à mes comédies remises à neuf. J'en rabattrai au moins la moitié ; peut-être encore n'est-ce pas assez en rabattre. L'amour-propre se trompe toujours dans ses calculs. C'est d'ailleurs un Protée qui se reproduit sous différentes formes.

J'ai, par exemple, l'amour-propre de me flatter d'avoir vu une partie de mes défauts et la borne entière de mon mince talent. J'ai l'amour-propre de croire avoir vu plus loin que je ne pouvais aller.

Je reconnais, avec toute la candeur et la sincérité possibles, qu'en général ma versification est trop hachée, sans harmonie, et qu'elle est *rocailleuse*, si l'on peut se servir de ce terme.

Je reconnais que les plaisanteries que j'ai mises dans la bouche des valets ne sont peut-être pas assez saillantes pour le théâtre public, où l'on veut que tout soit comique et piquant.

Je reconnais enfin qu'il doit se trouver sûrement un grand nombre d'autres défauts dont je ne me suis pas même douté, et que j'ignore encore.

C'est pour ces raisons aussi que, dans ma lettre imprimée dans le *Mercure* du mois de février 1771, j'ai déclaré que j'abandonnais les comédies retouchées aux plumes élégantes de ceux des écrivains qui voudraient se donner la peine de me corriger. Je le répète ici : je n'ai eu d'autre vue en travaillant à refondre les anciennes bonnes comédies, que de mettre sur la voie des auteurs qui seraient plus capables que moi de nous conserver au théâtre des chefs-d'œuvre qui en disparaîtront bientôt si on ne les refond pas [1].

J'ai passé plusieurs discussions dramatiques, ennuyeuses pour ceux qui n'ont pas pratiqué l'art du théâtre, pour en venir au morceau sur l'amour-propre des auteurs, que je vous ai promis. Il est intitulé dans mon recueil :

CONCLUSION DE MON ÉPANCHEMENT D'AMOUR-PROPRE.

A la suite des deux extraits du *Journal encyclopédique*, j'ai dit avec sincérité ce que je pensais de mes comé-

[1] Allusion aux pièces de théâtre que Collé a *retouchées*. Voyez l'*Introduction*, p. 13, et la *Liste chronologique des Ouvrages de Collé*, placée à la fin de ce volume.

dies refondues et des éloges qui leur ont été donnés. Ceux de l'*Année littéraire* à cet égard sont encore plus outrés, et conséquemment moins mérités. Les louanges que Fréron prodigue, d'un autre côté, et sans mesure, à mon faible talent pour la comédie en général, m'ont semblé plutôt faites pour révolter les lecteurs par leur exagération que pour me les concilier par quelque apparence de vérité. Il m'eût servi cent fois mieux en en disant cent fois moins.

Par exemple, quel est l'homme de lettres, quel est l'homme du monde qui, avec de l'esprit, des connaissances et du sang-froid, puisse ne pas être indisposé contre moi en lisant l'hyperbole ridicule qui suit :

« Depuis Molière, je ne connais que M. Collé qui ait
» reçu de la nature un talent supérieur et décidé pour
» le genre de la comédie. Il n'y a que M. Piron qui ait
» fait éclater la même force comique, etc., etc. »

Et moi, je déclare ici, avec la franchise la plus gauloise, que non-seulement Piron avait reçu de la nature un génie mille fois supérieur à mon faible talent pour la comédie, mais je déclare encore, avec un cœur vraiment pénétré de ce que j'avance, que la *Mère coquette*, de Quinault, et que les bonnes comédies de Dufresny, de Regnard, de Destouches et de Marivaux, dessinées à grands traits, sont bien au-dessus aussi des bagatelles dramatiques que j'ai crayonnées et dont je n'ai fait que mon amusement et non pas mon métier. Je regarde très-sincèrement comme mes maîtres ces auteurs célèbres que je viens de nommer, et d'autres encore que je ne nomme pas, pour éviter la prolixité.

Quant à Molière, après lequel on me place, je m'en crois plus éloigné dans le comique, que M. de la Harpe ne l'est dans le tragique du divin Corneille.

Tout ce que, dans ce cas-ci, je puis seulement permettre à mon amour-propre de dire, c'est que ces écrivains charmants que j'ai nommés ont tous eu le bonheur d'avoir pu consacrer leurs premières années à l'étude réfléchie d'un art qui, tout frivole qu'il paraît, est beaucoup plus difficile et plus étendu qu'on ne l'imagine communément. Et moi, retenu dans ma jeunesse par une prudence qui avait ses fondements dans des principes d'honneur, je n'ai pas cru qu'il me fût permis de me livrer à mon goût pour le théâtre qu'après avoir auparavant arrangé ma fortune, de manière que je ne pusse être à charge à personne; que je fusse le maître de mon temps, et entièrement indépendant.

Éloigné de la scène par les affaires et par cette façon de penser, je suis sans doute resté écolier dans cet art, pour n'en avoir pas fait assez tôt mon occupation unique et mon principal objet. Me passera-t-on de croire que c'est cette cause qui a resserré le peu de talent que j'avais pour le théâtre dans des bornes étroites que j'ai senties aussi bien que l'impossibilité de les reculer?

Que l'on ne se figure donc pas que je suis assez simple ou assez vain aujourd'hui pour me laisser tourner la tête en respirant trop fort l'encens suspect de tous ces messieurs les journalistes, ou pour m'enivrer sottement des petits succès que j'ai obtenus dans la carrière dramatique.

Je pense les avoir moi-même appréciés et mis à leur juste valeur. J'oserai même assurer qu'à cet égard je me suis constamment appliqué à mettre de l'amour-propre à n'avoir qu'un amour-propre raisonnable. Celui de tous les poëtes que j'ai connus, et je n'en excepte aucun, m'avait toujours paru si ridicule et si extravagant, que ce que j'en ai vu, dans les temps où je ne pensais nullement à être auteur, m'a sauvé de l'excès de ce travers aussi incommode pour le moins dans la société qu'il y est impertinent et risible.

J'ai toujours pensé qu'aux yeux de la raison le métier du poëte était celui de tous les mérites qui devait inspirer le moins d'amour-propre. Il faut mesurer sa gloire à l'utilité dont on est à la société. Eh! de quelle utilité peut y être même le plus grand poëte[1]?

Henri IV et Turenne, Sully et Colbert, Mathieu Molé et notre moderne Lamoignon de Malesherbes, Bossuet et Fénelon, précepteurs d'héritiers présomptifs d'un grand royaume, Rollin et Le Beau, instituteurs des citoyens, Boerhaave et Ambroise Paré, Le Normand et Cochin, Jacques Cœur et MM. Le Coulteux, Parcieux et Vaucanson, et généralement tous les hommes qui sont, par leurs actions et non par des écrits futiles, les bienfaiteurs de la société, voilà, selon moi, les mortels auxquels on peut passer un amour-propre si excessif qu'il

---

[1] Voyez la note I, p. 196, lettre XL.

puisse être; et encore, pour leur propre bonheur, feront-ils sagement de le modérer.

Mais celui des poëtes ne doit pas être épargné. Pour peu qu'ils passent le but, on doit les couvrir de ridicule et les punir par le mépris. Quel bien réel, en effet, les poëtes apportent-ils à la société? Platon, le plus sage des hommes, les en bannissait. Je suis encore trop fou pour être du sentiment de ce sage; mais, pour en revenir à l'amour-propre, j'ai tâché d'être assez raisonnable pour n'en avoir à cet égard que le moins possible. J'ai toujours pensé que, même dans les états les plus faits pour en inspirer, et dont j'ai tracé ci-dessus une légère esquisse, l'homme, cet être si borné, n'avait jamais de quoi se glorifier de sa pauvre raison, quelque grande qu'elle paraisse à ses yeux et même aux yeux des autres.

C'est depuis longtemps qu'on a dit que tout ce que l'homme sait, c'est qu'il ne sait rien. Le plus grand génie, transporté hors de sa sphère, n'est qu'un sot et qu'un stupide quand il risque de passer dans une autre. Le cardinal de Richelieu fit des tragédies détestables, quand il osa s'en mêler; et Corneille, le divin Corneille, eût été un imbécile s'il lui eût fallu inventer et suivre le vaste projet d'abaisser la maison d'Autriche, projet que le même Richelieu a combiné et accompli avec tant de génie.

L'homme, encore une fois, doit être humilié d'être homme. Dieu seul peut avoir de la gloire. Il est la gloire même. C'est par cet hommage dû à l'Être suprême que je terminerai mon sermon sur l'amour-propre, en criant à mes chers auditeurs :

« Petits embryons de la terre, prenez cette mesure
» pour votre amour-propre. Il ne nous incommodera ni
» ne nous révoltera pas tant ! »

II.

CORRESPONDANCE INÉDITE
DE COLLÉ.

LETTRES ADRESSÉES A DIVERS.

LETTRE LV.

A FAVART.

Vous avez ranimé une pauvre malade, mon cher ami. J'ai lu votre pièce à ma femme, qui l'a trouvée charmante, et qui, de son lit où elle est gîtée, me charge de vous en faire mille compliments, et des remerciments de votre complaisance.

Elle aura le plus grand succès. Nous voudrions pourtant que vous eussiez trouvé le moyen d'établir et de fondre davantage le caractère de la marquise. Nous y avons aussi trouvé quelques longueurs dans des endroits différents, notamment dans celui de la *Paix*. Je sais bien que vous avez vos ordres là-dessus; mais ceux qui vous les donnent ne porteront pas l'improbation pour vous.

Vous avez, d'un autre côté, fait, à notre avis, un retranchement qui est nécessaire à l'intelligence du dénoûment; ce sont ces vers que Sudmer dit :

> . . . . . . J'entends; en pareil cas
> Cela ne se dit point, jamais; cela se pense.
> *Mon rival doit, au fond, avoir la préférence.*

Il est de toute nécessité de rétablir ce dernier vers ; sans quoi vous courrez risque de n'être point entendu, du moins à ce que je crois.

Recommandez bien, au reste, aux répétitions, à l'acteur qui sera chargé du rôle de Milord, de l'*adoucir* le plus qu'il lui sera possible, bien loin de le pousser où il peut aller. Je pense qu'il serait d'une dureté insoutenable et révoltante. Qu'il ne manque pas de jouer en *plaisanterie sérieuse* tous les endroits qui en seront susceptibles.

Au surplus, c'est amitié, ce n'est point amour-propre qui me fait vous donner ces conseils que je crois la vérité; mais ce ne l'est peut-être pas, ce n'est qu'à un maître comme vous et à un galant homme comme vous êtes que l'on peut parler franc; et c'est là la plus grande marque d'estime que puisse vous donner un serviteur et un ami comme moi.

LETTRE LVI.

A L'AUTEUR D'UNE PIÈCE DE VERS

SUR LES *PLAISIRS DE L'ESPRIT*.

Je ne sais si je me trompe, mais le fond du sujet ne me paraît pas suffisamment traité. Les plaisirs de l'esprit embrassent plus d'objets et de plus grands objets que la poésie. La poésie est un des plaisirs de l'esprit assurément, Dieu me garde de dire le contraire. Mais les sciences et les arts mêmes, qui tendent plus directement à l'utilité du genre humain, doivent être des plaisirs mille fois plus satisfaisants. Ils joignent au sentiment de l'amour-propre ce mouvement délicieux de l'âme que l'on éprouve lorsque l'on fait le bien général ou que l'on rend un service particulier. Je penserais donc qu'il serait nécessaire de consacrer deux ou trois strophes à peindre la volupté d'un géomètre ou d'un astronome qui a fait des découvertes utiles à la navigation, à l'invention de la boussole, etc.; d'un mécanicien, tel que Vaucanson, qui crée des instruments pour nos manufactures, etc.; d'un avocat qui sauve l'honneur, la vie ou les biens de son client, en y sacrifiant lui-même une partie de sa fortune; d'un médecin, au milieu de la peste, dont la science et le courage rendent la vie à des malheureux, en exposant lui-même la sienne; d'un moraliste qui rend les hommes meilleurs citoyens; et de ce dernier chercher une transition qui conduisît à parler de la poésie, dont le but bien dirigé ne doit être que celui d'enflammer les hommes pour la véritable gloire et pour la vertu. Si trois strophes ne suffisent pas, j'en ferais quatre, cinq, dans la première desquelles je mettrais en bloc les sciences et les arts utiles, et je réserverais pour les détails les objets qui prêtent le plus à la peinture et aux vers, comme le navigateur, le mécanicien, l'orateur, le poëte, le philosophe ou le moraliste, c'est la même chose. Voilà, en gros, quelles seraient mes idées; peut-être ne valent-elles rien; mais voilà comme je vois; chacun a sa manière de voir.

Je suis fort de l'avis que l'on oppose à ces vrais plaisirs tous les plaisirs des sens, et notamment l'amour.

Mais, en leur préférant les plaisirs de l'esprit et de l'âme, je n'approuve point que l'on parle de soi, et que l'on dise :

> Quel démon, ardent à me nuire, etc.

Je désirerais qu'on généralisât ces idées, comme par exemple :

> Redoutez ce pouvoir funeste
> Qui mit Antoine dans les fers, etc.

La passion du vin peut se peindre en deux autres vers, dans Alexandre qui tua Clitus; et le nom d'Alexandre lui seul ennoblirait ce vice ignoble, comme :

> C'est dans les plaisirs de la table
> Que sa main poignarde Clitus, etc.

LETTRE LVII[1].

Monsieur, j'ai reçu la lettre que vous m'avez fait l'honneur de m'écrire le 17 du courant, et je commence par vous remercier des choses obligeantes que vous me dites au sujet du nouveau recueil de *Parades* qui vient de paraître imprimé[2]. Quoique ces compliments ne puissent s'adresser directement à moi, je ne vous en

---

[1] 1756.

[2] Il s'agit du *Théâtre des boulevards*, ou *Recueil de parades*; Mahon, de l'imprimerie de Gilles Langlois, à l'enseigne de l'*Étrille*, 1756, 3 vol. in-12.

suis pas moins obligé; mais il est bon de vous mettre au fait, et de ma façon de penser sur les *Parades*, et de ceux qui les ont faites, et (ce qui est le comble du délire) de ceux qui les font imprimer.

Dans les trois volumes que vous avez vus, Monsieur, il n'y a que quatre pièces de moi, et encore sont-elles tellement défigurées, que je pourrais, sans me rien reprocher, les nier et ne les pas reconnaître. Ce sont, si vous en êtes curieux : l'*Amant poussif, Léandre hongre,* la *Mère rivale* et *Léandre grosse*. On y a ajouté des ordures grossières que je n'y avais point mises; non pas qu'à cet égard je veuille faire la petite bouche, mais c'est que je me flatte de n'avoir jamais présenté ces sortes d'images que du côté agréable ou plaisant. Je me plains encore, outre cela, des choses dégoûtantes qui y ont été insérées, et que j'ai toujours été fort éloigné de peindre.

Je ne vous parle pas des altérations continuelles dans le texte, et des fautes d'impression sans nombre dont cette édition fourmille. Vous auriez peine à imaginer à quel point la négligence et l'imbécillité ont été poussées, si je ne vous nommais le polisson infâme qui est l'éditeur de cet ouvrage, qui n'a jamais été fait pour voir le jour. C'est un nommé *Corbie*[1], ancien valet de chambre

---

[1] L'éditeur anonyme de ce Recueil est en effet un nommé Corbie. « Nous ne le connaissons, dit Barbier (*Dictionnaire » des ouvrages anonymes*, t. III, p. 315), que par l'anecdote » suivante, tirée d'un manuscrit autographe de Collé, qui, se » plaignant de la manière infidèle dont plusieurs de ses pa- » rades ont été imprimées dans ce Recueil, s'exprime ainsi :

de feu M. le marquis Duchâtel. Ce drôle-là, qui, de savoyard à la porte de M. Duchâtel, a monté par grade à ce poste éminent, est, comme sans doute vous le savez, le plus grand corsaire et le plus hardi écumeur de la littérature. Je me suis opposé, tant que je l'ai pu, à l'impression de ces platitudes; je lui ai refusé mes manuscrits; je n'ai point voulu corriger les siens; enfin, pendant deux ans, j'ai arrêté son édition par le crédit de M. le duc d'Orléans, qui s'amusait à ces misères-là. Mais, à la fin, son avidité a surmonté tous les obstacles, pour nous donner l'édition la plus fautive et la plus bête de l'ouvrage le plus plat en soi que l'on puisse composer, et qui n'est fait strictement que pour la société.

« Soyez sûrs et certains, mes chers lecteurs, que toutes les
» parades qui sont zenterrées vives dans ce damné *Théâtre*
» *des boulevards*, sont de la faciende de M. de Sallé (secrétaire
» de Maurepas), à l'exception de l'*Isabelle grosse par vertu*,
» qu'est de Fagan, une qu'est de Moncrif, en vers, l'*Amant*
» *cochemard*, une qu'est de Piron, le *Marchand de m....*, et
» trois ou quatre de moi qui m'ont été volées par un savoyard
» décrotteur qui a substitué des cochonneries de la halle zà
» des gravelures agréables té qui ont le ton de tout le monde.
» Le ciel l'en a puni, car zil n'y a point de grâce pour ces
» crimes-là. Il a fait fortune, banqueroute, et zest devenu fou.
» La première lettre de son nom est Corbie. » Barbier ajoute
que « le manuscrit autographe de Collé, dont il est question
» ci-dessus, forme 2 vol. in-4° assez épais, et qu'il lui avait
» été prêté par M. Després, ancien conseiller de l'Université ».
C'est ce même manuscrit qui est aujourd'hui en la possession
de M. Génie. Voyez la note au bas de la page 330, et le
Discours de Collé *sur l'origine de la Parade*, page 384.

Car j'avoue, de la meilleure foi du monde, Monsieur, que, quoique j'aie eu le bonheur ou le malheur de réussir le mieux dans ce genre, si genre il y a, il n'en est pas moins digne, à mes yeux et aux yeux de tous les gens de bon goût, du mépris le plus complet. C'est le délire de l'esprit, l'abus du talent que l'on donne pour ragoût à des hommes blasés sur le théâtre ; en un mot, ce genre, à mon gré, est détestable ; et ce que je vous dis là, je le pense exactement, et je crois en avoir donné la preuve à M. Belly ; je crois lui avoir montré un endroit d'un petit *Journal* littéraire que je fais pour moi, dans lequel je me suis exprimé encore plus fortement et d'une façon plus méprisante au sujet des *Parades;* et cela, il y a sept ou huit ans au moins. Et n'imaginez point, monsieur, que ce soit une modestie puérile et honnête qui me fasse vous parler sur ce ton : je vous donne ma parole d'honneur que c'est ma véritable estimation de ces vilenies, et que je mets mon amour-propre au goût que je montre dans le mépris que j'en fais et qui est bien sincère.

Quant à votre idée sur la ressemblance du style et de la manière d'Aristophane avec le style et le ton des *Parades,* elle peut fort bien avoir quelque réalité ou quelque apparence, du moins à beaucoup d'égards. Mais ignorant du grec, comme de bien d'autres choses, je suis absolument hors d'état, non-seulement de décider, mais d'agiter cette question. Je ne connais ce roué d'Aristophane que par la traduction très-abrégée et très-infidèle du P. Brunoy. Je dis infidèle, quant aux grossièretés et aux impuretés. Je déteste de cœur Aristophane parce qu'il était un scélérat qui a fait périr Socrate, et qui, par ce seul trait, doit être soupçonné, avec raison, d'avoir persécuté tous les honnêtes gens de son temps [1]. Quant à sa sorte de comédie, il m'a toujours paru qu'elle était unique en son espèce ; elle ne s'est présentée à moi que comme une *comédie politique;* et, comme elle était faite encore plus pour le peuple que pour les grands, qui y sont continuellement attaqués, il n'est point étonnant qu'Aristophane donnât souvent dans le bas, dans l'ordure, dans la grossièreté, etc. Mais il y a aussi des traits de la plus grande finesse, et qui n'étaient faits que pour les gens d'esprit et de goût de ce temps-là. Mais il fallait davantage de traits cruels et grossiers pour le peuple, pour lequel il travaillait principalement. Cependant la scène du *Juste* et de l'*Injuste* et quelques autres sont d'un genre et d'un style qui ne me paraissent nullement être ceux de la *Parade*, ni de son ton. Je ne vous en parle, au reste, qu'à travers les nuages et les brouillards d'une traduction ; ainsi ne comptez pour rien mon sentiment là-dessus.

[1] Aristophane, célèbre poëte comique grec, vivait vers l'an 450 avant J. C. Dans ses comédies, il attaquait sans ménagement les philosophes, les hommes d'État, le peuple d'Athènes et les dieux eux-mêmes. Celle des *Nuées*, dirigée contre Socrate, parut vingt-cinq ans avant la mort de ce grand homme, et prépara peut-être l'injuste arrêt qui le fit périr. De cinquante-quatre pièces qu'avait composées Aristophane, il n'en reste que onze. La meilleure traduction qui en ait été donnée est celle d'Artaud ; 1828, 1830, 6 vol. in-32.

Enfin, Monsieur, quant à la proposition que vous me faites l'honneur de me faire de m'associer avec M. Capperonnier [1] pour traduire Aristophane, je vois bien que M. Belly ne vous a pas donné des idées bien précises de mon caractère, et qu'il me connait bien peu. Je ne me regarde point du tout comme un homme de lettres ; je ne l'ai jamais été et n'ai eu aucune prétention à cet égard. J'ai fait des chansons, des vers, de petites comédies, des parades, etc., pour mon plaisir et pour la société ; c'est malgré moi si toutes ces bagatelles en sont sorties. Je ne les ai jamais crues assez passables pour aller plus loin. J'ai toujours pensé, je pense, et je me flatte que je penserai toujours de même. Je ne suis rien, ne puis être rien, et ne veux rien être dans la littérature. *Tout pour le plaisir,* rien pour la gloire : c'est ma devise.

Je n'en suis pas moins sensible, Monsieur, à toutes vos politesses et à la prévention que vous avez pour mes très-faibles talents. Je la dois entièrement à l'amitié de M. Belly, que vous voulez bien me permettre d'assurer de la mienne. Je vous supplie encore de lui dire que je ne l'ai point oublié pour un petit service qu'il m'avait prié de lui rendre, et que, si je n'en viens pas à bout, je n'aurai de reproche à me faire que sur l'occasion qui m'aura manqué, mais que j'en ai la plus grande volonté.

[1] Capperonnier (Jean), helléniste et latiniste, 1716-1775. Il a donné des éditions des classiques suivants : Anacréon (1748), César (1754), Eutrope, Justin, Plaute, Quinte-Curte, etc. On lui doit aussi une édition de Sophocle, qui n'a été publiée qu'après sa mort.

Je ne lui écris point, attendu la longueur assommante de cette lettre-ci, que je vous prie de lui communiquer. Je vous renouvelle encore tous les remerciments possibles de la bonne opinion que vous avez de moi, mais que vous poussez trop loin, faute de me connaître.

J'ai l'honneur d'être, etc.

LETTRE LVIII.

A M. DUPOIRIER, AVOCAT.

Ce jeudi 27 juillet (1772).

Je viens de recevoir dans l'instant, Monsieur, à la campagne où je suis, le paquet[1] que vous m'avez fait l'honneur de m'adresser.

J'ai le temps de l'examiner bien à mon aise, si vous consentez que je le garde jusqu'à mon retour, qui ne

[1] Comme on le verra par les deux lettres suivantes, il s'agit d'une comédie en vers intitulée *le Faucon*, que M. Dupoirier avait soumise à l'examen de Collé. Le sujet du *Faucon*, charmant conte de la Fontaine, a été mis plusieurs fois au théâtre; d'abord en 1719, en un acte et en vers, par mademoiselle Barbier, aux Français; ensuite en 1725, trois actes, en prose, par Delille, aux Italiens; plus tard, en 1772, au même théâtre, par Sedaine, musique de Monsigny; enfin, en 1792, par Radet, au Vaudeville. Nous croyons, du reste, que la comédie qui a motivé l'examen de Collé, c'est-à-dire celle de M. Dupoirier, n'a pas été représentée, du moins n'en avons-nous trouvé aucune trace dans les *Annales dramatiques*.

sera que vers la fin du mois prochain. Si vous ne pouviez pas me laisser votre manuscrit aussi longtemps, faites-moi la grâce de me le marquer, en adressant votre lettre chez moi à Paris.

Je vous promets, Monsieur, de vous dire ce que je croirai être la vérité; mais ne vous en rapportez pas entièrement à moi. Indépendamment de mes lumières, qui sont fort bornées, l'estime et l'amitié que vous m'avez inspirées me rendront, machinalement, fort indulgent d'ailleurs.

Votre sujet, Monsieur, vient d'être encore traité par M. Sedaine, qui en vient de faire une pièce à ariettes avec Monsigny. L'on doit la jouer même aujourd'hui à Villers-Cotterets.

Je vous supplie, Monsieur, de vouloir bien présenter mes plus tendres respects à madame Dupoirier, que j'estime autant qu'elle le mérite, et c'est dire le possible, et que j'aime comme si j'avais l'honneur d'être son papa.

J'ai celui d'être, avec la plus parfaite considération, etc.

Je vous promets, Monsieur, le plus grand secret et même vis-à-vis de Monsieur votre beau-père, mon ami.

Au dos est écrit : A Monsieur Dupoirier, avocat en Parlement, chez Monsieur Lorry, médecin, rue Hautefeuille, faubourg Saint-Germain, quartier Saint-André des Arts.

LETTRE LIX.

AU MÊME.

Ce samedi, 29 juillet.

Je réponds sur-le-champ, Monsieur, à la lettre que vous m'avez fait l'honneur de m'écrire hier; mais je ne sais quand la mienne vous parviendra. Je n'ai point de poste où je suis; il faut une occasion.

Vous me demandez, Monsieur, une décision générale sur votre joli ouvrage, et je ne suis pas encore trop en état de vous la donner, quoique je l'aie relu deux fois. Il faut que j'en fasse un plus grand examen, et que j'y réfléchisse davantage. Voici pourtant ce qui m'a d'abord frappé : votre versification me paraît aisée, noble et pleine d'esprit et de sentiment; mais, au premier coup d'œil, elle me semble un peu verbeuse; il y aurait quelques retranchements à faire, et ce ne serait pas là le plus difficile.

Ce qui le serait davantage, Monsieur, c'est l'*invention*. Vous n'avez rien ajouté au conte de La Fontaine pour le fond, et je désirerais que vous imaginassiez quelque incident qui rendît ce sujet encore plus touchant. Ne pourrait-on pas, par exemple, établir que Clitie n'a montré antérieurement tant de rigueurs à Frédéric que parce qu'elle l'aimait et qu'elle avait de la vertu? Elle s'est crue obligée, du vivant de son mari, à le maltraiter, par la crainte qu'elle aurait pu avoir de le trop bien traiter. Peut-être ne faudrait-il fonder ceci d'abord que très-légèrement, de peur de nuire au dénoûment ; se réduire, je suppose, à dire qu'il est d'autant plus singulier qu'elle n'ait point cédé à la passion de Frédéric, que ce n'est que par vertu qu'elle souffrait son défunt mari, pour lequel elle a toujours eu un éloignement dont elle se rendait maîtresse le plus qu'elle le pouvait, etc., etc. Enfin, réserver à prononcer cet amour avec chaleur et impétuosité dans la scène du dénoûment.

Je ne prétends point, Monsieur, vous faire adopter cette idée, mais seulement vous inviter à créer quelques circonstances qui augmentent l'intérêt et qui enchérissent sur le conte de La Fontaine, qui me parait trop nu en le suivant si exactement et en n'y ajoutant rien.

Je crois nécessaire aussi, Monsieur, qu'ils se mettent à table, qu'elle ne mange point à cause de sa tristesse, ce qui nous facilitera la brièveté de cette scène. L'on ne sait pourquoi Mélisse vient apporter le plat, et dit sur-le-champ que c'est le faucon qu'elle sert, etc. Vous faites sortir Frédéric pour aller à la chasse ; le motif de cette sortie est dans la nature ; ne pourriez-vous pas donner une cause à la sortie de Clitie ? Mélisse, occupée du soin du ménage intérieur, à mettre le couvert, à faire la cuisine, etc., pourrait inviter les dames à aller cueillir elles-mêmes des fruits dans le verger. Au lieu de Mélisse, je donnerais à Frédéric pour compagnon d'infortune un vieux valet de chambre qui l'aurait élevé. Je puis me tromper, mais je ne trouve pas qu'un personnage de femme soit aussi naturel, à moins que vous n'en fassiez une vieille, du ridicule de laquelle vous pussiez tirer quelque comique; car, en substituant ce valet à Mélisse, mon idée serait d'égayer un peu l'exposition et de l'alléger par-là.

Je tremble à vous dire toutes ces choses, Monsieur, parce que votre pièce est faite, et qu'en général ce n'est guère là le moment de donner des avis. Personne n'a consulté davantage que moi, mais je commençais par faire un plan, scène par scène d'abord, même quand ma comédie ne devait être écrite qu'en prose; je le soumettais alors à la critique, et cette méthode, que j'ai toujours suivie, m'épargnait bien de la besogne par la suite.

Je ne tiens point, au reste, Monsieur, à tout ce que je vous dis là et à tout ce que je vous dirai encore, lorsque j'aurai épluché votre pièce de plus près; *c'est ce que je croirai la vérité*, comme j'ai déjà eu l'honneur de vous le dire, mais *ce que je croirai* pourra bien ne pas valoir le diable! Ce qu'il y a de très-sûr, c'est *que je serai très-sincère*, et c'est par cette sincérité que je prétends vous prouver, Monsieur, mon estime, mon parfait attachement et tous les sentiments avec lesquels j'ai l'honneur d'être, etc.

Mille et mille tendres et très-étendus respects à madame Dupoirier.

LETTRE LX.

AU MÊME.

(1772.)

Je ne puis trop donner d'éloges à la versification de la petite comédie du *Faucon,* aux pensées ingénieuses qui y sont répandues et aux traits de sentiment qui font honneur au cœur de l'auteur.

Mais, comme j'ai déjà eu l'honneur de le lui dire, je n'y trouve point d'action, et le poëme dramatique, comme on sait, est fait pour *agir* et non pour *discourir.* Corneille l'a dit en parlant du dénoûment, et sûrement il étendait son précepte au poëme entier.

Je n'y trouve pas non plus de caractères. Chacun des personnages a le même ton et le même style, ou plutôt c'est partout celui de l'auteur.

Je ne sais si je me suis trompé, mais j'ai toute ma vie pensé et je pense encore que, dans une comédie, l'auteur doit se faire oublier; et quand il fait parler ses personnages, il doit avoir pour but de porter l'illusion au point de faire croire aux spectateurs que ce sont ses acteurs qui agissent et qui parlent suivant leur situation et leurs caractères, et qu'on ne puisse pas se douter qu'on leur ait mis dans la mémoire et dans la bouche ce qu'ils viennent débiter.

Si l'on convient de ce que je crois une vérité, l'on doit convenir aussi que Mélisse n'a aucun caractère;

qu'elle parle avec autant de noblesse et d'élégance que Fédéric, ou plutôt que c'est l'auteur qui parle, et l'auteur doit toujours se cacher ; ce n'est que dans les caractères nobles et honnêtes qu'il lui est permis de se montrer un peu. Molière n'a point de style à lui, pour ainsi dire. L'on n'aperçoit le sien que dans les rôles que les comédiens appellent les *raisonneurs*. Dans les autres, ce n'est jamais Molière qui parle, c'est Tartuffe, c'est Alceste, c'est George Dandin, c'est Philaminte, Trissotin, Arnolphe, etc., etc. Tous ses personnages ont leur style et non pas le sien. Celui de Molière se découvre seulement dans l'ami du misanthrope, dans le Chrisalde de l'*École des femmes*, dans le beau-frère de l'Orgon du Tartuffe, etc., etc.

Il serait donc à désirer, en partant de ce principe (si c'en est un), que la Mélisse du *Faucon* eût un petit caractère quelconque, comme celui de commère bavarde ou de nourrice de Fédéric, ou autrement. Mais, dans tous les cas, je crois chose indispensable qu'elle ait un autre style que lui. D'ailleurs, je préférerais un valet, attendu qu'il me paraît plus naturel que dans sa misère il lui soit plutôt resté un vieux serviteur qu'une vieille duègne. Ce n'est pas, au reste, à quoi je tiendrais beaucoup, si le rôle de la vieille était mieux caractérisé.

Je ferai remarquer que dans la scène sixième, pour que ce soit une scène et non pas un simple dialogue ou une simple conversation, il me paraît qu'il est nécessaire que Mélisse ou le vieux valet qui pourrait la remplacer, ne connaisse point absolument Clitie ; alors le mal qu'elle lui dit d'elle-même à elle-même donne un comique de situation qu'il ne faut point perdre ; et pour cela il est nécessaire de fonder dans l'exposition que Mélisse, qui a beaucoup entendu parler de Clitie, ne la connait pas même de vue.

Plus l'art dramatique a fait de progrès et plus l'on s'est convaincu que les monologues et les aparté n'étaient point naturels. L'on ne doit, je pense, faire usage des monologues que lorsqu'ils sont indispensables, lorsque le personnage est dans une situation assez violente pour qu'il puisse parler tout seul; qu'il a une grande passion ou un grand intérêt, et encore les faut-il faire très-courts et avec le plus de précision possible. Celui de Mélisse, scène cinquième, est dix fois trop long. Il en est de même des autres.

Je persiste encore à penser (oh! peut-être me trompé-je!) que pour rendre ce sujet plus intéressant, il faut que Clitie ait eu de l'amour pour Fédéric ; que par effort de vertu elle soit venue à bout de le surmonter et de le lui laisser ignorer; qu'elle l'ait même banni de chez elle, lui ait fait fermer sa porte; que Fédéric, comme un enragé, se soit acharné à la poursuivre de fêtes, de cadeaux; qu'il ait dépensé un argent immense à séduire ses domestiques; et comme la scène est à Florence, ne pourrait-on pas faire Fédéric *magnifique?* ne pourrait-on pas supposer que ses prodigalités lui avaient fait donner ce surnom, tandis que les gens sensés le surnommeraient le *Prodigue?* Il faudrait encore que Clitie eût fait tout ce qui dépendait d'elle pour rebuter Fédéric de ses profusions, et qu'elle s'y fût refusée avec une fermeté héroïque.

Plus l'on rendra Clitie intéressante, plus, à ce que je crois, le sujet le sera. Je voudrais donc encore que, par une suite de la plus touchante vertu, Clitie, adorant toujours Frédéric, se refusât à elle-même de l'épouser pour ne faire aucun tort à la fortune de son fils, et qu'au dénoûment il lui vint un vieux valet de chambre lui annoncer la mort de ce fils.

Tout cela n'est peut-être qu'une imagination ou une invention peu réfléchie, ou les idées indigestes d'une imagination usée; mais on donne ce qu'on a. En y réfléchissant, l'on pourrait peut-être tirer quelque chose de ces idées quand on les aurait débrouillées.

Je crois encore que pour éloigner les femmes, il faut leur faire aller cueillir des fruits dans le verger.

Je crois qu'il faut établir aussi davantage la nécessité dont le faucon est à Frédéric, que sans lui il mourrait de faim; qu'il faut fonder indépendamment de cette raison l'amour extrême qu'il a pour cet oiseau.

Je crois que le repas où l'oiseau est servi est de toute nécessité. *Vous en avez dîné* est un mot sublime. Clitie, pendant ce repas, en doit manger peu parce qu'elle n'a point d'appétit, mais elle en doit manger quelques bouchées; dire qu'elle n'a pas faim et en venir à sa demande; mais il doit même être marqué que le gibier dont elle mange *est excellent, mais qu'elle* manque d'appétit, etc.

Plus Frédéric est barbare envers son faucon, plus le

sacrifice est grand, cruel même, et plus son amour paraît, plus le sujet devient intéressant.

Il s'agirait, comme je l'ai dit dans une de mes lettres, d'inventer quelques scènes qui naquissent du fond des entrailles de ce sujet. C'est à quoi l'auteur doit penser.

M. Sedaine vient de traiter ce sujet, et n'a cependant presque rien ajouté au conte de La Fontaine. Mais on aura la bonté d'observer que sa pièce est une comédie à ariettes; c'est un genre à part.

Si l'auteur de cette comédie, qui est peut-être encore trop jeune pour en faire, n'avait point un talent marqué, surtout celui de la versification et de l'élégance, je ne me serais pas donné la peine de l'ennuyer par tant d'écritures; je n'aurais fait que lui dire verbalement et avec politesse les vérités dures que j'aurais eu à lui glisser; mais il est très-possible que l'auteur, en s'évertuant l'imagination et en y pensant beaucoup, vienne à inventer et à trouver des ressources pour traiter son sujet par la suite.

Je le répète, peut-être est-il trop jeune encore. L'on fait des tragédies à vingt ans; il en faut avoir quarante pour faire des comédies. Les véritables comédies de Molière, j'entends celles qui peignent les hommes d'après le nu : l'*École des Maris*, celle des *Femmes*, *Tartuffe*, le *Misanthrope*, les *Femmes savantes*, etc., etc., Molière avait plus de quarante-deux ou quarante-trois ans lorsqu'il a composé la première de ces pièces-là.

La raison en est facile à apercevoir. Il ne faut connaître que l'essence de l'homme en gros pour faire des tragédies, les passions communes. Mais pour faire une comédie, il faut, indépendamment de la connaissance du cœur humain en général, y joindre celle du monde, et, pour ainsi dire, celle de chaque homme en particulier. Tout cela ne peut se faire ni à vingt ni à trente ans!

Étudiez la cour, et connaissez la ville [1].

LETTRE LXI

ET DERNIÈRE.

A PRÉVILLE, DE LA COMÉDIE FRANÇAISE [2].

(Choisy-le-Roy), ce 5 juillet 1778.

Je suis bien reconnaissant, Monsieur, de la lettre que vous m'avez fait l'amitié de m'écrire le 3 du courant. Je suis aussi très-sensible au souvenir de madame Préville, que je croyais une amante oublieuse et ingrate [3].

[1] Boileau, *Art poétique*, chap. III.

[2] Né en 1721 et mort en 1800, Préville est un des meilleurs acteurs que la Comédie française ait eus dans les rôles de financiers et de valets. D'après les *Mémoires de Bachaumont* : « il était acteur jusqu'au bout des doigts; ses moindres » gestes faisaient épigramme; il chargeait avec tout l'esprit » possible : c'était le Callot du théâtre. » Il fut d'ailleurs membre associé de l'Institut.

[3] Madeleine-Angélique-Michelle Drouin, excellente actrice du Théâtre-Français; Préville en eut un fils et deux filles.

Je suis bien reconnaissant, Monsieur, de la lettre que vous m'avez fait l'amitié de m'écrire, le 1er du courant. Je suis aussi très sensible au souvenir de Madame Bréville, que j'occupai une autorité oubliée, et ma vie. Je vous prie de l'assurer vous même Monsieur, (cela est bien fort,) de ma vieille fidélité, et de lui porter mes hommages et l'assurance de mon attachement.

Quant à la partie de chasse de Henri 4, Monsieur, mon sentiment est tout à fait aller à des représentations, tant qu'elles se peuvent aller. Je suis fort fâché qu'elle tombe dans ce péril, et qu'elle appartienne à la comédie. Je la remise avec de si bonnes espèces, et tant davantage pour moi, que je veux désirer qu'elle y trouve de fiel.

Les reproches futures, Monsieur, ne peuvent guère me toucher. Je suis vieux; je passe la moitié de ma vie à la campagne, et j'en fais plus très nous je regarde, d'ailleurs, ce que vous appelez ma gloire, comme ici un fantôme, auquel je n'ai jamais trop donné. Je ne ressemble point en tout, à ce curé de village, qui se flattait que le bruit, qui faisaient ses sermons éclat porté jusqu'au bout de l'Univers. Je me fais toujours rendre la justice de croire que j'étais un point imperceptible dans la littérature.

Je vous fais tous mes remerciements, Monsieur, et je suis avec le plus véritable attachement, Votre très humble et très obéissant serviteur

Collé

ce 5 Juillet 1778.

Malgré votre avis, Monsieur, j'ai mieux aimé vous adresser ma Lettre qu'à votre compagnie, où je ne connais presque plus personne. Je vous prie cependant de lui en faire part.

Je vous prie de l'assurer vous-même, Monsieur (cela est bien fort), de ma vieille fidélité, et de lui présenter mes amoureux et languissants hommages.

Quant à la *Partie de chasse de Henri IV*[1], Monsieur, mon intention est d'en laisser aller les représentations tant qu'elles pourront aller. Je ne serai pas fâché qu'elle tombe dans les règles[2] et qu'elle appartienne à la Comédie. On la remise avec de si bonnes pièces et tant d'avantage pour moi, que je dois désirer qu'elle y trouve le sien.

Les reprises futures, Monsieur, ne peuvent guère me

[1] Comédie en trois actes et en prose, de Collé, jouée pour la première fois en 1766.

[2] Aux termes des règlements, quand une comédie cessait d'atteindre deux fois de suite ou trois fois séparément un certain chiffre (500 francs pour les pièces en cinq actes, 300 francs pour celles en un acte), elle était déclarée *tombée dans les règles*. Dès lors on cessait de la jouer, et l'auteur n'y pouvait plus rien prétendre. Comme on le pense, cette clause était un véritable nid à conflits, une cause incessante de récriminations entre les comédiens et les auteurs. Ceux-ci se plaignaient que les comédiens s'arrangeaient de manière à faire tomber leurs pièces, et les comédiens répondaient qu'elles étaient mauvaises, etc. *Lettres historiques sur tous les spectacles de Paris. M. DCCXIX.* Nous sommes redevable de la substance de cette note à l'obligeance personnelle de M. Hippolyte Lucas, écrivain aussi ingénieux que judicieux critique, et dont l'autorité sur la matière est depuis longtemps établie. Son *Histoire philosophique et littéraire du Théâtre-Français*, qui vient d'être réimprimée en Belgique, est sans contredit l'ouvrage le plus remarquable qui ait été publié dans l'objet, tant pour la méthode et la justesse des vues, que pour les rares qualités du style.

toucher. Je suis vieux, je passe la moitié de ma vie à la campagne, et je ne suis plus de ce monde. Je regarde d'ailleurs ce que vous appelez ma *gloire* comme un enfantillage dans lequel je n'ai jamais trop donné. Je ne ressemble point du tout au curé de village qui se flattait que le bruit que faisaient ses sermons était porté jusqu'au bout de l'univers. Je me suis toujours rendu la justice de croire que j'étais un point imperceptible dans la littérature.

Je vous fais tous mes remerciments, Monsieur, et je suis, avec le plus véritable attachement, votre, etc.

Malgré votre avis, Monsieur, j'ai mieux aimé vous adresser ma lettre qu'à votre compagnie, où je ne connais presque plus personne. Je vous prie cependant de lui en faire part.

Et au dos : A Monsieur Préville, comédien ordinaire du roi, en sa maison, grande rue du faubourg Saint-Martin, près la barrière, à Paris. Cette suscription porte le timbre de *Choisy-le-Roi*.

RÉPONSE DE COLLÉ

A DES CRITIQUES

QUI AVAIENT ÉTÉ DIRIGÉES CONTRE UNE DE SES PIÈCES [1].

« On voudrait que je changeasse mon exposition en un point. On désirerait qu'Achmet fût au fait, en arrivant sur la scène, des fourberies d'Abdalla ; qu'il eût même déjà découvert le trou du mur par lequel le Dervis a fait entendre sa voix à Fatmé et à Zala, la nuit précédente.

» L'on ne trouve point naturelle et assez vraisemblable la confidence (un peu brusquée il est vrai) qu'Achmet fait à Omar de son aventure, dans la première scène. Et l'on blâme sa pénétration, dans la dernière scène du premier acte, lorsqu'il devine, en faisant la découverte du trou de ce mur, que c'est par cette crevasse qu'Abdalla est celui qui a fait entendre sa voix à ces femmes. ».

Je passerais en quelque sorte condamnation sur la confidence d'Achmet à Omar. Je la trouve trop précipitée ; il faudrait chercher et trouver le moyen de l'établir, de la fonder davantage. Cela serait mieux, je l'avoue. Mais si, après avoir épuisé toutes mes ressources à cet égard, je ne puis parvenir à corriger ce défaut, je pense qu'il vaudra mieux le laisser que d'ôter cette tache dans

---

[1] *Le Dervis,* opéra-comique en deux actes, représenté en 1760.

l'exposition pour la remplacer par un vice plus grand. Ce vice est l'expédient que l'on propose de faire arriver sur la scène Achmet tout instruit.

En supposant Achmet instruit, je n'ai plus le temps de fonder comme il faut le caractère du Dervis. Mais, me dit-on, vous l'établirez tout de même. Toute la différence qu'il y aura, c'est que ce sera Achmet qui apprendra à Omar toutes les gentillesses du Dervis, au lieu que c'est Omar qui les apprenait à Achmet.

Je réponds à cela qu'Achmet, qui est un paysan, ne doit point et ne peut pas naturellement être au fait des intrigues du Dervis comme Omar, qui est supposé vivre avec des gens d'un plus haut étage. S'il sait quelque chose, il en doit peu savoir, et ce peu là, selon moi, ne suffit point pour donner aux spectateurs l'idée entière que je veux qu'ils prennent du Dervis.

Secondement, si Omar écoute, au lieu d'instruire, il devient un personnage très-froid et très-fastidieux, en ce que, lui, Omar, n'a aucun intérêt dans ce qu'on lui raconte, au lieu qu'Achmet, en écoutant, y a le plus grand intérêt, puisqu'il s'agit de son amour et de tout son bonheur.

Mais l'obstacle le plus considérable, pour rendre Achmet instruit, c'est que cela rompt la marche et l'action du premier acte. Dans la scène septième de cet acte, Zala raconte à Achmet le miracle de cette voix qu'elles ont entendue la nuit précédente. Ce récit deviendrait inutile et superflu si Achmet sait déjà que le Dervis a parlé par le trou du mur. S'il en est certain, d'ailleurs, en assurant ce fait à Zala, le piquant des scènes de frayeur du second acte ne peut plus subsister. Si Zala est prévenue que cette voix nocturne n'est pas la voix de Mahomet, elle ne doit plus être effrayée; elle cesse d'être crédule, l'erreur est ôtée : il n'y a plus de scènes.

Au lieu que, si on laisse Achmet s'instruire par gradations, tout marche bien.

Dans sa scène avec Omar, Achmet est désabusé sur le compte du Dervis; il sort avec lui; Omar est censé lui conter encore d'autres fourberies de cet hypocrite. Dans la septième scène avec Zala, le récit de la voix lui donne de violents soupçons sur Abdalla, après tout ce qu'il a entendu dire à Omar. De là vient naturellement l'idée qu'il a que c'est peut-être ce Dervis qui a fait entendre sa voix par quelque trou du mur. Il cherche ce trou, il le trouve; il est vraisemblable alors qu'il imagine que c'est ce Dervis lui-même qui a effrayé ces femmes par la crevasse de ce mur. De cette sorte, l'action chemine et se développe par degrés, et comme il faut.

Ainsi donc, je crois fermement que cette exposition ne doit se changer qu'en un seul point, qui est de donner *le plus de vraisemblance possible à la confidence d'Achmet à Omar.* C'est sur cela, uniquement, qu'il faut réfléchir et imaginer.

Ce n'est point entêtement qui me fait persister dans mon sentiment. Ce n'est point amour-propre; je n'ai que celui de faire le mieux possible. Ce n'est point paresse, je ne suis point paresseux. C'est *que je vois évidemment* ce que je dis là.

III.

FRAGMENTS INÉDITS

DES

OEUVRES POSTHUMES

DE COLLÉ.

FRAGMENTS INÉDITS
DES
ŒUVRES POSTHUMES
DE COLLÉ.

Les documents qu'on va lire et qui forment, en le couronnant d'une manière aussi piquante qu'imprévue, le complément de ce livre, nous sont parvenus trop tard pour que nous ayons pu les mentionner dans l'*Introduction*. Nous le regrettons vivement : car il nous eût été agréable de payer dès lors la dette de reconnaissance que nous avons contractée envers M. Génie, qui, avec une obligeance égale à l'aménité de son caractère, à la distinction de son esprit, a bien voulu nous les communiquer [1]; mais pour être exprimés ailleurs qu'à la place qui leur était naturellement assignée, nos remercîments n'ont rien perdu de leur force et de leur sincérité.

Les manuscrits où nous avons puisé les documents en question, se composent de deux volumes petit in-4°, reliés avec luxe, dorés sur tranche, et copiés avec le plus grand soin par Collé lui-même.

---

[1] M. Génie, ancien maître des requêtes au conseil d'État, ancien conseiller référendaire à la cour des comptes, et de 1832 à 1848, chef du cabinet au ministère de l'instruction publique et au ministère des affaires étrangères; commandeur de la Légion d'honneur.

Le premier, qui est entièrement inédit, contient les *Commentaires sur les meilleures tragédies de Voltaire;* le second, dont une partie a été publiée, renferme des *parades*, des *tragédies pour rire*, et quelques *scènes de guinguette* [1].

Dans le premier volume, Collé a transcrit littéralement celles des tragédies de Voltaire qu'il voulait soumettre à sa critique (*OEdipe, Zaïre, Alzire*), et il a placé ses *Commentaires* au bas de chaque page, en les séparant du texte par une ligne tracée à l'encre rouge.

Indépendamment de ces *Commentaires,* il a fait suivre les deux premières tragédies (*OEdipe* et *Zaïre*), d'un *Examen du plan et des caractères;* mais il s'est aperçu des longueurs et redites auxquelles ce mode de procéder l'entraînerait, et il s'est ravisé. « Il faut éviter, dit-il, la
» pédanterie de son art, et ennuyer le moins que l'on
» peut. Pour cette raison, je ne ferai plus, à la fin de

---

[1] D'après une indication fournie par M. F. Barrière, ces deux volumes auraient originairement appartenu au prince de Talleyrand, et, suivant une note établie en tête du *Journal* de Collé par son éditeur, — qui n'est autre que le célèbre bibliographe Barbier, — ils étaient, en 1807, en la possession de M. Desprès, auteur dramatique et secrétaire des commandements de S. A. I. le prince Louis, depuis roi de Hollande. Des mains de M. Desprès, ils sont successivement parvenus dans celles de M. Barrière et de M. Génie. Mais le nombre de ces volumes est incomplet; le troisième manque, et peut-être même aussi le quatrième; car, selon les propres indications de Collé, — voyez page 251, — ses *Commentaires sur les tragédies* de Voltaire formaient à eux seuls *trois* volumes : un seul a été retrouvé.

» chaque pièce, d'*examen* de son plan et des caractères,
» comme je l'ai fait pour *OEdipe* et pour *Zaïre*. »

Grâce à cette détermination, Voltaire l'a échappé belle : car cet *examen* était, comme on le présume, une espèce d'*aggravation*, c'est-à-dire une critique nouvelle entée sur une première critique, celle des *Commentaires*. Au surplus, en écrivant ceux-ci, Collé, suivant ses propres expressions, a eu « pour unique objet la vengeance
» de Corneille. Je voudrais la voir en de meilleures mains
» que les miennes, ajoute-t-il. Je sais très-bien que je
» n'ai pas les moyens suffisants pour rendre cette ven-
» geance complète ; mais mon indignation violente
» contre son inique commentateur me tiendra lieu de
» verve et suppléera à ma faiblesse. »

Nous nous rappelons bien que Juvénal a dit : *Si natura negat, facit indignatio versum;* mais il n'a pas dit que l'indignation enfantait la bonne prose, et surtout la bonne critique. Or, la passion emporte Collé : il se montre trop prévenu contre Voltaire; toutefois, on trouve quelques passages où il lui rend justice; mais, en général, ses appréciations respirent la colère ou le parti pris; et si nous reprochons à Voltaire d'avoir osé porter la main sur les œuvres immortelles du grand Corneille, nous refusons notre approbation à Collé pour s'être permis de vouloir *venger* celui qui n'avait pas besoin de défenseur.

En attaquant Corneille, Voltaire a commis une *profanation;* en attaquant Voltaire, Collé a fait acte d'*espièglerie*.

Par ce motif, nous avons extrait du *premier volume*, dont nous nous occupons, la *Préface des Commentaires*, qui n'a jamais été imprimée, de même que deux *Critiques* également inédites, l'une sur *Olympie*, tragédie de Voltaire, l'autre sur sa comédie *Le Droit du seigneur*.

Quant au *second volume*, nous lui avons emprunté trois compositions de ton différent, mais également intéressantes. Ce volume comprend, comme nous l'avons dit, les *Parades* et les *Tragédies pour rire*. Quelques-unes de ces pièces, qui sont en général d'une excessive liberté de situation et de langage, ont paru dans le *Théâtre des Boulevards* [1]. De son côté, M. F. Barrière a inséré dans son charmant volume intitulé *La Cour et la Ville* [2], une des parades qui étaient restées inédites, *Les deux Gilles;* mais il s'est arrêté à cette exhibition [3]. Nous imitons d'autant plus volontiers la discrétion de M. Barrière, que

---

[1] *Théâtre des Boulevards,* ou *Recueil de parades;* Mahon, de l'imprimerie de Gilles Langlois, à l'enseigne de l'*Étrillé*, 1756, 3 vol. in-12. — Voir p. 305 et 384, où Collé fournit des détails curieux sur la publication de ce Recueil, déjà cité.

[2] *La Cour et la Ville* sous Louis XIV, ou révélations historiques tirées de manuscrits inédits, par Barrière; Paris, 1830, 1 vol. in-8°.

[3] Quand on pense que toutes ces *gaietés* hardies étaient jouées en présence des belles dames de l'ancienne cour, qui y prenaient goût et y applaudissaient! Il est vrai que, d'après Duclos, « les femmes honnêtes peuvent tout entendre, » ce qui fit dire un jour à une petite comtesse devant laquelle il racontait, en termes peu voilés, une anecdote des plus décolletées : « Ah! monsieur Duclos, vous nous prenez pour de trop honnêtes femmes. »

Collé lui-même semble nous y inviter par un passage de sa *Préface générale* qu'on trouvera plus loin :

« Le soin de ma petite réputation seul m'empêche
» de les livrer à mon imprimeur (il s'agit de ces mêmes
» écrits qu'il nomme des *bagatelles*). J'ai même exigé de
» ceux à qui je les lègue par mon testament, de ne point
» risquer d'en barbouiller ma mémoire littéraire, qui est
» d'ailleurs suffisamment maculée par des gaillardises
» aux yeux des gens d'une certaine sévérité. »

Nous respecterons la dernière volonté de Collé, en regrettant toutefois que tant de traits charmants, aiguisés à la verve la plus franche, la plus légère, et relevés d'un sel gaulois du plus haut goût, aient ainsi été semés dans un champ où nul ne fera sa moisson ni sa gerbe.

H. B.

PRÉFACE

GARNIE DE SES DIGRESSIONS [1].

Je ferai quelques digressions dans cette préface; malgré cela, je ne sais trop si elle sera fort longue; mais ce que je sais bien; c'est que celle du *Commentaire* sur Corneille l'abrégera du moins à quelques égards. J'y renvoie le lecteur.

Les motifs de notre critique, à M. de Voltaire et à moi, sont les mêmes, lui, en critiquant Corneille, et moi, en critiquant M. de Voltaire.

Nous nous proposons l'un et l'autre le même but : *l'amour de la vérité* et *la défense du goût*. Je crains, comme lui, que notre jeunesse française, et surtout les étrangers, qui nous sont aujourd'hui philosophiquement plus chers que notre patrie de Welches, n'aient la gaucherie de se tromper et sur les beautés et sur les défauts du nouveau prince des tragiques.

M. de Voltaire l'est en effet, depuis que le grand M. de Saint-Lambert a chassé irrévocablement du trône de Melpomène et Corneille et Racine [2].

---

[1] Cette préface, qui est placée en tête des *Commentaires de Collé sur les tragédies de Voltaire*, est entièrement inédite.

[2] Saint-Lambert (Ch.-Fr., marquis de), né en 1717 à Vézelise (Lorraine), mort en 1803. Il suivit d'abord la carrière

PRÉFACE

L'auteur de l'excellent poëme des *Saisons* a été reconnu, comme on sait, par toute l'Europe savante, pour le Charles XII de la littérature française.

La force de son génie lui a permis d'enlever et de donner le sceptre tragique à qui il lui a plu. Un applaudissement général a suivi cet exploit inouï, comme cela se devait; et ses vers de Proclamation qu'il a faits aussi beaux qu'il pouvait les faire, ont courbé à l'admiration l'Allemagne entière, une grande partie du Limousin et les Treize cantons.

D'un autre côté, quelques gens de Versailles et toute la clique intrigante de nos mortels philosophes lui ont assuré l'immortalité, c'est-à-dire l'Académie. Du reste, ce coup de main l'y a porté. Il a son fauteuil; qu'il s'y tienne! il l'a bien mérité!

Comment, en effet, ne pas tomber en une espèce de ravissement et de stupeur à la vue d'une décision aussi équitable et aussi bien versifiée!

> « Vainqueur des deux rivaux qui disputaient la scène,
> » D'un poignard plus tranchant il arma Melpomène[1]. »

militaire, puis s'envola parmi les philosophes, et forma successivement, avec la marquise du Châtelet et madame d'Houdetot, des relations qui lièrent en quelque sorte sa vie privée à celle de Voltaire et de Jean-Jacques Rousseau. — Les *Saisons*, poëme; *Poésies*, *Contes*, *Mémoires sur Bolingbroke*, le *Catéchisme universel*.

[1] Vers du poëme des *Saisons*. Voltaire crut ne pouvoir mieux répondre à Saint-Lambert qu'en le *proclamant*, de son côté :

> Chantre des vrais plaisirs, harmonieux émule
> Du pasteur de Mantoue et du tendre Tibulle.

Il est vrai que des gens sans goût, du parti de l'opposition et assez mauvais plaisants, risquèrent alors d'avancer que ce superbe jugement « était plus tranchant que le couperet du théâtre anglais, » dont s'était armé souvent M. de Voltaire, à la place du susdit poignard de Melpomène.

Ne donnons point dans les extrêmes. Ne soyons pas injustes. Il s'est quelquefois servi du poignard de Melpomène, mais seulement dans les pièces qu'il avait prises aux autres. Dans celles qui sont de son invention il s'est constamment armé du couperet de la scène anglaise. Dans ses sanglantes imitations de ce boucher de théâtre qu'on appelle Shakspeare, il s'est attiré l'improbation de nos vrais Français, assez humains et assez tendres pour préférer les non sanglantes et les inimitables tragédies de *Cinna* et de *Bérénice*.

Ces deux chefs-d'œuvre, de genre tout différent, ne peuvent-ils pas, eux seuls, après la mort et même du vivant de l'usurpateur, lui arracher le sceptre des mains ? Hasarderait-on de dire que son intronisation, tramée par notre vaillant gentilhomme lorrain, le preux Saint-Lambert, ne durera pas aussi longtemps qu'a duré celle de son bon roi Stanislas ? Nous avons des Augustes et des Césars dans la république des lettres ; ils feront oublier, en moins de six mois, et l'exaltation de l'intrus

---

Ce plaisant échange d'éloges conduisit Gilbert à décocher ce distique au chantre des *Saisons* :

> Saint-Lambert, noble auteur, dont la Muse pédante
> Fait des vers trop vantés par Voltaire qu'il vante.

et les vers exaltés du proclamateur. Eh! mais, tout cela n'est-il pas déjà arrivé? J'en ai peur.

Dès le mois de février 1752 que parut le *Catilina* de M. de Voltaire, ses conjurés fanatiques, mais point aussi braves que le général Saint-Lambert, avaient déjà tâté les courages pour placer au trône tragique notre moderne l'*Empyrée* [1]. De bons citoyens du Parnasse étouffèrent cette conspiration, et l'un d'eux fit le rondeau irrégulier qui suit, dans lequel on trouvera plus de vérité que de poésie :

RONDEAU IRRÉGULIER
SUR LA COMPARAISON DU *CATILINA* DE M. DE VOLTAIRE
AVEC LES TRAGÉDIES DE CORNEILLE.

Au grand Corneille égaler Arouët,
C'est au Poussin égaler Durrouet;
C'est comparer la France à l'Angleterre,
L'urne de Saxe à la cruche de terre,
L'or au clinquant, le nectar au brouet.

Quelques Romains qu'a fait parler Voltaire,
Pour son honneur auraient bien dû se taire.
Tout ce qu'il a, c'est le vers à souhait;
Mais a-t-il fait aller un caractère
      Au grand?

Tous ses héros mériteraient le fouet.
Ses plans manqués n'ont pas pierre sur pierre,
Et l'on ira le comparer à Pierre?
Qu'au bon Fréron il serve de jouet.
« Petit garçon, dit un roi du parterre,
» Rendez hommage, à deux genoux en terre,
    » Au grand Corneille ! »

---

[1] Surnom du principal personnage de *la Métromanie*.

Les vers que l'on vient de lire ne caractérisent pas aussi bien, du reste, les tragédies de M. de Voltaire que ce qu'il dit lui-même en prose de celles de Shakspeare. En faisant la critique de ce dernier, il fait la sienne.

. . . . . . *Mutato* nomine
Fabula narratur!

On lit, au chapitre xxxvie de ses OEuvres, tome IV, édition de Crammer, 1756 :

« Le mérite de Shakspeare a perdu le théâtre anglais.
» Il y a de si belles scènes, des morceaux si grands et si
» terribles répandus dans ses farces monstrueuses, que
» ces pièces ont toujours été jouées avec un grand
» succès. Le temps, qui seul fait la réputation des
» hommes, rend à la fin leurs défauts respectables. La
» plupart des idées bizarres et gigantesques de cet
» auteur ont acquis, au bout de cent cinquante ans, le
» droit de passer pour sublimes. Les auteurs modernes
» anglais l'ont presque tous copié. Mais ce qui réus-
» sissait dans Shakspeare est sifflé chez eux; et vous
» croyez bien que la vénération qu'on a pour cet auteur
» augmente à mesure qu'on méprise les autres. On ne fait
» pas réflexion qu'il ne faudrait pas l'imiter; et le mau-
» vais succès des copistes fait seulement qu'on le croit
» inimitable. »

Le théâtre français a été perdu de même par M. de Voltaire.

Ses tragédies, il est vrai, ne sont point des farces monstrueuses; mais toutes celles qui sont de son invention n'ont pas l'ombre de la vraisemblance, et pèchent par beaucoup d'autres côtés. Toutefois il s'y trouve de « si belles scènes » et de si grands effets, qu'elles ont eu et ont encore du succès, quoique la nature et la vérité y soient souvent blessées.

Le temps commence à rendre ses défauts « respectables, » parce qu'il n'a point eu de concurrent et qu'il est le seul homme, depuis cinquante ans, qui nous ait fait voir de grandes beautés, et surtout une magie de verve qui a couvert tous ses défauts. Son *Mahomet*, par exemple, a « acquis le droit de passer pour sublime, » quoique le plan n'ait point de raison, soit sans vraisemblance, et que tous les caractères, excepté celui de Séide, n'aient aucune vérité, etc., etc.

Tous les petits auteurs de notre siècle l'ont « imité ; » ils ont été honnis, et Voltaire est déjà un « inimitable. » Ce qu'il y a de singulier, c'est qu'il a été plus heureux que la populace des auteurs anglais ; car c'est par les imitations de Shakspeare qu'il a réussi en France, mais à la vérité dans un temps où le goût est en décadence, ainsi que le théâtre.

Si quelque homme de génie ne paraît point pour le relever, la « vénération » pour les tragédies de M. de Voltaire croîtra d'âge en âge, en proportion de la corruption du goût et de la chute totale du théâtre, qui n'est pas fort éloignée. Mais il faut des siècles pour produire un homme de génie ; et d'ici là, on va voir M. de Voltaire « inimitable, » tandis qu'il faudrait croire, au contraire, qu'il ne doit pas être imité.

En commentant le tragique français, le tragique de toutes les nations et de tous les temps, en un mot, le divin Corneille, M. de Voltaire, pour en dire tant de mal et si peu de bien, avait des raisons que j'ai toujours eu peine à concevoir.

Il n'est point assurément susceptible d'envie. Il n'en saurait être soupçonné. Il a refait l'*OEdipe* traité par Corneille, et, par cette seule tragédie, il s'est toujours cru :

« Trop au-dessus de lui pour en être jaloux. »

On sait que M. de Voltaire a toujours eu le juste sentiment de sa supériorité. La noble intrépidité de son amour-propre a dû sauver d'une basse jalousie une âme aussi élevée et aussi équitable que la sienne.

Que ne puis-je, hélas! en attaquant ses tragédies dans mes *Commentaires*, me justifier avec autant d'évidence de n'être pas moi-même un envieux, moi qui sens, au contraire, l'espace immense qu'on doit mettre entre son esprit prodigieux et universel et le peu que j'en ai. Plus j'avouerai ma vaste infériorité et le néant de mes minces talents, comparés à l'étendue des siens, plus mon humilité vraie et simple sera soupçonnée de l'envie la plus outrée.

J'aurai beau faire des protestations de la meilleure foi du monde, dire, par exemple, que je n'ai composé qu'un fort petit nombre de tragédies, et toutes en un acte, et comiques; j'aurai beau jurer que j'en crois les vers infiniment moins élégants, moins saillants et moins harmonieux que les siens, je ne persuaderai personne. J'entendrai de tous côtés déclamer contre moi et à mes oreilles ce vers de Piron :

« Le serpent de l'envie a sifflé dans son cœur[1]. »

Si cependant, pour n'en point paraître jaloux, il était nécessaire de m'égaler à lui en quelque chose, j'oserais dire que, comme l'amour-propre ne perd jamais ses droits, je désirerais que l'on permît au mien de lever un moment le masque et d'assurer que je ne troquerais pas mon *Tragiflasque* pour ses *Scythes* et ma *Cocatrix* pour ses *Pélopides*, m'offrît-on encore le *Triumvirat* par-dessus le marché.

Et croyez que l'on serait fort injuste si l'on ne se pliait pas à l'admiration de ma modestie! En effet, peut-on la pousser plus loin que de descendre jusqu'à ne comparer qu'à ses plus détestables tragédies les plus excellentes que j'aie faites et qu'un auteur comique puisse jamais composer? Ne pourrais-je pas, au contraire, monter mes prétentions, avec quelque apparence de justice, jusqu'à mettre au-dessous de mes tragédies *pour rire* les *pleureuses* rapsodies d'*Oreste*, de *Tancrède* et d'*Olympie?* Mais je n'en ferai rien. Encore une fois, j'ai la rage d'être modeste!

Mettons fin à ce long morceau de persiflage. Passons au véritable motif qui m'a fait entreprendre cet ouvrage peu attrayant.

Mon unique objet est la vengeance de Corneille.

[1] Vers de Francaleu, dans *la Métromanie*, acte III, scène v.

Je voudrais la voir en de meilleures mains que les miennes. Je sens très-bien que je n'ai pas les moyens suffisants pour rendre cette vengeance complète; mais mon indignation violente contre son inique commentateur me tiendra lieu de verve et suppléera à ma faiblesse.

Je me garderai bien de suivre la route grammaticale qu'il a prise; je ne m'amuserai pas à relever les termes impropres et bas, les tournures de phrase vicieuses, les expressions communes ou gigantesques; à peser comme lui les syllabes, quoique je puisse, comme on le verra, trouver dans ce grand versificateur une honnête quantité de vers répréhensibles. Mais je ne m'attacherai nullement à cette menue besogne, qui ne convient qu'à M. de la Harpe. Je l'attaquerai sur l'irrégularité des plans de ses tragédies, sur leur défaut de combinaisons, sur les situations sans vraisemblance, sur l'erreur volontaire où sont souvent ses personnages; sur la disette et les défectuosités de ses caractères, sur ses vers épiques qui ne doivent être que tragiques, d'où il arrive souvent nécessairement que l'on entend chez lui presque toujours le poëte et presque jamais le personnage; enfin sur nombre d'autres défauts qui, mis au grand jour, feront sa critique en même temps que l'éloge de Corneille, et tourneront à la confusion du premier et à la gloire du plus grand génie dramatique qui ait jamais existé. Je n'en excepte ni Sophocle, ni Euripide, ni Racine même, génie encore fort supérieur aux tragiques grecs.

S'il ne me fallait, pour me faire lire, que le peu d'esprit que M. de Voltaire a mis dans ses fastidieux *Commentaires*, j'en aurais de reste, et il n'y a pas là de quoi se vanter. Mais je voudrais ne me point borner là. Je désire plaire, non pas par amour-propre, mais pour mieux venger l'objet de mon culte. Il ne me suffit pas, et ce n'est point assez de commenter, il faut amuser. Rien n'est plus solide, de meilleur goût et plus judicieux que les lettres critiques de Clément, l'*inclément,* sur Voltaire [1]. Je défie qu'on y réponde d'une façon satisfaisante; mais son livre tombe des mains : sa monotonie endort le lecteur, qu'il faut égayer.

C'est ce que j'essaierai; mais je n'ai pas la fatuité de compter sur le succès. Aussi, comme j'écris ceci dans ma vieillesse, à laquelle il faut encore de l'occupation et de l'aliment, je ne prétends donner ce travail indigeste, et probablement caduc, que comme des matériaux mal disposés et peu légers. Je les abandonne après ma mort à quelque écrivain plus ingénieux, plus instruit et plus gai que je ne le suis actuellement, pour en composer un édifice plus régulier, plus solide et en même temps plus badin que cette esquisse informe.

S'il advenait que tout ce fatras-ci

---

[1] Surnom donné par Voltaire même à cet habile critique. Clément, né à Dijon en 1742 et mort en 1812, est connu par ses attaques contre Voltaire. C'était un homme fort instruit et d'un jugement sûr. *Observations* sur les *Géorgiques* de Virgile, sur les *Saisons* de Saint-Lambert; de la *Tragédie; Satires; Journal littéraire*, etc.

Tombât ès-mains d'un écrivain habile,
C'est bien raison qu'il eût quelque souci
De l'arranger et de soigner le style :
　　D'y mêler même avec l'utile
Plus de gaîté que l'on n'en trouve ici.

FRAGMENT D'UNE LETTRE

SUR *OLYMPIE*,

TRAGÉDIE DE M. DE VOLTAIRE [1].

Après avoir parlé d'une bagatelle qui m'avait beaucoup égayé, j'écrivais :

Ce n'est pas pourtant que je manque de chagrins, et de chagrins bien vifs. Indépendamment du départ des jésuites, qui me fait, qui me cause une douleur comme on n'en ressent point, je suis cruellement contrarié de n'avoir pu, par suite du mauvais temps, faire mes observations dramatiques sur l'éclipse. Pour me consoler, ils ont voulu me faire entendre qu'à cause de la pluie, la première représentation de cette même éclipse avait été remise à quinzaine par le crédit et la science de MM. les auteurs de la *Gazette de France* [2]. Mais je suis inconso-

---

[1] « On voit la date à peu près de cette lettre. *Olympie* fut » donnée dans le temps que cette cabale insociable, sous le » nom de société, nous donnait la satisfaction de la voir » éteinte. » (*Note de Collé.*) La tragédie d'*Olympie* a été jouée en 1764.

[2] « Les auteurs de la *Gazette*, qui probablement n'étaient » rien moins qu'astronomes, se commirent et firent une bévue » dont je ne me souviens plus, mais qui était du premier et » du dernier ridicule. C'est à cette balourdise, qui divertit » tout Paris à leurs dépens, que je fais allusion ici. » (*Note de Collé.*)

lable, et d'ailleurs assez instruit pour me douter qu'on veut m'amuser et me tromper ; et je soupçonne très-fort que cette éclipse ne reparaîtra plus en public.

Cependant, puisque Olympie a osé se montrer et que ses représentations sont suivies avec autant de vivacité que de courage, l'on ne doit désespérer de rien. Nous pourrions bien revoir l'éclipse.

En attendant son retour promis par la *Gazette*, je souffre tout ce que l'on peut souffrir de ce que cette Olympie tient le théâtre.

Le badaud aime à la folie à voir officier monseigneur l'archevêque d'Ephèse, parce que celui de Paris est à la Trappe et qu'il ne peut plus le voir officier à Notre-Dame.

C'est là, sans badiner, une des causes de la réussite de ce catafalque de tragédie.

Joignez à cela la pompe des belles processions du clergé d'Ephèse [1], et des chastes religieuses qui servent, comme on sait, à ce clergé. Ajoutez ces reconnaissances incompréhensibles et impossibles, inadmissibles et nuisibles, terribles et risibles de ces sensibles personnages, que nous trouvons tous insensibles.

Et surtout n'oubliez pas le doux et l'agréable passe-temps de voir de ses deux yeux parisiens brûler vive une

---

[1] « La pompe théâtrale était portée jusqu'à l'excès du ridi-
» cule dans cette tragédie. C'était une pantomime comme aux
» danseurs de corde, un peu ennoblie cependant, mais plus
» froide. Le spectacle du bûcher était misérable. Il ne faisait
» ni ne pouvait faire aucune illusion. » (*Note de Collé.*)

femme au milieu des flammes peintes sur un papier transparent;

Et le convoi et enterrement de la reine Stativa qui précède cette situation de feu;

Et son oraison funèbre prononcée par Mademoiselle la princesse sa fille, se disant ci-devant petite cordelière au grand couvent d'Ephèse, où feu Madame sa mère, qui vit encore, a pris l'habit depuis quinze ans, sans que personne en sût rien, et où elle est devenue, par son mérite, la *mère des novices*.

Tout ce spectacle, propre à inspirer la piété ou la pitié, a jeté dans l'extase le peu de badauds qui existent à Paris, et m'a fait, moi, pleurer sur Jérusalem.

Ce n'est pas que je ne convienne de bonne foi, à l'égard du bûcher, que, vu la glace de tous les personnages de cette tragédie à la glace, elle avait besoin d'être au moins réchauffée par un feu physique, l'auteur n'ayant pu d'ailleurs enflammer, à son ordinaire, notre âme et notre esprit : chose qu'il regarde peut-être, à présent, comme une ressource trop triviale et qu'il ne veut plus employer dans sa vieillesse.

Mais aussi il faudra que l'on m'accorde qu'il est bien fort de vouloir faire prendre au public des jeux de grandes marionnettes pour des ressorts de tragédie, et de la prose rimée pour des vers; de mettre sur la scène deux capitaines d'Alexandre, dont l'un est froid, ferrailleur et bon enfant, au demeurant, et l'autre un Cassandre devenu dévot, et qui encore n'a que l'attrition.

Si du moins ce Cassandre tragique avait eu la contrition parfaite, passe! Rien ne serait plus naturel et plus convenable à un lieutenant d'Alexandre le Grand !

L'on voit, dans tous les historiens, qu'après la mort de ce conquérant, ses capitaines, qui se partagèrent le monde, n'étaient occupés que d'initiations, ne pensaient qu'à se confesser aux prêtres de Babylone ou d'Éphèse, enfin à se convertir les uns et les autres.

Je crois même que saint Paul rapporte à ce sujet quelques faits relatifs à ce caractère de dévotion, caractère distinctif des capitaines d'Alexandre. Il me semble, autant que je puis m'en souvenir, qu'il dit, dans une épître aux Éphésiens, « qu'une conscience timorée, des remords, une dévotion et une contrition parfaites, constituaient, généralement parlant, le caractère de ces grands hommes qui aidèrent le vainqueur de la terre à la conquérir. »

Supposons que saint Paul ait dit ce que je viens de rapporter, M. de Voltaire serait toujours blâmable de ne l'avoir pas suivi assez exactement. Il n'a donné, ainsi que je l'ai dit, que l'attrition à son Cassandre.

Encore une fois, ce n'est point là l'idée que les historiens nous ont laissée des lieutenants d'Alexandre. Ils ont tous tenu pour la contrition parfaite. Et n'y eût-il que ce seul défaut de vraisemblance dans les caractères, on ne me fera jamais prendre cette *vessie* de tragédie pour une *lanterne*, quelque magique qu'elle soit.

Je crains très-fort, du reste, de mourir du désespoir que me cause cette apparence de succès. J'entrevois les suites qu'elle peut avoir pour moi. Messieurs les tragédiens partiront de ce prétendu succès pour suivre, en jolis moutons, Monsieur leur syndic, et nous n'aurons, à l'avenir, que des *pantomimes à feu et à sang*, au lieu de véritables tragédies. Ce sont là mes mortels chagrins. Je n'ai point d'autre parti à prendre, pour les calmer, que de m'aller jeter aux pieds des prêtres d'Éphèse, et d'essayer moi-même de leurs initiations.

O l'impie ! s'écrie M. d'Argental [1].

[1] « M. d'Argental a été le plus grand fanatique de M. de Vol-
» taire, et n'a jamais vu un seul défaut dans ses tragédies ;
» galant homme d'ailleurs. On sait qu'il était frère de M. de
» Pont-de-Vesle, connu par quelques chansons qu'il a faites, et
» des comédies qu'il a voulu faire et qui sont de feu M. Sallé,
» secrétaire de M. de Maurepas. » (*Note de Collé.*) Voyez, en ce qui concerne ce M. Sallé, les détails curieux consignés à la page 381 et suivantes.

LE DROIT DU SEIGNEUR.

Il me reste ici quelques pages à remplir pour compléter ce volume [1], je vais y mettre de mauvais petits vers critiques contre le *Droit du Seigneur*, comédie, *si vous voulez*, de M. de Voltaire. Elle ne mérite pas un examen plus sérieux. Ces vers sont à la tête de l'exemplaire que j'ai de ce monstre dramatique. En voici le titre dans la plus grande exactitude :

MAUVAIS PETITS VERS
CONTRE LA MAUVAISE PETITE RAPSODIE INTITULÉE
LE DROIT DU SEIGNEUR.

Sans ordre dans ces vers, sans être méthodique
    Comme le fut La Mothe-Houdart,
    Lançons quelques traits au hasard
    Contre ce monstre dramatique,
    Aussi tragique, aussi comique
    Que la grammaire de Clénard... [2].
Mais Clénard fut utile, et non pas narcotique.

---

[1] Il s'agit du premier volume de ses manuscrits, de celui qui renferme les *Commentaires sur Voltaire*. Par cette pièce et la précédente, nous avons voulu mettre sous les yeux du lecteur deux *specimens* de la critique de Collé, l'un en prose, l'autre en vers.

[2] Clénard (Nicolas), né dans le Brabant, mort à Grenade en 1542. A publié une *Grammaire grecque* et des *Lettres latines sur ses voyages* en France, en Espagne et en Afrique.

Dans ce poëme léthargique,
Je trouve, ainsi que fait chacun,
Un sujet qui n'en est point un
Fondé sur un usage antique,
Sur un droit barbare et cynique
Arraché par la force en un siècle gothique.

Ce sujet ne fournit aucun,
Aucun trait plaisant ou comique;
Ni rien d'intéressant, ni rien de pathétique.
Je dis, dans le temps, à quelqu'un
Qui de Voltaire est fanatique :
« L'intrigue en est usée, aussi froide qu'étique,
» Le dénoûment un lieu commun.
» Je crois y voir encor, sans outrer la critique,
» Au lieu de dialogue, un babil importun.
» J'y vois, sans être trop caustique,
» Au lieu de situations,
» Au lieu d'intéressantes scènes,
» De longues conversations
» Et des propos hétérogènes,
» Sans goût et sans gaîté; nombre de traits obscènes,
» Rien de ce qui doit être dit
» Et partout un ennui maudit.
» Partout l'auteur parle à la place
» De ses personnages de glace.
» Pour paraître plaisant, l'auteur se tord l'esprit.
» Et, dans sa catastrophe, encore inférieure
» A son comique mal écrit,
» Nous bâillons tous alors qu'il pleure,
» Et nous pleurons alors qu'il rit. »

PRÉFACE GÉNÉRALE,

ou

INTRODUCTION

A LA LECTURE DE MES MANUSCRITS [1].

« Dans cette préface générale, ainsi que dans toutes
» les autres préfaces particulières que je mettrai à la tête
» de chaque nature d'ouvrages, sous quelque nom qu'il
» me prendra fantaisie de leur donner, l'amour-propre
» et l'égoïsme auront leurs coudées franches. Il est bon
» d'en prévenir le lecteur pour qu'il ne pense pas qu'on
» ne l'a pas senti. »

Préface ou amour-propre, c'est *jus vert* ou *vert jus*. Ne la fit-on même servir qu'à la critique de ses ouvrages, la critique en fût-elle même la plus franche et la plus consciencieuse, c'est toujours amour-propre; c'est toujours dire tout au moins : « Je suis au-dessus de ce que j'écris;
» je vois plus loin que mon talent; j'y suis supérieur. »
C'est d'ailleurs parler de soi, c'est prétendre en occuper les autres.

Vous avez beau masquer votre amour-propre en vous traitant avec rigueur; faire étalage d'une candeur peut-

---

[1] Cette Préface ouvre le second volume des manuscrits de Collé. A l'exception de quelques paragraphes que nous indiquons plus loin, page 360, elle n'a été imprimée nulle part.

être jouée, ou, si vous voulez, très-sincère, le lecteur n'en est pas moins fondé, raisonnablement, à trouver du ridicule à la peine adroite que vous prenez pour voiler cette faiblesse, et votre mascarade devient inutile.

Il faut avouer pourtant que ce ridicule n'est pas aussi révoltant que celui d'une présomption grossière et qui a tout le faste et la morgue d'un orgueil à visage découvert.

Cette arrogante et insolente présomption des auteurs à préfaces, imprimées depuis trente ans, m'aurait fait mourir d'indignation, tant je suis né violent, si je n'eusse pris bien vite le parti d'en mourir de rire, tant, d'un autre côté, je suis né gaillard.

En général, leurs superbes pièces d'éloquence qui annoncent si intrépidement ce qu'ils ont la bonté de donner au public, ne roulent que sur deux objets : dire du bien d'eux-mêmes et du mal des autres.

Il est vrai que par *humanité* (mot à la mode aujourd'hui), ces scribes *inhumains* ont la complaisance de joindre à cela, pour le progrès des lettres, de fort belles instructions qui n'instruisent de rien ; des nouveautés qui ne sont pas neuves ou qui ne le sont que par leur extravagance ; des opinions singulières qui détruisent ou qui ne demandent pas mieux que de détruire les principes vrais et reçus ; des règles enfin qui, en s'efforçant de tout renverser, ne peuvent être utiles à personne, quand par hasard elles ne sont pas nuisibles à tout le monde. Elles ne peuvent servir qu'à eux, et c'est par elles qu'ils cherchent à justifier la bizarrerie de leurs productions. Lisez, pour vous en convaincre, et si vous en avez le courage, les poétiques des Marmontel, des Diderot, des Le Mercier, etc.

Admirez surtout dans ces morceaux précieux et modestes, dans ces Discours préliminaires, Avertissements, Lettres à Madame la marquise, à M. le comte, Essais, Avant-propos, et telles autres denrées dont M. Dorat a commencé depuis longtemps à nous fatiguer; admirez, dis-je, le goût exquis autant que sûr de ces grands modernes, la hauteur de leurs décisions et la vaste sublimité de leurs prétentions. Ils sont tous des génies dans ce siècle, qui n'en produit point. En cette qualité, ils s'élèvent au-dessus des préceptes des anciens, ne font nul cas de ces grands maîtres, établissent de nouvelles lois et regardent d'un œil de pitié la réputation usurpée des écrivains des beaux siècles d'Athènes et de Rome, sur lesquels se sont lâchement modelés les auteurs célèbres du siècle de Louis XIV, au lieu de voler, comme ces messieurs le font, de leurs propres ailes et de servir, comme ils croient le faire, de modèle à la postérité, qui ne les connaîtra pas.

Voilà les *préfaciers* qui sont vraiment dignes de nos respects, si je ne me trompe et si leur verve philosophique ne m'en a pas imposé dans leurs écrits pleins de feu.

Mais laissons là l'ironie; laissons aussi ces grands hommes et leurs ridicules.

Revenons à celui que je me donne ici, et que je veux m'y donner. Que voulez-vous? Je n'ai rien de mieux à faire. Dans ma jeunesse et dans l'âge où je pouvais composer, je ne perdais pas mon temps à parler de moi et de mes compositions. Mais aujourd'hui que je suis vieux et que mon imagination ne peut plus rien produire, il faut bien que je m'amuse de quelque chose. L'habitude d'écrire est trop forte pour qu'il me soit possible de n'y pas céder. Je serai ferme dans la résolution que j'ai prise de ne rien faire imprimer; mais je ne puis me tenir de barbouiller du papier, et d'y jeter mes idées, bonnes ou mauvaises. J'observe d'ailleurs si religieusement la loi que je me suis prescrite de ne rien faire paraître que, dans un roman assez singulier que j'ai broché en 1774, j'ai pris quelques précautions contre moi-même. Je veux dire que je m'y suis donné exprès des licences si furieuses que je ne pourrais ni les ôter ni les adoucir, si la tentation me prenait de le faire imprimer.

Ce roman est une débauche de l'imagination (s'il m'en reste encore) et une peinture faite et modelée si fort d'après le nu, qu'il serait impraticable de draper mes figures sans gâter mon tableau [1]. J'ai répandu dans cet ouvrage des traits de satire contre les gens que j'y nomme. La plupart de ces traits sont controuvés; quelques-uns sont vrais, et les autres sont si vraisemblables que l'impression de ces gaietés serait odieuse et même criminelle. Aussi ce roman est-il fait pour rester éternellement manuscrit, ou pour être brûlé à ma mort. Je ne le lis même actuellement qu'à des amis ou à des gens sûrs

---

[1] Voyez page 251, où il parle de ce roman à son élève.

que je préviens de la fausseté de ses satires et de leur caricature.

Il n'en est pas de même et je pourrais faire usage des autres bagatelles qui rempliront ces volumes et que je m'amuse à corriger et à copier.

Le soin de ma petite réputation seul m'empêche de les livrer à mon imprimeur. J'ai même exigé de ceux à qui je les lègue par mon testament, de ne point risquer d'en barbouiller ma mémoire littéraire, qui est d'ailleurs suffisamment maculée par des gaillardises aux yeux des gens d'une certaine sévérité.

J'ai fait paraître dans ma dernière édition (1777) tout ce que j'ai jugé pouvoir décemment me permettre vis-à-vis des honnêtes gens du monde; de ceux qui ne portent pas la sagesse jusqu'à la rigidité austère des vrais et bons sacristains.

Quant à la valeur et au mérite de ce que j'ai fait imprimer, je répète que je crains d'avoir encore trop donné. *Initium sapientiæ publicorum judiciorum timor.* Je ne me suis jamais assis, moi, sur le haut-banc de nos présidents du Parnasse moderne. Ils ont bravé le public que j'ai toujours au contraire infiniment respecté.

Moins touché de ma fluette réputation littéraire que de celle de bon homme et de galant homme, l'estime générale m'a toujours été plus précieuse. J'ai mis ma principale et ma première gloire à la mériter par mes actions et comme citoyen, malgré mes ouvrages gaillards et mes propos très-libres qu'on trouvait même libertins à la rigueur. Ces deux articles pourraient très-bien influer sur le jugement de mes mœurs, au dire des sots, dont Salomon nous assure qu'il y a toujours un très-grand nombre.

Après cette digression, de laquelle je ne cherche pourtant pas à m'excuser, — car cette préface n'est qu'une divagation et un bavardage qui n'a ni ordre ni méthode, — je dirai que dans cette copie de mes manuscrits je suivrai, autant que je le pourrai, leur ordre chronologique. Je les ferai quelquefois précéder, suivant qu'il m'en prendra fantaisie, de préliminaires et de radotages auxquels je donnerai les dénominations qui me passeront par la tête.

Par exemple, il y passe actuellement, — avant de donner ici cet ordre chronologique, — la pensée de présenter un précis historique de mon avénement au Parnasse, et de la naissance de ma petite Muse, qui, j'ose bien le dire, s'est établie chez moi sans que je m'en doutasse d'abord le moins du monde.

Le lecteur voit que je ne me gêne pas; qu'il ne se contraigne en rien de son côté. Qu'il passe cet article s'il craint d'y trouver de l'ennui. Je le préviens d'amitié qu'il n'est nullement nécessaire à l'intelligence de mes manuscrits.

En attendant qu'il se décide, je commence.

Dès mes plus tendres années, même dès mes premières classes, j'ai toujours senti un attrait invincible pour la poésie, surtout pour celle du théâtre.

[1] Je n'avais pas encore dix ans que mon père, que je

[1] Ce paragraphe et les neuf autres qui suivent immédiate-

perdis à quatorze, me menait assez souvent aux Français ; et, pendant plusieurs années, je n'entrais point dans leur salle qu'il ne me prit un frisson de plaisir, tel que celui que je sentis au premier rendez-vous que me donna la première honnête femme que j'eus à vingt ans, et dont j'étais éperdûment amoureux.

J'avais commencé par idolâtrer Corneille, et par adorer Racine, dès que j'eus un peu le goût ouvert.

J'idolâtrais pareillement Molière et La Fontaine, que, dans un autre genre, je trouvais aussi des hommes du plus grand génie, égalant ou surpassant même celui qu'on appelait, à si juste titre : le *divin,* le *grand!* Du moins, Molière et La Fontaine me paraissaient-ils et me paraissent-ils encore davantage aujourd'hui, les hommes les plus rares et les plus sublimes peintres de la nature. Ils n'ont point de modèles chez les Grecs ni chez les Romains ; et les modernes, dans aucune nation, n'en approchent pas plus que les anciens.

La gaieté inépuisable avec laquelle j'ai eu le bonheur de naître, est peut-être la cause de mon idolâtrie presque exclusive pour eux.

Ce fut sans doute cette même gaieté qui me fit me passionner, dans mon adolescence, pour le genre du vaudeville, si fort analogue à mon caractère.

---

ment se trouvent dans la *Notice* placée en tête du *Journal* de Collé. L'éditeur les y a mis par suite de la communication que lui en avait faite M. Després, alors détenteur des manuscrits de notre chansonnier. Voyez la note placée au bas de la page 330.

La Fontaine et Marot, Chapelle et Rabelais, qui tiennent quelque chose de ce genre naïf et gaillard, ne sortaient point de mes mains. Je les lisais, je les relisais, et les relisais encore. Leur naturel, leur simplicité et leur franche gaieté m'enivraient. Ils avaient avec mon esprit et mon âme l'analogie la plus attractive. J'avais un peu de voix : je chantais continuellement, et je jouais assez comiquement les chansons d'Haguenier, que je connus, *comme çà,* à quinze ou seize ans, chez mon oncle Roussel.

A dix-sept ans, je connus plus particulièrement Gallet[1],

[1] Gallet, né vers 1700, mort en 1757, était épicier à la pointe Saint-Eustache, si l'on s'en tient à la tradition, et rue des Lombards, si l'on croit ce que dit Marmontel dans ses *Mémoires*. Le commerce des Muses lui ayant fait négliger celui des denrées coloniales, il fit banqueroute en 1751, et alors il se réfugia au Temple, qui, à cette époque, était un lieu de franchise pour les débiteurs insolvables, auxquels toutefois les créanciers avaient le droit d'adresser leurs mémoires. Or, Gallet en recevait beaucoup, ce qui lui fit dire « qu'il était au *Temple des Mémoires*. » Devenu hydropique et croyant à une mort prochaine, il écrivit à Collé trois couplets où respire une grande liberté d'esprit, mêlée d'une gaieté aimable: Voici le dernier de ces couplets, où il s'excuse de n'en avoir fait que trois :

> Autrefois, presque au même instant
> J'en aurais pu rimer autant
> Que nous reconnaissons d'apôtres.
> Aujourd'hui j'abrège, d'autant
> Qu'à l'église un prêtre m'attend,
> Accompagné de plusieurs autres.

Il mourut, et il paraît que le lieu qu'on choisit pour sa

avec lequel je fus lié pendant plusieurs années. J'aimais à la folie ses couplets naïfs et piquants. Je les trouvais, — un peu machinalement sans doute, — et moins compassés et moins froids que ceux d'Haguenier[1], qui passait, dans ce temps-là, pour le premier homme du monde. Mais ce fut chez Gallet que je rencontrai Panard, suivant moi le dieu du Vaudeville. C'est ainsi que je l'ai baptisé.

Gallet, et surtout Panard, — auquel il n'a manqué que de voir meilleure compagnie qui eût étendu le cercle de ses idées; — ces deux chansonniers excellents m'inspirèrent le plus violent désir de barbouiller quelques couplets. Mais né avec une extrême défiance de moi-même, leurs talents supérieurs me jetèrent tellement dans le désespoir de pouvoir jamais les atteindre, même de loin, que je me réduisis à composer des chansons, des

---

sépulture ne convint pas à son ami Panard, qui un jour, rencontrant Marmontel, lui dit tout affligé : « Ah! monsieur, » je viens de pleurer sur la tombe de ce pauvre Gallet; mais » quelle tombe! Ils me l'ont mis sous une gouttière, lui qui, » depuis l'âge de raison, n'avait pas bu un verre d'eau. »

[1] Haguenier (Jean), né en Bourgogne, mort en 1738, à l'âge de soixante ans. Il faut moins le regarder comme un poëte que comme un homme aimable qui versifiait le verre à la main et faisait les délices d'un repas. On a plusieurs chansons de lui; mais Voltaire, qui l'avait vu dans sa jeunesse, disait, pour exprimer la froideur de ses compositions, que « *c'étaient des chansons à boire... de l'eau.* » Celles qui commencent ainsi : « *Nous autres, bons villageois... Je n'ai pour toute maison qu'une pauvre et simple chaumière,* etc., ont encore quelque agrément.

parodies d'airs, des odes, des vers et même une tragédie bouffonne (Cocatrix), en *pur galimatias,* auquel on donnait alors le nom d'*amphigouris.* Ce fut et la bonne foi et la sincérité avec lesquelles je me jugeai moi-même, qui me persuadèrent que je n'étais pas capable d'autre chose que de poésies folles, qui n'eussent ni suite ni sens, et qui fussent seulement une *espèce de parodie* de toutes les poésies. Mon extravagance et le délire de ma gaieté se contentaient de cet amusement.

Ce fut longtemps après que je fus tiré de cet aveuglement, en partie par feu Crébillon le fils, dont j'avais fait la connaissance aussi à l'âge de dix-sept ans, ainsi que celle de Gallet.

Quelques années après, Crébillon me fit une sortie amicale sur mes *amphigouris* qui couraient la ville, et qui m'avaient déjà fait une cruelle réputation, mais qui m'en avaient fait une. Ce fut lui qui me força à m'essayer, et qui me fit composer ma première chanson raisonnable : *Agnès qu'auparavant l'on prenait pour sainte.* Ce fut enfin lui qui m'apprit que j'avais quelque talent.

Pour éviter les redites, qui ne sont ou ne seront peut-être que trop fréquentes dans ces manuscrits, je renvoie le lecteur à la préface manuscrite que j'ai mise à la tête de *Dupuis et des Ronais,* dans l'exemplaire de la seconde édition de mon *Théâtre de Société.* C'est là qu'il verra en détail jusqu'où je portais la défiance de moi-même. Ce fut elle aussi qui me fit préférer le genre des parades à celui de la comédie, parce que je ne me croyais nullement la force de traiter ce dernier, et que je pensais réellement qu'il y aurait eu de la fatuité d'esprit à moi de l'entreprendre.

J'avais cependant, en 1737, tourné en tragédie *Alphonse l'impuissant*, parade du feu prédicateur La Chaussée; et je me réserve de bavarder sur cette misère dans le discours qui la précédera [1], et que je donnerai ici, d'abord, avec quelques légères corrections que j'ai faites et qui ne sont pas assez bonnes et assez fondamentales pour la faire réimprimer.

Après cette tragédie badine, qui n'est ni assez gaie ni assez sérieuse, suivront mes *Parades*, dont la première est de 1740. Je ne puis encore savoir si elles fourniront deux volumes ou seulement un.

Le volume qui viendra après ne sera point écrit de ma main. Il est d'avance écrit de la main d'un homme que je nommerai et dont je dirai quelques mots. Ce volume est intitulé : *Grosse Gaieté* [2], et contient des *annonces*, des *compliments*, des *discours*, des *parades*, avec un très-court recueil de mes *poésies diverses*.

Les volumes qui marcheront ensuite contiendront la *Vérité dans le vin*, avec le personnage de l'évêque d'Avranches; *Tragiflasque*, tragédie en vers et en trois scènes; la *Rivale à Lesbos;* une scène de ma façon contre les philosophes modernes. Mais tranchons sur cette énumération, que je m'aperçois être fort inutile, puisque je

[1] Voir la pièce suivante.
[2] Ce volume, de même que les autres dont il est parlé plus bas et qui devaient le suivre, n'a pu être retrouvé. On ne possède que les deux volumes dont M. Génie est détenteur.

vais finir ce présent radotage par l'ordre chronologique de tous mes ouvrages [1].

[1] Afin de ne pas interrompre la transcription du texte, nous renvoyons à la fin du présent livre, la *Liste chronologique* des ouvrages de Collé; et nous y ajoutons l'analyse de quelques-uns de ces mêmes ouvrages, ainsi que des anecdotes se rattachant à plusieurs d'entre eux.

SUR ALPHONSE L'IMPUISSANT[1],

ANECDOTES AUSSI INTÉRESSANTES QUE SON SUJET,
QUI NE L'EST POINT.

On aura beaucoup de peine à croire qu'un sujet aussi grave et aussi imposant ait d'abord été traité dans le goût et dans le ton de la *Parade*.

C'est pourtant ce qu'avait fait feu M. La Chaussée, de larmoyante mémoire.

Il est assez singulier qu'un auteur qui eut l'instinct de composer des comédies tragiques, l'ait démenti dans ce sujet en s'égayant mal à propos sur une matière aussi triste que celle de l'impuissance.

Cette observation n'est point de moi. L'on devine aisément que je l'ai entendu faire à toutes les femmes

---

[1] Tragédie badine, en un acte et en vers, par Collé. Voir plus loin la *Liste chronologique* des ouvrages de Collé. Quant au titre d'*Anecdotes peu intéressantes* que Collé a donné au présent chapitre, évidemment il l'a fait par ironie. Ainsi que le lecteur pourra s'en convaincre, notre chansonnier a peu écrit de pages plus amusantes, plus animées et plus gaies que celles qui suivent. Nous dirons même qu'elles sont instructives, en ce qu'elles nous introduisent dans la société intime des jeunes seigneurs d'alors, dont elles peignent au vif les tendances anti-religieuses, les plaisirs faciles et les petites perfidies. Du reste, sauf quelques paragraphes intéressants que nous avons jugé à propos de rétablir, ce récit se trouve dans *la Cour et la Ville* de M. F. Barrière.

d'esprit de mon temps. Elles trouvaient mauvais, unanimement, qu'on eût imaginé de tourner en plaisanterie une aventure aussi déplaisante : elles prétendaient qu'il n'y avait pas à badiner sur cela.

Ce fut probablement cette remarque, aussi naturelle qu'ingénieuse, qui me décida, dans le temps, à habiller en tragédie, aussi triste qu'il en soit, la parade d'*Alphonse l'Impuissant* du très-révérend père La Chaussée [1], ce zélé prédicateur dramatique qui a converti tant d'âmes au théâtre par ses homélies ; ce pieux orateur du Parnasse qui mit toujours la vertu dans ses drames et jamais dans les actions de sa vie privée. Ce fut apparemment par une suite de sa bonne foi et de sa chaste morale qu'il ne voulut traiter ce sujet qu'en riant et sans l'assujettir au sérieux des dogmes de sa chaire tragique. Je crois pourtant qu'il s'est bien repenti depuis de s'être permis quelques gaillardises, et qu'il en a fait sincèrement pénitence.

Quoi qu'il en soit de ses remords, et si Dieu a voulu avoir son âme dans le ciel, laissons-le tranquille sur la terre ; rendons-lui, même, la justice de convenir ici que nous avons conservé vingt vers, au moins, de sa parade, et nous avouons de plus, avec candeur, que ces vers sont les meilleurs de cette tragédie.

Je commençai à y travailler en décembre 1736 : il fallait qu'elle fût achevée vers le milieu du carême suivant.

[1] Le mot est de Piron, qui nommait La Chaussée :
> Révérend père La Chaussée,
> Prédicateur du saint vallon.

De jeunes et jolis ducs, — car pour lors j'étais *enducaillé*, — devaient la jouer dans la *semaine sainte*. Ils mettaient de l'*air* à en fixer la représentation à cette époque, comme on le verra ; ils choisissaient même, dans cette semaine, le beau jour de l'opéra ; ils trouvaient ce choix-là du meilleur ton.

Pressé comme je l'étais, et ne comptant d'ailleurs nullement sur ma verve, je me fis aider par l'ami Saurin. La scène deuxième est presque entièrement de lui. Le plan, dont il n'y a pas à se vanter, et le reste, sont de moi, à l'exception d'une vingtaine de vers qui, comme je l'ai dit, sont de La Chaussée.

Je fus prêt dans les jours gras. Les rôles distribués et sus, nous partons pour Champs le lundi saint. Cette terre appartenait alors à M. le duc de Vaujours (La Vallière), qui l'a vendue depuis à la Pompadour. Ce fut au château de Champs que se firent les répétitions. On détermina la représentation, et on la mit au jour du Vendredi saint. Nous déployâmes inutilement, Duclos et moi, notre éloquence bourgeoise pour la renvoyer à une des fêtes de Pâques. Nos sages et décentes remontrances furent traitées par nos seigneurs les ducs de Vaujours, Daumont, de Duras, par les marquis de Surgères et d'Ermenonville et par les comtes de Martel et de Saxe, comme l'auraient pu être les remontrances d'un parlement Maupeou. Ils nous regardèrent comme de pauvres imbéciles, des marguilliers et des *a pocos*.

Cependant la vieille Éminence Monseigneur le cardinal de Fleury, qui vivait et qui régnait alors, fut averti sous-main de cette malsonnante résolution par un des acteurs, par celui qui avait le plus insisté pour mettre notre représentation au grand Vendredi. Le comédien, comte de Saxe, avait trahi la troupe.

Ce charmant comte (soit dit ici en passant), et qui est mort depuis quelques années, est le même précisément qui découvrit, dit-on, à ce méchant borgne de duc de Bourbon, l'intrigue de Madame la duchesse, sa femme, avec le beau marquis de Bissy, lequel fut tué au siége de Maëstricht, du dernier coup de canon qui y fut tiré. Cet affreux Monsieur (le comte de Saxe) était son rival dédaigné, et sa jalousie traitresse coûta la vie à cette malheureuse princesse, qui fut, à ce que tout le monde assura dans le temps, empoisonnée par son ogre de mari, qu'elle ne pouvait pas se dispenser, humainement parlant, de traiter autrement qu'elle l'avait fait. C'était du moins alors le vœu public.

Ce diable de comte, politique, comme on le voit, dans le goût de l'aimable Machiavel, qu'il avait fort étudié, voulait être envoyé, dans le temps que nous nous amusions du théâtre, dans quelque cour étrangère. Pour y parvenir, il fit la sienne au cardinal en lui révélant le secret de la comédie.

Cette dernière délation du comte n'eut ni ne pouvait avoir, comme la première, des suites aussi funestes pour ceux qu'elle regardait ; elle n'en eut que de ridicules pour les uns et de risibles pour les autres.

Ces aimables seigneurs reçurent à Champs un ordre du roi qui leur enjoignait de retourner dans le moment à Paris. Tous ces comédiens, ducs, marquis et comtes, furent donc obligés de plier bagage, de laisser là leur théâtre et d'emporter une grande quantité de très-beau poisson qui n'était pas destiné, mais qui fut cependant servi à souper à trois ou quatre barboteuses que M. le duc d'Aumont envoya chercher où vous savez. Ce fut dans sa petite maison que l'on porta les débris du repas, et beaucoup d'humeur. Jamais souper ne fut plus triste ni plus ennuyeux, quoique je n'en aie guère fait de plus court.

Quant aux auteurs des tragédies, *sic transit gloria mundi*, ce fut ainsi que se passa notre gloire, à Duclos et à moi, ou plutôt c'est ainsi qu'elle fut arrêtée. J'ai dit *les auteurs*, parce que Duclos avait aussi fait une tragédie ; elle était intitulée : la *Mort de Mardi-Gras*.

Je me souviens très-bien qu'elle était pleine d'esprit et vide d'imagination. Le fond du sujet et le plan en étaient sans invention ; mais il y avait quelques traits et quelques épigrammes dans les détails. C'était tout platement une conjuration tramée par *Carême* et le *Jeûne*, son confident. Cela ressemblait à toutes nos vieilles et triviales conjurations. Elle se terminait, de même que les autres, par l'assassinat de Mardi-Gras, qui se laissait tuer aussi bêtement que tous les tyrans que l'on expédie au théâtre. Le dénoûment était dans le commun des martyrs de tous les dénoûments. Duclos rendit justice depuis à sa tragédie : il la jeta au feu. Je n'ai pas été aussi équitable envers la mienne, que je copie ici, et dont le lecteur sera juge.

Ces deux tragédies, qui voulaient être comiques plus qu'elles ne l'étaient en effet, devaient être données, la mienne d'abord, la sienne ensuite; et *Rasibus,* parade aussi de ma façon, devait terminer ce spectacle si profane pour un jour si saint. Le ciel et le roi ne permirent pas qu'il eût lieu.

Je ne dissimulerai point, aujourd'hui, que j'enrageai tout vif, dans ce temps-là, de cette catastrophe imprévue, qui n'avait pas le moindre rapport avec les dénoûments de mes pièces. Cette péripétie me parut absolument hors de mon sujet. Je vis bien que M. le cardinal de Fleury n'entendait pas le théâtre. Duclos n'était guère plus content que moi.

Ce désagrément ne fut pas le seul que nous éprouvâmes.

J'appris, à quelques jours de là, qu'à un souper chez M. Lallement de Betz, nos comédiens-seigneurs, aussi reconnaissants que des comédiens *ordinaires,* y avaient mis en pièces leurs deux auteurs et les avaient guillochés de ridicules.

Ils avaient traité Duclos de bavard impérieux, d'homme grossier, d'homme de café, de pédant spirituel, etc., etc. Pour moi, qui n'avais pas voulu parler, et qui n'avais pu chanter parce que j'avais la poitrine échauffée, et qui, à souper, ne me nourrissais que de lait, ils dirent que, quand on faisait l'honneur à des gens de ma sorte de les admettre en bonne compagnie, ils étaient faits pour avoir de la complaisance et de la santé. Et l'on observera ici que la mienne n'était altérée que par le travail forcé auquel je m'étais livré pour ces grands messieurs. Notez encore que cette diablesse de besogne, devenue inutile par leur sotte imprudence, m'avait fait négliger une honnête femme avec laquelle je vivais. Elle n'entendait pas qu'on la négligeât; et j'eus mon congé.

Mais revenons à ce que ces fous et ingrats patriciens dirent d'un naïf plébéien comme moi, dupe de sa vanité, et plus fou qu'eux de s'être commis avec des gens de qualité. M. le duc d'Antin, entre autres, m'accusa d'être un *usurier* prêtant à la petite semaine. Il me confondait de nom avec *Gallet,* qui faisait en effet, pour lors, des chansons, l'usure et des opéras comiques. Ce vilain homme fut même, pour cette infamie, chassé honteusement de notre société, quelque temps après [1].

Mais, malgré la méprise grossière qu'occasionnait la consonnance des noms, *Gallet, Collet,* comme ils m'appelaient, et comme on a toujours prononcé mon nom, quoique je m'appelle Collé; malgré, dis-je, ce quiproquo, et quoique je l'eusse démêlé, je n'en fus pas moins en fureur. J'allai trouver sur-le-champ Duclos, à qui je contai tout, à qui je prouvai tout, et qui ne s'émut de rien. Plus je lui parus enflammé, et plus il redoubla de sang-froid. Il tenta de me calmer; il tâcha vainement de me persuader que je ne devais pas être

[1] Convaincu d'avoir prêté à usure, Gallet fut en effet chassé du *Caveau.* Un beau matin, il reçut de la part de ses confrères en Apollon, un petit billet parfumé conçu en ces termes : « M. Gallet est prié de dîner, tous les dimanches, *partout ailleurs qu'au Caveau.* » Ce fut Crébillon fils qui imagina cette singulière invitation.

plus affecté que lui de propos aussi impertinents et aussi dénués de toute espèce de vraisemblance; qu'enfin il n'y avait d'autre parti à prendre que celui de les mépriser.

Je ne fus parbleu pas de cet avis, qui ne remédiait à rien *pour l'avenir*. Je courus, au contraire, en le quittant, chez M. le duc de Vaujours, à qui je fis la plus vigoureuse sortie, sans manquer aux égards respectueux que je lui devais, mais sans manquer non plus à la dignité de l'homme, je veux dire d'un être indépendant qui sent aussi ce qu'on lui doit.

Il fit de vains efforts pour me calmer. Je finis par lui déclarer nettement, et d'un air qui n'était ni haut ni bas, que de ma vie je ne me lierais avec des gens de qualité; que je ne m'en prenais pas à eux; que je n'accusais que moi de la mortification à laquelle je m'étais exposé; que, franc, simple et sans usage du monde comme j'étais, une sotte vanité m'avait conduit à voir des grands, sans avoir eu assez de prévoyance pour sentir que, dans ces sortes de liaisons, un bourgeois comme moi devait être, de toute nécessité, le pot de terre voyageant avec le pot de fer; et je lui donnai ma parole d'honneur que de mes jours je ne *voyagerais* avec eux. Je la leur ai tenue [1].

[1] Ouf! Collé doit être essoufflé, après un pareil acte de courage! On eût dit qu'il allait tout réduire en poudre, ce petit foudre de guerre, et le voilà se bornant à faire une menace qui n'atteint que lui. Cela rappelle la *vengeance* de ce spectateur qui, voyant voler un soir, fort irrévérencieusement, au milieu de la salle de spectacle où il était assis, sa

Depuis cette époque, en effet, quoique j'aie fait jouer, par la suite, toutes mes facéties sur les théâtres de Mgr le comte de Clermont et de Mgr le duc d'Orléans, je n'en ai pas été, pour cela, plus lié avec les seigneurs de leur cour. J'ai refusé correctement et les soupers et les dîners qu'ils ne cessaient de me proposer. Fidèle au principe que je m'étais fait à cet égard, je les ai toujours repoussés avec respect.

Ce n'est pas même la vanité, mais le plaisir de voir représenter mes ouvrages dramatiques, qui a été l'unique motif qui m'a attiré dans les cours de ces deux princes. L'oserai-je dire? Je les regardais dans le fond de mon âme comme les entrepreneurs de mon théâtre, dont ils faisaient toute la dépense, et dont je jouissais d'une manière très-satisfaisante, sans qu'il m'en coûtât autre chose que quelques carrosses de remise, et surtout sans y engager le moins du monde ma liberté.

Ce dernier article est si vrai que, quoique mes facéties, exécutées chez M. le duc d'Orléans, m'aient attiré ses bontés, et que je lui sois attaché par mes places depuis vingt-trois ou vingt-quatre ans, j'ai eu attention cependant de n'accepter les places qu'il m'a données chez lui

perruque à frimas, lancée ainsi par un autre spectateur dont elle gênait la vue, se retourna, l'œil en feu, pourpre de colère, en s'écriant : « C'est affreux, monsieur! c'est indigne! » Il y a six mois, monsieur, vous n'en auriez pas fait autant! » — Et pourquoi? lui dit l'autre. — Pourquoi, monsieur? c'est » qu'alors je ne portais pas perruque! » Collé nous semble se *venger* de cette manière-là, avec la seule différence du *passé* au *futur*. Il ne portera *plus* perruque, voilà tout.

qu'à la condition de *rester libre* et de n'y point avoir de fonctions qui me *donnassent des chaînes, même les plus légères.*

Pour preuve de cette indépendance, je vais citer un fait qui la démontrera. Mgr le duc d'Orléans, en 1767, désira vivement m'emmener à Villers-Cotterets, aux répétitions qui devaient s'y faire de mon *Ile sonnante,* que j'avais composée pour son théâtre. Je refusai avec le plus d'honnêteté et de respect qu'il me fut possible, mais avec encore plus de fermeté. Bref, je n'y allai point, et il en fut piqué. J'ai cru depuis par Marquise, son ancienne maîtresse[1], qu'il fut sur le point de me donner des ordres à cet égard. Mon parti était pris : j'y eusse désobéi ; je lui eusse remis toutes mes places, et je les lui remettrais encore aujourd'hui plutôt que de perdre ma liberté et mon indépendance[2].

C'est ainsi qu'une des plus cruelles leçons que j'aie reçues de mes jours, — j'entends la scène qui se passa à mon sujet à ce souper du Lallemant de Betz, — a été la cause du bonheur de ma vie, c'est-à-dire, de la jouissance continue de ma liberté.

On dit proverbialement : *Marie-toi avec ton égal.* J'y ai ajouté : *Vis avec tes égaux,* et j'ajouterais encore :

[1] Voyez la note au bas de la page 12, où se trouvent des détails sur mademoiselle Le Marquis.

[2] Laissons croire à ce brave Collé qu'il a toujours su garder la plus fière indépendance, bien qu'il se soit constamment laissé prendre aux douces amorces du duc d'Orléans et des autres seigneurs qui daignaient lui sourire, ni plus ni moins qu'un pauvre oisillon à la glu du chasseur.

Quand tu deviens vieux, ne vis avec personne; reste dans ton intimité.

C'est par ce moyen unique qu'un bourgeois devient gentilhomme, *id est* indépendant, ce qui est encore plus : car bien peu de gentilshommes sont leurs maîtres.

Le premier bien de la vie est la santé; le second, la liberté. Alors demeurât-on tout seul, on se soutient toujours gaillard, si on a eu le bonheur de naître tel.

J'ai vu nos petits philosophes modernes s'élever perpétuellement, et dans leurs conversations et dans leurs écrits, contre l'inégalité des conditions et contre les grands, qu'ils voyaient, qu'ils flattaient avec plus ou moins d'adresse, notamment Duclos, qui les adulait avec une brusquerie jouée [1].

Pour moi, je n'ai jamais déclamé, ni dans mes dits,

[1] Collé méconnaît ici le caractère de Duclos, dont la spontanéité un peu brutale et la rude franchise étaient passées en proverbe. Ce n'était pas un *adulateur*, celui qui disait de certains grands seigneurs intéressés à cacher dans l'ombre leurs honteuses faiblesses : « Ils nous craignent, nous autres gens » de lettres, comme les voleurs craignent les réverbères. » Ce n'était pas un *adulateur*, celui qui, un jour, en pleine Académie, répondant à l'un de ses confrères chargé d'y faire triompher la candidature d'un seigneur vieux et malade, s'écria : « Eh! sacrebleu! l'Académie n'a pas été faite pour donner » l'extrême-onction! » Ajoutons que par son testament, Duclos fit présent de son buste en bronze à cette même Académie, en la priant « de lui donner pour successeur un *homme de* » *lettres.* » On voit qu'il a fini par une épigramme dont, au surplus, les immortels de nos jours se préoccupent peu. Il est vrai aussi que peu d'entre eux laisseront des bustes en bronze.

ni dans mes écrits, contre les gens de qualité, mais je ne les ai point vus. Non pas que je n'eusse trouvé leur société plus agréable et plus aimable mille fois que celle des bourgeois; mais elle est trop cruellement *léonine* pour ces derniers.

En janvier 1738, M. le duc de La Vallière fit imprimer par Prault, sur le manuscrit qu'il en avait, *Alphonse l'Impuissant*, que je n'ai pas voulu faire réimprimer dans mon *Théâtre de Société*, ne l'estimant pas assez pour l'y recueillir. J'y ai fait ici de légers changements, mais peu.

M. le duc de La Vallière n'a pas eu la politesse, dans le temps, de m'en envoyer quelques exemplaires. Ils coûtaient quinze sous. J'en achetai pour quinze francs, pour en faire des présents à quelques amis.

MAGNIÈRE DE DISCOURS

APPROFONDI SUPERFICIELLEMENT

SUR L'ORIGINE ORIGINALE ET COCASSE DE LA NATURE DÉNATURÉE

DE LA

PARADE[1].

S'il me convenait de parler d'Aristofade, à moi qui ne sais non plus de grec qu'un chien, si j'ose l'dire; si ça m'allait de trancher du savantasse à la façon du Révérend Père Brunoy, le jésuite, qui a zinventé de faire la tarduction du Théâtre des Jeux Olympiens, et si j'avais le génie léger de ces aigles de la littérature, qui, d'une langue, transportent à dos de mulet ce qu'igna dans une autre, je n'asarderais pas trop, je crois, d'obliger tous mes lecteurs à croire que cet Aristofade za été l'inventeur du genre des parades. Zen effet, nombre, comme qui dirait plusieurs de ses comédies grecques, ne sont souvent quantes fois que des ordures,

[1] Dans *la Cour et la Ville*, M. F. Barrière a donné à peu près la moitié du *Discours* suivant, que nous croyons devoir reproduire *in extenso*, et tel qu'il a été écrit par Collé. Assurément la *Parade*, et son frère le langage *poissard*, sont des formes mortes et bien mortes, Dieu merci! Mais ce genre de composition a égayé nos pères et marqué une des phases de notre histoire littéraire; à ce double titre, il ne doit point être méprisé, et s'il ne se recommande pas à nos sympathies, il appelle du moins notre attention comme objet de curiosité et d'étude.

saletez, gravelures et impuretez politiques que son confesseur devait trouver très-mauvaises, et que les messieurs d'Athènes, et surtout les dames grecques, ne devaient pas trouver bonnes, rapport za la pudeur, qu'est de tous les pays.

Si j'avais retenu auterre chose de mon latin et mon *Pater*, je pourrais peut-être aussi forcer les jeans de penser comme moi, que cheuz les Romains Pélaute, à ce que m'en a dit zun régent des Grassins, n'avait été que le singe d'Aristofade : c'est-à-dire qu'il l'avait zimité dans ses gaillardises et surtout dans ses jeux de mots latins, ses équivoques et ses gaitez triviales qui appartiennent de droit au gendre de la parade. Quoique je n'sois pas latiniste du tout, pas moins j'ai fréquenté zet hanté, comme on doit le voir, les gens au-dessus des maîtres ès-arts, puisque j'ai connu des régents de l'Académie française, et ces derniers m'ont juré que le nommé Térence, auteur comique latin, n'avait pas ta la vérité donné dans ce traquenard-là ; mais qu'en récompense cela l'avait rendu froid, beau parleur et sentenciel, ainsi que de nos jours Jean de Nivelle Lachausssée d'Antin, qui a été son imitateur en glace froide, sentences, et écrivant plus mal d'un autre côté.

Zau surplus, comme je n'ai pas vécu dans ces sièques des Grecs et des Romains (ce qui me rendrait trop âgé), et que je n'étais pas même nez au sièque dernier, mais seulement de celui de 1709, ce qui encore ne se saura peut-être pas [1], j' n' remonterai za l'origine de la parade

[1] « Note assez importante (*de la main de Collé*) : J'insinue

qu'à dater, za vue de païs, de 1729 et de 1730, et je dirai ce que M. Sallé m'en a dit.

M. Sallé était séquertaire de M. le comte de Maurepas, et en cette qualité c'était lui qui composait toutes les parades que voulaient faire MM. les ducs de Vaujours, comte de Caylus, comte de Pons-de-Vesle et autres marquis qui les inventaient... sous sa dictée.

Il me contait comme ça qu'il lui était zarrivé d'avoir mené plus de vingt fois en sa vie, entre quatre et cinq heures du soir, MM. les chevalier d'Orléans [1], grand

» zici qu'on ne saura peut-être pas que j'aie vécu et assez gai-
» ment même dans ce borgne de sièque de lumières. La pos-
» térité, sans goût comme faut croire, ne parlera pas plus du
» *Rasibus* de Collé que de l'interportation de la nature de
» Diderot.

» Cependant feu M. Duclos, séquertaire de l'Académie des
» proscriptions et de la Françoise, lequel, faut dire, n'était
» jamais outré dans ses éloges, m'a dit zen face, de son vivant,
» que *Rasibus* était le *Cidre* des parades et que j'en étais le
» grand Corneille, comme ça est vrai! »

[1] Fils légitimé du Régent et de la comtesse d'Argenton, né en 1702, mort en 1749. « Il était fort aimable et avait été
» extrêmement débauché; mais, depuis deux ans, il s'était
» jeté dans une dévotion si austère, qu'elle l'a plus épuisé
» que ses débauches. » (*Journal* de Barbier, t. IV, juin 1748.)
Dans *les Maîtresses du Régent,* M. de Lescure a tracé avec une grande vigueur de ton, en même temps qu'une rare fraîcheur de coloris, le portrait de madame d'Argenton : cette
« vraie maîtresse du Régent, qui fut à lui, bien à lui, toute
» à lui, dit-il, au rebours de plus d'une que nous verrons
» bientôt n'être au duc d'Orléans que lorsqu'elle ne sera pas
» aux autres. » *Les Maîtresses du Régent;* Dentu, 1860, 1 vol. in-8°, p. 64-140.

prieur de France, d'Argenson *la guerre* [1], comtes de Maurepas et de Caylus, dans les préaux des foires Saint-Germain et Saint-Laurent. Ces gentilshommes étaient déguisez en reguingottes, leux chapeaux sur leux têtes, et là ces bons masques t'avaient le plaisir incognito de voir pour rien représenter les parades que jouaient de dessus leux balcons, en dehors, Messieurs les danseurs de corde, zavant qu'ils donnassent leux représentations véritables où l'on payait.

Ces parades, me continuait M. de Sallé, n'étaient zautre chose que des scènes détachées de l'ancien théâtre Italien, de ce bâtard de Ghérardi.

Mais ces scènes croustilleuses, la magnière dont elles étaient rendues, la franche gaieté qu'ils y mettaient, les ordures gaillardes, enfin jusqu'à leux prononciation vicieuse zet pleine de cuirs [2], faisaient rire à gueule ouverte et à ventre déboutonné tous ces seigneurs de la cour qui n'étaient pas tout à fait dans l'habitude d'être

---

[1] Marc-Pierre de Voyer, comte d'Argenson, ministre de la guerre, frère du marquis d'Argenson, dont M. Ruthery publie le *Journal* et les *Mémoires*.

[2] Note d'érudition (*de la main de Collé*) : « Zon appelle
» *cuirs*, parmi les comédiens de province, les mauvaises liai-
» sons des mots que font les acteurs qui n'ont pas té û zune
» certaine éducation soigneuse, qui zont été, zavant d'monter
» sur le théâtre, d'aucuns, garçons de billard, d'autres, mou-
» cheux de chandelles, laquais de comédiens de Paris, etc., etc.
» Voici zun exemple de *cuirs,* pris d'un prologue de la tra-
» gédie de Didon :

« Za qui de commencer? Ce n'est point za Didon.
» Pas t'a vous, pas t'a moi, pas t'a lui, za qui donc? »

ORIGINE DE LA PARADE.

grossiers et de voir cheuz le roi des joyeusetez aussi libres, quoiqu'ils fussent dans l'intimité de défunt Louis XV.

Que c'était de là, me poursuivait toujours M. Désallé, qu'était née l'origine des parades de société, et qu'il lui était venu dans l'idée de conterrefaire ces bouffonneries pour servir de divertissement zaprès des soupers d'honnêtes femmes qui aiment ça.

Qu'enfin, me finissait M. Désallé, ce fut de là qu'il imagina de faire queutes seigneurs les auteurs du *Père respecté*, de *Cassandre aux Indes*, de *Blanc et noir*, etc., etc.

Il ne me disait pas tout, le bonhomme. Il ne me nommait pas les seigneurs, rapport za ce qu'il n' repernait jamais son esprit quand zil l'avait un' fois donné; mais j'ai su du depuis par M. de Beaumont, notre archevêque de Paris actuel, qui dans sa jeunesse za toujours été un gaillard comme il l'est encore, que le fameux *Remède à la mode*, parade zimprimée dans le *Théâtre des Boulevards*, est de M. Désallé, qui en avait fait présent à M. le duc de la Vallière, lequel au jour d'aujourd'hui encore s'en croit très-sincèrement l'auteur; que le *Père respecté* zest encore de ce père Sallé, quoique M. de Pont de Vesle m'ait dit za moi-même et, qui plus est, za feu Mademoiselle La Gaussin, que c'te parade-là zétait de sa façon, ce qu'il ne faut jamais croire quand des messieurs seigneurs vous diront de ces bourdes-là. Car, rapportez-vous-en za moi : quand des La Vallière, des Caylus, des Pont de Vesle se vantent *d'avoir fait*, ajoutez-y *faire*, c'est plus correct.

Dalieure, mes chers lecteurs, que j'n'veux pas tromper pour si peu d'chose, soyez sûrs et certains que toutes les autres parades qui sont zenterrées vives comme elles le méritent, dans ce damné *Théâtre des Boulevards,* sont toutes de la faciende de M. Désallé, za l'exemption de l'*Isabelle grosse par vartu,* qu'est de Fagan, une qu'est de Moncrif, en vers; une qu'est de Piron, et trois ou quatre autres de moi, qui m'ont zété volées par un savoyard décrotteur, qui zavait fait fortune dessous M. le duc de Choiseul, banqueroute après et qu'est devenu fou ensuite. La première lettre de son nom est Corbie [1].

C'est ce qui fait que je reviens toujours za vous dire d'être convaincus que tous ces seigneurs, qui se portent pour être zauteurs, ça vous a toujours des teinturiers que c'est zun' bénédiction!

Et za propos de ça je vais vous lâcher encore ici un'anecdoque qui passe pour incontestable za présent zet que j'e n'dis qu'à vous : c'est que ce M. Sallé, que j'ai beaucoup connu, zavait bien zune des plus fécondes imaginations qu'on puisse imaginer, et que c'est véritablement lui qui est l'auteur permier et primitif du *Complaisant,* du *Fat puni* et du *Somnambule,* charmantes comédies que s'est attribuées M. le comte (pour rire) de Pont de Veyle.

Lui et sa c.... de tante [2] n'ont mis tout au plus à ces comédies que le style, et dans le dramatique zon sait que le style zest l'habillement et non la création du

[1] Voir la lettre LVII, p. 305.
[2] Madame de Tencin.

ORIGINE DE LA PARADE. 385

tableau zet son ordonnance. Ces dernières parties, le plan zet la combinaison des scènes, ainsi que l'invention des sujets zet des caractères, sont zà n'en point douter de M. Sallé, qui, comme je l'ai dit, n'a jamais redemandé son esprit za ceux-là za qui zil l'avait prêté.

Faut dire zencore zen l'honneur de sa mémoire que c'était l'homme de son temps le plus désintéressé et de la probité la plus délicate. Il est le seul des commis de M. de Maurepas qui a payé ses dettes, qui n'ait pas volé le roi, et soit mort pauvre zet pur.

Quant aux parades qui sont de moi zet qui ne sont pas de lui, j'accuserai zici les celles qui sont à lui zet à d'autres : car je n'aime pas plus que lui le bien d'autrui, moi. C'est mon goût.

A l'égard de celui de la parade, oserai-je dire, d'après M. Duclos, que j'y ai zété supérieur? Oui, je l'oserai, d'autant plus, d'autant pla, d'autant plum, que la parade *est une bêtise*.

Ce n'est pas qu'on ne puisse dire zen sa faveur que la parade, quoique farce grossière zet faite pour la populace zet pour les gens de qualité [1], a cependant son art, ses

[1] Note historique (*de la main de Collé*) : « Mgr le duc
» d'Orléans n'étant encore que duc de Chartres, n'a-t-il pas
» joué lui-même la parade, en 1752 et 1757? Je le tirai tout
» de suite de de là, dès que monsieur son cher père fut mort
» zheureusement, zet je lui bâclai mon théâtre de société;
» mais la parade lui plaisait beaucoup, zet beaucoup trop. Il
» la faisait même d'aucunes fois terminer nos spectaques de
» comédie. Zelle était aussi ˈinfiniment zagréable aux jeunes

25

règles et ses grâces; que le fond zen doit être zagréablement zordurier; que ses ordures ne doivent sortir que de ce fond et n'y paraître ni zapportées ni plaquées, et qu'il y doit surtout régner une gaieté zinépuisable.

Ce néantmoins, ajoutons que quand le sujet s'en trouve tout neuf, zet tout battant neuf, ignia nombre de parades dont on ferait très-bien des comédies.

Quoi qu'il en coûte, faut pourtant zêtre de bonne foi zet judicieux. Il convient d'avouer candidement zet avec vérité que les proverbes, surtout ceux de M. de Carmontelle, qui, dans l'intérieur des sociétés, ont succédé zaux parades, leur sont diablement supérieurs[1]. C'est

» seigneurs, nos espectateurs, ce qui leuz faisait médiocrement
» d'honneur.
» Dans la *Mère rivale* zet dans *Isabelle précepteur,* monsei-
» gneur jouait supérieurement les rôles de madame Cassandre.
» J' n' dirai pas qu'il était excellent Gille, za cause de sa petite
» dignité de premier prince du sang, et qu'on trouverait ça
» déplacé; mais faut tout passer za eune jeunesse comme il
» était, et puis gni avait aux parades que quatre ou cinq
» seigneurs espectateurs. »

[1] Carmontelle (N.), auteur dramatique, né à Paris en 1717, mort en 1806, fut aussi lecteur du duc d'Orléans; il composa de petites comédies connues sous le nom de *Proverbes dramatiques,* et réussit fort bien dans ce genre léger, que de nos jours Théodore Leclercq a porté à un degré de charme et de perfection à peu près inimitable. Carmontelle jouait parfaitement dans ses pièces. Il en publia un premier recueil en 1768-81, et, après sa mort, en 1811 et 1825, on en fit paraître plusieurs qui étaient restées inédites. C'est à tort, du reste, qu'on a dit que Carmontelle *créa* le *proverbe;* il ne fit que le *renouveler,* attendu que, « sans remonter jusqu'à certaines idylles de l'an-

de la bonne et véritable comédie zen scènes détachées. Personne zau franc Parnasse n'en fait plus de cas que moi.

C'est zune fidèle peinture de la nature, et ça est riant. J'irai plus loin : j'irai jusqu'à prédire que si l'on fait zencore par la suite des *comédies comédies,* nos grands Messieurs sans invention, des Dorat qui n'ont que de l'esprit pour tout potage, seront quelques jours les larrons plagiaires de Carmontelle et qu'ils iront chercher les imaginations de leurs scènes dans les siennes [1].

J'ai dit et j'ai bien dit.

» tiquité, par exemple, aux *Syracusaines* de Théocrite, on
» peut lui trouver en France des prédécesseurs. Madame de
» Maintenon avait déjà fait des proverbes à l'usage de Saint-
» Cyr, et, en 1699, madame Durand en avait publié onze qui
» rentrent tout à fait dans le genre de Carmontelle. » Voyez *Curiosités théâtrales,* par Victor Fournel. Paris, Delahays, 1859. Un vol. in-18, p. 70.

[1] Les *prédictions* de Collé se vérifient plus souvent qu'on ne le pense généralement, grâce à l'attention distraite de notre époque pour tout ce qui a trait à la littérature; et ce n'est pas seulement Carmontelle qui est mis à contribution. Nous connaissons un auteur contemporain qui, sans mot dire, a *emprunté* une grande partie d'un de ses proverbes à une publication du siècle dernier. Cet auteur est Alfred de Musset, et la publication est intitulée : *Recueil général des proverbes dramatiques,* en vers et en prose; Londres-Paris, 1785, 16 vol. in-12. Ouvrez le tome XI, p. 216 à 248, et comparez avec le proverbe : *On ne saurait penser à tout,* de Musset. Il est impossible de pousser plus loin le talent d'*assimilation;* des scènes entières, *mot à mot,* y ont passé. Il semble qu'en pareil cas on doit au moins prévenir son lecteur. Molière s'en dispensait, il est vrai, et il se bornait à dire :

« Je prends mon bien partout où je le trouve. » Mais Alfred de Musset n'avait pas l'autorité nécessaire pour agir avec une telle liberté, qui n'est permise qu'au génie, et encore serait-ce un point à examiner, à l'aide du livre curieux que Cailhava a publié sur la matière. Voyez le tome II de l'*Art de la comédie*. Paris, Boulard, 1792. 2 vol. in-8°. **Par Cailhava.**

FRAGMENTS DES COMMENTAIRES
DE COLLÉ
SUR LES MEILLEURES TRAGÉDIES
DE VOLTAIRE.

M. Génie ayant bien voulu nous autoriser à continuer nos emprunts, nous allons faire passer sous les yeux du lecteur quelques fragments des *Commentaires* de Collé sur quatre tragédies de Voltaire, — *OEdipe*, *Zaïre*, *Alzire* et *Tancrède*, — les seules qui se trouvent dans le premier volume des manuscrits dont nous nous occupons [1].

Ces *Commentaires* sont placés au bas de chaque page du recueil, en tête duquel Collé a transcrit successivement les tragédies qu'il soumettait ainsi à son examen.

Nous avons extrait de ces critiques celles qui, bien entendu, nous ont paru avoir le plus de piquant et de physionomie, — car toutes ne sont pas également bien venues : plusieurs offrent des redites, des banalités, des obscurités. — Naturellement, à l'imitation de Collé, nous les avons fait précéder des scènes des tragédies auxquelles

[1] Voyez, p. 335 et suivantes, la Préface qui devait être mise en tête de ces *Commentaires*.

elles se rattachent, et nous avons terminé par la reproduction de la *seconde* critique, c'est-à-dire de l'*Examen du plan et des caractères* de chaque pièce.

Enfin, nous avons mis le lecteur en mesure de juger exactement du ton général et de la portée des *Commentaires* en question. On y verra comment Collé s'y est pris pour *immoler Voltaire* — ce sont ses mots — *aux mânes de Corneille*.

Voltaire *immolé* par Collé !

Nous croyons que c'est là une des curieuses pages de l'histoire littéraire du dix-huitième siècle, qui cache encore aux regards du moraliste et du chroniqueur tant de surprises et de révélations.

H. B.

OEDIPE,

TRAGÉDIE.

PERSONNAGES.

OEDIPE, roi de Thèbes.
JOCASTE, reine de Thèbes.
PHILOCTÈTE, prince d'Eubée.
ÉGINE, confidente de Jocaste.
DIMAS, ami de Philoctète.
ARASPE, confident d'OEdipe.
LE GRAND PRÊTRE.
PHORBAS, vieillard thébain.
ICARE, vieillard de Corinthe.
CHOEUR DE THÉBAINS.

La scène se passe à Thèbes.

AVERTISSEMENT (*de la main de Collé*).

L'auteur composa cette pièce à l'âge de dix-neuf ans. Elle fut jouée, en 1718, quarante-cinq fois de suite. Ce fut le sieur Dufresne, célèbre acteur de l'âge de l'auteur, qui remplit le rôle d'OEdipe. Mademoiselle Desmares, très-grande actrice, joua celui de Jocaste, et quitta le théâtre quelque temps après.

On a rétabli, dans cette nouvelle édition, le rôle de Philoctète tel qu'il fut joué à la première représentation.

ACTE PREMIER.

SCÈNE I.

PHILOCTÈTE, DIMAS.

DIMAS.

Philoctète, est-ce vous? Quel *coup affreux du sort* [1]
Dans ces lieux empestés vous fait chercher la mort?
Venez-vous de nos dieux affronter la *colère?*
Nul mortel n'ose ici mettre un pied *téméraire.*
Ces climats sont remplis du céleste courroux,
Et la mort dévorante habite parmi nous.
Thèbes, depuis longtemps aux horreurs consacrée,
Du reste des vivants semble être séparée.
Retournez.

PHILOCTÈTE.

Ce séjour convient aux malheureux.
Va, laisse-moi le soin de mes *destins affreux.*

COMMENTAIRES DE COLLÉ.

[1] J'observerai, autant que je le pourrai, un ordre dans ces Commentaires. Je ferai mes notes sur les vers et sur les détails dans le courant de la pièce, et je renverrai à la fin de chaque acte les observations que j'aurai à faire sur le fond du sujet, sur le plan et sur les caractères.

Je remarque, d'abord, qu'en général les vers de cette première scène sont plus épiques que tragiques. Philoctète et Dimas sont deux poëtes qui tâchent de faire de beaux vers,

Et dis-moi si des dieux la *colère inhumaine*
En accablant ce peuple a respecté la reine.

DIMAS.

Oui, seigneur : elle vit ; mais la *contagion*
Jusqu'au pied de son trône a porté son *poison*.
Chaque instant lui dérobe un serviteur *fidèle*,
Et la mort par degrés semble s'approcher d'elle.
On dit qu'enfin le ciel, après tant de courroux,
Va retirer son bras appesanti sur nous.
Tant de sang, tant de morts ont dû le *satisfaire*.

PHILOCTÈTE.

Et quel crime a produit un courroux si *sévère*?

DIMAS.

Depuis la mort du roi...

PHILOCTÈTE.

Qu'entends-je? Quoi! Laïus...

COMMENTAIRES DE COLLÉ.

et non les deux personnages qui parlent pour commencer l'exposition du sujet.

M. de Voltaire a chicané Corneille sur les vers : on peut chicaner M. de Voltaire sur les siens. Quoique ce soit là sa grande partie, nous en trouverons cependant une assez honnête quantité de répréhensibles. Voyons.

En dix vers, on trouve deux fois le mot d'*affreux* : affreux coup du sort... mes destins affreux; expressions vagues, d'ailleurs. *Colère* et *téméraire*, *contagion* et *poison*, *satisfaire* et *sévère* ne riment point ensemble.

Colère *inhumaine*, épithète oiseuse mise ici pour rimer. Serviteur *fidèle*, autre épithète pour la rime : car la peste emporte les serviteurs ingrats comme les serviteurs fidèles.

DIMAS.

Seigneur, depuis quatre ans ce héros ne vit plus.

PHILOCTÈTE.

Il ne vit plus! Quel mot a frappé mon oreille!
Quel *espoir séduisant*² dans mon cœur se réveille!
Quoi! Jocaste... Les dieux me *seraient-ils plus doux*³?
Quoi! Philoctète, *enfin*⁴, pourrait-il être à vous?...
Il ne vit plus!... Quel sort a terminé sa vie?

DIMAS.

Quatre ans sont écoulés depuis qu'en Béotie
Pour la dernière fois le sort guida vos pas.
A peine vous quittiez le sein de vos États,
A peine vous preniez le chemin de l'Asie,
Lorsque d'un coup perfide une main ennemie
Ravit à ses sujets ce prince infortuné.

PHILOCTÈTE.

Quoi! Dimas, votre maître est mort *assassiné*⁵!

COMMENTAIRES DE COLLÉ.

² Rien de moins séduisant que le *séduisant espoir* de pouvoir séduire une grand'mère que l'on s'est mis à adorer il y a plus de vingt-cinq ans.

³ Les dieux *me seraient-ils plus doux?* c'est un petit vers d'opéra; c'est une imitation de la versification de Campistron.

⁴ *Enfin* n'est point une cheville dans ce vers; *enfin* y est nécessaire : le prince béotien soupire après Jocaste depuis trente ans peut-être. On sait que les Béotiens étaient les Champenois de la Grèce. Au long amour de Philoctète on eût deviné sa patrie, quand on n'en eût point parlé.

⁵ *Assassiné*. Il y a faute dans le dialogue en cet endroit. Dimas doit répondre à Philoctète, demandant si Laïus a été

DIMAS.

Ce fut de nos malheurs la première origine.
Ce crime a de *l'empire* entraîné la ruine.
Du bruit de son trépas mortellement frappés,
A répandre des pleurs nous étions occupés,
Quand du courroux des dieux, ministre épouvantable,
Funeste à l'innocent, sans punir le coupable,
Un monstre, — loin de nous que faisiez-vous alors? —
Un monstre furieux vint ravager ces bords.
Le ciel industrieux, dans sa *triste* [6] vengeance,
Avait à le former épuisé sa puissance.
Né parmi les rochers, au pied du *Cythéron* [7],
Ce monstre à voix humaine, aigle, femme et *lion*,
De la *nature entière* [8] exécrable assemblage,
Unissait contre nous l'artifice à la rage.

COMMENTAIRES DE COLLÉ.

assassiné : « Non! ou Oui, ce fut de nos maux la première origine. » L'*empire*, expression impropre. Bourges et sa banlieue ne peuvent être appelés un empire, non plus que Thèbes, qui n'avait pas autant d'étendue.

[6] *Triste* vengeance, épithète qui ne peint rien; et puis *triste!* On trouve peu de vengeances joyeuses; les femmes seules en ont le secret.

[7] *Cythéron* et *lion* ne riment point. On sait qu'il faut au moins que les dernières syllabes aient la même terminaison : lion, Sion, Cythéron, Caron. Elle est riche quand presque toutes les syllabes riment : lion, Ilion, Cythéron, Cicéron.

[8] *Entière* : vers hyperbolique et boursouflé. Ce monstre n'est point « l'exécrable assemblage de la nature entière ». Il ne l'est que des natures de l'aigle, de la femme et du lion.

Il n'était qu'un moyen *d'en préserver*[9] ces lieux :
D'un sens embarrassé dans des mots captieux,
Le monstre, chaque jour, dans Thèbe épouvantée
Proposait une énigme avec art concertée ;
Et si quelque mortel voulait nous secourir,
Il devait voir le monstre, et *l'entendre*[10], ou périr.

. . . .
. . . .
. . . .
. . . .
. . . .
. . . .
. . . .

COMMENTAIRES DE COLLÉ.

[9] *Préserver* : terme impropre et faible.

[10] L'*entendre* : il faut, je crois, *comprendre;* car l'on entend souvent sans comprendre. Nous ne comprendrions pas ceci, en l'*entendant*.

ACTE DEUXIÈME.

SCÈNE II.

JOCASTE, ÉGINE.

ÉGINE.

Que je vous plains!

JOCASTE.

Hélas! je porte envie
A ceux qui dans ces murs ont terminé leur vie.
Quel état! quel tourment *pour un cœur vertueux* [11] !

ÉGINE.

Il n'en faut point douter : votre sort est affreux.
Ces peuples, qu'un faux zèle aveuglément anime,
Vont bientôt à grands cris demander leur victime.
Je n'ose l'accuser; mais quelle horreur pour vous
Si vous trouvez en lui l'assassin d'un époux!

JOCASTE.

Eh! l'on ose à tous deux faire un pareil outrage!
Le crime et la bassesse eût été son partage.

COMMENTAIRES DE COLLÉ.

[11] *Pour un cœur vertueux.* Les femmes qui n'ont point de vertu dans leur cœur vertueux en ont sans cesse le mot à la bouche. Nous allons éplucher cette vertu-là.

Égine, après les nœuds qu'il m'a fallu briser,
Il manquait à mes maux de l'entendre accuser.
Apprends que ces soupçons irritent ma colère,
Et *qu'il est vertueux, puisqu'il a su me plaire* [12].

ÉGINE.

Cet amour si constant...

JOCASTE.

Ne crois pas que mon cœur
De cet amour funeste ait pu nourrir l'ardeur.
Je l'ai trop combattu. Cependant, chère Égine,
Quoi que fasse un grand cœur *où la vertu domine* [13],
On ne se cache point ces secrets mouvements
De la nature en nous indomptables enfants [14].

COMMENTAIRES DE COLLÉ.

[12] *Et qu'il est vertueux, puisqu'il a su me plaire.*

Ce n'est pas toujours là une raison pour les femmes. Voilà d'ailleurs le mot *vertueux* encore répété; et plus bas, elle rabâche encore qu'elle a :

[13] . . . . *un grand cœur où la vertu domine.*

On peut lui accorder qu'il est grand, et ne pas convenir que la vertu y domine.

[14] *De la nature en nous indomptables enfants.*

Quoique la dame Jocaste dise et redise qu'elle a un grand cœur où la vertu domine, un cœur vertueux et une vertu sévère qui résiste aux passions, ce vers, qui peint si élégamment sa bonne santé, peut faire penser que sa vertu a eu affaire à forte partie. Elle a

. . . . . . de secrets mouvements
De la nature en elle indomptables enfants,

qui peuvent bien laisser croire au combat, mais non à la vic-

Dans les replis de l'âme ils viennent nous surprendre;
Ces feux qu'on croit éteints renaissent de leur cendre.
Et la vertu sévère, en de si durs combats,
Résiste aux passions et ne les détruit pas.

ÉGINE.

Votre douleur est juste autant que *vertueuse;*
Et de tels sentiments...

JOCASTE.

Que je suis malheureuse!
Tu connais, chère Égine, et mon cœur et mes maux.
J'ai deux fois de l'hymen allumé les flambeaux;
Deux fois, de mon destin subissant l'injustice,
J'ai changé d'esclavage ou plutôt de supplice;
Et le seul des mortels dont mon cœur fut touché,
A mes vœux pour jamais devait être arraché!
Pardonnez-moi, grands dieux, ce souvenir funeste!
D'un feu que j'ai dompté [15] c'est le malheureux reste.
Égine, tu nous vis l'un et l'autre charmés;
Tu vis nos nœuds rompus aussitôt que formés.

COMMENTAIRES DE COLLÉ.

toire, puisqu'ils sont *indomptables.* Au reste, tous ces détails sur l'amour sont divinement écrits, mais complétement déplacés et ridicules dans la bouche de Jocaste, qui doit avoir au moins quarante-cinq ans, et qui a un amant de cinquante. Ses déplorations sur leurs maux amoureux ne sont rien moins qu'intéressantes. C'est le vice de cet épisode. Il ne fallait point d'amour dans cette tragédie-ci.

[15] *Dompter un feu,* se dit-il en français?

Mon souverain m'aima, m'obtint malgré moi-même.
Mon front, chargé d'ennuis, fut ceint du diadème.
Il fallut oublier dans ses embrassements
Et mes premiers amours et mes premiers serments.
Tu sais qu'à mon devoir tout entière attachée,
J'étouffai de mes sens la révolte cachée [16],
Et déguisant mon trouble, et dévorant mes pleurs,
Je n'osais à moi-même avouer mes douleurs.

ÉGINE.

Comment donc pouviez-vous du joug de l'hyménée
Une seconde fois tenter la destinée ?

JOCASTE.

Hélas !

ÉGINE.

M'est-il permis de ne vous rien cacher ?

JOCASTE.

Parle.

ÉGINE.

OEdipe, madame, *a paru vous toucher* [17],

COMMENTAIRES DE COLLÉ.

[16] Rien de plus naturel. *J'étouffai de mes sens la révolte cachée* : ces expressions sont un peu hasardées pour une métaphysicienne. Au reste, dans ce morceau, ainsi que dans le précédent, on doit observer avec quelle complaisance, quel amour-propre et quel plaisir sensuel cette vieille amoureuse s'étend et jase de son antique passion, qui n'intéresse plus que les gens de l'ancienne cour. Les spectateurs n'y sont pour rien. Son ridicule n'est pas même piquant : il n'est qu'ennuyeux.

[17] *OEdipe, madame, a paru vous toucher,* etc.

Je soupçonne la dame d'honneur de Jocaste d'être une

Et votre cœur, du moins, sans trop de résistance,
De vos États sauvés donna la récompense.

JOCASTE.

Ah! grands dieux!

ÉGINE.

Était-il plus heureux que Laïus?
Ou Philoctète *absent* ne vous touchait-il plus?
Entre ces deux héros étiez-vous *partagée* [18]?

COMMENTAIRES DE COLLÉ.

grande persifleuse. Elle connaît Jocaste, elle sait qu'elle a les *sens faciles;* elle veut lui faire avouer qu'elle a eu des moments assez agréables avec le jeune successeur de Laïus, sans cesser cependant d'avoir des désirs d'en trouver de pareils avec Philoctète. C'est à quoi tend la question maligne renfermée dans ces vers :

[18] . . . Était-il (OEdipe) plus heureux que Laïus?
Ou Philoctète *absent* ne vous touchait-il plus?
Entre ces deux héros étiez-vous *partagée?*

Le jeune mari de cette vieille veuve régnait sur ses sens, Philoctète sur son cœur. Dans ma tragédie comique de *Tanzaï et Néadarné,* j'ai tâché d'imiter et j'ai étendu cette idée. Qu'on me pardonne la vanité de me citer. Le voici :

NÉADARNÉ.

J'adore Tanzaï; Jonquille est mon vainqueur.
L'un a séduit mes sens, l'autre a soumis mon cœur.
Pareille ardeur pour l'un et pour l'autre m'enflamme.
Entre ces deux héros se partage mon âme :
Ils m'ont fait éprouver que l'on peut à la fois
En aimer deux sans peine.

MOUSTACHE.

On peut en aimer trois,
Madame; et quelquefois a-t-on bien à combattre
Pour s'en tenir à trois, et n'en pas aimer quatre.

Et Philoctète absent : M. de Voltaire glisse, judicieusement

JOCASTE.

Par un monstre cruel Thèbe alors ravagée,
A son libérateur avait promis ma foi;
Et le vainqueur du sphinx était digne de moi[19].

ÉGINE.

Vous l'aimiez!

JOCASTE.

Je sentais pour lui quelque tendresse[20].

COMMENTAIRES DE COLLÉ.

d'ailleurs, ce trait comique qu'avec les femmes les *absents ont toujours tort;* du moins le donne-t-il à entendre. Tout ce qui peint, au reste, l'amour de Jocaste, est plein de vérité et de chaleur. Les vers en sont admirables; mais ils jurent avec le personnage de Jocaste, et conséquemment, plus ils sont bien, plus ils sont mal.

[19] *Et le vainqueur du sphinx était digne de moi.*

Cette idée est assez petite; elle n'eût pas dû être employée, car, enfin, qu'est-ce que le vainqueur du sphinx avait de si estimable? Le talent de deviner des énigmes! C'est se moquer de son spectateur que de faire un *vers ronflant* de cette pensée.

[20] ... *Je sentais pour lui quelque tendresse,* etc.

Jocaste a les sens vifs, mais en même temps elle a des ressources dans l'esprit, et elle est adroite pour donner des couleurs à ses différents sentiments d'amour. Quand elle aurait vécu de nos jours, elle ne pouvait pas être une métaphysicienne plus subtile. Elle analyse tous ses mouvements d'une manière décente; elle éloigne l'idée de la *surprise des sens.* Un jeune homme tel qu'OEdipe était pourtant capable de la lui faire éprouver; mais, en femme instruite, elle dissimule ses sensations à sa confidente; cela est plus doux; mais on n'aime pas à voir, et l'on est fatigué d'entendre cette veuve usée parler de passion pour son vieux Cléon, passion qui devait être tout au moins bien élimée.

Mais que ce sentiment fut loin de la faiblesse !
Ce n'était point, Égine, un feu tumultueux
De mes sens enchantés enfant impétueux.
Je ne reconnus point cette brûlante flamme
Que le seul Philoctète a fait naitre en mon âme,
Et qui, sur mon esprit répandant son poison,
De son charme fatal a détruit ma raison.
Je sentais pour OEdipe une *amitié sévère*[21].
OEdipe est vertueux : sa vertu m'était chère.
Mon cœur avec plaisir, etc., etc.

. . . .
. . . .
. . . .

COMMENTAIRES DE COLLÉ.

[21]   *Je sentais pour OEdipe une amitié sévère*, etc.

Tout ce morceau m'a paru toujours de la plus grande beauté. Il rentre dans les idées reçues au théâtre sur les mouvements de la nature qu'un père, une mère, un fils, éprouvent en se retrouvant sans se connaître. Ce morceau est d'ailleurs supérieurement versifié; mais tout ce qui nous ramène à l'amour de Jocaste pour Philoctète le gâte et l'affaiblit.

ACTE DEUXIÈME.

SCÈNE IV.

OEDIPE, PHILOCTÈTE, ARASPE.

OEDIPE.

Araspe, c'est donc là le prince Philoctète?

PHILOCTÈTE.

Oui, c'est lui qu'en ces murs un sort aveugle jette[22];
Et que le ciel encore, à sa perte animé,
A souffrir des affronts n'a point accoutumé.
Je sais de quels forfaits on veut noircir ma vie.
Seigneur, n'attendez pas que je me justifie.
J'ai pour vous trop d'estime, et je ne pense pas
Que vous puissiez descendre à des soupçons si bas.
Si, sur les mêmes pas nous marchons l'un et l'autre,
Ma gloire d'assez près est unie à la vôtre.
Thésée, Hercule et moi[23], nous vous avons montré

COMMENTAIRES DE COLLÉ.

[22]   *Oui, c'est lui qu'en ces murs un sort aveugle jette.*

Si la dureté extrême de ce vers n'était point rachetée par la clarté extrême dont il est, et la beauté de l'idée qu'il renferme, on pourrait en désirer un autre.

[23]   *Thésée, Hercule et moi,* etc.

Quand Philoctète se met de pair avec Hercule et Thésée,

Le chemin de la gloire, où vous êtes entré.

. . . .
. . . .
. . . .
. . . .
. . . .

OEDIPE.

Être utile aux mortels et sauver cet *empire*.[24],
Voilà, seigneur, voilà l'honneur seul où j'aspire,
Et ce que m'ont appris, en ces extrémités,
Les héros que j'admire et que vous imitez.

. . . .
. . . .
. . . .

Ah! je ne pense point qu'aux exploits consacrées,
Vos mains par des forfaits se soient déshonorées,
Seigneur; et si Laïus est tombé sous vos coups,
Sans doute, avec honneur, il expira sous vous.
Vous ne l'avez vaincu qu'en héros magnanime.
Je vous rends trop justice...

COMMENTAIRES DE COLLÉ.

je crois entendre M. de Voltaire qui dirait de lui : Moi, Corneille et Racine. Il irait plus loin que ce fanfaron de Philoctète. Il mettrait son *moi* d'abord, et M. de Saint-Lambert dirait qu'il a ce droit-là.

[24] Être utile aux mortels et sauver cet *empire*.

Encore une fois, sans plus, je ne m'accoutume point à entendre appeler Thèbes un *empire*. C'est l'empire des Porcherons, par son étendue.

PHILOCTÈTE.

Eh! quel serait mon crime[25]?
Si ce fer chez les morts eût fait tomber Laïus,
Ce n'eût été pour moi qu'un triomphe de plus.
Un roi pour ses sujets est un dieu qu'on révère;
Pour Hercule et pour moi[26], c'est un homme ordinaire.
J'ai défendu des rois; et vous devez songer
Que j'ai pu les combattre, ayant pu les venger.

OEDIPE.

Je connais Philoctète à ces illustres marques;
Des guerriers tels que vous sont égaux aux monarques.
Je le sais. Cependant, prince, n'en doutez pas :
Le vainqueur de Laïus est digne du trépas.

. . . .
. . . .
. . . .
. . . .
. . . .
. . . .

COMMENTAIRES DE COLLÉ.

[25] . . . . . . *Eh! quel serait mon crime?*

Au lieu de cette interruption, n'eût-il pas été mieux de dire : « Mais votre victoire, pour mon peuple et pour moi est » un crime! »

[26] *Pour Hercule et pour moi*, c'est un homme ordinaire.

Et qu'a fait de si grand ce Philoctète, pour s'assimiler sans cesse à Hercule? Philoctète est à peu près à Hercule ce que Thiriot était à Voltaire. Ce Gilles d'Alcide est le plus sot petit fat que la Grèce ait porté.

PHILOCTÈTE.

. . . .
. . . .
. . . .

Du meurtre de Laïus OEdipe me soupçonne.
Ah! ce n'est point à vous d'en accuser personne [27].
Son sceptre et son épouse ont passé dans vos bras :
C'est vous qui recueillez le fruit de son trépas.
Ce n'est pas moi surtout de qui l'heureuse audace
Dispute sa dépouille et demande sa place.
Le trône est un objet qui n'a pu me tenter.
Hercule à ce haut rang dédaignait de monter.
Toujours libre avec lui, sans sujets et sans maître,
J'ai fait des souverains, et n'ai pas voulu l'être [28]...

COMMENTAIRES DE COLLÉ.

[27] *Ah! ce n'est point à vous d'en accuser personne.*

C'est là un beau vers de situation, OEdipe étant le meurtrier de Laïus.

[28] *J'ai fait des souverains, et n'ai pas voulu l'être.*

J'ose dire que dans ma tragédie amphigouristique, j'ai rendu ce vers fanfaron plus naturel en le parodiant :

COCATRIX.
« L'hymen a-t-il déjà fait ressentir ses fers?
AMATROS.
» Non, j'ai vécu, madame, à l'abri des revers.
» Mon front sans ornement le fait assez connaître :
» J'ai fait mille c...., et n'ai pas voulu l'être. »

Si cette scène quatrième est glaciale, malgré les beaux vers qui y sont répandus et l'élégance continue de M. de Voltaire, on en devine aisément la raison. L'invraisemblance de l'accusation portée contre Philoctète en est la principale cause. Une

Mais c'est trop me défendre et trop m'humilier.
La vertu s'avilit à se justifier.

     OEDIPE.

Votre vertu m'est chère, et votre orgueil m'offense.
On vous jugera, prince; et si votre innocence
De l'équité des lois n'a rien à redouter,
Avec plus de splendeur elle en doit éclater.
Demeurez parmi nous.

     PHILOCTÈTE.

      J'y resterai sans doute.
Il y va de ma gloire; et le ciel, qui m'écoute,
Ne me verra partir que vengé de l'affront
Dont vos soupçons honteux ont fait rougir mon front.

        (*Il sort.*)

    COMMENTAIRES DE COLLÉ.

autre cause qui y concourt, c'est le défaut de caractère des deux héros; celui de Philoctète est d'un rodomont, celui d'OEdipe est sans physionomie.

Dans la parade de cette tragédie aux Italiens, le comédien Legrand, qui en est l'auteur, a fait de Philoctète un Gascon : cela est assez bien vu. Je rapporterai peut-être quelques traits de cette parodie dans l'examen qu'à la fin de cette tragédie je compte faire du fond et des caractères de l'*OEdipe* de M. de Voltaire. Legrand avait du talent pour ce genre; ses plaisanteries avaient presque toujours un fonds de critique judicieux; mais il s'en permettait souvent qui étaient de mauvaise foi. C'est ce que j'éviterai toujours. Je crois cette façon de critiquer malhonnête et odieuse. S'il m'en échappait, je jure avec candeur que ce serait sans que je m'en aperçusse; et je prie ceux qui reverront ce manuscrit de les retrancher.

EXAMEN

DU PLAN ET DES CARACTÈRES

D'ŒDIPE,

TRAGÉDIE.

J'abrégerai ces examens. Ils ennuieraient les gens du monde et n'apprendraient rien de nouveau aux gens du métier. Je ne ferai qu'indiquer les défauts de plan et de caractère des tragédies de M. de Voltaire. Il s'en trouvera même quelques-unes dont je ne ferai point l'examen : ce sont celles où mes observations ou *Commentaires* auront tout dit. Évitons les répétitions.

Ce n'est point ici une poétique que j'ai la prétention de donner, chemin faisant. Je suis bien loin de me charger de ce ridicule.

Les poétiques font bâiller le public et ne servent de rien à ceux qui sont nés sans génie ou sans talent, ou à ceux qui sont nés avec l'un ou l'autre.

Si j'étais condamné, sous peine de la vie, à composer une poétique pour le théâtre, on se doute bien que j'en ferais une; mais je la ferais en une vingtaine de lignes, et je serais téméraire au point de la croire complète.

Je dirais — car je vais essayer de le faire — que toute représentation théâtrale doit être une peinture vraie, frappante et en action des hommes tels qu'ils sont.

Dans la tragédie, c'est celle des rois, des grands, des âmes élevées, des scélérats.

Dans la comédie, celle des mœurs, des citoyens et des événements de la vie commune.

Dans l'une et dans l'autre, il faut faire agir et parler les hommes comme ils agissent et comme ils parlent : voilà les caractères.

Dans l'une et dans l'autre, il faut que les événements des fables qu'on invente soient piquants et pourtant vrais ou vraisemblables : voilà les plans.

Sur l'une et sur l'autre, Boileau a donné un précepte ; en deux vers il a tout dit :

> Rien n'est beau que le vrai. Le vrai seul est aimable.
> Le vrai peut quelquefois n'être pas vraisemblable.

Voilà la loi et les prophètes. Voilà la poétique que je donnerais ou que je donne.

C'est d'après ce principe immuable que je livrerai les meilleures tragédies de M. de Voltaire au jugement de mes lecteurs.

Il est inutile de dire que le sujet d'*OEdipe* n'est point de l'invention de M. de Voltaire ; mais il ne l'est pas d'observer que ce très-bel esprit, bel esprit superficiellement universel, est né sans ce génie créateur qui sait inventer et combiner un grand ensemble avec autant de verve que de jugement.

La plus grande partie des meilleures tragédies de cet auteur sont faites d'après les autres. Le peu qui sont de son cru sont remplies de miracles ou d'invraisemblances trop éloignées du *vrai* pour que cela puisse être *beau*.

L'on trouve de grandes facilités à traiter des sujets qui l'ont été par nos grands maîtres. On profite de leurs beautés et l'on évite leurs défauts.

Le sujet d'*OEdipe* a été traité par tous les poëtes grecs; mais leurs tragédies sont si simples, et leurs chœurs y tiennent tant de place, que cinq de leurs actes nous fournissent à peine la matière pour deux des nôtres.

Les Français qui ont pris ce sujet ont donc été obligés d'imaginer un épisode.

Celui de M. de Voltaire est froid et absurde. Il a ce petit agrément de plus que celui de Corneille, qui n'est que froid seulement.

L'épisode qu'avait inventé M. de la Motte dans son très-mauvais *OEdipe* est au moins — je dis tout au moins — très-raisonnable; et dans les mains d'un très-grand poëte, il eût pu devenir de la plus grande beauté.

M. de la Motte fait paraître dans sa tragédie Étéocle et Polynice. Il fait rendre un oracle qui, pour sauver les Thébains, demande le sang d'un fils de Jocaste. OEdipe est son fils, de même qu'Étéocle et Polynice. Cet oracle captieux fournit au moins la matière de deux actes; et cet épisode doit paraître excellent, parce qu'il est tiré du sein même du sujet, et que l'on exclut, par ce moyen, d'ailleurs, tout froid amour de ce sujet, qui n'en est point susceptible.

S'il vient un jour un poëte sans invention, et seulement grand coloriste, il pourra, en profitant des *OEdipe* de Corneille, de Voltaire et de la Motte, faire une excellente tragédie de cet affreux sujet, toujours manqué.

Quoi qu'il en soit, parlons de celui de M. de Voltaire, dont les derniers actes ont, comme nous l'avons dit, des morceaux précieux.

L'exposition du sujet est sans vérité et sans vraisemblance.

Philoctète arrive à Thèbes dont un monstre a ravagé les environs, et dont la capitale est remplie de morts et de mourants que la peste emporte ; et ce Philoctète, au milieu de ces horreurs, déplore en termes outrés ses malheurs. Et quels sont ces grands malheurs ? C'est d'avoir perdu, depuis peu d'années, Hercule son ami, qui est devenu dieu, et, depuis vingt-cinq ans, Jocaste, sa maîtresse, qui est devenue vieille.

Philoctète ne saurait ignorer l'apothéose de l'un, et n'avoir pas oublié l'autre. Cependant il assure, dans ses déplorations, qu'un séjour pestiféré est celui qui lui convient infiniment. A quoi mène ce désespoir héroïque ? A mourir du charbon, tandis qu'avec les flèches qu'Hercule lui a laissées, comme on sait, il pouvait peut-être arriver dans ce pays pour y détruire le sphinx. Mais il en ignore l'existence ; on lui en raconte l'histoire : autre défaut de vraisemblance. Il ne sait pas davantage la mort de Laïus, le nom de son successeur, le mariage de Jocaste, etc., etc. Peut-on se prêter à cette ignorance volontaire ? La Grèce est grande comme la main, et un prince qui n'en est point sorti n'a pas appris, en Béotie, où il dit qu'il est resté quatre ans, des nouvelles aussi publiques et aussi générales que la mort d'un roi et le mariage de sa veuve : c'est se moquer. On croira plutôt que Philoctète est d'accord avec l'auteur pour se faire instruire de ce qu'il sait, afin de mettre par là le spectateur finement au fait de ce qu'il est nécessaire qu'il sache.

Un autre défaut, dans cette exposition, c'est de n'y avoir pas fondé et établi que le grand prêtre avait le talent de prédire l'avenir.

Une autre invraisemblance aussi difficile à digérer, comme nous l'avons déjà dit dans nos *Commentaires*, c'est l'accusation dirigée par Araspe de la mort de Laïus contre Philoctète. A peine ce pauvre héros a-t-il mis dans Thèbes son *pied téméraire* (car, comme dit la parodie : *Que la témérité de votre pied est grande*), à peine, dis-je, est-il entré dans la ville, — il n'a pas même encore eu le temps de voir ni le roi ni la reine, — à peine a-t-on pu l'apercevoir dans les rues, qu'il est accusé par tous les Thébains du meurtre de Laïus, et qu'ils le demandent tous pour victime. Aussitôt pris, aussitôt pendu. L'on ne peut passer un incident aussi impossible que dans les *Mille et une Nuits*.

Cet incident et l'épisode des amours de Jocaste et de Philoctète, qui remplissent cet acte et les deux tiers au moins du troisième acte, n'ont pas l'ombre de vérité. Nous nous sommes assez égayé dans nos *Commentaires* sur cet épisode glacial pour y revenir encore. Cela nous fait bâiller de souvenir.

Passons à la scène cinquième de ce troisième acte. Quoiqu'elle soit très-courte, elle est inutile.

Philoctète ajoute quelques mots aux invectives d'OEdipe contre le grand prêtre; il ne sert qu'à cela dans cette scène, à laquelle il est d'ailleurs fort étranger. On sent même combien il l'est au sujet.

La scène troisième est une belle scène, et la seule du fond d'*OEdipe;* elle a cent deux vers, desquels il convient de retrancher ceux que disent les chœurs et Philoctète, qui sont de trop dans cette scène. En sorte que, tout calculé, cet acte troisième n'a, en conscience, qu'environ quatre-vingts vers qui appartiennent essentiellement au fond du sujet d'*OEdipe*.

Quant au quatrième et au cinquième acte, nous avons épuisé, dans nos *Commentaires*, et les critiques et les éloges sur le plan. Nous n'en dirons pas davantage. En général, nous estimons infiniment ces deux derniers actes, et nous le répétons avec plaisir. Mais ce serait malgré nous si, dans le cours de cet ouvrage, nous tombions dans des répétitions de critiques.

Notre dessein est de montrer de la justice, de la sévérité même; mais nous rougirions de faire voir de l'acharnement.

Les caractères des personnages de cette tragédie ont été examinés dans les détails, parce qu'ils tenaient à ces détails. Nous n'y revenons pas.

Il ne nous reste donc qu'à parler de l'*OEdipe* de Corneille, relativement à celui-ci. Tâchons d'être court. Je sens l'ennui qui gagne mes lecteurs.

Emporté par mon admiration pour Corneille, j'avais fait l'extrait du plan de son *OEdipe*, et, quoique cet extrait m'eût encore enflammé, j'ai senti que la longueur dont il était pouvait faire manquer l'effet que je désirais qu'il produisit sur ceux qui auraient eu la patience de le lire.

Je me contente donc d'exhorter les amateurs de théâtre à faire attention à ce plan et à le méditer. Je suis persuadé que plus ils l'examineront de près et plus ils trouveront d'invention, de génie et de jugement dans sa combinaison.

J'excepte de cette combinaison l'épisode de Dircé et de Thésée, et surtout leurs amours.

Quelque respect que j'aie pour cet auteur divin, j'oserai dire que l'amour ne peut entrer dans un sujet aussi terrible et même aussi horrible que celui d'OEdipe.

Quelque distance immense qu'on doive mettre, en général, entre les créations de Corneille et celles de la Motte, j'ai la hardiesse de soutenir encore, malgré le mépris qu'en fait M. de Voltaire, que le seul épisode qui pût rentrer dans le sujet d'OEdipe est celui que M. de la Motte a créé. Je renvoie, à cet égard, à ce que j'en ai déjà dit, et surtout à la tragédie de ce dernier.

Je me réduis donc ici, sur le plan de Corneille et sur les beautés de ce poëme, à de simples indications.

L'invention de l'oracle de Delphes, qui suspend l'action dans le premier acte par son silence effrayant; celle où OEdipe lui-même prend, à la fin de cet acte, la résolution de faire évoquer l'ombre de Laïus par Tirésias (peut-être eût-il fallu faire paraître cette ombre : je suis en cela de l'avis de M. de Voltaire); enfin, l'adresse créatrice qu'a eue Corneille de fonder, dans cette même scène, par Œdipe, qu'il était le meurtrier de son père, tous ces traits sont d'un maître de l'art.

L'ombre évoquée par Tirésias, le sens ambigu de sa réponse, qui a fait sûrement naître à M. de la Motte l'idée de son épisode, est encore une invention de génie. Elle est bien préférable à celle de M. de Voltaire, qui fait de son grand prêtre un grand devin, sans grande raison pour cela.

Après avoir suspendu le sujet pendant deux actes, par ces deux moyens, l'auteur arrive à la scène quatrième du troisième acte, où Œdipe commence à vouloir prendre connaissance de son sort avec Jocaste, et s'en éclaircir. L'action prend ici une nouvelle face et une force nouvelle.

Je suis bien sûr de ne point ennuyer mes lecteurs en copiant ici les vers de Corneille sur la *Fatalité*, à laquelle croyaient les anciens. Ils étaient jansénistes; Thésée ne l'était pas cependant, comme on va le voir :

THÉSÉE.

Quoi! la nécessité des vertus et des vices
D'un astre impérieux doit suivre les caprices!
Et Delphes, malgré nous, conduit nos actions
Au plus bizarre effet de ses prédictions?
L'âme est donc toute esclave? Une loi souveraine
Vers le bien ou le mal incessamment l'entraîne,
Et nous ne recevons ni crainte ni désir
De cette liberté qui n'a rien à choisir?

Attachés sans relâche à cet ordre sublime,
Vertueux sans mérite et vicieux sans crime :
Qu'on massacre les rois, qu'on brise les autels,
C'est la faute des dieux, et non pas des mortels.
De toute la vertu sur la terre épandue,
Tout le prix à ces dieux, toute la gloire est due.
Ils agissent en nous quand nous pensons agir.
Alors qu'on délibère, on ne fait qu'obéir;
Et notre volonté n'aime, hait, cherche, évite,
Que suivant que d'en haut leur bras la précipite.
D'un tel aveuglement daignez me dispenser.
Le ciel, juste à punir, juste à récompenser,
Pour rendre aux actions leur peine ou leur salaire,
Doit nous offrir son aide, et puis nous laisser faire.
N'enfonçons toutefois ni votre œil ni le mien
Dans ce profond abîme où nous ne voyons rien.
Delphes a pu vous faire une fausse réponse;
L'argent put inspirer la voix qui la prononce.
Cet organe des dieux put se laisser gagner
Par ceux que ma naissance éloignait de régner;
Et par tous les climats on n'a que trop d'exemples
Qu'il est, ainsi qu'ailleurs, des méchants dans les temples!

. . . .
. . . .
. . . .
. . . .
. . . .
. . . .
. . . .
. . . .

La seule critique à faire de ce plan tomberait, peut-être avec raison, sur le dénoûment. Les deux récits faits sur OEdipe et sur Jocaste, qui finissent cette tragédie, jettent de la langueur dans ce dénoûment, que M. de Voltaire a mieux fait de mettre en action. Il a senti ce défaut et l'a évité; mais il n'a pas profité de beaucoup de beaux détails, dont les idées premières sont dans Corneille, et de la richesse de fond qu'il pouvait puiser dans Sophocle et dans Corneille. Les pauvretés qu'il a mises à la place, j'entends les amours caducs de sa Jocaste et de son Philoctète, ne nous en dédommagent pas, assurément.

Disons quelques mots sur les caractères de la tragédie de Corneille. Jamais ce prince des dramatiques ne manque d'en donner à ses personnages principaux.

Dans ses tableaux, il peint toujours les hommes.

Dans cette tragédie, il présente Œdipe comme un prince politique, un roi ferme et vraiment roi.

Jocaste est une mère tendre et une épouse sensible, mais qui a pourtant la force de résister, avec les ménagements convenables, à la politique de son mari, que cette politique conduit à exiger de lui sacrifier sa fille.

A l'amour près, Thésée est un héros plein de raison, de vertu et de dignité.

A l'amour près encore, Dircé a un caractère fier et mâle dans lequel on aperçoit la manière du peintre sublime de Pulchérie, dans *Héraclius*. Elle en a quelques traits.

Je méprise trop les menues critiques sur le style de Corneille, qui forment le fond des fastidieux commentaires de M. de Voltaire, pour m'abaisser à les réfuter.

ZAÏRE,

TRAGÉDIE.

PERSONNAGES.

OROSMANE, soudan de Jérusalem.
LUSIGNAN, prince du sang des rois de Jérusalem.
ZAIRE,
FATIME, } esclaves du soudan.
NÉRESTAN,
CHATILLON, } officiers du soudan.
UN ESCLAVE.
Suite.

La scène se passe au sérail de Jérusalem.

ACTE DEUXIÈME.

SCÈNE I.

NÉRESTAN, CHATILLON.

. . . .

. . . .

NÉRESTAN.

Mais ce même héros, pour briser ses liens
Voudrait-il qu'on s'abaisse à ces honteux moyens?
Et quand il le voudrait, est-il en ma puissance
D'obtenir de Zaïre un moment d'audience?
Croyez-vous qu'Orosmane y daigne consentir?
Le sérail à ma voix pourrait-il se rouvrir?
Quand je pourrais, enfin, paraître devant elle,
Que peut-on espérer d'une femme infidèle
A qui mon seul aspect doit tenir lieu d'affront
Et qui lira sa honte écrite sur mon front?
Seigneur, *il est bien dur pour un cœur magnanime* [1]
D'attendre des secours de ceux qu'on mésestime :
Leurs refus sont affreux, leurs bienfaits font rougir !

COMMENTAIRES DE COLLÉ.

[1] *. . il est bien dur pour un cœur magnanime*, etc.

Ces trois vers sont simples et beaux. Le dernier est devenu le proverbe des honnêtes gens.

CHATILLON.

Songez à Lusignan; songez à le servir.

NÉRESTAN.

Eh bien... mais quels chemins jusqu'à cette infidèle...
Peuvent... *On vient à nous... Que vois-je! Ciel! c'est elle*[2]!...

. . . .
. . . .
. . . .
. . . .

COMMENTAIRES DE COLLÉ.

[2] *. . On vient à nous... Que vois-je? Ciel, c'est elle!...*

C'est elle, et ce ne devrait point être elle! On est choqué et révolté avec raison de voir Zaïre aller, venir et sortir du sérail aussi librement que l'on sort des Tuileries. Elle fait d'ailleurs des commissions dont on pourrait charger un aga ou quelque autre subalterne, puisque le sultan, qui n'en a point les façons, a réformé ses eunuques.

Voyez dans *Bajazet;* les entrées et les sorties du sérail sont toutes motivées.

ACTE TROISIÈME.

SCENE VI.
ZAIRE, OROSMANE, FATIME.
OROSMANE.

Paraissez! tout est prêt. Le *beau feu qui m'anime*
Ne souffre plus, madame, aucun retardement.
Les flambeaux de l'hymen brillent pour votre amant;
Les parfums *de l'encens* parfument la mosquée.
Du Dieu de Mahomet la puissance invoquée
Confirme mes serments et *préside à mes feux*.
Mon peuple, prosterné, pour vous offre ses vœux.
Tout tombe à vos genoux. Vos superbes rivales,
Qui disputaient mon cœur et marchaient vos égales,
Heureuses de vous suivre et de vous obéir,
Devant vos volontés vont apprendre à fléchir.
Le trône, les *festins* et la *cérémonie*,
Tout est prêt. Commencez le bonheur de ma vie.

ZAÏRE.

Où suis-je, malheureuse! ô tendresse! ô douleur!

OROSMANE.

Venez...

ZAÏRE.

Où me cacher?...

OROSMANE.

Que dites-vous?

ZAÏRE.

Seigneur...

OROSMANE.

Donnez-moi votre main. Daignez, belle Zaïre...

ZAÏRE.

Dieu de mon père, hélas! *que pourrai-je lui dire* [3]?...

OROSMANE.

Que j'aime à triompher de ce tendre embarras!
Qu'il redouble ma flamme et mon bonheur!

ZAÏRE.

Hélas!

OROSMANE.

Ce trouble à mes désirs vous rend encor plus chère,
D'une vertu modeste il est le caractère.
Digne et charmant objet de ma constante foi [4],
Venez : ne tardez plus...

COMMENTAIRES DE COLLÉ.

[3] *Dieu de mon père, hélas! que pourrai-je lui dire?*

Corneille lui eût fait tout dire, tout déclarer à Orosmane; et, en arrangeant autrement le sujet, il eût fait de Zaïre une Pauline à laquelle il aurait donné, dans le caractère, la force et la sublimité de celui d'Émilie et de ses autres héroïnes.

[4] *Digne et charmant objet de ma constante foi.*

Ce vers de Pradon, et quelques autres vers flasques qui rendent des idées sans tendresse et sans chaleur et qui ouvrent cette scène, doivent paraître d'autant plus mauvais qu'Orosmane a les transports les plus vifs à faire entendre. Loin de là! il parle de *flambeaux* de l'hymen, de l'*encens de la mos-*

ZAÏRE.

Fatime, soutiens-moi...

Seigneur...

OROSMANE.

O ciel!... Eh quoi?

ZAÏRE.

Seigneur, cet hyménée
Était un bien suprême à mon âme étonnée.
Je n'ai point recherché le trône et la grandeur.
Un sentiment plus juste occupait tout mon cœur.
Hélas! j'aurais voulu qu'à vos vertus unie,
Et méprisant pour vous les trônes de l'Asie,
Seule, et dans un désert auprès de mon époux [5],
J'eusse pu sous mes pieds les fouler avec vous.
Mais... seigneur... ces chrétiens...

OROSMANE.

Ces chrétiens... Quoi! madame,
Qu'auraient donc de commun cette secte et ma flamme?

COMMENTAIRES DE COLLÉ.

quée, des *festins* et de la *cérémonie*, avec des longueurs et des redites, tandis qu'il devrait prendre pour le fond de son discours : *Commencez le bonheur de ma vie*, et joindre à cela les propos les plus tendres, les plus passionnés, les plus impétueux.

[5] De son côté, Zaïre, quoique dans un trouble extrême, à la vérité, ne sait pas assez ce qu'elle dit. On peut être troublé, mais il ne faut pas porter cela jusqu'à la déraison. Je demande ce que c'est que de désirer *d'être seule dans un désert, pour y fouler sous ses pieds, auprès de son époux, tous les trônes de l'Asie.* J'appelle cela un tendre amphigouri.

ZAÏRE.

Lusignan, ce vieillard accablé de douleurs,
Termine en ce moment sa vie et ses malheurs.

OROSMANE.

Eh bien! quel intérêt si pressant et si tendre
A ce vieillard chrétien votre cœur peut-il prendre?
Vous n'êtes point chrétienne[6]. Élevée en ces lieux,
Vous suivez dès longtemps la foi de mes aïeux.
Un vieillard qui succombe au poids de ses années
Peut-il troubler ici vos belles destinées?
Cette aimable pitié qu'il s'attire de vous
Doit se perdre avec moi dans des moments si doux.

ZAÏRE.

Seigneur, si vous m'aimez, et si je vous suis chère...

OROSMANE.

Si vous l'êtes... Ah! Dieu!

ZAÏRE.

Souffrez que l'on diffère.
Permettez que ces nœuds, par vos mains assemblés...

OROSMANE.

Que dites-vous? O ciel! est-ce vous qui parlez?
Zaïre...

COMMENTAIRES DE COLLÉ.

[6] *Vous n'êtes point chrétienne.....*

Excellent mot de situation. Ce qui suit est froid. Orosmane doit être dans la plus cruelle impatience. Il est contre la nature, absolument, et contre la vérité, qu'il soit aussi tranquille, et qu'il s'amuse à chercher des raisons pour excuser Zaïre. Il a pour elle une galanterie outrée et ridicule.

ZAÏRE.

Je ne puis soutenir sa colère.

OROSMANE.

Zaïre !...

ZAÏRE.

Il m'est affreux, seigneur, de vous déplaire.
Excusez ma douleur... et... J'oublie à la fois
Et tout ce que je suis et tout ce que je dois.
Je ne puis soutenir cet aspect qui me tue.
Je ne puis... Ah! souffrez que, loin de votre vue,
Seigneur, j'aille cacher mes larmes, mes ennuis,
Mes vœux, mon désespoir, et l'horreur où je suis.

(*Elle sort* [7].)

COMMENTAIRES DE COLLÉ.

[7] *Zaïre sort,* et Orosmane la laisse sortir. Quel sultan à l'eau rose! Parlons sérieusement. Est-il dans la nature qu'Orosmane, amoureux jusqu'au délire, jaloux comme un tigre et soupçonneux comme un jaloux, permette de se retirer à Zaïre, qui lui a parlé confusément de chrétiens, de Lusignan, etc.? Ne doit-il pas croire, d'abord, qu'elle lui donne le change en ne lui nommant que ce vieillard, et que c'est de Nérestan qu'elle est occupée? Cela ne doit-il pas se présenter tout de suite à la jalousie du sultan? En conséquence, ne doit-il pas, au contraire, lui ordonner de rester et la faire expliquer? Si elle persiste dans ses obscurités, ne doit-il pas tout de suite lui dire : « Vous aimez Nérestan! Vous me tra- » hissez, perfide! Dès que ce chrétien a paru devant vous, » j'ai lu dans vos regards la passion que vous avez pour lui, » et peut-être depuis votre enfance, etc. » En effet, dès le premier acte, Orosmane ne dit-il pas à Corasmin :

Corasmin, que veut donc cet esclave infidèle?
Il soupirait... Ses yeux se sont tournés vers elle, etc.

ACTE QUATRIÈME.

SCÈNE III[8].

OROSMANE, CORASMIN.

OROSMANE.

Ah! c'est trop tôt chercher ce salutaire asile,
C'est trop tôt abuser de ma bonté facile.
Et plus j'y pense, ami, moins je puis concevoir
Le sujet si caché de tant de désespoir.
Quoi donc! par ma tendresse élevée à l'empire,
Dans le sein du bonheur que son âme désire,
Près d'un amant qu'elle aime et qui brûle à ses pieds,

COMMENTAIRES DE COLLÉ.

Ses soupçons, ici, devraient acquérir une force prodigieuse. Aussi, aux premières représentations, cette scène fut trouvée détestable par tout le monde. Les partisans les plus fanatiques de M. de Voltaire l'avouèrent eux-mêmes.

[8] C'est un miracle bien sensible que, dans cette scène-ci, Orosmane oublie et ses soupçons et son caractère aussi complétement. Après cette scène, si on la croit, on peut ajouter foi aux rêveries de l'Alcoran.

Orosmane n'a aucunes raisons nouvelles pour cesser d'être aussi jaloux qu'il l'était à la fin du troisième acte. Au contraire, les cachoteries de Zaïre devraient rallumer davantage

Ses yeux, remplis d'amour, de larmes sont noyés!
Je suis bien indigné de voir tant de caprices.
Mais moi-même, après tout, eus-je moins d'injustices?
Ai-je été moins coupable à ses yeux offensés?
Est-ce à moi de me plaindre? On m'aime : c'est assez.
Il me faut expier par un peu d'indulgence
De mes transports jaloux l'injurieuse offense.
Je me rends. *Je le vois : son cœur est sans détours;*
La nature naïve anime ses discours.
Elle est dans l'âge heureux où règne l'innocence :
A sa sincérité je dois ma confiance.
Elle m'aime sans doute. Oui, j'ai lu devant moi
Dans ses yeux attendris l'amour qu'elle a pour moi.
Et son âme, éprouvant cette ardeur qui me touche,
Vingt fois, pour me le dire, a volé sur sa bouche.

COMMENTAIRES DE COLLÉ.

sa jalousie, et cependant il est tranquille et confiant comme un mari de la rue Saint-Denis ou un homme de la cour qui ne s'embarrasse guère d'être trompé par sa femme.

C'est une chose plaisante que l'aveugle crédulité de ce tendre soudan, et que tout le *céladonnage* puéril de cet Asiatique! Qu'on relise cette scène troisième et qu'on la relise encore. Orosmane y paraîtra de la simplicité d'un écolier de rhétorique qui est trompé par la femme de chambre de madame sa mère. Un adolescent qui en serait au premier jour de sa première passion ne serait pas plus tendre et plus dupe. J'ai souligné une partie de ces fadeurs, que celle qui suit surpasse encore :

> Qui peut avoir un cœur assez traître, assez bas
> Pour montrer tant d'amour et ne le sentir pas?

Qui peut avoir un cœur assez traître, assez bas,
Pour montrer tant d'amour et ne le sentir pas?
. . . .

. . . .

COMMENTAIRES DE COLLÉ.

Aussi la parodie a-t-elle judicieusement tourné en ridicule ce beau morceau :

>On m'aime : c'est assez! On le dit, on le jure.
>Une femme n'est pas capable d'imposture.
>Un grand cœur à le croire est toujours engagé.
>
>JASMIN.
>
>Par ma foi, ce sultan n'a guère voyagé.

EXAMEN
DU PLAN ET DES CARACTÈRES
DE ZAÏRE,
TRAGÉDIE.

Quelque attention que je mette pour ne pas m'appesantir dans ces *Examens*, je crains toujours qu'ils ne soient pas assez légers. On a une conscience.

Pour la satisfaire jusqu'au scrupule, je pense qu'il convient au moins d'avoir la politesse de conseiller aux gens du monde de ne point les lire. Je connais trop leur aversion pour l'ennui et la facilité qu'ils ont à s'ennuyer, pour ne pas leur glisser ce petit avis dès mon second *Examen*. Peut-être aurais-je dû m'y prendre plus tôt. Quoi qu'il en soit, voici celui de la tragédie de *Zaïre*.

En commentateur honnête et impartial autant que je m'efforce de l'être, je commencerai par avouer que *Zaïre* est de toutes les tragédies de M. de Voltaire celle qui produit les plus grands effets au théâtre.

J'admire autant, et peut-être plus qu'un autre, la peinture de l'amour tendre et passionné de Zaïre. J'admire moins qu'un autre celle de l'amour, jaloux jusqu'à la frénésie, d'Orosmane.

Le caractère de ce sultan, à cet égard seulement, y

est rendu avec des traits de feu peut-être un peu trop vifs, mais d'ailleurs avec beaucoup de vérité.

J'observe ici qu'en général l'amour, et principalement l'amour jaloux, est presque le seul caractère que M. de Voltaire ait traité avec succès et qu'il ait mis en action avec de la force et de la vérité dans ses tragédies.

Malgré la grande réputation et la réussite constatée et méritée à beaucoup d'égards qu'a eue et qu'aura toujours ce beau monstre de tragédie, nous oserons cependant en parler avec la dernière liberté. Nous tâcherons que rien n'échappe à la rigueur de notre caustique commentaire. Nous la devons aux mânes du grand Corneille, en nous renfermant toujours cependant dans les bornes de l'équité la plus scrupuleuse.

Cette équité exigerait peut-être que nous n'accusassions pas M. de Voltaire de l'irrégularité du plan de cette tragédie; nous ne devrions nous attacher qu'à sa versification, qui est la seule chose qui lui appartienne dans cette composition. Il ne faudrait sans doute s'en prendre qu'à ce *damné abbé* Macarti[1]. Mais, si nous affections

---

[1] Lorsque *Zaïre* parut, les ennemis de Voltaire répandirent le bruit que l'abbé Macarti, qui plus tard alla prendre le turban à Constantinople, lui en avait vendu le manuscrit en prose, moyennant cent pistoles. On nommait même le notaire chez lequel, pour mieux déguiser son jeu et prévenir toute indiscrétion, Voltaire avait fait souscrire à l'abbé une obligation de cette somme. Mais ce bruit, comme on le pense bien, était une honnête petite calomnie qui n'a pu faire son chemin jusqu'à nous. — Voyez *Anecdotes dramatiques*, t. II, p. 275.

d'adopter ce parti, nous aurions à craindre d'être accusé d'une crédulité trop légère sur une anecdote qui était, à la vérité, constatée de notre temps, mais dont nous ne pouvons fournir aucune preuve dans celui-ci.

Tout bien pesé, risquons d'être un peu injuste en ôtant l'invention de cette tragédie à ce défunt ecclésiastique musulman, et faisons l'honneur au vivant M. de Voltaire de le croire pieusement le père et la mère de *Zaïre*.

N'attaquons que lui seul, et laissons brûler en paix cet apostat d'abbé dans sa chaudière infernale, comme disent les capucins.

Le sujet de *Zaïre* est un très-beau sujet de tragédie.

Le combat de l'amour contre la religion, comme aussi l'honneur de sa naissance, doivent fournir à Zaïre des scènes remplies des plus grands mouvements, et mettre en jeu les passions de la manière la plus violente et la plus noble. M. de Voltaire, sur ce point, n'a pas rempli, à beaucoup près, son sujet.

Pour le traiter à fond sur cet objet principal, il eût été nécessaire, je crois, et que Zaïre fût chrétienne, et qu'en apprenant qu'elle est de la race des rois de Jérusalem, elle eût déclaré au soudan sa situation.

Ce défaut radical du plan occasionne des erreurs volontaires dans lesquelles les personnages sont cramponnés et dont ils ne peuvent pas sortir. Nos notes critiques ont prouvé, de reste, les invraisemblances que ce fond vicieux a jetées dans les scènes où Zaïre s'obstine à ne point s'expliquer avec Orosmane, qui, d'ailleurs, par là manque à son caractère et de *jaloux* et de *sultan*.

La jalousie forcenée de ce dernier, qui n'en a pas cependant quelquefois quand cela est nécessaire à l'auteur, cette jalousie, dis-je, fait l'objet principal de ce sujet, et n'en devrait faire tout au plus que l'accessoire.

Si Racine eût traité ce beau sujet, il eût été au fait plus directement.

Je pense qu'aussitôt que Zaïre a su le secret de sa naissance, et que ses ancêtres étaient des rois, chrétiens comme elle, Racine lui aurait fait déclarer au sultan qu'une barrière insurmontable les séparait à jamais. Sa religion eût encore augmenté ses malheurs, et par conséquent l'intérêt. Des combats cruels que l'amour de Zaïre aurait eu à livrer contre sa foi, Racine eût tiré sans doute des scènes supérieures à celles de *Bérénice*. L'obstacle entre Zaïre et Orosmane est, en effet, mille fois plus raisonnable et plus fort que celui qui détermine Titus à quitter sa reine.

Il me paraît évident que c'était traiter là le véritable fond du sujet.

En s'en écartant, M. de Voltaire a été forcé de faire, au troisième et au quatrième acte, deux scènes qui ont paru ridicules à tout le monde. Le silence de Zaïre dans ces deux scènes est impatientant; ce silence est même contre le caractère de Zaïre. Elle adore Orosmane, et l'on n'eut jamais de secret pour quelqu'un que l'on adore. Il fait démentir également le caractère jaloux d'Orosmane, et le rend un benêt. Je le demande d'ailleurs à Mahomet : sont-ce là des mœurs orientales ?

Les autres défauts du plan de M. de Voltaire, et sur lesquels je dois passer légèrement pour la commodité de mes lecteurs, sont, entre autres, la reconnaissance de Lusignan. Elle n'est point préparée, et elle est maladroite. J'en ai dit assez dans mes notes pour qu'on sente tout ce que je pouvais en dire de plus.

La mort de Lusignan, si rempli de chaleur et de vie, est encore un défaut. Pourquoi ne pas faire un sage de ce héros chrétien ?

Racine, ou pour mieux dire encore, le sublime Corneille, n'eût pas fait mourir subitement ce vieillard après le débit de sa brûlante homélie prêchée à la musulmane Zaïre, qui ne doit y rien comprendre et qui ne saurait être touchée d'un Dieu mort sur la croix, puisqu'elle ignore le mystère de notre rédemption. Corneille eût sans doute tiré le plus grand parti de Lusignan; il eût ménagé une scène entre ce roi chrétien et ce fier musulman. Il n'eût pas habillé ce sultan à la française. Quelle différence d'héroïsme et de force n'eût-il pas marquée entre ces deux personnages ! Mais ce nerf-là manque à son commentateur.

Sur les autres défauts de ce plan, sur ses contradictions avec lui-même, sur son peu de vraisemblance, sur les caractères des personnages qui se démentent et qui sont mal traités, je me suis trouvé si fort du sentiment de l'auteur du livre des *Causes de la décadence du goût sur le théâtre,* imprimé à Paris en 1768, chez Dufour, quai de Gesvres, que j'y renvoie les curieux [1].

Je me contenterai de rapporter ici une réflexion de cet auteur, à laquelle j'ajouterai les miennes.

Voici la sienne : « Ce qu'il y a de plus fâcheux, c'est » que le succès éclatant et soutenu de *Zaïre* semble auto- » riser le mépris de l'art et de l'économie générale. »

Et moi, qu'on me permette d'étendre cette idée et de la pousser aussi loin que je crois qu'elle peut aller.

Je dirai donc, en gémissant aussi sur les causes de la décadence de notre théâtre, que dans les combinaisons de leurs plans, les Corneille et les Racine ont frayé des chemins à leurs successeurs; que ce ne sont point là les modèles des caractères qu'ils ont laissés, ni les situations vraies ou du moins vraisemblables, qu'on trouve dans leurs tragédies.

« De leur esprit divin les tragiques merveilles
» Satisfont la raison en flattant les oreilles. »

Ils n'inventaient rien que de possible. Ils peignaient les hommes de tous les pays et de tous les temps avec une vérité qui les ont fait revivre.

M. de Voltaire s'est écarté de ces routes battues. Il s'est égaré et a égaré son siècle, qu'il a séduit par des effets, et qu'il a ensorcelé par la magie de ses vers. Faire d'excellents vers ou faire d'excellentes pièces sont deux choses bien différentes.

---

[1] Par Louis Charpentier; 2 parties, in-12.

Ou il a manqué totalement d'invention, ou il a mis une extrême négligence dans l'arrangement de ses inventions. Peut-être, après tout, a-t-il traité de puérilités tous les préceptes de l'art dramatique qui sont fondés sur la raison ; peut-être s'est-il cru au-dessus des règles, qui ne sont autre chose, comme on l'a dit cent fois, que des observations faites sur ce qui a causé un plaisir général.

Pourquoi n'a-t-il cherché que des *effets,* sans se donner la peine de leur donner des *causes* qui eussent pour base la vérité ou la vraisemblance? Pourquoi a-t-il négligé la nature et le vrai? *Rien n'est beau, s'il n'est vrai.*

Est-ce impuissance ou présomption?

Quoi que ce soit des deux, ses brillants succès, succès multipliés en dépit de la vérité et du bon goût, seront et sont déjà une des principales causes de la décadence du théâtre français.

Dans les commencements de sa carrière théâtrale, la beauté supérieure de son coloris servait à couvrir les défauts énormes de ses tableaux tragiques. Ces défauts ne furent pas aperçus du gros public; ils n'échappèrent pas à la vue fine des gens du monde, mais qui sont toujours plus portés à l'indulgence qu'à la sévérité, qu'ils traitent de pédanterie. Tous ces défauts frappèrent particulièrement les critiques honnêtes, qui n'ont d'autre but que de prendre la défense du goût et de la vérité. Les gens de l'art jugèrent donc avec rigueur, mais c'était une rigueur sensée, une rigueur équitable et qui aurait dû tourner au profit et au maintien du goût. Ils ne furent bientôt plus écoutés. Après *Zaïre*, l'admiration du talent de M. de Voltaire avait si fort gagné, qu'on fit l'honneur à tous les critiques, même les plus judicieux, de les regarder comme des envieux qui desséchaient du chagrin que leur causaient les succès de ce grand poëte coloriste.

Ce ne fut rien encore. Le nom de M. de Voltaire a envahi toute l'Europe; cet homme a malheureusement donné le ton à son siècle par la multiplicité de ses autres talents superficiels, mais toujours brillants; et sa réputation a, depuis vingt-cinq ou trente ans, pris une consistance que rien ne put dès lors ébranler.

De là, il est arrivé que ses défauts commencent déjà à passer au plus pour des témérités, pour des élans de génie qui font franchir courageusement les règles. Ses caprices deviennent même des règles nouvelles pour notre théâtre, qu'il a perdu.

Vous entendez dire, en effet, à tous nos jeunes auteurs qui ont sa présomption sans avoir ses talents : « Que » tout l'art du théâtre, que toute sa magie, consistent » uniquement dans les effets. » Vous lisez même des préfaces, des discours et de beaux avertissements qui établissent cette poétique monstrueuse et ces principes corrupteurs du goût.

On lit et l'on écrit : « Qu'il est fort indifférent que les » causes qui produisent les grands effets soient vicieuses, » déraisonnables, sans vérité, sans même aucune vrai- » semblance théâtrale; qu'il n'est point nécessaire que » les personnages aient des caractères, ou, s'ils en ont.

» qu'ils soient vrais, soutenus, et ne soient point roma-
» nesques et hors de la nature; en un mot, que ce soient
» les hommes que l'on peigne; que l'imagination peut
» les créer à sa fantaisie, et qu'on doit les prendre pour
» ce qu'on les donne. »

Ils pensent encore qu'il ne faut guère d'exposition du sujet; que le spectateur intelligent supplée de reste à ce qu'on ne lui expose pas; que c'est une pédanterie qu'une exposition exacte qui ne laisse rien imaginer à celui qui l'entend, etc.

Ils assurent et décident surtout que, pourvu que l'on frappe bien fort (ils ne s'embarrassent pas du *fort bien*) par des coups de théâtre merveilleux, incroyables, hors de toute nature, tout est dit, si les effets réussissent. C'est là le fond de leur poétique.

Leur maitre leur a dit : « Le style est la première » partie du poëme dramatique. » Ils le croient; ils font de bons vers, s'ils le peuvent; mais, en attendant, ils accréditent ce système hérétique que j'ai combattu ailleurs. M. de Voltaire est devenu leur seul poëte tragique et leur seule poétique.

Les faiseurs de tragédies, de comédies et jusqu'aux reptiles *dramatistes,* tous ces adolescents du Parnasse imitent donc ses défauts, très-convaincus que ce sont des beautés. Rien d'étonnant en cela. L'affranchissement des règles judicieuses les met à leur aise, de même que la destruction de la religion y met les passions.

Il ne faut pas être un prophète du premier ordre pour prédire que la postérité rendra justice à M. de Voltaire, et, qu'en admirant ses beautés, elle le mettra fort au-dessous des écrivains célèbres et des génies du siècle de Louis XIV. Les ouvrages des auteurs qui l'auront singé ne parviendront pas jusqu'à elle. Les moins mauvais ne passeront guère ce siècle. Voilà ma prédiction, qui, je crois, s'accomplira.

Il est indispensable que j'explique ici ce que j'entends par ce mot *la postérité,* d'autant plus que l'idée que j'attache à ce mot, au moment de la décadence du goût et de sa chute prochaine, n'est peut-être venue qu'à moi seul.

En attribuant à la postérité un goût exquis et des lumières supérieures, je déclare ici nettement que, par ce mot de *postérité,* je n'entends nullement la génération suivante, ni celles qui suivront cette dernière. Ces générations auront encore moins de goût que celle où nous vivons; et elles en verront la ruine totale sans peut-être même s'en apercevoir ni s'en douter.

La postérité que je réclame, celle que je nomme la *véritable* postérité, est celle qui (à la suite d'une grande révolution de temps, et peut-être après que notre langue éteinte sera devenue une langue savante) verra l'époque d'une autre *Renaissance* des lettres anéanties par l'ignorance qui nous aura replongés dans la barbarie où nous étions au commencement de notre monarchie.

C'est cette vraie postérité qui saura apprécier, avec un jugement sain et une exacte impartialité, les chefs-d'œuvre de notre éloquence, de notre poésie, de notre théâtre et de tous les excellents ouvrages composés dans le dix-septième siècle. C'est elle qui discernera les grandes beautés de Voltaire au milieu de toutes ses grandes imperfections, qu'elle apercevra de même.

C'est elle qui portera sur notre littérature les mêmes jugements que ceux qu'ont portés, à la renaissance des lettres, nos pères sur les auteurs latins. Ils ont su très-bien faire une différence entre Virgile et Lucain, Cicéron et Sénèque, Horace et Ausone; en un mot, entre les écrivains du temps d'Auguste et ceux des empereurs du Bas-Empire.

De même, la postérité que j'entends mettra, pour l'art de la tragédie, Corneille, Racine et même Crébillon fort au-dessus de M. de Voltaire. Elle distinguera et placera dans un rang très-supérieur à celui de nos écrivains spirituels seulement, les hommes de génie qui ont illustré le dix-septième siècle. C'est dire qu'elle réduira à sa valeur réelle le mérite de M. de Voltaire dans les différents genres où il a écrit. Elle se gardera bien de prendre la *Henriade*, qui est sans action, sans caractères et sans conduite comme sans invention, pour un poëme épique. Elle n'y verra qu'un amas indigeste de vers nobles, élégants et harmonieux, dont très-peu sont dans le genre de l'épopée. Elle estimera la *Vie de Charles XII*, qu'elle pourra assimiler aux histoires écrites par Salluste. Elle fera peu de cas de l'*Essai sur l'histoire générale*, n'y trouvera qu'une fatigante répétition d'antithèses et de l'esprit en pure perte.

Mais dans toutes les *pièces fugitives* de M. de Voltaire, elle trouvera une grâce, un goût et une élégance qui lui donnent, dans ce genre, une supériorité sur tous les auteurs anciens et modernes.

Le soi-disant poëme de la *Pucelle* lui paraîtra un monstre, dont les commencements de chaque chant et quelques autres détails lui paraîtront aussi précieux que les *pièces fugitives*, avec lesquelles ils ont de l'analogie.

Ses ouvrages philosophiques seront jugés par *ma* postérité comme étant pleins d'esprit et de sel, mais dénués de raison et de raisonnement. Elle décidera que cet auteur est le plus mauvais logicien de son siècle et le plus infidèle des écrivains.

Ses comédies seront mises au-dessous de celles de la Chaussée, qu'on peut mettre au-dessous de rien, quand on compare ce larmoyant comique au divin Molière.

Je ne finirais pas si je voulais passer en revue tous les jugements que *ma* postérité portera sur les ouvrages divers de M. de Voltaire. Je veux finir. J'ai assez ennuyé. Je demande qu'on m'élague.

ALZIRE,

TRAGÉDIE.

PERSONNAGES.

DON GUSMAN, gouverneur du Pérou.
DON ALVARÈS, père de Gusman, ancien gouverneur.
ZAMORE, souverain d'une partie du Potose.
MONTÈZE, souverain d'une autre partie du Potose.
ALZIRE, fille de Montèze.
ÉMIRE,
CÉPHANE, } suivantes d'Alzire.
OFFICIERS ESPAGNOLS.
AMÉRICAINS.

La scène se passe à Lima.

ACTE PREMIER.

SCÈNE I.
DON GUSMAN, ALVARÈS.

. . . .
. . . .
. . . .

ALVARÈS.

. . . .
. . . .

Eh bien, vous gémissez. Je sens qu'à ce récit
Votre cœur, malgré vous, s'émeut et s'attendrit.
L'humanité vous parle, ainsi que votre père.
Ah! si la *cruauté vous était toujours chère* [1],
De quel front, aujourd'hui, pourriez-vous vous offrir
Au vertueux objet qu'il vous faut attendrir?
A la fille des rois de ces tristes contrées
Qu'à vos sanglantes mains la fortune a livrées?
Prétendez-vous, mon fils, cimenter ces liens
Par le sang répandu de ses concitoyens?
Ou bien attendez-vous que ses cris et ses larmes
De vos sévères mains fassent tomber les armes?

COMMENTAIRES DE COLLÉ.

[1] La *cruauté* n'est jamais *chère*, même aux gens cruels. L'auteur voulait dire : « Ah! si vous ne renoncez pas à votre » cruauté, etc. » Mais le cruel ne l'a pas dit.

GUSMAN.

Eh bien, vous l'ordonnez : je brise leurs liens.
J'y consens. Mais songez qu'il faut qu'ils soient chrétiens.
Ainsi le veut la loi. Quitter l'idolâtrie
Est un titre en ces lieux pour mériter la vie.
A la religion gagnons-les à ce prix.
Commandons aux cœurs même et forçons les esprits.
De la nécessité le pouvoir *invincible* [2]
Traine aux pieds des autels un courage *inflexible*.
Je veux que ces mortels, esclaves de ma loi [3],
Tremblent sous un seul Dieu, comme sous un seul roi!

ALVARÈS.

Écoutez-moi, mon fils. Plus que vous je désire
Qu'ici la vérité fonde un nouvel empire ;

COMMENTAIRES DE COLLÉ.

[2]   De la nécessité le pouvoir *invincible*
     Traine aux pieds des autels un courage *inflexible*.

On a déjà fait remarquer que les vers finissant par deux épithètes qui riment font trop apercevoir la nécessité de rimer. Du reste, ces deux vers ont bien un autre défaut plus grave, celui de contenir un contre-sens; car, si le *courage* est *inflexible*, rien ne peut le fléchir, pas même la *nécessité*. Il eût fallu mettre : un courage flexible. Si M. de Voltaire avait écrit sa pièce du temps du chancelier de Maupeou, il eût mis : un courage *amovible*.

[3]   *Je veux que ces mortels*, etc.

Ces deux vers, dans la bouche d'un Espagnol, sont de la plus grande beauté. Ils peignent cette nation dans le nouveau monde. Et depuis, à Madrid, Philippe II doit avoir dit souvent, en prose, le fond de ces deux vers.

Que le Ciel et l'Espagne y soient sans ennemis :
Mais les cœurs opprimés ne sont jamais soumis.
J'en ai gagné plus d'un. Je n'ai forcé personne;
Et le vrai Dieu, mon fils, est un Dieu qui pardonne.

GUSMAN.

Je me rends donc, seigneur, et vous l'avez voulu.
Vous avez sur un fils un pouvoir absolu.
Oui, vous amollissez le cœur le plus farouche.
L'indulgente vertu parle par votre bouche.
Eh bien, puisque le Ciel voulut vous accorder
Ce don, cet heureux don de tout persuader,
C'est de vous que j'attends le bonheur de ma vie.
Alzire, contre moi par mes feux enhardie,
Se donnant à regret, ne me rend point heureux.
Je l'aime, je l'avoue, et plus que je ne veux [1].
Mais enfin, je ne puis, même en voulant lui plaire,
De mon cœur trop altier fléchir le caractère;
Et, rampant sous ses lois, esclave d'un coup d'œil,
Par des soumissions caresser son orgueil.

COMMENTAIRES DE COLLÉ.

[1]   *Je l'aime, je l'avoue, et plus que je ne veux.*

Voilà un vers de comédie. D'ailleurs, ce Castillan, *qui aime plus qu'il ne veut*, n'aime rien que lui, et ce n'est pas là la *manière d'aimer* des Espagnols; il a plutôt celle d'un soudan. Les quatre vers admirables que j'ai soulignés devraient être transportés dans *Zaïre :* ils seraient dans le caractère d'Orosmane, que l'auteur a fait amoureux comme un Espagnol. Gusman et lui devraient troquer leur façon d'aimer..

Je ne veux point sur moi lui donner tant d'empire.
Vous seul, vous pouvez tout sur le père d'Alzire.

. . . .
. . . .
. . . .
. . . .
. . . .

ACTE PREMIER.

SCÈNE V.

DON GUSMAN, ALZIRE.

GUSMAN.

.   .   .   . J'ai sujet de me plaindre
Que l'on oppose encore à mes empressements [5]
L'offensante lenteur de ces retardements.
J'ai suspendu ma loi, prête à punir l'audace
De tous ces ennemis dont vous vouliez la grâce.
Ils sont en liberté; mais j'aurais à rougir
Si ce faible service eût pu vous attendrir.
J'attendais encor moins de mon pouvoir suprême;
Je voulais vous devoir à ma flamme, à vous-même,

COMMENTAIRES DE COLLÉ.

[5] Le début de Gusman avec Alzire est singulier. C'est l'*amant bourru*. On ne saurait être plus dur, plus haut, plus grossier et moins Espagnol que l'est Gusman. Il manque de civilité au point d'adresser la parole à Alzire sans l'appeler *Princesse* ou *Madame*. Je défie que dans aucune tragédie on puisse me montrer un seul exemple d'une telle impolitesse. Cela est d'autant plus étrange que le vers se trouve fait en ôtant la cheville *encor* et en y substituant *Madame* :

.   .   .   . J'ai sujet de me plaindre,
Madame, qu'on oppose à mes empressements, etc.

Et je ne pensais pas, dans mes vœux satisfaits,
Que ma félicité vous coûtât des regrets.

ALZIRE.

Que puisse seulement la colère céleste
Ne pas rendre ce jour à tous les deux funeste !
Vous voyez que l'effroi me trouble et me confond.
Il parle dans mes yeux, il est peint sur mon front :
Tel est mon caractère, et jamais mon visage
N'a de mon cœur encor démenti le langage.
Qui peut se déguiser pourrait trahir sa foi :
C'est un art de l'Europe : il n'est pas fait pour moi.

GUSMAN.

Je vois votre franchise, et je sais que Zamore
Vit dans votre mémoire et vous est cher encore.
Ce cacique obstiné, vaincu dans les combats,
S'arme encor contre moi de la nuit du trépas.
Vivant, je l'ai dompté ; mort, doit-il être à craindre ?
Cessez de m'offenser et cessez de le plaindre :
Votre devoir, mon nom, mon cœur, en sont blessés ;
Et ce cœur est jaloux des pleurs que vous versez.

ALZIRE.

Ayez moins de colère et moins de jalousie [6].
Un rival au tombeau doit causer peu d'envie.

COMMENTAIRES DE COLLÉ.

6 *Ayez moins de colère et moins de jalousie.*

Le caractère de Gusman, qui devrait être dans le grand et dans l'extraordinaire, comme celui de Cortès, est dans une nature désagréable et odieuse. C'est un homme jaloux par

Je l'aimai, je l'avoue, et tel fut mon devoir.
De ce monde opprimé Zamore était l'espoir.
Sa foi me fut promise; il eut pour moi des charmes.
Il m'aima : son trépas me coûte encor des larmes.
Vous, loin d'oser ici condamner ma douleur,
Jugez de ma constance et connaissez mon cœur,
Et, quittant avec moi cette fierté cruelle,
Méritez, s'il se peut, un cœur aussi fidèle.

(Elle sort.)

COMMENTAIRES DE COLLÉ.

orgueil et non par amour. Son amour n'est point passionné : il n'est que dur et brutal. C'est une espèce de *Sganarelle tragique*. Aussi la parodie des Italiens ne manque-t-elle pas de faire dire à Alzire :

> Le contraste à mes yeux paraît original :
> Le sauvage est galant et l'Espagnol brutal.

ACTE PREMIER.

SCENE VI.

GUSMAN, seul.

Son orgueil, je l'avoue, et sa sincérité
Étonne mon courage et plaît à ma fierté.
Allons, ne souffrons pas que cette humeur altière [7]
Coûte plus à dompter que l'Amérique entière.

COMMENTAIRES DE COLLÉ.

[7] *Allons, ne souffrons pas que cette humeur altière*
Coûte plus à dompter que l'Amérique entière.

Quoique cette idée paraisse hyperboliquement rendue, elle tient au caractère et au génie fastueux de la langue espagnole. Je ne pense pas qu'on doive la blâmer. Les rodomontades de ce pays sont connues, et il faut, comme on sait, faire parler à chacun sa langue.

Corneille, comme on sait encore, ne manqua jamais à ce principe de poétique. On trouve de ces fanfaronnades judicieuses dans le *Cid* et dans *Don Sanche d'Aragon*. Les Romains, chez ce premier des poëtes, ont une langue différente, suivant les différents temps où il prend les Romains.

Ici je défends M. de Voltaire. M'est-il permis de faire remarquer ma sincérité et ma bonne foi? J'oserai dire plus : c'est que je n'y mets point d'effort.

La grossière nature, en formant ses appas,
Lui laisse un cœur sauvage et fait pour ces climats.
Le devoir fléchira son courage rebelle.
Ici, tout m'est soumis ; il ne reste plus qu'elle.
Que l'hymen en triomphe, et qu'on ne dise plus
Qu'un vainqueur et qu'un maître essuya des refus.

ACTE TROISIÈME.

SCÈNE I.

ALZIRE, seule.

Mânes de mon amant, j'ai donc trahi ma foi !
C'en est fait ! et Gusman règne à jamais sur moi.
L'Océan, qui s'élève entre nos hémisphères,
A donc mis entre nous d'impuissantes barrières !
Je suis à lui : l'autel a donc reçu nos vœux,
Et déjà nos serments sont écrits dans les cieux.
O toi, qui me poursuis, ombre chère et sanglante,
A mes sens désolés ombre à jamais présente,
Cher amant, si mes pleurs, mon trouble, mes remords.
Peuvent percer ta tombe et passer chez les morts ;
Si le pouvoir d'un Dieu fait survivre à sa cendre
Cet esprit d'un héros, ce cœur fidèle et tendre,
Cette âme qui m'aima jusqu'au dernier soupir,
Pardonne à cet hymen où j'ai pu consentir !
Il fallait m'immoler aux volontés d'un père,
Au bien de mes sujets dont je me sens la mère,
A tant de malheureux, aux larmes des vaincus,

Au soin de l'univers, — *hélas! où tu n'es plus* [8]! —
Zamore, laisse en paix mon âme déchirée
Suivre l'affreux devoir où les cieux m'ont livrée.
Souffre un joug imposé par la nécessité,
Permets ces nœuds cruels. Ils m'ont assez coûté!

COMMENTAIRES DE COLLÉ.

Il faut commencer par admirer ce monologue, qui est rempli de tendresse et de sentiment; dire que ni l'éloquence du cœur ni l'élégance de l'expression ne peuvent aller plus loin.

Mais aussi, excepté les fanatiques de M. de Voltaire, tous les gens sensés et les connaisseurs doivent convenir que toute vraisemblance manque ici. Par quel hasard est-il possible qu'Alzire puisse se trouver seule, exactement seule, le jour de ses noces, au moment précis où elle sort de la cathédrale? Où sont donc son mari, son père, son beau-père? sa cour espagnole et sa cour américaine? ses dames d'honneur, ses duègnes?

Il faut être aussi consommé dans son art que M. de Voltaire pour avoir su ménager ce miracle des monologues. Jamais on n'en a vu un semblable. Voilà du neuf. Vous en chercheriez en vain des exemples dans Corneille et dans Racine. Ce monologue est à lui.

On pourrait encore lui demander dans quel endroit Alzire débite ce soliloque inouï, où est le lieu de la scène?

[8] . . . .
Au soin de l'univers, *hélas! où tu n'es plus.*

Cet hémistiche est un beau trait de passion. C'est une imitation de Virgile.

ACTE TROISIÈME.

SCÈNE II.

ALZIRE, ÉMIRE.

ALZIRE.

Eh bien! veut-on toujours ravir à ma présence
Les habitants des lieux si chers à mon enfance?
Ne puis-je voir enfin ces captifs malheureux
Et goûter la douceur de pleurer avec eux?

ÉMIRE.

Ah! plutôt de Gusman redoutez la furie!
Craignez pour ces captifs! tremblez pour la patrie!
*On nous menace; on dit qu'à notre nation
Ce jour sera le jour de la destruction* [9].

COMMENTAIRES DE COLLÉ.

[9] *On nous menace*, etc.

Alzire, sur cette nouvelle, doit sortir de la scène (quelque part où elle soit, car on ne sait où elle est); elle doit courir à son père, à son mari, à Alvarès, pour défendre la cause de ces malheureux dont elle ne parle au commencement de cette scène que pour préparer son entrevue avec Zamore; ou plutôt c'est l'auteur qui l'a fait songer à eux, lorsqu'elle dit être occupée de tout autre chose.

On déploie aujourd'hui l'étendard de la guerre.
On allume ces feux enfermés sous la terre ;
On assemble déjà le sanglant tribunal.
Montèze est appelé dans ce conseil fatal.
C'est tout ce que j'ai vu.

ALZIRE.

Ciel ! qui m'avez trompée,
De quel étonnement je demeure frappée !
Quoi ! presque entre mes bras, et du pied de l'autel,
Gusman contre les miens lève son bras cruel !
Quoi ! j'ai fait le serment du malheur de ma vie,
Serment qui pour jamais m'avez assujettie !
Hymen ! cruel hymen ! sous quel astre odieux
Mon père a-t-il formé tes redoutables nœuds ?

ACTE TROISIÈME.

SCÈNE III [10].

ALZIRE, ÉMIRE, CÉPHANE.

CÉPHANE.

Madame, un des captifs qui dans cette journée
N'ont dû leur liberté qu'à ce grand hyménée,
A vos pieds, en secret, demande à se jeter.

ALZIRE.

Ah! qu'avec assurance il peut se présenter!
Sur lui, sur ses amis, mon âme est attendrie.
Ils sont chers à mes yeux : j'aime en eux la patrie.
Mais, quoi! faut-il qu'un seul demande à me parler?

COMMENTAIRES DE COLLÉ.

[10] Alzire ne semble pas, dans cette scène troisième, avoir entendu un mot de ce qui lui a été dit dans la précédente. Elle paraît être de la plus belle indifférence sur la *destruction* de sa nation. Du moins eût-elle dû dire : « Que ce captif entre » sur-le-champ; je l'interrogerai sur la nouvelle effrayante » qu'Émire vient de m'annoncer, et je volerai au secours de » mes compatriotes aussitôt que ce captif m'aura éclairée sur » les dangers qui les menacent, etc. »

CÉPHANE.

Il a quelques secrets qu'il veut vous révéler.
C'est ce même guerrier, dont la main tutélaire
De Gusman, votre époux, sauva, dit-on, le père.

ÉMIRE.

Il vous cherchait, madame, et *Montèze*, en ces lieux,
Par des ordres secrets le cachait à vos yeux.
Dans un sombre chagrin son âme enveloppée,
Semblait d'un grand dessein profondément frappée.

CÉPHANE.

On *lisait sur son front le trouble et les douleurs*.
Il vous nommait, madame, et répandait des pleurs.
Et l'on connaît assez, *par ses plaintes secrètes*,
Qu'il ignore et le rang et l'éclat où vous êtes [11].

ALZIRE.

Quel éclat, chère Émire, et quel indigne rang !
Ce héros malheureux peut-être est de mon sang.

COMMENTAIRES DE COLLÉ.

[11] Ces deux soubrettes en savent diablement long sur ce captif qui demande audience à Alzire.

Par quel hasard ces pénétrantes demoiselles ont-elles eu le temps de l'observer de si près? Comment savent-elles tous les détails dans lesquels elles entrent, par pure complaisance pour l'auteur? Comment ont-elles deviné, par déférence pour lui, *ces ordres secrets* de Montèze? Quel autre que l'auteur a pu les mettre au fait de ces *ordres secrets*? Comment, aussi, ont-elles pu lire dans les yeux et dans les mouvements du captif son chagrin, et surtout son *grand dessein* et ses *plaintes secrètes*? Ces demoiselles-là ont assurément bien de l'esprit et une prodigieuse sagacité !

De ma famille au moins il a vu la puissance :
Peut-être de Zamore il avait connaissance.
Qui sait si de sa perte il ne fut pas témoin !
Il vient pour me parler, ah ! quel funeste soin !
Sa voix redoublera les tourments que j'endure ;
Il va percer mon cœur et rouvrir ma blessure.
Mais n'importe ! Qu'il vienne ! Un mouvement confus
S'empare malgré moi de mes sens éperdus.
Hélas ! dans ce palais, arrosé de mes larmes,
Je n'ai point encore eu de moment sans alarmes.

EXAMEN

DU PLAN ET DES CARACTÈRES

D'ALZIRE,

TRAGÉDIE.

On trouvera dans peu de tragédies un dénoûment aussi beau et aussi satisfaisant que celui-ci. Il est pris dans le fond même du sujet et dans le caractère du héros de la pièce, qui est un chrétien. Tout le monde sait que ce trait d'héroïsme pieux est emprunté à notre histoire. On sait que François de Guise, plus chrétien que le calviniste Poltrot, qui l'assassina au siége d'Orléans, lui pardonna sa mort dans les mêmes termes que M. de Voltaire n'a fait que mettre en vers, ici, dans ce pathétique et heureux dénoûment.

Cette dernière scène serait parfaite à tous égards, tant du côté du fond et des détails que des caractères, si M. de Voltaire avait mis dans la bouche d'Alzire quelques vers qui l'eussent justifiée aux yeux de Gusman de n'avoir point été la complice de Zamore. Et il me paraît qu'il aurait été à désirer que ce morceau eût été si vif et si éloquent qu'il eût convaincu Gusman de son innocence. C'était chose aisée à ce grand poëte. La chaleur et l'élégance sont ses deux grandes parties.

Qu'on me permette de terminer ces notes par une petite digression sur Piron, qui a traité, sans succès à la vérité, ce même sujet, mais qui a eu la noble audace, du moins, de mettre Fernand Cortès sur la scène.

Ce n'est point par modestie, assurément, que M. de Voltaire ne l'a point tenté. On ne saurait l'accuser de modestie.

Par quelle bizarrerie n'a-t-il point placé sa scène au Mexique? Pourquoi n'a-t-il point essayé de nous peindre Cortès, ses exploits qui tiennent du prodige, sa valeur héroïque, son génie, sa grandeur d'âme, son intrépidité, sa politique et ses sages témérités?

Dans la mauvaise tragédie de Piron, ce conquérant incroyable est fièrement dessiné en plusieurs endroits, et notamment dans la scène huitième du quatrième acte. Je supplie mes lecteurs de me quitter pour l'examiner. Il y a tant à gagner pour eux!

Ce n'est qu'après avoir été dans l'enthousiasme de cette scène qu'ils trouveront peut-être moins paradoxal ce que je vais avoir la témérité d'avancer ici.

C'est que Piron était plus homme de génie que M. de Voltaire. Ce dernier est le plus bel esprit que jamais la nature ait créé. Mais qu'a-t-il inventé? et comment a-t-il inventé? Jamais le jugement n'a conduit son imagination déréglée.

Le génie de Piron a été étouffé par une éducation de province, et surtout par la mauvaise compagnie qu'il y avait vue constamment. Fils d'un apothicaire de Dijon, et réduit à la société des gens de son espèce dans une ville où les états ne se confondent pas comme à Paris, il n'y vint qu'à l'âge de vingt-cinq ans. Il n'y vit, jusqu'à l'âge de quarante, qu'une aussi mauvaise compagnie que celle qu'il avait vue à Dijon[1].

Au bout de quinze années, un ami de feu Crébillon le père le fit connaître à ce dernier, qui le tira des théâtres forains pour lesquels il travaillait alors[2]. Piron, par les conseils et les encouragements que lui donna ce tragique célèbre, composa les *Fils ingrats*, comédie où il est aisé d'apercevoir les étincelles du génie de l'auteur de la *Métromanie*, à travers son mauvais ton et son style forcé. De bons yeux découvrent même ces semences de génie jusque dans ses moindres ouvrages, jusque dans ses opéras-comiques.

Que n'eût point été l'auteur de la *Métromanie* s'il eût eu une éducation pareille à celle de M. de Voltaire? s'il eût été introduit comme ce dernier, en sortant du collége, dans les meilleures et les plus grandes maisons de

---

[1] Il n'y avait que Collé, en colère, capable de proclamer Piron « plus homme de génie que Voltaire », de même qu'il n'y avait qu'un chansonnier *enducaillé* comme lui qui pût parler des pauvres poëtes roturiers avec un dédain si superbe.

[2] Dans une des notules autographes placées par lui en marge de sa fable de *l'Ours et l'Hermine*, fable dont nous avons l'original, Piron dit au contraire que « c'est aux *avis* et » aux *bons offices* de mademoiselle Quinault qu'il a dû de se » hasarder sur la scène de la Comédie française. » Voyez les *OEuvres inédites*, p. 126 du format in-8°.

la cour et de la ville? C'est dans ces sources de politesse et d'urbanité que M. de Voltaire a puisé son goût supérieur, ainsi que la pureté et le charme de son style.

Qu'on suppose Piron élevé aux Jésuites de Paris, au milieu de la noblesse de France, accueilli chez la fameuse Ninon dès l'âge de douze ans, chez Ninon, qui rassemblait chez elle l'élite des gens de la cour et des gens d'esprit; vivant ensuite chez le grand prieur de Vendôme, l'abbé de Chaulieu, le duc de Nevers, et tout ce qu'il y avait de plus illustre dans les lettres et de plus poli, peut-on douter alors que Piron n'eût fait des chefs-d'œuvre, en joignant la finesse du goût et l'élégance du style qu'il eût acquises dans ces sociétés à l'originalité de son génie créateur et à sa verve inépuisable?

Pardon de cette digression, qu'on peut retrancher; mais qu'on ne retranche pas le couplet que je vais dire et que je fis en sortant de la première représentation de la tragédie de M. de Voltaire. Il est sur l'air : *Car c'est une bouteille qui n'eut jamais sa pareille.*

> Alzire est une c....
> Alvarès fait des harangues;
> Zamore est un assassin
> Et ses amis sont sans langues [1].
> Gusman est un petit brutal
> Qui fait tantôt bien, tantôt mal.
> A l'égard de Montèse,
> Son rôle est une *fadaise*.

[1] Troupe d'Américains qui ne parlent point, à l'exception d'un seul qui parle trop. (*Note de Collé.*)

Je n'ai pas à me reprocher d'avoir fait un couplet contre personne. J'en ai fait rarement contre des ouvrages, et jamais je n'ai donné ces dernières ni ne les ai chantées deux fois de suite, de peur qu'on ne les retint. Si, dans la nouveauté, j'eusse laissé prendre copie de celui-ci, je pense qu'il eût couru.

Je finirai par dire que ce beau monstre d'*Alzire* restera éternellement au théâtre et percera jusque dans la postérité la plus reculée.

QUELQUES MOTS
SUR
TANCRÈDE,
TRAGÉDIE.

Après avoir vu la première représentation de *Tancrède*, qui doit son succès à mademoiselle Clairon, je n'eusse jamais pu penser que celui-ci pût être de quelque durée.

Cependant la jeunesse, qui n'aime plus aujourd'hui que les situations incroyables et impossibles, les caractères outrés, et qui ne s'embarrasse plus que les personnages d'une tragédie restent perpétuellement dans une erreur volontaire, court encore à cette pièce.

Je la trouvais d'ailleurs si faiblement écrite, en comparaison des autres tragédies de ce charmant poëte coloriste, que je dédaignai, dans le temps, de l'immoler aux mânes du divin Corneille.

Je pense aujourd'hui de même, malgré le concours de ses jeunes spectateurs; et j'ose dire qu'elle ne mérite pas ma colère et les frais d'une critique qui m'ennuierait plus que de raison.

Cette tragédie ou rapsodie est du commencement de la vieillesse de M. de Voltaire; et il me paraît qu'on peut la mettre un peu au-dessus d'*Olympie* et d'*Oreste*, ouvrages à peu près du même temps. A l'égard de ceux qui sont de sa caducité, comme les *Scythes*, les *Guèbres*, le *Triumvirat*, les *Pélopides* et *Irène*, je me croirais un lâche de battre un homme à terre.

Je me permettrai seulement d'insérer ici une lettre que j'écrivis sur *Olympie*, dans le courant de ses premières et dernières représentations [1].

Je poursuivrai bravement ensuite, dans les volumes suivants [2], mes commentaires pour et contre les meilleures pièces de notre auteur.

D'abord celles qui sont de son invention.

Suivront après celles où il s'est aidé des plans et de l'invention des autres.

[1] Voyez cette lettre, p. 347 et suiv.
[2] Comme nous l'avons dit, ces autres volumes manquent.

IV.

LISTE CHRONOLOGIQUE

DES OUVRAGES

DE COLLÉ,

ACCOMPAGNÉE D'ANALYSES ET D'ANECDOTES.

LISTE CHRONOLOGIQUE

DES OUVRAGES

DE COLLÉ,

ACCOMPAGNÉE D'ANALYSES ET D'ANECDOTES.

Cocatrix, tragédie amphigourique, en vers à rimes riches, en un acte, 1731.

Ce que Dieu garde est bien gardé, proverbe-comédie en un acte, en prose, mêlé de vaudevilles, précédé d'un prologue intitulé *Madame Prologue* et suivi de *Cocatrix*, tragédie amphigouristique, en vers libres, laquelle est précédée également d'un prologue intitulé *Les Vendanges de la Folie*. Ces cinq opuscules ont été représentés à la suite les uns des autres sur des théâtres de société et imprimés avec un avertissement dans le recueil de l'auteur.

Dans le premier des deux prologues, M. Coriphée, ordonnateur et compositeur de fêtes lyriques, vient trouver Madame Prologue au magasin de l'Académie royale de musique, afin de lui demander quelques scènes louangeuses de prologue, pour les mettre en tête de la tragédie de *Cocatrix*, qu'il veut faire représenter en l'honneur du retour de quelques princes qui reviennent de l'armée. Madame Prologue présente M. Coriphée au petit-maître M. l'abbé Madrigal, qui lui offre quelques fades couplets, qu'il refuse, et au chansonnier M. Vaudeville, qui lui en offre de très-libres, qu'il accepte, aussi bien que le plan du proverbe dramatique intitulé *Ce que Dieu garde est bien gardé*, que lui propose également M. Vaudeville, et dont ils font aussitôt ensemble une répétition.

Le sujet du proverbe dramatique présente un ivrogne de qualité, M. le comte de Saint-Toquai, qui court les maisons de jeu et autres; il est volé dans les premières, il expose sa santé dans les secondes, et on le ramasse régulièrement toutes les nuits, ivre-mort, dans les rues de Paris. Son épouse, Madame la comtesse de Saint-Toquai, qui est très-dévote, mérite un peu moins que son mari le nom qu'elle porte. Exposée par l'abandon de ce dernier aux entreprises galantes d'un chevalier des Courtines, fat libertin et ami du comte, elle le repousse; et après quelques traverses nouvelles, nos deux époux se rapprochent et vivent heureux.

La tragédie de *Cocatrix* est encore précédée du prologue des *Vendanges de la Folie,* ballet dans lequel Silène, des Faunes, des vendangeurs, des vendangeuses, la Folie et sa suite, célèbrent les louanges de Bacchus par des chants et des danses, pour préparer un spectacle que la Folie veut donner pendant les vendanges et pour lequel elle vient d'aller au Parnasse chercher une pièce bien gaie. Elle en a rapporté plein un tonneau, à choisir, avec une troupe de marionnettes, par lesquelles elle se propose de faire jouer celle qu'elle indiquera, et elle donne la préférence, sur toutes les autres, à la tragédie de *Cocatrix,* dont voici le sujet, qui est tiré du roman de *Tanzaï et Néadarné,* de Crébillon fils.

Amatrox, sur la foi d'un oracle ridicule, a été abandonné dès sa naissance; il a voyagé, loin de sa patrie, ignorant à qui il doit le jour; après avoir fait un songe épouvantable et essuyé une violente tempête sur mer, il se retrouve dans son pays, sans le savoir; il rend un service signalé à Colorax, roi de ce pays, en repoussant des voisins ambitieux qui lui font la guerre, et demande pour récompense la main de la princesse Cocatrix, mère de Colorax, de laquelle il est amoureux, quoiqu'elle soit octogénaire. Mais la loi de ce pays défend d'unir une princesse à un étranger, et veut que l'on punisse de mort celui qui aurait osé la demander. Le genre de supplice qu'on lui fait subir est de le livrer à des femmes qui le chatouillent jusqu'à extinction. Mais Amatrox, qui a su inspirer à Cocatrix l'amour qu'il ressent pour elle, a un entretien avec cette princesse, qui le reconnait pour son petit-fils, et, ne pouvant vaincre leur passion incestueuse, ni espérer de la voir satisfaire, ils se tuent l'un et l'autre, pour terminer leur embarras et la pièce.

On voit que cette prétendue tragédie est une parodie de beaucoup d'autres.

Alphonse, dit l'Impuissant, tragédie badine en un acte, en vers, 1737.

Le sujet de cette petite tragédie, trop libre pour être représentée ailleurs qu'en société, était vraisemblablement pris de l'histoire d'Alphonse VI, roi de Portugal, époux de la princesse de Savoie-Nemours, d'avec laquelle il divorça pour cause d'impuissance, et qui régnait vers le milieu du siècle dernier; il fut chassé du trône et du lit de son épouse, qui se remaria à don Pèdre, ou Pierre VI, frère et successeur d'Alphonse VI.

Collé nous annonce que cette pièce a été imprimée par les soins du duc de la Vallière. — Voyez p. 378. — Voyez aussi Quérard, *France littéraire*, t. II, p. 254.

Le Jaloux corrigé, opéra-bouffon en un acte, suivi d'un divertissement et parodié de l'opéra italien de *la Servante Maîtresse,* de celui du *Maître de musique* et de celui du *Joueur,* tous les trois mis en musique par Pergolèse, Téléman, Orlandini et Dolletti. Blavet, compositeur français, y a ajouté quelques morceaux de récitatif de sa composition, ainsi que les airs du divertissement. Joué et sifflé à l'Opéra le 1er mars 1753, gravé, en partition, in-quarto, et non imprimé.

Cet opéra-bouffon, qui n'eut que six représentations, avait été essayé sur le théâtre du comte de Clermont, prince du sang, à sa maison de Berny, près Paris, le 18 novembre. Voyez le *Dictionnaire des Théâtres de Paris*.

On connait le sujet de l'opéra de *La Servante maîtresse* et celui de l'opéra du *Maître de musique*, traduits tous les deux de l'italien en français par Baurans. Quant à l'opéra italien du *Joueur*, le titre en indique suffisamment le sujet; mais on ignore quels sont les auteurs des paroles italiennes de ces trois opéras bouffons, dont Collé et Blavet avaient composé *Le Jaloux corrigé*, en traitant ce sujet de la manière suivante, ainsi que nous l'apprennent les auteurs du *Dictionnaire dramatique*.

Madame Orgon, tourmentée par la jalousie de son mari, imagine un moyen de le rendre traitable, en feignant de l'amour pour un amant fictif au moment où son mari l'écoute et l'épie. Suzon, suivante de Madame Orgon, joue le personnage de cet amant. Elle est habillée moitié en homme, moitié en femme, et, paraissant du côté où elle est en homme, elle conte des douceurs à Madame Orgon, qui les reçoit avec une bonté désespérante pour son mari. Mais quand il a fait éclater toute sa rage, on lui fait voir ce que c'était que l'amant qui lui portait ombrage, et ce tour le corrige de sa jalousie.

Daphnis et Églé, pastorale héroïque en un acte, musique de Rameau, représentée devant le roi, à Fontainebleau, par l'Académie royale de musique; non imprimée.

Voici à peu près l'extrait que donne de cette pièce le *Mercure de France*, volume de janvier 1754 :

Daphnis et Églé sont épris d'amour l'un pour l'autre et ne croient ressentir que de l'amitié. Ils vont ensemble au temple de l'Amitié, et, au moment où ils y présentent leurs offrandes et où ils prononcent leur serment, ils sont interrompus par un bruit de tonnerre, et le grand prêtre les repousse, en leur disant qu'ils n'aiment point comme l'on doit aimer. Aussitôt le temple se referme. Daphnis et Églé restent seuls, frappés d'étonnement. La bergère accuse son amant d'être infidèle à l'amitié, et, après une scène très-tendre où leurs sentiments commencent à se développer, l'Amour paraît et achève de les éclairer sur ce qu'ils sentent l'un pour l'autre. Le théâtre s'embellit. Les Jeux et les Plaisirs, conduits par les Grâces, paraissent à la voix de l'Amour. Une troupe de bergers et de bergères viennent former des danses avec les suivants et les suivantes de l'Amour, et cette fête termine l'acte.

Les Amants déguisés, opéra-comique en un acte, représenté sur le théâtre du comte de Clermont, à Berny ; non imprimé.

Nous ne savons point quel était le sujet de cette petite pièce, ni si elle fut faite sur des airs connus, ou si quelqu'un composa de la musique sur ses paroles. Léris est le seul historien du théâtre qui en parle dans son *Dictionnaire des Théâtres de Paris,* et il ne nous en dit autre chose, sinon qu'elle fut composée pour l'amusement du prince chez lequel on la représenta. Elle n'a jamais été jouée ailleurs, ni imprimée.

Les Amours de Vénus et d'Adonis, premier acte des *Fêtes de Paphos,* ballet héroïque en trois actes, avec un prologue, et mis en musique par Mondonville, représenté pour la première fois sur le théâtre de l'Académie royale de musique (avec le prologue et les deux autres actes, dont le second est *Bacchus et Érigone,* et le troisième *Psyché*) ; non imprimé.

Le *Mercure de France,* tome premier, rend compte de cette pièce dans les termes suivants :

« Le prologue justifie le titre du ballet et le lieu de la scène qu'il représente. Vénus, Bacchus et l'Amour, que l'ennui a gagnés jusque dans le séjour délicieux de Paphos, se proposent, pour se désennuyer, de célébrer la mémoire de leurs premiers feux : ce qui forme le sujet des trois actes du ballet.

» L'objet du premier acte est l'histoire des amours de Vénus et d'Adonis. Mars, transporté de rage et de jalousie, ouvre la scène. Il entre environné de guerriers, auxquels il ordonne de se retirer. Il reste seul sur la scène et déclare ses projets dans un monologue. Il annonce que Diane lui a promis de faire périr Adonis sous les coups d'un monstre qui ravage la forêt que le théâtre représente. Adonis, accompagné d'une troupe de chasseurs, vient pour combattre le monstre. Vénus, inquiète et alarmée pour les jours de son amant, veut le retenir; mais la gloire l'emporte sur l'amour. Adonis s'enfonce dans la forêt. Un moment après on entend des cris qui glacent Vénus d'effroi. Adonis blessé se présente à ses yeux et meurt entre ses bras. La déesse, désespérée de la perte de son amant, le change en une anémone, qui s'élève du milieu d'un tombeau, soutenu par des guirlandes. Des génies couronnent avec des fleurs ce triste monument de la tendresse de la mère des Amours. Mars, satisfait de sa vengeance, vient insulter aux larmes de Vénus. Cette déesse lui montre l'anémone formée du sang de l'amant qui règne toujours sur son cœur. A cet aspect, la rage de Mars se ranime : il veut arracher la fleur. Vénus implore Jupiter. Le tonnerre gronde. Mars, furieux, brave le maître des cieux et arrache l'anémone. Mais une lumière subite succédant à l'obscurité, on aperçoit Adonis, à qui Jupiter a rendu la vie. Vénus est transportée de joie. Mars, trompé dans son espérance, jure dans sa colère de tout mettre à feu et à sang sur la terre. Adonis et Vénus chantent leur bonheur, et les Jeux et les Plaisirs terminent la fête par des chants d'allégresse et par des danses.

» Il y a quelques beautés dans ce poëme, mais la versification nous en a paru, en bien des endroits, trop négligée. Il serait à souhaiter que les événements en fussent un peu moins précipités, et que Mars y fût représenté sous des traits plus convenables et plus dignes de lui. On voit avec quelque peine que le dieu de la valeur et des combats a recours à Diane pour susciter un monstre qui attaque son rival, lequel, après tout, n'est que le plus beau des mortels. »

Razibus, parade, 1740.

Léandre étalon, parade, 1741.

L'Amant poussif, parade, 1742.

Les deux Gilles, prologue de Segonzac, rajusté par Collé, 1743. Ce prologue a été publié par M. Barrière.

Léandre grosse, parade, 1744.

La Mère rivale, parade, 1745.

Le Mariage sans curé, parade, 1746.

La Vérité dans le vin, avec l'évêque d'Avranches, comédie en un acte, en prose, 1747.

Gilles chirurgien, parade sans ordures, unique à cet égard, 1748.

Tragiflasque, tragédie en vers et en trois scènes, 1749.

Le Rossignol, ou le Mariage secret, comédie en un acte, en prose et en vaudevilles, 1750.

On connaît le sujet de cette pièce, tiré d'un conte que La Fontaine a imité de Boccace. Collé l'a traité de la manière la plus décente possible, ayant eu le soin d'unir les deux amants par un mariage clandestin, avant de les faire surprendre ensemble par le prétendu que le père de la jeune personne veut faire épouser à celle-ci. Cependant cette pièce est encore du genre de celles qui ne pouvaient être jouées qu'en société.

Léandre grosse, mise en vaudeville, 1752.

Blanc et Noir, parade de Sallé, arrangée par Collé, 1752.

Les Belles manières, parade, 1752.

La Rivale à Lesbos, parade, 1752.

Les Vendanges de la Folie, prologue, 1752.

L'Accouchement invisible, parade, 1753.

Isabelle précepteur, parade, 1753.

Nicaise, comédie en deux actes, en prose, 1753.

Le sujet de cette pièce, emprunté à un conte de La Fontaine, a aussi été traité par Vadé, dans un opéra-comique représenté en 1756, à la foire Saint-Germain. Collé a mis la scène de sa comédie dans une maison des environs de Saint-Cloud, par préférence à tout autre lieu, parce que le château de Saint-Cloud appartenait alors au duc d'Orléans, pour lequel Collé, comme il a été dit, a composé la plupart de ses ouvrages dramatiques.

Le Galant escroc, comédie en un acte, 1753.

La Tête à perruque, ou le Bailli, comédie en un acte, en prose.

La Lecture, prologue en prose, 1754.

Les Adieux de la Parade, prologue en vers libres, 1754.

La Veuve, comédie en un acte, en prose, 1756; imprimée, avec un avertissement, dans le *Théâtre de Société* de l'auteur.

D'après l'avertissement qu'il a mis au-devant de cette pièce, Collé en a emprunté le sujet, ainsi que celui de sa comédie de *Dupuis et Des Ronais*, au roman des *Illustres Françaises*, où se trouvent peints le caractère et l'aventure d'une veuve. Les auteurs du *Dictionnaire dramatique* s'expriment ainsi sur la manière dont Collé a traité ce sujet :

« La veuve d'un négociant de Saint-Malo, femme très-riche et encore jeune, aime un chevalier du Lauret, capitaine de cavalerie, dont elle est aimée; mais elle ne veut point l'épouser, parce qu'elle a déjà fait la triste expérience que le mariage est le tombeau de l'amour. Un oncle du chevalier lui donne de grands biens en faveur de ce mariage, mais la veuve résiste toujours. La suivante de cette veuve se scandalise de l'attachement libre de sa maîtresse, parce qu'elle n'en tire aucun avantage; et un commandeur, ami de la veuve et du chevalier, veut en vain parvenir aussi à les unir; il n'y a que la nouvelle de la perte de la fortune du chevalier, engloutie dans un naufrage, qui détermine enfin la veuve à lui offrir sa main. »

Cette pièce eut peu de succès à Paris, et Collé la retira du théâtre après sa première représentation; mais il prétend, dans l'avertissement, « qu'elle réussit davantage en province, et surtout au théâtre de Bordeaux, où on l'a rejouée très-souvent. »

Joconde, opéra-comique en deux actes, 1757.

Dans le prologue, la Parade, l'Espérance, la Crainte et le dieu de la Gaieté, se trouvent personnifiés, et la Parade va, avec Léandre, un de ses acteurs ordinaires, demander à l'Espérance si elle peut encore se promettre d'amuser le public avec son genre de pièces. La Crainte veut empêcher la Parade d'approcher du temple de l'Espérance; mais celle-ci vient, avec le dieu de la Gaieté, au-devant de la Parade, la rassure et lui promet toujours de nouveaux succès auprès du public. Le dieu de la Gaieté confirme la Parade dans cette attente; mais il lui conseille de suspendre pour quelque temps son genre de pièces, et de faire représenter sur-le-champ, devant le public, l'opéra-comique de *Joconde.*

On connaît le sujet de cette pièce, tiré d'un conte que La

Fontaine a imité de l'Arioste. Fagan a aussi traité ce sujet, et il a donné le même titre à la comédie qu'il en a faite, en un acte, en prose, qui a été représentée en 1740 au Théâtre-Français.

Collé a suivi plus exactement le conte de La Fontaine que Fagan, pour la conduite de sa pièce, et il en a mis la scène dans une maison de campagne des environs de Saint-Cloud; mais aussi elle est beaucoup plus libre que celle de Fagan, et ne pouvait être jouée qu'en société.

Tanzaï et Néadarné, tragi-comédie en un acte, en vers alexandrins, précédée d'un prologue intitulé *La Lecture*, en prose, et représentée sur des théâtres de société; imprimée, avec un avertissement, dans le recueil de l'auteur.

Le prologue offre la situation où se trouve un auteur qui vient de lire une pièce de sa composition à une société de prétendus connaisseurs. Chacune des personnes de cette société lui donne sur la pièce des conseils qui se croisent, et même se contrarient directement. Ce sont un président et son épouse, chez lesquels la scène se passe, à Paris; un commandeur, un chevalier, un abbé et mademoiselle Gaussin, actrice du Théâtre-Français. Cette dernière personne est la seule qui fasse des observations judicieuses à l'auteur; toutes les autres lui en font d'une partialité ridicule, selon leurs caractères différents, leurs vices ou leurs préjugés. Il ne sait auquel entendre, et cependant cette société va jouer, malgré lui, sa pièce, dont on lui a dérobé une copie, et qui est la tragi-comédie de *Tanzaï et Néadarné*.

Cette pièce, dont le fond est tiré d'un roman de Crébillon fils, ainsi que la tragédie de *Cocatrix*, est fort libre. Le prince Tanzaï, enchanté par le pouvoir d'une fée malfaisante, ne peut goûter les plaisirs de l'amour avec son épouse, la princesse Néadarné, qui est enchantée aussi, à moins qu'un certain génie n'opère le désenchantement de Néadarné, ce qui doit nécessairement opérer en même temps celui de Tanzaï. Néadarné, conseillée par une fée protectrice, se voit forcée de consentir à l'expédient indiqué, et le double enchantement disparaît aussitôt, pour le bonheur des deux époux.

Le Rendez-vous manqué par Pierrot, scènes détachées, en prose et en vaudevilles, représentées dans une fête donnée au duc d'Orléans, sur son théâtre de société ; imprimées, avec un petit avertissement, dans le recueil de l'auteur.

Pierrot, valet d'un jeune capitaine de hussards, a un rendez-vous amoureux avec une jeune grisette qu'il veut souffler à un rival. Mais il est retenu, au moment où il y va, d'abord par le lieutenant-colonel du régiment dans lequel sert son maître, et qui, babillard insupportable, lui raconte, quelque dépit qu'il en ait, tout ce qu'il a fait et tout ce qu'il a vu aux différentes batailles où il s'est trouvé; ensuite le malencontreux Pierrot est encore arrêté par un valet de ses amis, qui l'emmène boire, malgré lui, chez une cabaretière dont il est aimé, et qui lui ouvre et son cœur et sa cave. C'est ainsi qu'en enrageant, Pierrot est forcé de manquer son rendez-vous.

Le Dervis, opéra-comique en deux actes, 1760.

Le Monde renversé, petit acte de comédie rajeuni du théâtre de la Foire, 1761.

Le Jaloux honteux, de Dufresny, mis en trois actes, 1761.

Madame Prologue, prologue, 1761.

La Comédie, proverbe, 1762.

Le Berceau, opéra-comique, 1763.

Dupuis et Des Ronais, comédie en trois actes, en vers libres, 1763.

M. Dupuis, riche financier, veuf et fort avancé en âge, a une jeune fille nommée Marianne, qui est aimée d'un jeune homme nommé Des Ronais, et qu'elle paye du plus tendre retour. Des Ronais est aussi dans la finance, et, outre les relations d'affaires qui le rapprochent de M. Dupuis, il est lié avec lui de la plus vive amitié. Tout paraît donc concourir à l'union des deux amants; mais la crainte qu'a M. Dupuis, qui vit avec eux dans la même maison, à Paris, d'en être négligé après leur mariage et de se trouver isolé, sans société et privé des soins nécessaires à sa vieillesse, l'empêche de consentir à cette union. Il feint même de croire Des Ronais léger dans ses affections, sur quelque faible apparence d'intrigue qu'on lui découvre avoir eue avec une certaine comtesse, et il veut le faire croire tel à Marianne, afin de l'engager à désirer elle-même de différer le mariage. Mais Des Ronais parvient aisément à détruire ces soupçons; et Marianne et lui promettent tant à M. Dupuis de continuer à vivre avec lui après leur mariage, de ne point se séparer de lui, de ne jamais l'abandonner et de le chérir toujours, qu'il ne voit enfin aucun prétexte raisonnable pour retarder plus longtemps de les unir; il les unit, en effet, au grand contentement de tous les trois.

Cette pièce, dont le fond est tiré du recueil de petits romans intitulé *Les Illustres Françaises*, par Chasles, eut du succès, dans sa nouveauté, au Théâtre-Français, quoiqu'elle n'ait pas été composée pour le public, mais seulement pour le théâtre de société du duc d'Orléans, qui en avait indiqué le sujet à Collé.

On trouve dans l'espèce de discours préliminaire que Collé a mis au-devant de son *Théâtre de société*, sous le titre de *Manière de Préface*, ou *Fragments d'un manuscrit intitulé : Épanchement secret de l'amour-propre*[1], la critique suivante,

---

[1] Voyez, p. 289 du présent volume, cette pièce telle qu'elle nous est parvenue, écrite de la main de Collé.

qu'ont faite de cette comédie les auteurs du journal *L'Année littéraire,* dans une lettre du 10 mars 1763, et une réponse de Collé à cette critique.

« Il y a dans cette comédie, disent les auteurs de l'*Année littéraire*, un rôle de Clénard, ci-devant précepteur d'un feu neveu de M. Dupuis, et qui est tout à fait inutile. L'auteur aurait pu le remplacer par une soubrette vive, enjouée, spirituelle. La pièce en aurait acquis plus d'action, de mouvement et de variété. »

Voici la réponse de Collé :

« Je conviens avec l'auteur de l'*Année littéraire,* et c'est de très-bonne foi que je conviens, que le personnage de Clénard est tout à fait inutile, qu'il n'est point assez lié à l'action, qu'il est froid et que c'est un acteur purement protatique. S'il ne m'eût pas été d'une nécessité absolue pour mon exposition, j'en eusse épargné l'ennui aux spectateurs, et je n'en eusse pas fait la faute. Aussi lorsqu'il m'a servi à exposer mon sujet, dans le premier acte, et à développer et mettre un peu en action le caractère de Dupuis, au second acte, je m'en débarrasse et je le renvoie sans façon, sans qu'il se trouve au dénoûment et qu'on l'y regrette. Au lieu que si j'eusse employé une soubrette, cette soubrette, vive et enjouée, n'aurait pas tenu à l'action plus que Clénard, mais elle y aurait occupé plus de terrain. Il eût fallu lui donner quelque amour pour quelque galant valet de chambre; elle eût divisé mon action et nui surtout prodigieusement à l'intérêt, en coupant les scènes qui en sont susceptibles. Ainsi, faute pour faute, je me tiens à la mienne, en en convenant. »

L'auteur d'un autre journal, intitulé *La Renommée littéraire,* fit aussi, dans le même temps, la critique de cette comédie, dont il trouvait la versification négligée et languissante, et Collé lui répondit de cette manière :

« Soit amour-propre, ou vérité, je crois, au contraire, la versification de *Dupuis et Des Ronais* vive et soignée; mais je ne suis point surpris que dans ce siècle-ci, où le goût de l'épigramme, des vers brillants, des maximes et des sentences s'est introduit dans les ouvrages où il devait le moins entrer, je ne suis point étonné, dis-je, que l'on veuille faire régner ce faux goût dans la comédie, à laquelle il est pourtant si opposé. Le public, cependant, applaudit toujours au naturel, et ce n'est point sa faute si les auteurs dramatiques d'à présent ont tant d'esprit. J'avoue que j'ai évité avec soin d'en avoir; j'entends de cet esprit qui n'est pas l'esprit de la chose. J'ai toujours cru et je croirai toujours que les pensées dans une comédie doivent être prises du fond de son sujet. C'est en conséquence que j'ai tâché de donner à mes idées et à mes vers le plus de simplicité qu'il m'a été possible. Je n'ai jamais conçu le dialogue de la comédie autrement que comme l'imitation, presque mot pour mot, de la conversation des hommes, conservant à chaque caractère le style qui lui est propre. J'ai toujours cherché la phrase la plus familière; j'ai évité les antithèses, et je me suis constamment attaché au vrai et à rendre la nature. »

Malgré la justesse de ces différentes critiques et la faiblesse des réponses de Collé, cette pièce s'est conservée longtemps au théâtre.

Le Bouquet de Thalie, prologue, 1764.

La Partie de chasse de Henri IV, comédie en trois actes, en prose, mêlée de chants, 1764; imprimée avec une épître dédicatoire adressée au duc d'Orléans, un avertissement et un prologue intitulé *Le Bouquet de Thalie*, et précédée d'un avertissement dans le *Théâtre de Société* de l'auteur.

« Ce prologue du *Bouquet de Thalie*, dit Collé, dans le petit avertissement qu'il a mis en tête de cet opuscule, est un badinage critique, mais sans amertume, et en action de la tragédie, de la comédie larmoyante, du théâtre de société, et des pièces à ariettes; et il était destiné à précéder, dans une fête de société, une représentation particulière de la comédie de *La Partie de chasse de Henri IV*. » Les personnages de ce prologue sont ceux des différentes pièces de ces divers genres, avec le dieu du Goût, Thalie, la fausse Melpomène, la fausse Thalie et l'Ariette, personnifiés; et il est suivi d'une représentation de la comédie de *La Partie de chasse de Henri IV*, exécutée par ces mêmes acteurs, qui l'offrent pour bouquet à Thalie, un jour qui est censé être celui de sa fête.

Voici le sujet de cette comédie :

Tandis que le roi de France Henri IV, qui est à son château de Fontainebleau, se dispose à aller à la chasse, des courtisans, tels que le duc de Bellegarde et le marquis de Conchiny, ennemis du duc de Sully, premier ministre et ami du roi, s'occupent des moyens de perdre ce ministre, dont la rigide vertu ne leur laisse aucun espoir de pouvoir profiter de la bonté du caractère du roi, et même de ses faiblesses, pour surprendre des grâces injustes et des faveurs peu méritées. Ils ont fait parvenir au roi des calomnies contre Sully; mais il sait les détruire d'un seul mot, dans un entretien qu'il a avec ce prince, qui annonce à toute sa cour l'estime singulière qu'il fait de Sully et l'amitié qu'il lui voue pour la vie. Henri part pour la chasse et veut que Sully, pour qu'elle soit heureuse, l'y accompagne et ne le quitte point jusqu'à son retour. Un cerf, que poursuit le roi, l'a fait aller de la forêt de Fontainebleau dans la forêt de Sénart, près du village de Lieursaint. Il s'est éloigné de sa suite; et, seul, égaré dans la nuit, il est arrêté par un meunier, nommé Michel Richard, ou Michau, que le bruit d'un coup de fusil, tiré par des braconniers, a fait sortir de chez lui. Michau, prenant Henri même pour un braconnier, veut l'emmener; mais Henri se fait passer pour un officier de la suite du roi et demande un asile pour la nuit. Michau le lui accorde, le conduit chez lui et le présente à sa femme, Margot, et à sa fille, Catau, au moment où Richard, son fils, revient de Paris, où il était allé pour demander justice contre le marquis de Conchiny, qui a fait enlever sa fiancée, jeune paysanne nommée Agathe. Le marquis a fait enfermer cette jeune personne dans une maison où il se proposait de la voir, et Richard n'en a pu approcher ni obtenir la satisfaction qu'il était en droit d'attendre. Ce fâcheux événement a jeté la consternation dans la famille de Michau, qui en mariant Richard avec Agathe, comptait aussi unir sa jeune fille Catau au jeune paysan Lucas, qu'elle aime et dont elle est aimée; mais le malheur arrivé au frère ne permet pas de songer à faire le bonheur de la sœur. Cependant on reçoit l'étranger le mieux qu'on peut. Henri soupe avec cette famille, apprend ses chagrins, et promet de trouver les moyens de les faire cesser. En effet, à peine le souper est-il fini, que la suite du roi vient s'informer dans cette maison si on ne l'aurait pas vu, ou si on n'aurait pas entendu dire où il se serait retiré pendant la nuit. Sully et les autres courtisans retrouvent le roi chez Michau ; mais Conchiny, qui est aussi de cette suite, ne retrouve qu'un juge sévère dans Henri. Agathe a fui de la maison où Conchiny l'avait fait enfermer, sans vouloir le voir ni entendre parler de lui; mais le roi n'en croit pas moins devoir punir Conchiny de sa coupable entreprise, et il exile le ravisseur. Il unit ensuite Richard à Agathe et Catau à Lucas; il dote les jeunes gens et passe le reste de la nuit chez Michau, qu'il ne quitte que le lendemain pour retourner à Fontainebleau.

Cette pièce, qui avait été composée pour la société du duc d'Orléans, y fut jouée longtemps avec beaucoup de succès, ainsi que sur tous les autres théâtres de société et dans toutes les villes de province, sur les théâtres publics, avant de paraître sur le Théâtre-Français de la capitale. « Elle y fut reçue avec transport lorsqu'elle y parut enfin, selon ce que nous apprend le chevalier de Mouhy dans son *Abrégé de l'Histoire de ce théâtre*. Elle eut vingt-six représentations de suite, avec les mêmes applaudissements; et, quoiqu'on la redonne très-souvent, elle fait toujours le même plaisir. »

« Cette comédie ingénieuse et intéressante, disent les auteurs du *Dictionnaire dramatique*, dans laquelle on retrouve la fameuse conversation où le duc de Sully, premier ministre de Henri IV, se justifie auprès de ce prince des imputations calomnieuses que les courtisans, ses ennemis, se plaisaient à répandre contre lui, présente un tableau si vrai, si naïf, et en même temps si simple et si sublime du caractère et des mœurs du grand Henri et du vertueux Sully, que l'on ne peut assister à ce spectacle sans une vive émotion de plaisir et de tendresse. »

L'abbé de La Porte raconte, dans ses *Anecdotes dramatiques*, « qu'un jour où l'on représentait dans la salle des spectacles de la cour, à Versailles, la comédie de *La Partie de chasse de Henri IV*, qui y était très-bien jouée, au troisième acte, dans la scène onzième, où Henri est à table avec Michau et sa famille, et où celui-ci chante une chanson pour réjouir son hôte, lorsque l'acteur fut au troisième couplet, qui commence par ces paroles :

« Vive Henri Quatre, etc. »

tous les spectateurs, dont la sensibilité avait été vivement émue dans le cours de la représentation, entrant tout à coup dans l'enthousiasme, se mirent à répéter en chœur et à haute voix ce couplet, qui fut chanté de nouveau en entier et de la même manière. Cette circonstance singulière, dans laquelle les spectateurs devinrent acteurs, est un nouveau trait à ajouter à l'éloge de l'immortel Henri et à l'histoire du caractère national [1]. »

Comme il a été dit plus haut, Collé a fait, pour l'une des représentations de cette comédie sur un théâtre de société et pour une fête particulière, un prologue intitulé *Le Bouquet de Thalie*, qui est imprimé dans son recueil.

Depuis le succès de *La Partie de chasse de Henri IV*, plusieurs auteurs se sont empressés de mettre ce bon roi sur la scène, en choisissant divers traits de sa vie qui pussent se

---

[1] Ce n'est pas la seule fois que la voix des spectateurs s'est jointe à celle des acteurs; dans le *Déserteur* et dans d'autres pièces le même fait s'est reproduit, et nous lisons dans le *Spectateur anglais* : « Cette envie de chanter de concert avec les acteurs est si dominante en France, que, dans une chanson connue, j'ai vu quelquefois le musicien de la scène jouer à peu près le même personnage que le chantre d'une de nos paroisses, qui ne sert qu'à entonner le psaume, et dont la voix est ensuite absorbée par celle de l'auditoire. » XXIIIe discours.

prêter au genre dramatique, ne doutant pas d'intéresser infiniment les spectateurs toutes les fois qu'ils pourraient le faire agir ou parler devant eux, selon ce que l'histoire et les mémoires de son temps nous rapportent de ses actions et de ses paroles. M. Boutillier composa dans cette vue, en 1771, une comédie mêlée de chants, sous le titre du *Laboureur devenu gentilhomme, anecdote de Henri IV*, en un acte, en prose, qui ne fut point représentée alors, mais qui fut imprimée à Paris, chez Mérigot le jeune. Il a retouché depuis cette pièce avec M. Després de Walmont. Ils l'ont fait représenter sur le théâtre de Monsieur, frère du roi, le 12 octobre 1789, sous le titre du *Souper de Henri IV*, et elle a beaucoup réussi. L'anecdote qui a fourni le sujet de cette pièce est connue : c'est *La Dinde en pal*. M. du Rosoy introduisit aussi Henri IV au Théâtre-Italien, en 1771, dans *La Bataille d'Ivry*, avec de la musique de M. Martini, et depuis M. Destival de Brabant et M. Joly de Saint-Just l'ont mis au théâtre des Grands-Danseurs du roi ; le premier dans une pièce intitulée *La nuit de Henri IV chez le charbonnier*, et le second dans deux pièces, l'une sous le titre de *Henri IV à Meulan*, et l'autre sous celui de l'*Entrée de Henri IV à Paris*.

Le Véritable amour, comédie en deux actes, en prose, jouée avec succès, 1764.

La même, en cinq actes, 1765.

Les Accidents, comédie en un acte, 1765.

Les Balances du mérite, divertissement dramatique en un acte, 1765.

La Cassette magique, prologue, 1765.

L'Ile sonnante, comédie en prose, mêlée d'ariettes, musique de Monsigny, 1767.

Collé nous fait connaître dans l'avertissement qu'il a mis au-devant de cette pièce, « qu'avant de paraître au Théâtre-

Italien, elle avait été jouée sur celui du duc d'Orléans, en son château de Villers-Cotterets, pour lequel elle avait été faite et où elle n'avait eu aucun succès; mais que le public fut plus indulgent, qu'elle eut quatorze représentations à la Comédie italienne et que l'excellente musique de Monsigny la soutint un peu contre son poëme; car, ajoute-t-il, je suis entièrement de l'avis du public sur l'*Ile sonnante;* c'est une mauvaise pièce.

« Dans ce sujet, qui est totalement de mon invention, dit-il, j'avais eu le dessein de faire une critique douce et badine du genre des comédies à ariettes, que je prends la liberté de trouver d'aussi mauvais goût tout au moins que l'ancien genre des pièces à vaudevilles, et qui, à la fin, tombera comme ce dernier. Je me suis trompé dans mon sujet, ou je l'ai mal exécuté; et sans doute ces deux raisons réunies se sont rencontrées pour ennuyer le spectateur. Ce projet d'ailleurs ne comportait qu'un acte, au plus; et puis il fallait me faire comprendre par les auditeurs, et des gens de bien m'ont assuré qu'on avait trouvé ma pièce inintelligible. Cela n'entrait point dans mes vues et j'ai tort. En effet, l'oubli presque total où sont tombés les refrains des vieux vaudevilles doit avoir jeté une merveilleuse obscurité sur quelques ariettes de cette pièce, qui étaient fondées sur cette plaisanterie. »

Au reste, quel qu'ait été l'événement de la prédiction de Collé sur le sort des pièces à vaudevilles et sur celui des pièces à ariettes, nous ne pouvons qu'être de l'avis de Des Boulmiers, dans son *Histoire du Théâtre-Italien*, sur cette pièce de l'*Ile sonnante,* « dont, nous dit-il, Collé a tiré la première idée de Rabelais, et nous croyons avec lui que ce serait être bien injuste que de juger sur cette plaisanterie l'auteur de *Dupuis et Des Ronais*, de *La Partie de chasse de Henri IV*, et de beaucoup d'autres pièces, dans lesquelles on trouve des scènes que Molière n'aurait point désavouées. »

Voici comment les auteurs du *Dictionnaire dramatique* font connaître la manière dont Collé a traité ce sujet bizarre :

« Durbin et Célénie, destinés l'un à l'autre par les lois de leur empire, ne pouvaient s'unir, sans la crainte des plus grands malheurs, si la princesse n'avait pour le prince l'amour le plus tendre et ne le lui avait témoigné publiquement; et il était défendu à Durbin de parler de sa passion à Célénie. Par les ordres d'un génie, Durbin s'est embarqué avec la princesse et est allé consulter une fée sur le succès qu'il espère. La fée lui répond : *Mon fils, Célénie ne te dira qu'elle t'aime que lorsqu'elle ne parlera plus, et tu ne sauras ce qu'elle pense que lorsqu'elle ne pensera plus.* Le prince et la princesse remontent sur leur vaisseau, et la puissance supérieure qui les gouverne les fait arriver à l'*Ile sonnante* ou l'île de la *Musique* : car la Musique en est la divinité. On n'y parle qu'en chantant. Durbin exprime son chagrin de n'y entendre que de la musique, et Célénie en devient folle. Alors elle accomplit l'oracle de la fée. Elle ne dit pas qu'elle aime Durbin : elle le lui chante. Elle dit ce qu'elle pense lorsqu'elle ne pense plus, puisqu'elle est devenue folle. On lui rend sa raison en ne lui parlant plus en musique, et le prince, par l'accomplissement de l'oracle, ne trouvant plus d'obstacle à son mariage, retourne avec Célénie dans ses États pour le conclure. »

Collé a joint à ce fond la double intrigue des amours, également enchantés, d'un écuyer du prince et d'une suivante de la princesse; et la fin des tourments de ces valets s'opère en même temps que celle de l'incertitude amoureuse de leurs maîtres.

La Sensibilité des ivrognes, proverbe historique, 1768.

La Mère coquette, de Quinault, où Collé a changé le rôle du marquis, 1769.

L'Andrienne, de Baron, remise à neuf, 1769.

L'Esprit follet, d'Hauteroche, refondu presque entièrement, 1770.

Le Menteur, de Corneille, refondu de même, 1770.

Recueil complet de mes chansons, tant imprimées que manuscrites, que j'ai ajoutées au troisième volume de mon *Théâtre de Société*, de l'édition de 1777, dans mon exemplaire.

Chansons qui n'ont pu être imprimées, et que mon censeur n'a point dû me passer. Sans indication de lieu ni de libraire. 1784. Petit in-12 de 212 pages.

Chansons joyeuses, mises au jour par un âne-onyme-onissime. Nouvelle édition considérablement augmentée, avec de grands changements qu'il faudrait encore changer. A Paris, à Londres et à Ispahan seulement; de l'imprimerie de l'Académie de Troyes, VXL.CCD.M. (1765). In-8°.

Ce volume est le même que les *Chansons joyeuses* qui servent de quatrième tome à l'*Anthologie française* de Monnet.

Onze volumes de journaux manuscrits et reliés, le premier commençant au mois d'août 1748, et le dernier finissant en octobre 1772 [1].

Enfin, on peut ajouter à la liste ci-dessus les deux volumes manuscrits en la possession de M. Génie [2].

---

[1] Il s'agit du *Journal* de Collé. Les éditeurs n'ont donné, en trois volumes in-octavo, que neuf des onze manuscrits qui sont indiqués par Collé : les deux autres sont égarés. Du reste, nous nous proposons de publier une nouvelle édition du *Journal* en question, édition que rend nécessaire et qui couronnera dignement le présent volume, avec lequel elle formera désormais un ensemble régulier, un tout harmonieux.

[2] Voyez p. 226 et suiv.

FIN.

TABLE.

	Pages
INTRODUCTION.	1
CORRESPONDANCE INÉDITE DE COLLÉ :	
Lettres adressées à M. de V***.	43
Épanchement de l'amour-propre.	289
Lettres adressées à divers.	299
FRAGMENTS INÉDITS DES OEUVRES POSTHUMES DE COLLÉ :	
Notice.	329
Préface garnie de ses digressions.	335
Fragment d'une lettre sur OLYMPIE, tragédie de Voltaire.	347
Le DROIT DU SEIGNEUR, comédie de Voltaire.	353
Préface générale, ou Introduction à la lecture de mes manuscrits.	355
Sur ALPHONSE L'IMPUISSANT. Anecdotes aussi intéressantes que son sujet, qui ne l'est point.	367
Magnière de discours, approfondi superficiellement, sur l'origine originale et cocasse de la nature dénaturée de la PARADE.	379
Fragments des COMMENTAIRES de Collé sur les meilleures tragédies de Voltaire.	389
Sur OEDIPE.	393
Examen du plan et des caractères d'OEDIPE.	411
Sur ZAÏRE.	423
Examen du plan et des caractères de ZAÏRE.	433
Sur ALZIRE.	447
Examen du plan et des caractères d'ALZIRE.	463
Quelques mots sur TANCRÈDE.	469
LISTE CHRONOLOGIQUE DES OUVRAGES DE COLLÉ, accompagnée d'analyses et d'anecdotes.	471

FIN DE LA TABLE.

EN VENTE A LA MÊME LIBRAIRIE.

Lettres inédites de Michel de Montaigne, pour servir à l'histoire du seizième siècle, publiées par M. FEUILLET DE CONCHES. Un magnifique volume in-8 cavalier vélin, imprimé à 240 exemplaires numérotés. Prix. . 20 fr.

Causeries d'un Curieux. Variétés d'histoire et d'art tirées d'un cabinet d'autographes et de dessins, par M. FEUILLET DE CONCHES Ouvrage enrichi de nombreux *fac-simile* d'autographes. Deux magnifiques volumes in-8 cavalier vélin glacé. Prix. . . . . 16 fr.

Chants et Chansons populaires de la France. Deux magnifiques volumes in-8, très-richement illustrés. Avec accompagnement de piano. Prix. 12 fr.

Le dernier volume des Œuvres de Voltaire. Contes, comédie, pensées, poésies, lettres. Œuvres inédites précédées du testament autographe de Voltaire, du *fac-simile* de toutes les pièces relatives à sa mort, et de l'Histoire du cœur de Voltaire, par JULES JANIN. Orné du portrait en taille-douce de madame du Châtelet. Un vol. in-8 cavalier vélin glacé. Prix 6 fr.

Nouvelles à la main sur madame du Barry, précédées d'une Étude sur la cour de Louis XV, par M. ARSÈNE HOUSSAYE. Un volume in-8 cavalier vélin glacé, orné de deux portraits et d'un *fac-simile* de madame du Barry. Prix. . . . . 6 fr.

Curiosités historiques sur les cours de Louis XIII, Louis XIV, Louis XV; sur madame de Maintenon, madame de Pompadour, madame du Barry, etc.; par J. A. LE ROI, conservateur à la bibliothèque de Versailles, correspondant du ministère de l'instruction publique pour les travaux historiques; avec une Préface par Théophile Lavallée. Un volume in-8. Prix. . . 6 fr.

La Franciade. Poëme en dix chants par M. VIENNET, de l'Académie française. Précédée d'une Introduction par M. JULES JANIN. Un fort volume in-18 jésus. Prix. . . . . 3 fr. 50 c.

Œuvres de Arsène Houssaye, nouvelle édition, considérablement augmentée, précédées de préfaces ou critiques par JULES JANIN, P. CHASLES, THÉOPHILE GAUTIER, MÉRY, THÉODORE DE BANVILLE, etc., et ornée de belles gravures sur acier.

Mademoiselle de la Vallière et madame de Montespan. — Portraits, Lettres, documents inédits, œuvres de mademoiselle de la Vallière. 5e édition, ornée de 2 grav. Un vol. Prix. 6 fr.

Le roi Voltaire, sa cour, ses ministres, ses conquêtes, son Dieu. 3e édition, augmentée de deux chapitres et d'un portrait de Voltaire. Un volume. Prix . . . . 6 fr.

L'Art français au dix-huitième siècle. — Peintres, sculpteurs, musiciens. Portraits gravés. Un volume. Prix. . . . . 6 fr.

Voyage à ma fenêtre. — Voyage à Venise, voyage en Hollande, voyage au paradis. 3e édition, augmentée et ornée de deux gravures. Un volume. Prix. . . . . 6 fr.

Princesses de comédie et Déesses d'opéra. — Galerie du dix-huitième siècle. 7e édition, revue, corrigée et ornée de portraits gravés. Un vol. Prix. 6 fr.

Histoire du 41e fauteuil de l'Académie. — 5e édition, considérablement augmentée et ornée d'un portrait de Molière. Un volume. Prix. . . 6 fr.

www.ingramcontent.com/pod-product-compliance
Lightning Source LLC
Chambersburg PA
CBHW050604230426
43670CB00009B/1252